예제로 익히는 제이쿼리 3 5/e

예제로 익히는 제이쿼리 3 5/e

인터랙티브 콘텐츠 개발을 위한 최적의 도구

아담 보두치 · 조나단 채퍼 · 칼 스웨드버그 지음

동준상 옮김

아낌없는 응원과 사랑을 보내준 멜리사, 제이슨, 시몬

그리고 케빈에게 감사의 마음을 전하며

지은이 소개

아담 보두치^{Adam Boduch}

지난 10년 동안 대규모 자바스크립트 개발 프로젝트에 참여해왔다. 프론트엔드 개발에 참여하기 전에는 파이썬과 리눅스를 이용한 대규모 클라우드 컴퓨팅 프로젝트에 몸담았다. 소프트웨어 개발 현장에서 다양한 실무 경험을 쌓았으며, 난이도 높은 프로젝트에 지속적으로 도전해왔다. 『React and React Native』(Packt, 2017) 외 여러 권의 자바스크립트 개발서를 썼으며, 혁신적인 사용자 경험과 고성능 애플리케이션 구현에 열정을 쏟고 있다.

> *제이쿼리를 만든 존 레식에게 감사드립니다. 또 웹 개발 분야에서 시간과 노력을 아끼지 않는 제이쿼리 커뮤니티 개발자 여러분께도 감사드립니다.*

조나단 채퍼^{Jonathan Chaffer}

미국 미시간주 그랜드래피즈^{Grand Rapids}에 위치한 래피드 디벨롭먼트 그룹^{Rapid Development Group}의 회원이다. PHP와 MySQL, 자바스크립트 등 다양한 기술을 적용한 프로젝트 관리와 구현을 담당하고 있다. 오픈소스 커뮤니티에서 활동하고 있으며, 특히 자바스크립트 라이브러리로 제이쿼리 프레임워크를 채택한 드루팔^{Drupal} CMS 프로젝트에서 왕성하게 활약하고 있다. 지금은 드루팔 코어의 일부가 된 Content Construction Kit의 개발자

이기도 하다. 드루팔의 메뉴 시스템과 개발자 API 레퍼런스 문서를 전반적으로 관리하고 있다. 그랜드래피즈에서 아내 제니퍼와 함께 살고 있으며, 여가에는 보드 게임을 디자인 하곤 한다.

칼 스웨드버그^{Karl Swedberg}

미국 미시간주 그랜드래피즈에 위치한 퓨저너리 미디어^{Fusionary Media}의 웹 개발자이며 자바스크립트로 클라이언트 측과 서버 측 코드를 작성한다. 업무 외 시간에는 가족과 함께 지내거나 차고에서 커피를 볶고, 때론 근처 체육관에서 운동한다.

앤드류 커즈 Andrew Kurz

UI/UX 디자이너 및 개발자로서 지난 12년 동안 소규모 스타트업과 중견 기업, 대기업에서 사용자 경험 디자인, 웹사이트 및 온라인 애플리케이션 개발 업무를 담당해왔다. 새로운 기술 배우기를 좋아하며, 사용하기 편리하고, 매혹적인 애플리케이션에 대해 연구한다. 아내, 그리고 세 아이와 함께 애틀랜타에 살고 있다. 포트폴리오와 연락처는 다음 링크에서 확인할 수 있다. www.kurzstudio.com

| 옮긴이 소개 |

동준상 (jun@nextplatform.net)

넥스트플랫폼 대표이자 ICT 컨설턴트로 서비스 기획, UX 표준화 프로젝트에 참여해 왔다. AWS 테크놀로지 파트너로 클라우드 기반 서비스와 데이터 분석 애플리케이션을 개발한다. 삼성전자, 한국생산성본부, KT, 신한은행, 국민은행, 신세계 등에서 현대 ICT 서비스 기획론, UX 리서치 전략, SPRINT 방법론을 강의하고 관련 교재를 집필했다. 한국콘텐츠진흥원, 한국생산성본부, 부산정보진흥원의 기술 심사위원 및 멘토로 활동 중이다.

번역서로는 에이콘출판사에서 펴낸 『jQuery UI 1.8 한국어판』(2012), 『The iOS 5 Developer's Cookbook(Third Edition) 한국어판』(2012), 『The Core iOS 6 Developer's Cookbook(Fourth Edition) 한국어판』(2013), 『The Advanced iOS 6 Developer's Cookbook(Fourth Edition) 한국어판』(2013), 『The Book of CSS3』(2014), 『Swift로 하는 iOS 프로그래밍』(2015), 『머신 러닝 인 자바』(2016), 『스위프트 데이터 구조와 알고리즘』(2017) 등이 있다.

| 옮긴이의 말 |

지난 10년은 웹 개발 역사에 있어 자바스크립트의 시대라 해도 과언이 아닐 것이다. 웹 브라우저에서만 작동하던 이 소박한 스크립트 언어에 코웃음 치던 시절도 있었지만, 개발자라면 누구도 부인 못할 수준으로 성장하고, 중요해진 언어로 주저 없이 자바스크립트를 꼽을 수 있다. 웹이 세상을 지배하게 된 상황에서 클라이언트 측이든 서버 측이든 어디에서나 특유의 질긴 생명력을 발휘하는 언어가 자바스크립트일 것이다. 그런데 마침 그 시기가 우연히도 2006년에 존 레식이라는 탁월한 개발자가 제이쿼리를 배포하고 커뮤니티에서 합심해 개선해온 때와 겹친다. 광활한 자바스크립트 생태계에는 무수히 많은 라이브러리가 존재하지만 제이쿼리만큼 많은 개발자의 선택을 받은 다른 사례는 아직 없을 것이다.

예나 지금이나 제이쿼리는 특유의 명료함, 문법의 간결성으로 복잡한 프로젝트를 좀 더 빠르고 간단하게 수행할 수 있는 방법을 제공한다. 이 책은 지난 10년 이상 대규모 웹 프로젝트에서 자바스크립트를 이용해 다양한 사용자 니즈를 충족시키고, 난해한 문제를 해결해온 세 명의 저자가 5년에 걸쳐 발전시킨 제이쿼리 개발서의 정수라 할 수 있다. 탁월한 개발자가 그렇듯, 이들 세 저자의 설명은 간결하고 예제 코드는 명료하다. 그래서 이해하기도 활용하기도 쉽다.

이 책을 읽는 독자라면 제이쿼리에 대한 기반 지식이 없더라도 1장에서 13장까지 주요 예제를 실행해 가면서도 매우 빠른 속도로 나아갈 수 있을 것이다. 이 책은 상호작용성 높은 웹사이트와 웹 애플리케이션을 만들기 위한 제이쿼리의 3대 미덕인 DOM 조절, Ajax 구현, 이벤트 활용에 초점을 맞추고 있다. 다양한 예제와 시행착오에 대한 해설은 독자의 소중한 시간을 아껴줄 것이다. 또한 최근 자바스크립트 업계의 추세에 맞춰 플러그인의 활용, 개발, 통합 부분을 상세히 소개하고 있으며, QUnit을 활용한 테스트 자동화 또한 실무에 즉시 적용하기에 부족함이 없다.

이 책이 나오기까지 많은 분들의 정성과 노력이 있었다. 늘 청년 같은 삶을 사시는 에이콘출판사 권성준 사장님과 출판이 있기까지 수고해주신 출판사 관계자분들, 편집에 수고해주신 정재은 편집자님께 감사의 인사를 전한다.

한국생산성본부 이승희 센터장님, 한승연 팀장님, 박혜경 위원님, 위너스랩 동우상 대표님, 부산정보산업진흥원 정문섭 단장님, 한상민 팀장님, 윤병환 과장님, 부산대학교 경영대학원 서문식 교수님, 김명종 교수님께 감사드린다.

여행이 고픈 지은, 부쩍 커버린 채원, 번역하는 내내 옆자리를 지켜준 누리에게도 고마운 마음을 전한다. 사랑한다.

| 차례 |

7장   플러그인 활용하기   269

8장   플러그인 개발하기   309

9장   고급 선택자와 순회 기능   349

10장   고급 이벤트 381

13장 고급 Ajax 기술

473

| 들어가며 |

나는 지난 2007년부터 제이쿼리를 사용하기 시작했으며, 현재도 제이쿼리를 이용하고 있다. 지난 10년 동안 제이쿼리는 대표적인 자바스크립트 라이브러리로서 브라우저 간의 일관성을 더욱 높여줬고, 자바스크립트의 성능 향상에 기여해왔다. 바뀌지 않은 것이 있다면 제이쿼리 표현의 명료성과 간결성일 것이다. 오늘날 새로운 웹 개발 도구가 끊임없이 배포되고 있지만 제이쿼리는 여전히 웹 개발 업무를 신속하고 효율적으로 처리할 수 있는 유용한 도구로 인정받고 있다.

이 책 역시 제이쿼리의 발전과 함께 성장해왔으며, 어느새 5판에 이르렀다. 이 책의 저자들은 제이쿼리의 핵심 개념을 직관적으로 이해할 수 있도록 설명하고, 쉽게 따라 해볼 수 있는 예제를 제공하기 위해 노력해왔다. 나 역시 이 책의 명성과 저자들의 노고가 헛되지 않도록 최선을 다해 5판을 집필했으며, 최신 웹 개발 환경에서 제이쿼리를 활용할 수 있는 현대적인 방안을 제시하고자 애썼다.

▌ 이 책의 구성

1장, 제이쿼리 시작하기 제이쿼리 자바스크립트 라이브러리의 개요로 시작한다. 제이쿼리의 구현 철학과 역사, 대표적인 기능을 설명하고 이를 통해 어떤 일을 할 수 있는지 소개한다. 그 뒤 제이쿼리 라이브러리를 다운로드하고, 첫 번째 스크립트 작성을 위한 환경을 설정한다.

2장, 요소 선택하기 제이쿼리의 선택자 표현식과 DOM 순회 메소드를 이용한 페이지 내 요소 선택을 알아본다. 제이쿼리를 이용해 다양한 페이지 요소에 스타일을 적용하는 방법은 물론 CSS 스타일시트로는 구현할 수 없는 스타일 적용을 살펴본다.

3장, 이벤트 핸들링 브라우저에서 이벤트가 발생했을 때 이를 처리하기 위한 제이쿼리 이벤트 핸들링 메커니즘을 다룬다. 제이쿼리가 웹 요소에 어떤 방식으로 다른 요소와의 충돌 없이 이벤트를 부착하는지 살펴보고, 페이지 로딩이 완료되지 않은 상태에서 이벤트를 처리하는 방법도 알아본다. 이벤트 핸들링의 고급 과정이라 할 수 있는 이벤트 버블링, 이벤트 위임, 그리고 네임스페이스 기법도 설명한다.

4장, 스타일과 애니메이션 사용자의 시선을 사로잡기 위한 제이쿼리의 애니메이션 기술과 다양한 시각 효과를 이용해 페이지 내 요소를 숨기거나 나타내는 법, 화면에서 이동시키는 법을 다룬다.

5장, DOM 요소 조절하기 DOM 구조를 이용해 페이지 요소를 변경하는 방법을 설명한다. 이때, HTML 문서의 구조를 변경하는 방법은 물론 웹 콘텐츠에 HTML 문서를 추가하는 방법도 알아본다.

6장, Ajax로 데이터 전송하기 제이쿼리를 이용해 페이지 갱신 없이 서버 측 콘텐츠와 기능에 접근할 수 있는 방법을 소개한다. 제이쿼리에서 제공하는 기본적인 Ajax 라이브러리 요소에 대해 살펴보고, 향후 필요에 따라 기능을 확장할 수 있는 방안도 설명한다.

7장, 플러그인 활용하기 플러그인 찾기와 설치, 활용법을 알아보고, 강력한 기능의 jQuery UI 그리고 모바일에 특화된 jQuery Mobile 플러그인 라이브러리에 대해 안내한다.

8장, 플러그인 개발하기 제이쿼리 익스텐션을 이용해 커스텀 플러그인을 만드는 방법을 소개한다. 커스텀 플러그인에는 전용 유틸리티 함수, 제이쿼리 객체 메소드, 그리고 jQuery UI 위젯 팩토리가 포함된다. 제이쿼리의 빌딩 블록이라 할 수 있는 모듈을 이용한 플러그인의 고급 기술 구현 방법도 알아본다.

9장, 고급 선택자와 순회 기능 선택자 활용 및 순회 기법의 수준을 한 단계 끌어올려서, 성능 향상을 위한 선택자 최적화, DOM 스택의 수정 및 활용, 그리고 요소 선택 및 순회 기능을 확장하기 위한 전용 플러그인 구현 방법을 소개한다.

10장, 고급 이벤트 이벤트의 고급 기법이라 할 수 있는 이벤트 위임과 이벤트 스로틀링throttling 혹은 성능 조절에 대해 살펴보고, 이벤트 핸들링 성능을 극대화할 수 있는 방법을 알아본다. 또한 커스텀 이벤트와 스페셜 이벤트를 통해 제이쿼리 라이브러리에 기존에는 존재하지 않았던 기능을 추가하는 방법을 소개한다.

11장, 고급 시각 효과 제이쿼리의 시각 효과를 매우 세심하게 조절하는 법을 알아보고, 커스텀-이징 함수의 구현 및 애니메이션의 각 단계별 대응 구현에 대해 설명한다. 커스텀 큐 기법을 이용해 애니메이션의 재생 및 중단 시기를 조절하는 방법도 관찰한다.

12장, 고급 DOM 요소 조절하기 웹 요소에 임의의 데이터 속성을 부착하는 방식 등 DOM 요소를 조절하고 활용하기 위한 고급 기술을 소개한다. 또한 제이쿼리를 이용한 CSS 프로퍼티 활용 방법도 알아본다.

13장, 고급 Ajax 기술 특정 조건이 충족됐을 때 데이터를 처리하거나 명령을 수행하기 위한 연기 객체 시스템의 활용 방법 등 Ajax 통신에 대한 깊이 있는 내용에 대해 설명한다.

부록 A, QUnit을 활용한 자바스크립트 테스트 자바스크립트 프로그램의 유닛 테스트 도구인 QUnit 라이브러리에 대해 설명한다. QUnit 라이브러리는 정교한 웹 애플리케이션을 개발하고 유지 보수하는 데 큰 도움을 줄 수 있다.

부록 B, 제이쿼리 API 목록 제이쿼리 라이브러리의 주요 메소드와 선택자 표현식을 간단한 설명이 추가된 목록으로 제공한다. 제이쿼리 API 목록을 통해 여러분이 원하는 작업이 어떤 것인지는 알고 있지만, 해당 기능의 구현을 돕는 메소드 또는 선택자의 정확한 이름이 생각나지 않을 때 특히 유용하다.

▌ 준비 사항

이 책의 예제 코드를 실행하기 위해서는 구글 크롬, 모질라 파이어폭스, 애플 사파리, 또는 마이크로소프트 엣지Edge 등의 웹 브라우저가 필요하다. 또 예제 코드의 활용 및 편집을 위해서는 다음 도구가 필요하다.

- 기본적인 텍스트 편집기
- 브라우저에서 제공하는 개발자 도구—Chrome Developer Tools 또는 Firebug (개발자 도구에 대해서는 1장, '제이쿼리 시작하기'에서 소개)
- 제이쿼리 라이브러리를 포함한 각 장별 예제 코드 패키지(각 장의 '예제 코드 다운로 드' 절에서 확인)

이와 같은 기본 도구 외 6장, 'Ajax로 데이터 전송하기'와 관련된 Ajax 예제를 활용하기 위해서는 Node.js 라이브러리가 필요하다.

▌ 이 책의 대상 독자

클라이언트 측 자바스크립트 개발자다. 이 책을 읽으려면 제이쿼리에 대한 경험은 필요 하지 않지만, 자바스크립트 프로그래밍에 대한 기본 지식은 필요하다.

▌ 편집 규약

이 책에서 여러 종류의 정보 사이에 구별되는 몇 가지 텍스트 스타일을 보게 될 것이다. 여기에서 이런 형식의 예시와 그 의미를 설명한다.

텍스트, 데이터베이스 테이블 이름, 폴더 이름, 파일 이름, 파일 확장명, 경로 이름, URL, 사용자 입력 및 트위터 핸들의 키워드는 다음과 같이 표시한다.

"제이쿼리 코드를 이용해 collapsible 클래스가 적용된 모든 요소를 찾은 뒤, 화면에서 숨기도록 하면, 각각의 반환된 요소에 순환문을 적용할 필요가 없어진다."

코드 블록은 다음과 같이 표기한다.

```css
body {
  background-color: #fff;
  color: #000;
  font-family: Helvetica, Arial, sans-serif;
}

h1, h2, h3 {
  margin-bottom: .2em;
}

.poem {
  margin: 0 2em;
}

.highlight {
  background-color: #ccc;
  border: 1px solid #888;
  font-style: italic;
  margin: 0.5em 0;
  padding: 0.5em;
}
```

새로운 용어 및 **중요한 단어**는 굵게 표시된다. 화면에서 보는 단어, 예를 들어 메뉴나 대화 창 박스 같은 곳에서 스타일은 다음과 같이 나타난다.

"Sources 탭을 이용하면 페이지에 로딩된 모든 스크립트 콘텐츠를 확인할 수 있다."

 경고 혹은 중요한 노트는 이와 같이 나타낸다.

 팁과 요령은 이와 같이 나타낸다.

▌ 독자 의견

독자 의견은 언제나 환영한다. 좋은 점 또는 고쳐야 할 점에 대한 솔직한 의견을 말해주길 바란다. 독자 의견은 우리에게 매우 중요하다. 앞으로 더 좋은 책을 발행하는 데 큰 도움이 되기 때문이다.

일반적인 의견을 보내려면 전달하고자 하는 내용에 책 제목을 달아 feedback@packtpub.com으로 이메일을 보내면 된다.

여러분이 전문 지식을 가진 주제가 있고 책을 내거나 만드는 데 기여하고 싶다면 http://www.packtpub.com/authors에서 저자 가이드를 참조하길 바란다.

▌ 고객 지원

독자에게 최대의 혜택을 주기 위해 몇 가지 서비스를 제공한다.

예제 코드 다운로드

이 책에서 사용된 예제 코드는 http://www.packtpub.com의 계정을 이용해 다운로드할 수 있다. 이 책을 다른 곳에서 구입했다면 http://www.packtpub.com/support를 방문해 등록하면 파일을 이메일로 직접 받을 수 있다.

다음 단계에 따라 코드 파일을 다운로드할 수 있다.

1. 이메일 주소와 암호를 사용해 웹사이트에 로그인하거나 등록한다.
2. 상단의 **SUPPORT** 탭에 마우스 포인터를 위치한다.
3. **Code Downloads&Errata**를 클릭한다.
4. **검색란**에 도서명을 입력한다.

5. 예제 코드 파일을 다운로드할 책을 선택한다.

6. 이 책을 구입한 드롭다운 메뉴에서 선택한다.

7. **코드 다운로드**를 클릭한다.

팩트출판사 웹사이트의 책 웹 페이지에서 코드 파일 버튼을 클릭해 코드 파일을 다운로드할 수도 있다. 해당 페이지는 도서명을 검색해 접근할 수 있다. 단, 팩트출판사 계정으로 반드시 로그인해야만 한다. 파일을 다운로드한 후 다음의 최신 버전의 파일 압축 응용프로그램을 사용해 폴더 또는 파일 압축을 해제한다.

- WinRAR/7-Zip for Windows
- Zipeg/iZip/UnRarX for Mac
- 7-Zip/PeaZip for Linux

이 책의 예제 코드 모음은 GitHub 저장소에서도 다운로드할 수 있다.

https://github.com/PacktPublishing/Learning-jQuery-3

https://github.com/PacktPublishing/에서 다양한 도서 및 비디오 카탈로그에 포함된 다른 예제 코드를 제공하고 있다. 한번 방문해 확인해보자!

한국어판은 에이콘출판사 도서정보 페이지 http://www.acornpub.co.kr/book/learn-jquery3-5에서 예제 코드를 내려받을 수 있다.

오탈자

오타 없이 정확하게 만들기 위한 모든 수단을 동원해 책을 만들지만 실수가 있을 수 있다. 문장이나 코드에서 문제를 발견했다면 우리에게 알려주기 바란다. 다른 독자들의 혼란을 방지하고 차후 나올 개정판을 개선하는 데 도움이 되기 때문이다. 오류를 발견했다면 http://www.packtpub.com/submit-errata에서 책 제목을 선택하고 Errata Submission Form 링크를 클릭해 자세한 내용을 입력할 수 있다. 보내준 오류 내용이 확인되면 웹사이트에 그 내용이 올라가거나 해당 서적의 정오표 부분에 그 내용이 추가될 것이다.

기존 오류 수정 내용은 https://www.packtpub.com/books/content/support 검색창에 책 제목을 입력해보라. Errata 절 하단에 필요한 정보가 나타날 것이다.

한국어판은 에이콘출판사 도서정보 페이지 http://www.acornpub.co.kr/book/learn-jquery3-5에서 찾아볼 수 있다.

저작권 침해

인터넷에서의 저작권 침해는 모든 매체에서 벌어지고 있는 심각한 문제다. 팩트출판사에선 저작권과 라이선스 보호를 매우 심각하게 인식하고 있다. 어떤 형태로든 팩트출판사 서적의 불법 복제물을 인터넷에서 발견했다면 적절한 조치를 취할 수 있도록 해당 주소나 사이트명을 알려주길 바란다.

의심되는 불법 복제물 링크를 copyright@packtpub.com으로 보내주길 바란다. 저자를 보호하고 가치 있는 내용을 계속 만들 수 있도록 도와주는 독자 여러분의 마음에 깊은 감사의 뜻을 전한다.

질문

이 책과 관련해 어떠한 종류의 질문이라도 있다면 questions@packtpub.com으로 문의하길 바란다. 최선을 다해 질문에 답하겠다. 한국어판에 관한 질문은 이 책의 옮긴이나 에이콘출판사 편집 팀(editor@acornpub.co.kr)으로 문의해주길 바란다.

01

제이쿼리 시작하기

오늘날 월드 와이드 웹^{www}은 끊임없이 변화하며, 웹사이트 사용자의 스타일과 기능에 대한 요구 수준은 나날이 높아져 가고 있다. 개발자는 사용자의 관심을 끌 수 있는 상호 작용성 높은 웹사이트를 만들기 위해 제이쿼리와 같은 자바스크립트 라이브러리를 활용 하며, 이를 통해 일상적인 개발 업무를 자동화하고, 복잡한 작업을 단순화한다. 개발자가 제이쿼리 라이브러리를 사용하는 이유는 웹사이트 개발과 관련된 광범위한 업무를 좀 더 쉽게 처리할 수 있도록 돕기 때문이다.

제이쿼리는 엄청나게 다양한 기능을 제공한다. 이를 처음 사용하려는 개발자는 잠시 혼 란을 겪을 수도 있다. 하지만 일단 제이쿼리를 학습하기 시작하면 얼마 지나지 않아 제 이쿼리의 높은 일관성과 체계성을 이해할 수 있을 것이다. 이 가운데 상당수는 HTML 과 CSS에서 가져온 것이라는 사실도 알게 될 것이다. 제이쿼리 라이브러리는 프로그래밍 경력이 길지 않은 웹 디자이너라도 신속하게 자신이 원하는 상호작용을 구현할 수 있도록 해준다. 제이쿼리가 자바스크립트보다 HTML과 CSS의 범용 기술에 가깝게 만들어졌기 때문이다. 실제로 1장에서는 단 세 줄로 구성된 제이쿼리 프로그램을 작성해볼 것이다. 경험 많은 프로그래머는 제이쿼리의 높은 유연성과 일관성에 감탄하게 될 것이다.

1장에서 다루는 내용은 다음과 같다.

- 제이쿼리의 주요 기능
- 제이쿼리 환경 설정
- 간단한 제이쿼리 예제 코드 작성
- 자바스크립트 대신 제이쿼리를 사용하는 이유
- 보편적인 자바스크립트 개발 도구 소개

▌ 제이쿼리의 주요 기능

제이쿼리 라이브러리는 웹 스크립팅을 위한 범용성 높은 추상 레이어$^{abstraction\ layer}$를 제공하며, 웹사이트 개발 및 디자인에 필요한 거의 모든 스크립팅 환경에서 유용하게 쓸 수 있는 도구라 할 수 있다. 제이쿼리의 높은 확장성으로 인해 우리가 원하는 것은 무엇이든 만들어낼 수 있으며, 새로운 기능을 추가하기 위한 다양한 플러그인이 지속적으로 소개되고 있다. 그 중 제이쿼리의 가장 핵심적인 기능은 다음과 같다.

- **웹 문서에서 특정 요소에 접근하기**: 자바스크립트 라이브러리가 없다면, 웹 개발자는 문서 객체 모델$^{DOM,\ Document\ Object\ Model}$ 트리를 이동하거나 HTML 문서의 특정 위치로 이동하기 위해 꽤 긴 코드를 작성해야 한다. 제이쿼리를 통해 개발자는 매우 강력하면서도 효율적인 문서 객체 선택을 위한 체계를 갖출 수 있고, 특정 요소를 검사 또는 수정해야 할 때 해당 요소에 손쉽게 접근할 수 있다.

```
$('div.content').find('p');
```

- **웹 페이지의 디자인 수정**: CSS는 웹 페이지를 디자인할 수 있는 강력한 방법임에 는 틀림없으나, 모든 브라우저에서 동일하게 보이지 않는단 문제가 있다. 개발 자는 제이쿼리를 이용해 브라우저의 웹 페이지 렌더링 차이를 줄일 수 있으며, 모든 브라우저가 동일한 표준에 따라 작동하게 할 수 있다. 또한 제이쿼리는 이 미 렌더링된 페이지의 클래스나 개별 스타일 속성을 변경할 수 있다.

```
$('ul > li:first').addClass('active');
```

- **문서의 콘텐츠 구성 요소 변경**: 제이쿼리는 디자인 요소의 변경뿐 아니라, 문서를 구성하는 콘텐츠의 내용까지도 손쉽게 변경할 수 있다. 텍스트를 변경하거나 이 미지를 삽입, 대체할 수 있으며 목록 아이템의 순위를 바꾸거나 HTML 문서의 전체 구조를 새로 정의하거나 애플리케이션 프로그래밍 인터페이스^{API, Application Programming Interface}를 이용해 확장할 수 있다.

```
$('#container').append('<a href="more.html">more</a>');
```

- **사용자와의 상호작용성 구현**: 웹 페이지 내에 강력한 기능을 구현해놨다 하더라도 사용자가 편리하게 쓸 수 없다면 그 의미가 크게 줄어들 것이다. 제이쿼리 라이 브러리는 페이지 링크 클릭 등 다양한 웹 페이지 이벤트를 가져올 수 있으며, 장 문의 이벤트 핸들러 코드를 작성해야 하는 불편함 또한 크게 줄였다.

```
$('button.show-details').click(() => {
$('div.details').show();
});
```

- **웹 문서 내에서 애니메이션 구현**: 디자이너는 높은 상호작용성 구현을 위해 사용자 에게 효과적인 방법으로 시각적인 피드백을 제공해야 한다. 제이쿼리 라이브러 리는 페이드, 와이프 등 다양한 애니메이션 시각 효과를 제공하며, 디자이너가 직접 자신이 원하는 애니메이션 효과를 만들 수 있는 도구 또한 제공한다.

```
$('div.details').slideDown();
```

- **페이지 갱신 없이 서버에서 정보 인출**: 이와 같은 기능을 구현하기 위해서는 비동
  기적인 자바스크립트(XML)와 Asynchronous JavaScript and XML의 줄임말인
  Ajax라는 웹 프로그래밍 패턴에 따라 클라이언트와 서버 간의 커뮤니케이션을
  위한 복잡한 코드를 작성해야 한다. 제이쿼리 라이브러리는 개발자가 Ajax 패턴
  구현 시 브라우저 각각의 특성에 대한 고민 없이 서버 측에서의 기능 구현에만
  집중할 수 있도록 돕는다.

```
$('div.details').load('more.html #content');
```

제이쿼리의 우수한 성능의 비밀

지난 20여 년간 다양한 자바스크립트 프레임워크가 등장하면서 동적인 HTML에 대한 관
심 또한 높아졌다. 그들 가운데 일부는 앞서 언급한 기능 중 하나 혹은 두 개 정도의 기능
구현에 초점이 맞춰져 있으며, 다른 프레임워크는 모든 가능한 동작과 애니메이션을 단순
나열식으로 구현하는 데 그쳤다. 반면 제이쿼리는 매우 방대한 범위의 기능을 세심하게
구현하고, 이를 비교적 작은 크기의 라이브러리에 담기 위해 다음과 같은 전략을 따랐다.

- **CSS 문법 활용 및 기능 상속**: 제이쿼리는 페이지 요소 선택 메커니즘인 CSS 선택
  자selectors의 기능과 성능을 상속해서, 이를 문서 구조를 정의하는 데 활용한다.
  제이쿼리는 전문적인 웹 개발 역량 중 하나인 CSS 문법을 활용함으로써 웹 디자
  이너라면 누구나 이해하기 쉽고, 사용하기 쉬운 라이브러리로 자리 잡았다.
- **다양한 익스텐션 지원**: 제이쿼리는 기능 단절feature creep 현상을 막기 위해 플러그
  인 제작 및 배포 시 특별한 규칙을 따르고 있다. 새로운 플러그인을 생성하기 위

한 메소드는 간소하고 문서화가 잘 돼 있으며, 전 세계의 개발자는 이들 플러그인을 모듈 삼아 독창적인 기능을 구현할 수 있다. 우리가 다운로드해 사용하는 제이쿼리의 거의 모든 기본 기능은 이와 같은 매우 작은 파일 용량을 차지하는 플러그인 구조에서 발휘되는 것이며, 여러분이 원하면 언제든 개발 환경에서 제거할 수 있다.

- **브라우저 간의 기능적 차이 제거**: 웹 개발에 있어서 어려운 점 중 하나는 웹 브라우저들이 공통된 표준을 지키고는 있지만, 여전히 저마다의 규칙이 존재한다는 점이다. 실제로 웹 애플리케이션 개발에 걸리는 시간 중 상당 부분은 이와 같은 브라우저 간의 차이점을 완화하거나 없애는 데 소요된다. 이와 같은 차이를 없앤 브라우저 중립적인browser-neutral 코드로는 최신 브라우저의 고급 기능을 활용할 수 없게 된다. 반면 제이쿼리는 브라우저 간의 기능 차이를 제거할 수 있는 추상 레이어를 제공하며 웹 애플리케이션 구현 코드의 양 또한 현격히 줄어들게 된다.

- **언제나 그룹 단위로 작동**: 제이쿼리에서는 특정 클래스 속성의 요소를 줄이거나 감출 때 순환문을 써서 모든 개별 요소에 해당 명령을 전달할 필요가 없다. 예를 들어 자주 사용되는 메소드 중 하나인 hide( )는 개별 요소가 아닌, 해당 그룹 요소 모두에게 자동으로 적용된다. 이와 같은 기술을 암묵적 반복 적용implicit iteration이라 부르며, 불필요한 순환문 사용을 줄이고 코드 길이 또한 대폭 줄여준다.

- **한 줄 코드로 다수의 기능을 구현**: 제이쿼리는 일회성 변수의 남발을 막고, 불필요한 코드 반복을 줄이기 위해 메소드 연쇄chaining for the majority of its methods라는 프로그래밍 기법을 사용한다. 이를 통해 특정 객체에 적용되는 프로그래밍 동작을 해당 객체에만 한정하고, 다음에 이어질 동작을 미리 준비하게 된다.

제이쿼리는 위와 같은 전략을 통해 파일의 크기를 작게 유지하는 동시에 라이브러리 사용자가 필요로 하는 커스텀 코드를 손쉽게 작성하고 추가할 수 있도록 한다.

제이쿼리가 이처럼 탁월한 수준에 이르게 된 데에는 훌륭한 프로그램 설계도 중요한 역할을 했지만, 무엇보다 제이쿼리 라이브러리 프로젝트가 발전할 수 있도록 지속적으로 헌신해온 커뮤니티의 역할이 크다고 할 수 있다. 제이쿼리 사용자 그룹은 자신들이 필요로 하는 플러그인 개발은 물론 제이쿼리의 기초라 할 수 있는 코어 라이브러리 개발에도 많이 기여해왔다. 사용자와 개발자 커뮤니티의 공식 프로젝트 문서는 다음 링크에서 확인할 수 있다. http://api.jquery.com

오랜 기간 유연하면서도 견고한 시스템을 만들기 위한 무수한 노력이 있었지만, 제이쿼리를 어떻게 쓰느냐는 전적으로 여러분의 판단에 달려 있다. 제이쿼리는 MIT 라이선스의 적용을 받는 오픈소스 프로젝트이므로, 어떤 사이트 혹은 어떤 소프트웨어 개발에도 무료로 사용할 수 있다. 또한 여타의 GNU 라이선스에 적용을 받는 오픈소스 프로젝트처럼, GNU 퍼블릭 라이선스^{Public License}를 준수하는 가운데 여러분이 개발한 제이쿼리 응용 저작물을 재라이선싱할 수도 있다.

■ 제이쿼리 3의 새로운 기능

기존 제이쿼리 2에 비해 제이쿼리 3에서의 변화는 표면적으로 그리 많아 보이지 않으며, 변화의 대부분은 라이브러리 내부에 감춰져 있다. 제이쿼리 3에 추가된 새로운 기능 몇 가지를 살펴보고 기존의 제이쿼리 프로젝트에 미칠 영향에 대해 생각해보자. 여기서 소개한 부분 외의 상세 내용은 다음 링크에서 확인할 수 있다. https://jquery.com/upgrade-guide/3.0

브라우저 지원

제이쿼리 3의 브라우저 지원과 관련된 가장 큰 변화는 인터넷 익스플로러에 대한 것이다. 웹 개발자라면 누구나 구 버전의 인터넷 익스플로러를 지원하느라 고생한 경험이 있을 것이다. 제이쿼리 3는 공식적으로 IE9 이상의 버전만을 지원키로 결정했다. 이 외 다른 브라우저는 종전과 같이 현재 버전은 물론 기존 버전을 지속적으로 지원한다.

 인터넷 익스플로러의 시대는 이미 저물고 있다. 마이크로소프트는 이미 수년 전부터 IE를 이을 차세대 브라우저인 엣지(Edge)를 배포 중이다. 엣지는 IE와는 완전히 구분되는 새로운 프로젝트이며, IE가 태생적으로 안고 있던 여러 가지 문제점에서 자유롭다. 또한 최근 마이크로소프트 윈도우에서는 엣지를 기본 브라우저로 적극 활용토록 하고 있으며, 버전 업데이트 또한 예측 가능한 범위 내에서 정기적으로 이뤄지고 있다. IE의 시대여, 안녕.

거치 객체

비동기 프로그래밍을 위한 유용한 도구 중 하나로 의도적인 지연 처리를 담당하는 거치 객체^{Deferred object}는 제이쿼리 1.5에서 처음 소개됐다. 거치 객체는 ES2015의 약정 객체^{Promise object}와 비슷한 기능을 수행하지만 속성 차이로 인해 서로를 바꿔서 쓸 수는 없었다. 자바스크립트의 ES2015는 현대 브라우저에 적용되는 가장 보편적인 버전이라 할 수 있으며, 이번 제이쿼리 3에서 거치 객체는 약정 객체와 완벽하게 호환된다. 결과적으로는 기존의 거치 객체의 구현 방식이 크게 바뀌게 됐다.

비동기식 함수

비동기적으로 실행되는^{document-ready} 콜백 함수의 초기 버전은 사용하기 꽤나 어려웠는데, 제이쿼리 3에서는 다음과 같은 이유로 인해 이번 함수의 보완이 필요했다. 첫 번째, $(( ) => {}) 표현식은 거치 객체를 반환하는데, 현재는 네이티브 약정 객체처럼 작동한다는 점이다. 두 번째, `jQuery.ready` 약정 객체는 document가 ready 상태가 됐을 때만 사용할 수 있다는 점이다. 이 책 후반부에서 다시 설명하겠지만, 제이쿼리 3에서는 DOM이 렌더링되기 전에라도 이와 같은 약정 객체가 비동기적으로 임무를 수행하도록 할 수 있다.

그 외 다양한 신규 기능

이번 절에서 제이쿼리 3의 API에 적용된 크고 다양한 변경 내용을 모두 소개하기는 어렵다. 앞서 소개한 버전 업그레이드 가이드라인에서 세부적인 변경 사항을 파악하고 이를 활용하기 위한 방법을 알아보기 바란다. 제이쿼리 3의 신규 기능과 기존 버전과의 눈에 띄는 차이점 등은 이후 장에서 자세히 설명한다.

▌ 첫 번째 제이쿼리 웹 페이지 만들기

지금까지 제이쿼리의 주요 기능을 대략적으로 살펴봤다. 1장에서는 제이쿼리를 실제 웹 페이지에 적용하는 법을 알아본다. 이를 위해 가장 먼저 제이쿼리 라이브러리를 다운로드한다.

제이쿼리 다운로드하기

제이쿼리를 사용하기 위해 별도의 설치 작업은 필요 없으며, 사이트 외부 또는 내부에서 참조할 제이쿼리 라이브러리 파일만 있으면 된다. 자바스크립트는 인터프리트 언어 interpreted language이므로 컴파일이나 빌드 단계에 대해 신경 쓸 필요가 없다. 웹 페이지에 제이쿼리 기능을 적용하려면, HTML 문서 내 <script> 태그를 추가하고 관련 파일만 참조하면 된다.

제이쿼리 공식 웹사이트(http://jquery.com/)는 최신 라이브러리 버전을 제공하고 있으며, 우리가 사용할 파일 역시 공식 웹사이트 홈페이지에서 다운로드한다. 홈페이지에서는 다양한 버전의 제이쿼리 라이브러리를 확인할 수 있으며, 이 책에서는 관련 예제 구현을 위해 최신 비압축 라이브러리 버전을 사용한다. 이후 실제 개발 환경에서는 압축 버전의 라이브러리로 대체 가능하다.

제이쿼리에 대한 관심과 사용자가 급속히 증가함에 따라, 다수의 기업이 제이쿼리를 콘텐츠 공급 네트워크^{CDNs, Content Delivery Network} 서비스로 제공하고 있다. 그 중 대표적인 것이 구글 라이브러리(https://developers.google.com/speed/libraries/#jquery), 마이크로소프트 AJAX 라이브러리(http://www.asp.net/ajaxlibrary/cdn.ashx), 그리고 제이쿼리 코드(http://code.jquery.com)이며, 사용자의 위치에 상관없이 전 세계 어디서나 빠르게 관련 파일을 사용할 수 있도록 돕는다. CDN 기반 제이쿼리 파일은 분산 서버의 활용, 그리고 캐싱^{Caching}이라는 장점을 최대한 살릴 수 있다. 개발 진행 과정에서는 여러분의 컴퓨터에 관련 파일을 저장해두고 이를 참조하는 편이 좋다. 이 책에서는 여러분의 컴퓨터에 저장된 제이쿼리 라이브러리를 활용하는 방법을 설명하며, 이는 인터넷 연결 상태와 무관하게 학습을 진행할 수 있다는 장점이 있다.

 버그를 방지하기 위해 jQuery 3.1.1 등 특정 버전의 제이쿼리를 사용하기 바란다. 다수의 CDN에서는 최신 버전의 라이브러리 링크를 제공하며, 제이쿼리 설치를 위해 npm을 사용하는 경우 원하는 버전의 package.json 파일인지 확인한다.

HTML 문서에서 제이쿼리 설정하기

제이쿼리 라이브러리가 적용된 웹 페이지를 작성하려면 문서의 내용과 구조를 정의하기 위한 HTML, 스타일을 정의하기 위한 CSS, 기능을 부여하기 위한 자바스크립트 등 세 가지 요소가 공통적으로 필요하다. 이번 첫 번째 제이쿼리 예제에서는 몇 가지 클래스 속성이 반영된 책 개요 페이지를 작성한다. 이번 웹 페이지는 미리 다운로드해 jquery.js로 이름을 바꾼 뒤 로컬 프로젝트 디렉터리에 저장한 최신 버전의 제이쿼리 라이브러리를 참조한다.

```
<!DOCTYPE html>
  <html lang="en">
    <head>
```

```html
    <meta charset="utf-8">
    <title>Through the Looking-Glass</title>

    <link rel="stylesheet" href="01.css">

    <script src="jquery.js"></script>
    <script src="01.js"></script>
  </head>
  <body>
    <h1>Through the Looking-Glass</h1>
    <div class="author">by Lewis Carroll</div>

    <div class="chapter" id="chapter-1">
      <h2 class="chapter-title">1. Looking-Glass House</h2>
      <p>There was a book lying near Alice on the table,
        and while she sat watching the White King (for she
        was still a little anxious about him, and had the
        ink all ready to throw over him, in case he fainted
        again), she turned over the leaves, to find some
        part that she could read, <span class="spoken">
        "&mdash;for it's all in some language I don't know,"
        </span> she said to herself.</p>
      <p>It was like this.</p>
      <div class="poem">
        <h3 class="poem-title">YKCOWREBBAJ</h3>
        <div class="poem-stanza">
          <div>sevot yhtils eht dna ,gillirb sawT'</div>
          <div>;ebaw eht ni elbmig dna eryg diD</div>
          <div>,sevogorob eht erew ysmim llA</div>
          <div>.ebargtuo shtar emom eht dnA</div>
        </div>
      </div>
      <p>She puzzled over this for some time, but at last
        a bright thought struck her. <span class="spoken">
        "Why, it's a Looking-glass book, of course! And if
        I hold it up to a glass, the words will all go the
```

44

```
      right way again."</span></p>
    <p>This was the poem that Alice read.</p>
    <div class="poem">
      <h3 class="poem-title">JABBERWOCKY</h3>
      <div class="poem-stanza">
        <div>'Twas brillig, and the slithy toves</div>
        <div>Did gyre and gimble in the wabe;</div>
        <div>All mimsy were the borogoves,</div>
        <div>And the mome raths outgrabe.</div>
      </div>
    </div>
  </div>
</body>
</html>
```

HTML 코드가 로딩된 직후, 다음과 같은 내용의 스타일시트가 로딩된다.

```
body {
  background-color: #fff;
  color: #000;
  font-family: Helvetica, Arial, sans-serif;
}
h1, h2, h3 {
  margin-bottom: .2em;
}
.poem {
  margin: 0 2em;
}
.highlight {
  background-color: #ccc;
  border: 1px solid #888;
  font-style: italic;
  margin: 0.5em 0;
  padding: 0.5em;
}
```

TIP

예제 코드 다운로드

이 책의 예제 코드는 다음 깃허브 저장소에서 다운로드할 수 있다.

https://github.com/PacktPublishing/Learning-jQuery-3/

스타일시트를 참조한 뒤, 자바스크립트 파일을 로딩한다. 이때 커스텀 스크립트 태그 앞에 제이쿼리 라이브러리를 가져오기 위한 태그가 위치해야 한다. 그렇지 않을 경우 우리가 작성한 코드에서 제이쿼리 프레임워크를 정상적으로 참조하지 못할 수 있다.

이후에는 예제와 관련된 HTML, CSS 코드만을 설명하며, 해당 웹 페이지 또는 프로젝트 전체 파일을 확인하고자 할 경우 다음 링크에서 예제 코드를 다운로드해 사용한다.

https://github.com/PacktPublishing/Learning-jQuery-3/

지금까지 작성된 내용을 브라우저에서 확인한 결과는 다음과 같다.

Through the Looking-Glass

by Lewis Carroll

1. Looking-Glass House

There was a book lying near Alice on the table, and while she sat watching the White King (for she was still a little anxious about him, and had the ink all ready to throw over him, in case he fainted again), she turned over the leaves, to find some part that she could read, "—for it's all in some language I don't know," she said to herself.

It was like this.

YKCOWREBBAJ
sevot yhtils eht dna ,gillirb sawT'
;ebaw eht ni elbmig dna eryg diD
,sevogorob eht erew ysmim llA
.ebargtuo shtar emom eht dnA

She puzzled over this for some time, but at last a bright thought struck her. "Why, it's a Looking-glass book, of course! And if I hold it up to a glass, the words will all go the right way again."

This was the poem that Alice read.

JABBERWOCKY
'Twas brillig, and the slithy toves
Did gyre and gimble in the wabe;
All mimsy were the borogoves,
And the mome raths outgrabe.

다음 절에서는 제이쿼리를 이용해 poem 텍스트에 새로운 스타일을 적용한다.

 이번 예제는 제이쿼리의 간단한 사용 방법을 설명하기 위한 것이다. 실제 개발 환경에서는 CSS만으로도 충분히 구현할 수 있다.

제이쿼리 코드 추가하기

커스텀 코드는 HTML 문서에서 현재 비어 있는 두 번째 스크립트 태그인 `<script src="01.js"></script>`란에 추가한다. 이번 예제에서는 다음 세 줄의 코드만으로 충분하다.

```
$(() => {
  $('div.poem-stanza').addClass('highlight')
});
```

 이 책에서는 대부분의 콜백 함수 구현에 있어 ES2015의 새로운 문법 스타일인 화살표 문자 함수를 사용한다. 화살표 문자 함수는 기존의 function 키워드를 사용하는 것에 비해 훨씬 적은 양의 코드만 입력하면 된다. 하지만 기존의 function( ) { } 문법에 익숙하다면, 화살표 함수 대신 기존의 함수를 사용해도 된다.

이제 위 스크립트가 어떻게 작동하는지 낱낱이 살펴보자.

poem 텍스트 찾기

제이쿼리의 기본적인 기능은 웹 문서 내에 있는 특정 요소를 선택하는 것이다. $( ) 함수가 바로 이 임무를 맡는다. 보통 이 함수는 파라미터로 CSS 선택자 문법을 포함한 문자열을 받는다. 이번 예제에서 문서 내 poem-stanza 클래스가 적용된 모든 `<div>` 요소를 찾게 되며, 선택자의 내용 또한 매우 간단함을 알 수 있다. 이후에는 꽤 세심하고도 복잡한 선택자 사용을 알아볼 텐데 2장, '요소 선택하기'에서는 문서 내 특정 요소의 위치로 이동하기 위한 다양한 방법을 소개한다.

함수를 호출하면 $( ) 함수는 새로운 제이쿼리 객체 인스턴스를 반환하며, 바로 이 인스턴스가 앞으로 우리가 사용할 기본 요소 또는 블록과 같은 역할을 하게 된다. 이번 객체는 0개 또는 여러 개의 DOM 요소를 캡슐화할 수 있고, 다양한 방법으로 해당 요소와 상호작용할 수 있는 방법을 제공한다. 이번 예제에서는 페이지 요소 일부의 디자인을 바꾸는 데 사용하며, poem 텍스트에 적용된 클래스를 변경하는 작업을 실행한다.

새로운 클래스 주입하기

선택된 요소에 특정 클래스를 추가하는 .addClass( ) 메소드는 다른 제이쿼리 메소드처럼 이름을 통해 핵심 기능을 파악할 수 있으며, 메소드 파라미터로 추가하려는 클래스 이름을 받는다. 이 메소드의 반대 기능을 제공하는 .removeClass( ) 메소드 역시 앞으로 구현하게 될 다양한 예제 코드에서 쉽게 볼 수 있을 것이다. 이번 예제에서는 간단하게 클래스를 추가하는 방법만 살펴보며, 클래스를 추가하면 회색 배경과 경계선이 있는 이탤릭체 텍스트 스타일이 적용된다.

 모든 poem-stanza 클래스에 새로운 클래스를 추가하기 위해 반복 작업을 할 필요는 없다. 앞서 언급한 바와 같이 제이쿼리는 암묵적인 반복 기능의 함수를 제공하며 .addClass( )도 그 중 하나이므로 한 번만 해당 함수를 호출해도 문서 내 모든 요소에 적용된다.

코드 실행하기

$( ) 함수와 .addClass( ) 함수만으로도 poem 텍스트의 디자인 스타일을 변경할 수 있지만, 문서 header 섹션에 이 코드만 입력한다면, 아무런 효과도 나타나지 않는다. 자바

스크립트 코드는 header에 포함된 스크립트가 처리되는 시점에 브라우저에 표시되는데, 이때는 아직 HTML 요소에 아무런 스타일도 적용되지 않기 때문이다. 따라서 자바스크립트 코드의 실행을 DOM 요소를 사용할 수 있는 시점 이후로 미뤄야 한다.

제이쿼리의 (선택자 표현식 대신 함수를 전달하는) $(( ) => {}) 문법 구조는 DOM 요소가 로딩된 뒤 해당 함수를 호출하도록 시점을 조절하되, 이미지 등이 완전히 로딩될 때까지 기다리는 것은 아니다. 이와 같은 이벤트 스케줄링은 제이쿼리만 제공하는 기능은 아니지만, $(( ) => {}) 함수는 크로스 브라우저 환경에서 다음과 같은 유용한 기능을 제공한다.

- 브라우저에 내장된 DOM-ready 구현 기능을 사용하며, 안정적인 기능 구현을 위해 window.onload 이벤트 핸들러를 추가한다.
- 이미 브라우저 이벤트가 호출된 뒤에도 $( )에 전달한 함수를 실행한다.
- 지연 처리가 필요할 경우, 비동기적인 이벤트 스케줄링 기능을 제공한다.

$( ) 함수의 파라미터는 다음 코드처럼 이미 정의된 함수를 참조값으로 받을 수 있다.

```
function addHighlightClass( ) {
  $('div.poem-stanza').addClass('highlight');
}

$(addHighlightClass);
```

리스팅 1.1

또한 기존 스크립트 스타일 외에도 다음 리스팅 1.2와 같은 익명 함수 방식으로 동일한 기능을 구현할 수 있다.

```
$(( ) =>
 $('div.poem-stanza').addClass('highlight')
);
```

리스팅 1.2

제이쿼리에서 익명 함수^{anonymous function}는 인수^{argument}로서 재사용하지 않는 또 다른 함수를 받는 경우 유용하며, 익명 함수를 생성하는 클로저^{closure} 역시 제이쿼리의 강력한 도구라 할 수 있다. 화살표 기호 함수를 사용하는 경우, 서로 연동하지 않아야 할 함수를 맥락상 연동하는 경우가 발생한다. 이때는 의도치 않은 결과가 나타나거나 불필요하게 메모리를 낭비하게 될 수 있으니 주의한다.

완성된 제이쿼리 웹 페이지

제이쿼리 코드가 적용된 웹 페이지는 다음과 같이 나타난다.

poem stanzas 클래스 텍스트는 highlight 클래스가 추가로 적용돼 01.css 스타일시트의 내용을 반영해 회색 상자 내에 이탤릭체 스타일이 적용돼 나타난다.

▌ 보통의 자바스크립트와 제이쿼리 비교

방금 소개한 것과 같은 간단한 내용조차 제이쿼리가 없으면 꽤 복잡한 코드를 작성해야 한다. 보통의 자바스크립트를 이용해 highlight 클래스를 추가하려면 다음과 같은 코드를 작성해야 한다.

```
window.onload = function() {
  const divs = document.getElementsByTagName('div');
  const hasClass = (elem, cls) =>
    new RegExp(` ${cls} `).test(` ${elem.className} `);

  for (let div of divs) {
    if (hasClass(div, 'poem-stanza') && !hasClass(div, 'highlight')) {
      div.className += ' highlight';
    }
  }
};
```

리스팅 1.3

리스팅 1.3에는 꽤 긴 코드가 사용됐음에도 불구하고, 제이쿼리를 사용한 리스팅 1.2에 비해 다음 내용이 빠져 있다.

- 다른 window.onload 이벤트 핸들러의 적절한 처리
- DOM이 준비된 즉시 스크립트 실행
- 요소 선택 및 인출의 최적화, 현대적인 DOM 메소드의 활용

제이쿼리 코드는 보통의 자바스크립트 코드에 비해 더 간편하게 작성할 수 있고, 더 읽기 쉬우며, 실행 속도 또한 더 빠르다.

▌ 개발자 도구 활용하기

지난 예제 코드 비교를 통해 제이쿼리 코드가 기본형의 자바스크립트에 비해 훨씬 간결하고 명료하다는 사실을 알게 됐다. 하지만 모든 개발 과정에는 크고 작은 문제가 발생하기 마련이고, 우리는 언제 어디서나 이러한 문제를 찾아내고 수정할 수 있어야 한다. 브라우저에서 제공하는 표준 개발자 도구를 활용한다면 제이쿼리 라이브러리를 훨씬 더 편안하게 사용할 수 있을 것이다.

현대적인 브라우저 대부분은 고품질의 개발자 도구를 제공하므로, 각자 자신의 스타일에 맞춰 도구를 선택하고 이에 익숙해지면 충분하다. 브라우저 제공 개발자 도구는 다음과 같다.

- 마이크로소프트 엣지 F12 개발자 도구

  (https://docs.microsoft.com/en-us/microsoft-edge/f12-devtools-guide)

- 인터넷 익스플로러 개발자 도구

  (https://msdn.microsoft.com/en-us/library/dd565628(v=vs.85).aspx)

- 사파리 웹 개발자 도구

  (https://developer.apple.com/safari/tools/)

- 크롬 개발자 도구

  (https://developer.chrome.com/devtools)

- 파이어폭스 개발자 도구

  (https://developer.mozilla.org/en-US/docs/Tools)

개발자 도구는 공통적으로 다음과 같은 기능을 제공한다.

- DOM 요소 탐색 및 수정
- CSS 코드와 페이지에 적용된 스타일의 관련성 확인
- 특정 메소드에 의한 스크립트 실행 결과 추적
- 스크립트의 실행 중지 및 변숫값 검사

이들 기능에 대한 세부적인 구현 내용은 약간씩 다를 수 있지만 개발자 도구에서 제공하는 기본 기능은 비슷하다. 다음 절에서는 여러 도구 가운데 크롬 개발자 도구Chrome Developer Tools를 선택해 그 사용 방식을 알아본다. 이 외의 다양한 개발자 도구는 직접 사용해 보고 자신에게 맞는 것을 선택하기 바란다.

크롬 브라우저 개발자 도구

최신 버전의 크롬 개발자 도구에 대한 상세한 내용은 프로젝트 문서 페이지에서 확인할 수 있다(https://developer.chrome.com/devtools). 지면 관계상 세부적인 내용을 모두 설명하기는 어려우며, 제이쿼리 예제 구현 시 필요한 주요 기능을 중심으로 크롬 개발자 도구에 대해 알아보겠다.

크롬 개발자 도구의 스크린샷 화면에 대해
크롬 개발자 도구의 업데이트 주기는 무척 짧고 업데이트 내용 또한 많으므로 스크린샷 화면과 여러분의 컴퓨터에 나타난 화면은 똑같지 않을 수 있다.

크롬 개발자 도구를 켜면, 현재 페이지에 대한 정보를 표시하는 패널이 나타난다. 패널 중 Elements 탭에서 화면 좌측에는 페이지 구조의 시각적인 형태가 표시되고 화면 우측에는 선택된 요소에 대한 (CSS 규칙 등) 상세한 정보가 표시된다. Elements 탭은 페이지 구조를 확인하고 CSS와 관련된 여러 문제를 해결하는 데 특히 유용하다.

Sources 탭은 페이지에 로딩된 모든 콘텐츠와 그에 대한 스크립트를 표시한다. 코드 라인 번호를 오른쪽 클릭하면 브레이크포인트, 또는 조건에 따른 브레이크포인트를 추가할 수 있으며, 또 다른 브레이크포인트에 도달할 때까지 스크립트가 실행되게 할 수도 있다. 브레이크포인트[Breakpoints]는 스크립트의 실행을 잠시 중단할 수 있는 좋은 방법이며, 문제를 찾기 위해 코드를 한 줄씩 검사해 나갈 수도 있다. 페이지 우측에는 전달되는 값을 알고자 하는 변수 또는 표현식을 입력할 수 있다.

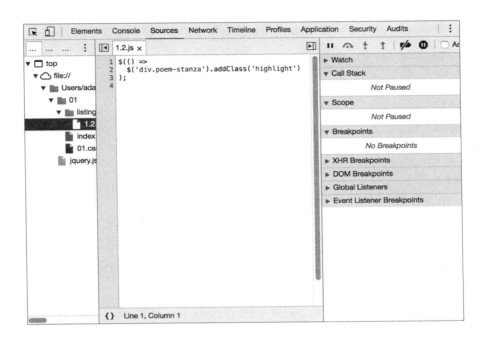

Console 탭은 제이쿼리를 학습할 때 가장 자주 사용하게 될 것이다. 패널 하단에 위치한 필드에 자바스크립트 명령 코드를 입력하면, 해당 명령의 실행 결과가 패널에 표시된다.

위 그림은 앞서 살펴본 리스팅 1.2의 코드를 입력한 것으로, 제이쿼리 선택자를 이용해 특정 요소를 선택하고 클래스만 추가했다. 아직 별다른 작업도 진행하지 않았지만 아래 Console 패널에는 꽤 유용한 정보가 표시되며, 선택자가 페이지에 있는 두 개의 .poem-stanza 요소를 가리킨다는 사실을 알 수 있다. Console 패널의 이러한 기능을 이용하면, 브라우저를 켠 상태에서 장문의 제이쿼리 코드를 순식간에 파악할 수 있다.

또한 console.log( ) 메소드를 이용해 콘솔의 출력 내용을 직접 지정할 수도 있다.

```
$(() => {
  console.log('hello');
  console.log(52);
  console.log($('div.poem-stanza'));
});
```

리스팅 1.4

위 코드는 console.log( ) 메소드를 통해 어떤 종류의 데이터 타입이든 전달할 수 있음을
보여준다. 문자열과 숫자 타입 같은 간단한 값은 콘솔 패널에 직접 출력되며, 제이쿼리
객체 등 좀 더 복잡한 타입의 값은 미리 정의한 내용대로 화면에 표시된다.

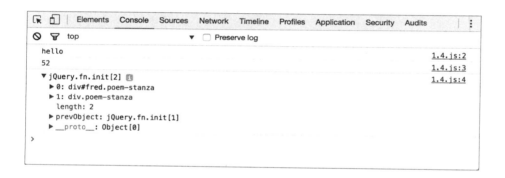

위 console.log( ) 함수는 앞서 설명한 여러 브라우저에서 제공하는 개발자 도구에서 동
일하게 사용할 수 있다. 또한 자바스크립트 개발 시 자주 사용하는 alert( ) 함수의 대체
용은 물론 제이쿼리 코드를 테스트할 때도 편리하게 사용할 수 있다.

▌ 요약

1장에서는 웹 페이지 개발을 위한 자바스크립트 라이브러리인 제이쿼리의 개요에 대해 알아보고, $() 함수를 이용해 특정 클래스 속성을 지닌 요소의 위치를 파악하는 방법, .addClass() 메소드를 이용해 페이지 특정 요소에 스타일을 추가하는 방법, 그리고 $(() => {}) 함수를 통해 페이지 로딩 시 해당 메소드를 실행하는 법을 알아봤다. 또한 제이쿼리 코드의 작성, 테스트, 디버깅에 활용하기 위한 개발자 도구에 대해서도 다뤘다.

이제 여러분은 자바스크립트 프레임워크를 활용한 웹 프로그래밍이 백지 상태에서 출발하는 보통의 자바스크립트 코딩에 비해 어떤 장점이 있는지 알게 됐다. 또한 여러 자바스크립트 프레임워크 가운데 제이쿼리가 지닌 특징과 장점을 파악하고, 제이쿼리를 통해 좀 더 간편하게 웹 페이지를 정의할 수 있다는 사실도 느꼈다.

제이쿼리가 작동하는 모습을 살펴보기 위해 간단한 예제도 작성해봤는데, 아직은 실무에 적용하고 싶을 정도로 대단한 기능을 발휘하는 수준은 아니었다. 2장에서는 좀 더 세심하면서도 복잡한 선택자 구현 방식에 대해 알아보고, 이 기술을 실무에 적용하기 위한 예제도 다룬다.

02

요소 선택하기

제이쿼리 라이브러리는 CSS^{Cascading Style Sheets}의 선택자^{selectors} 기능을 활용해 DOM^{Document Object Model} 요소에 신속하게 접근하고 간편하게 가져올 수 있는 방법을 제공한다.

2장에서 다루는 내용은 다음과 같다.

- 웹 페이지 요소의 구조
- 페이지 내 특정 요소를 찾기 위한 CSS 선택자 활용 방법
- CSS 선택자의 구체성을 변경할 때 나타나는 일들
- 표준 CSS 선택자의 성능 확장을 위한 커스텀 제이쿼리 익스텐션
- 페이지 내 여러 요소를 유연하게 이동할 수 있는 DOM 이동 메소드
- 제이쿼리 객체를 효율적으로 순회하기 위한 현대적인 자바스크립트 문법

▌ DOM 개념의 이해

제이쿼리의 가장 강력한 측면 중 하나는 DOM에서 어떤 요소든 찾아내고 가져올 수 있는 능력이다. DOM은 자바스크립트와 웹 페이지를 연결하는 인터페이스라 할 수 있으며, HTML 문서의 개별 구성 요소를 보통의 텍스트가 아닌 객체의 네트워크로 활용할 수 있도록 돕는다.

이와 같은 객체의 네트워크는 페이지를 구성하는 요소의 가계도^{family tree}와 같은 형태를 띤다. 웹 페이지를 개발하는 과정에서 우리가 이들 요소의 관계를 언급할 때 역시 부모^{parents}, 자식^{children}, 형제^{siblings} 등 가족 관계를 설명할 때 사용하는 단어가 사용된다. 웹 페이지를 묘사하는 데 사용되는 가계도의 개념을 이해하기 위해 간단한 예제를 살펴보자.

```html
<html>
  <head>
    <title>the title</title>
  </head>
  <body>
    <div>
      <p>This is a paragraph.</p>
      <p>This is another paragraph.</p>
      <p>This is yet another paragraph.</p>
    </div>
  </body>
</html>
```

위 HTML 문서에서 <html>은 모든 요소의 조상^{ancestor}이며, 또 다른 표현으로 위 문서의 모든 요소는 <html>의 자손^{descendants}이다. <head>와 <body>는 자손이자, 동시에 <html>의 자식^{children}이다. 같은 이유에서 <head>, <body>, <html>의 조상 요소는 곧 이들 요소의 부모 요소이기도 하다. <p> 요소는 <div>의 자식(자손) 요소이고, <body>와 <html>의 자손이며, 다른 <p> 요소와는 서로 형제다.

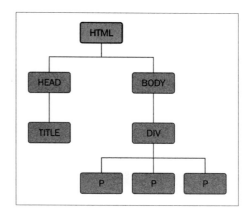

위 이미지는 DOM의 가계도 구조를 시각화한 것으로, 브라우저에서 제공하는 개발자 도구의 주요 기능은 페이지의 DOM 구조를 검사하는 것이라 할 수 있다. 웹 페이지의 DOM 구조를 알게 되면, 특정 웹 애플리케이션의 작동 원리를 파악할 수 있게 되며, 이에 착안해 유사한 기능을 구현할 수 있다.

이와 같은 트리 구조의 지식이 있다면, 제이쿼리를 통해 페이지 내 특정 요소의 위치를 효과적으로 확인할 수 있다. 이를 위한 도구가 바로 제이쿼리 선택자와 순회traversal 메소드다.

■ $( ) 함수 사용하기

제이쿼리 선택자와 메소드를 이용해 선택하거나 생성한 결과물은 다름 아닌 제이쿼리 객체jQuery object다. 제이쿼리 객체는 페이지에서 가져온 다른 어떤 요소와도 쉽게 연결할 수 있고, 좀 더 복잡한 기능을 활용할 수 있게 해준다. 이들 객체에 이벤트를 연결하거나 시각 효과를 추가할 수 있고, 여러 개의 기능과 효과를 연쇄적으로 실행할 수 있도록 돕는다.

제이쿼리 객체는 보통의 DOM 요소 또는 노드 목록과는 다르며, 이와 관련된 임무를 수행하기 위해 동일한 메소드 또는 프로퍼티를 제공하지 않는 경우도 있다. 2장 마지막 부분에서 제이쿼리 객체를 통해 수집된 DOM 요소에 직접 접근할 수 있는 법을 알아본다.

새로운 제이쿼리 객체를 생성하기 위한 함수가 바로 $( ) 함수다. $( ) 함수는 보통의 경우 단일 파라미터로 CSS 선택자를 받으며, 페이지 내 특정 요소에 대응하는 제이쿼리 객체를 반환하는 팩토리 함수로서의 역할을 수행한다. 이 함수에는 우리가 스타일시트 작성에 사용하는 보통의 문자열 코드를 입력할 수 있고, 일련의 요소를 지정하는 제이쿼리 메소드를 입력할 수도 있다.

제이쿼리와 다른 자바스크립트 라이브러리를 함께 사용하기

$ 기호는 제이쿼리의 상징이라 할 수 있다. 하지만 $( ) 함수는 다른 자바스크립트 라이브러리에서도 보편적으로 사용하므로, 하나의 웹 페이지에 제이쿼리와 다른 자바스크립트 라이브러리를 함께 쓸 경우 충돌이 발생할 수 있다. 이런 경우 커스텀 제이쿼리 코드를 이용해 $ 기호를 대체하면 코드의 충돌을 방지할 수 있다. 코드 간의 충돌을 방지할 수 있는 또 다른 방법은 10장, '고급 이벤트'에서 소개한다. 이제 제이쿼리는 프론트엔드 개발 업계에서 모르는 사람이 없을 정도여서 라이브러리의 상징으로 $ 기호만 사용할 예정이다.

제이쿼리 선택자를 구성하는 가장 중요한 요소 세 가지는 태그 이름tag name과 ID, 클래스class이다. 이들 요소를 개별적으로 혹은 여러 개를 조합해 사용한다. 다음 표는 코드에서 이들 세 가지 선택자 요소를 활용하는 방법을 보여준다.

선택자 타입	CSS	jQuery	기능 설명
태그 이름	p { }	$('p')	문서 내 모든 문단(paragraphs)을 선택
ID	#some–id { }	$('#some–id')	문서 내 ID 요소(여기서는 some–id)를 선택
클래스	.some–class { }	$('.some–class')	문서 내 클래스 요소(여기서는 some–class)를 선택

1장, '제이쿼리 시작하기'에서 언급했듯이 제이쿼리 객체의 메소드를 호출하면 해당 선택자로 참조된 모든 요소는 $( ) 함수에 의해 자동적, 암묵적으로 선택된다. 따라서 우리는 제이쿼리를 사용하면서 for 순환문 등 명시적인 반복 명령을 줄일 수 있고, 이는 다른 DOM 관련 스크립트 라이브러리에 비해 큰 장점이라 할 수 있다.

이상으로 제이쿼리 선택자에 대한 기본적인 내용을 설명했다. 다음 절에서는 선택자의 실용적이면서 강력한 기능 구현에 대해 알아본다.

▌ CSS 선택자

제이쿼리 라이브러리는 월드 와이드 웹 컨소시엄에서 정의한 CSS1에서 CSS3까지의 거의 모든 선택자(http://www.w3.org/Style/CSS/specs)를 지원한다. 이와 같은 폭넓은 지원은 개발자로 하여금 어떤 브라우저든 자바스크립트만 지원하면 특정 선택자를 지원할지 여부를 고민할 필요 없이 구현에만 집중할 수 있게 해준다.

 점진적인 기능 강화

책임감 강한 제이쿼리 개발자라면 점진적인 기능 강화(progressive enhancement), 그리고 우아한 기능 약화(graceful degradation)라는 철학을 반영해 프로그래밍할 것이며, 이들이 만든 웹 페이지는 자바스크립트를 의도적으로 꺼 둔 상태에서도 아름답지는 않지만 필요한 내용만큼은 모두 정확하게 화면에 표시될 것이다. 이들 웹 구현의 기본 철학은 이후에도 자주 언급할 것이다. 점진적인 기능 강화에 대한 상세한 내용은 다음 링크에서 확인하자.
https://en.wikipedia.org/wiki/Progressive_enhancement
하지만 최근엔 브라우저의 자바스크립트 기능을 꺼두는 사용자는 극히 드물며, 이는 모바일 브라우저에서도 마찬가지이다.

제이쿼리에서 CSS 선택자를 어떻게 사용하는지 확인하기 위해 많은 웹사이트에서 사용하는 중첩형nested 무순위unordered 리스트 내비게이션 구조의 예제 코드를 작성한다.

```
<ul id="selected-plays">
  <li>Comedies
    <ul>
      <li><a href="/asyoulikeit/">As You Like It</a></li>
      <li>All's Well That Ends Well</li>
      <li>A Midsummer Night's Dream</li>
      <li>Twelfth Night</li>
    </ul>
  </li>
  <li>Tragedies
    <ul>
      <li><a href="hamlet.pdf">Hamlet</a></li>
      <li>Macbeth</li>
      <li>Romeo and Juliet</li>
    </ul>
  </li>
  <li>Histories
    <ul>
      <li>Henry IV (<a href="mailto:henryiv@king.co.uk">email</a>)
        <ul>
          <li>Part I</li>
          <li>Part II</li>
        </ul>
      <li><a href="http://www.shakespeare.co.uk/henryv.htm">Henry V</a></li>
      <li>Richard II</li>
    </ul>
  </li>
</ul>
```

예제 코드 다운로드

이 책의 예제 코드는 다음 깃허브 저장소에서 다운로드할 수 있다.

http://github.com/PacktPublishing/Learning-jQuery-3

첫 번째 <ul>은 selecting-plays라는 ID값을 지니며, 이에 속한 <li> 아이템은 없다는 점을 알 수 있다. 아무런 스타일 적용 없이 위 코드를 브라우저에서 확인하면 다음과 같이 나타난다.

Selected Shakespeare Plays

- Comedies
  - <u>As You Like It</u>
  - All's Well That Ends Well
  - A Midsummer Night's Dream
  - Twelfth Night
- Tragedies
  - <u>Hamlet</u>
  - Macbeth
  - Romeo and Juliet
- Histories
  - Henry IV (<u>email</u>)
    - Part I
    - Part II
  - <u>Henry V</u>
  - Richard II

브라우저 확인 결과 위와 같은 중첩형 리스트가 나타나며, 일련의 목록 아이템은 각각의 레벨에 따라 수직으로 들여쓰기 형식으로 나타난다.

리스트 아이템 레벨에 스타일 적용하기

위 리스트 중 수직으로 배열된 Comedies, Tragedies, 그리고 Histories 등 최상위 아이템을 가져와서 수평으로 배열해야 한다고 생각해보자. 이를 위해선 가장 먼저 스타일시트에 horizontal 클래스를 정의한다.

```
.horizontal {
  float: left;
  list-style: none;
  margin: 10px;
}
```

위 horizontal 클래스는 각각의 요소가 좌측부터 나란히 정렬되도록 하며, 리스트 아이템에서 블릿 기호는 없어지고, 상하좌우 영역에 10px의 마진을 추가한다.

이번 예제에서는 horizontal 클래스를 HTML 문서에 직접 적용하지 않고, 제이쿼리 선택자를 이용해 최상위 레벨 아이템에만 동적으로dynamically 적용한다.

```
$(( ) => {
  $('#selected-plays > li')
    .addClass('horizontal');
});
```

리스팅 2.1

1장, '제이쿼리 시작하기'에서 설명한 것처럼, 제이쿼리 코드는 $(( ) => {})로 호출하며, DOM 요소가 로딩된 직후 코드로 입력한 내용이 실행된다.

두 번째 코드 라인에서, 자식 결합자child combinatory(>)로 최상위 레벨 아이템에만 horizontal 클래스를 추가한다. $( ) 함수 안에 든 선택자의 내용은 "selected-plays라는 이름의 ID를 지닌 요소의 모든 자식 리스트 아이템을 찾아라"는 것이다.

제이쿼리 코드를 통해 클래스가 추가되면 해당 클래스의 이름으로 스타일시트에 정의한 규칙이 적용되며, 기존에 수직으로 나타나던 리스트 아이템이 수평으로 나타나게 된다. 위 코드의 실행 결과는 다음과 같다.

Selected Shakespeare Plays

Comedies
- As You Like It
- All's Well That Ends Well
- A Midsummer Night's Dream
- Twelfth Night

Tragedies
- Hamlet
- Macbeth
- Romeo and Juliet

Histories
- Henry IV (email)
  - Part I
  - Part II
- Henry V
- Richard II

최상위 레벨이 아닌 다른 모든 리스트 아이템의 스타일 역시 간단한 작업으로 바꿀 수 있다. 최상위 레벨 아이템에 horizontal 클래스를 적용했으므로, 최상위 레벨이 아닌 모든 아이템을 찾으려면 (여집합 개념의) 부정 모조 클래스negation pseudo-class를 이용하면 되며, 이렇게 하면 horizontal 클래스에 속하지 않는 모든 요소가 선택되게 된다.

```
$(() => {
  $('#selected-plays > li')
    .addClass('horizontal');
  $('#selected-plays li:not(.horizontal)')
    .addClass('sub-level');
});
```

리스팅 2.2

위 코드가 실행되면 리스트 아이템(<li>)을 선택하되,

- selected-plays라는 ID값을 지닌 (#selectedplays) 요소의 자손이면서
- horizontal 클래스 속성은 지니지 않은 (:not(.horizontal)) 요소가 선택된다.

이번엔 이들 아이템에 sub-level 클래스를 추가하고, 스타일시트를 통해 회색 배경을 적용하는 코드를 작성해보자.

```
.sub-level {
  background: #ccc;
}
```

중첩 리스트는 다음과 같은 모습이 된다.

Selected Shakespeare Plays

Comedies
- As You Like It
- All's Well That Ends Well
- A Midsummer Night's Dream
- Twelfth Night

Tragedies
- Hamlet
- Macbeth
- Romeo and Juliet

Histories
- Henry IV (email)
  - Part I
  - Part II
- Henry V
- Richard II

▌ 선택자의 구체성

제이쿼리 선택자의 구체성은 다양하다. 때론 매우 넓은 범위의 대상을 선택할 수도 있고 때론 무척 세밀하게 대상을 특정하기도 한다. 선택자의 목적은 우리가 원하는 대상을 올바르게 선택하는 것이며, 그렇지 않다면 선택자로서 의미가 없을 것이다. 제이쿼리를 처음 사용하는 사람들은 대체로 매우 구체적인 선택자를 사용하는 경향이 있다. 이들은 다양한 시행착오를 겪으면서 기존의 선택자에 더욱 높은 구체성을 추가함으로써 자신이 원하는 대상만을 가져오기 위해 노력하지만 사실 이는 선택자 활용을 위한 최선의 방법은 아니다.

최상위 레벨인 `<li>` 아이템의 첫 번째 텍스트에 크기를 정의하기 위해 다음과 같은 스타일 규칙을 추가한다.

```
.big-letter::first-letter {
  font-size: 1.4em;
}
```

코드의 실행 결과는 다음 그림과 같다.

Selected Shakespeare Plays

Comedies
- As You Like It
- All's Well That Ends Well
- A Midsummer Night's Dream
- Twelfth Night

Tragedies
- Hamlet
- Macbeth
- Romeo and Juliet

Histories
- Henry IV (email)
  - Part I
  - Part II
- Henry V
- Richard II

Shakespeare's Plays

As You Like It	Comedy	
All's Well that Ends Well	Comedy	1601
Hamlet	Tragedy	1604
Macbeth	Tragedy	1606
Romeo and Juliet	Tragedy	1595
Henry IV, Part I	History	1596
Henry V	History	1599

Shakespeare's Sonnets

The Fair Youth	1–126
The Dark Lady	127–152
The Rival Poet	78–86

그림에서 알 수 있듯 Comedies, Tragedies, 그리고 Histories 텍스트의 첫 번째 글자 크기가 커졌다. 이와 같은 효과를 얻으려면 기존의 $('#selected-plays li') 수준보다 훨씬 구체성이 높게 요소를 지정하고 관련 스타일을 적용해야 한다. 기존의 선택자는 상위, 하위 레벨 구분 없이 모든 <li> 아이템에 스타일을 적용하기 때문이다. 우리가 원하는 효과를 거두기 위해 다음과 같은 제이쿼리 선택자로 구체성을 추가한다.

```
$(() => {
  $('#selected-plays > li')
    .addClass('big-letter');

  $('#selected-plays li.horizontal')
    .addClass('big-letter');

  $('#selected-plays li:not(.sub-level)')
    .addClass('big-letter');
});
```

리스팅 2.3

위 세 가지 선택자는 #selected-plays 속성이 적용된 최상위 레벨의 <li> 요소에 big-letter 스타일을 적용한다. 이들 선택자의 구체성 수준은 각각 다르다.

위 세 가지 선택자의 의미와 각각이 지닌 구체성 수준은 다음과 같다.

- #selected-plays > li: #selected-plays의 직계 자식인 <li> 요소를 찾는다. 이 선택자는 DOM 구조를 반영하고 있고, 이해하기 쉬운 내용으로 구성됐다.
- #selected-plays li.horizontal: horizontal 클래스가 적용된 <li> 요소 또는 #selected-plays의 하위 요소를 찾는다. 이 선택자 또한 DOM 구조를 반영하고 있고, 이해하기 쉬운 내용으로 구성됐다.
- #selected-plays li:not(.sub-level): 그런데 이 선택자는 의미를 단번에 이해하기 어렵고 비효율적이며 DOM 구조도 제대로 반영하지 못하고 있다.

위와 같이 선택자와 선택자를 결합해 구체성을 조절하려는 사례는 매우 많다. 세상에는 무수히 많은 애플리케이션이 있고, 선택자를 어떻게 쓰는 것이 가장 좋다는 정답은 존재하지 않는다. 하지만 어떤 선택자가 좀 더 좋은 표현을 쓰고 있는지 판단하고 싶다면 DOM 구조를 반영하고, 다양한 요소가 서로 자연스럽게 연결되며, 애플리케이션 또는 웹사이트 유지 보수를 쉽게 할 수 있는지 여부를 고려해야 할 것이다.

▌ 속성 선택자

속성 선택자Attribute selectors는 CSS 선택자의 하위 선택자로 활용하려 할 때 특히 유용하다. 속성 선택자는 해당 요소가 지닌 HTML 속성 중 하나를 이용해 구체성을 지정하며 링크 타이틀link's title, 이미지 대체 텍스트image's alt 속성 등이 활용된다. 예를 들어 alt 속성을 지닌 모든 이미지를 선택하려면, 다음과 같이 한다.

```
$('img[alt]')
```

스타일 링크

속성 선택자를 정의할 때는 정규 표현식regular expressions에 영향을 받은 와일드카드 문법wildcard syntax을 사용할 수 있으며, 이를 위해서는 문자열 맨 앞에 ^ 기호를 추가하거나 맨 뒤에 $ 기호를 추가하면 된다. 또 문자열 내에서 임의의 위치에 있는 값을 지정하기 위해 * 기호를 사용하거나, 부정값의 의미로 ! 기호를 사용할 수 있다.

예를 들어 여러 개의 링크에 다양한 스타일을 적용해보자. 먼저 스타일시트에 다음과 같이 링크 스타일을 정의한다.

```
a {
  color: #00c;
}

a.mailto {
  background: url(images/email.png) no-repeat right top;
  padding-right: 18px;
}

a.pdflink {
  background: url(images/pdf.png) no-repeat right top;
  padding-right: 18px;
}

a.henrylink {
  background-color: #fff;
  padding: 2px;
  border: 1px solid #000;
}
```

다음, 제이쿼리를 이용해 적절한 링크에 mailto, pdflink, henrylink 등 세 개의 클래스를 적용한다.

모든 email 링크에 클래스를 추가하기 위해, 앵커 요소 (a)의 href 속성이 mailto:로 시작하는 (^="mailto:") 모든 요소를 선택하는 선택자를 만든다.

```
$(() => {
  $('a[href^="mailto:"]')
.addClass('mailto');
});
```

리스팅 2.4

스타일시트에 미리 정의한 대로, 페이지의 mailto: 링크 요소 뒤에 편지 봉투 이미지가 나타난다.

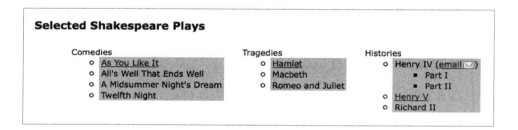

모든 PDF 파일 링크에 클래스를 추가하려면, ^ 기호 대신 $ 기호를 쓰는 편이 좋다. pdf로 끝나는 모든 href 속성 링크를 선택할 것이기 때문이다.

```
$(() => {
  $('a[href^="mailto:"]')
    .addClass('mailto');
  $('a[href$=".pdf"]')
    .addClass('pdflink');
});
```

리스팅 2.5

스타일시트에 새롭게 추가된 pdflink 클래스는 다음 그림과 같이 PDF 문서 링크 뒤에 어도비 아크로뱃^{Adobe Acrobat} 아이콘을 추가한다.

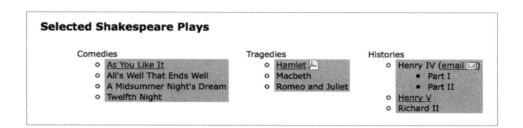

속성 선택자는 연결해 사용할 수도 있다. 예를 들어 http와 henry를 포함하고 있으면서 href값을 지닌 모든 링크에 henrylink 클래스를 추가할 수 있다. 다음 코드를 살펴보자.

```
$(() => {
  $('a[href^="mailto:"]').addClass('mailto');
  $('a[href$=".pdf"]').addClass('pdflink');
  $('a[href^="http"][href*="henry"]').addClass('henrylink');
});
```

리스팅 2.6

세 개의 링크 타입에 세 가지 클래스를 적용한 결과는 다음과 같다.

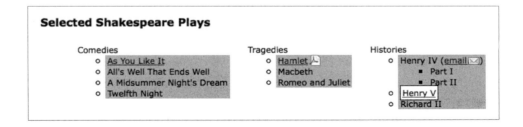

세 가지의 클래스를 통해 Hamlet 링크 우측의 PDF 아이콘, email 링크 우측의 우편 봉투 아이콘, 그리고 Henry V 링크 주위에 흰색 배경과 검은색 경계선의 박스를 추가했다.

▌ 커스텀 선택자

제이쿼리에서는 CSS 고유의 선택자 외에도 사용자 지정 커스텀 선택자를 추가할 수 있다. 커스텀 선택자는 CSS 선택자의 성능을 강화하는 역할을 하며, 페이지 내 특정 요소를 가져올 수 있는 새로운 방법을 제공한다.

 선택자의 성능

제이쿼리는 가능한 한 브라우저에서 제공하는 네이티브 DOM 선택자 엔진을 활용하며, 네이티브 선택자 성능은 커스텀 제이쿼리 선택자와는 비교할 수 없을 정도로 빠르다. 즉, 네이티브 선택자에서 제공하는 기능이라면 굳이 커스텀 선택자를 만들 필요는 없다.

대부분의 커스텀 선택자는 이미 선택한 요소를 좀 더 구체적이고 세밀하게 찾으려 할 때 만들게 된다. 커스텀 선택자는 CSS 모조 클래스^{pseudo-class} 문법 형식으로 정의하며, 이때 선택자는 콜론(:) 기호로 시작한다. 예를 들어 horizontal 클래스가 적용된 `<div>` 요소 중 두 번째 요소를 선택하기 위한 커스텀 선택자는 다음과 같이 정의할 수 있다.

```
$('div.horizontal:eq(1)')
```

:eq(1) 선택자는 `<div>` 집합 중 두 번째 요소를 선택한다. 자바스크립트의 배열 문법 규칙은 0부터 시작하며, 첫 번째 요소는 0, 두 번째 요소는 1 순서로 매겨지기 때문이다. 반면 CSS는 1부터 시작하며, `$('div:nth-child(1)')`는 div 요소에 속한 첫 번째 자식 요소를 선택한다. 가끔 자바스크립트와 CSS의 넘버링 방식이 헷갈릴 경우도 있을 텐데, 이때는 제이쿼리 API 문서를 확인해보기 바란다.

http://api.jquery.com/category/selectors/

테이블 행에 스타일 적용하기

:odd와 :even은 제이쿼리 라이브러리에서 홀수와 짝수 번째 요소를 선택할 수 있는 매우 유용한 한 쌍의 선택자다. 다음 예제 코드는 기본적인 테이블 구조를 선언한 것이다.

```
<h2>Shakespeare's Plays</h2>
<table>
  <tr>
    <td>As You Like It</td>
    <td>Comedy</td>
    <td></td>
  </tr>
  <tr>
    <td>All's Well that Ends Well</td>
    <td>Comedy</td>
    <td>1601</td>
  </tr>
  <tr>
    <td>Hamlet</td>
    <td>Tragedy</td>
    <td>1604</td>
  </tr>
  <tr>
    <td>Macbeth</td>
    <td>Tragedy</td>
    <td>1606</td>
  </tr>
  <tr>
    <td>Romeo and Juliet</td>
    <td>Tragedy</td>
    <td>1595</td>
  </tr>
  <tr>
    <td>Henry IV, Part I</td>
    <td>History</td>
```

```
      <td>1596</td>
    </tr>
    <tr>
      <td>Henry V</td>
      <td>History</td>
      <td>1599</td>
    </tr>
</table>

<h2>Shakespeare's Sonnets</h2>
<table>
  <tr>
      <td>The Fair Youth</td>
      <td>1-126</td>
  </tr>
  <tr>
      <td>The Dark Lady</td>
      <td>127-152</td>
  </tr>
  <tr>
      <td>The Rival Poet</td>
      <td>78-86</td>
  </tr>
</table>
```

위 문서 구조에는 별다른 스타일을 적용하지 않았다. 헤딩과 테이블 역시 마크업 문서 내용 그대로 나타나게 된다. 테이블은 다음 그림과 같이 흰색 백그라운드에, 행간의 구분이 없는 모습으로 렌더링된다.

Shakespeare's Plays

As You Like It	Comedy	
All's Well that Ends Well	Comedy	1601
Hamlet	Tragedy	1604
Macbeth	Tragedy	1606
Romeo and Juliet	Tragedy	1595
Henry IV, Part I	History	1596
Henry V	History	1599

Shakespeare's Sonnets

The Fair Youth	1–126
The Dark Lady	127–152
The Rival Poet	78–86

이제 시인성을 높이기 위해 테이블 odd행에 alt 클래스를 적용하기 위한 스타일 규칙을 작성해보자.

```
tr {
  background-color: #fff;
}
.  alt {
  background-color: #ccc;
}
```

다음, 제이쿼리 코드로 odd(홀수)행에 'alt' 클래스를 적용한다.

```
$(() => {
  $('tr:even').addClass('alt');
});
```

리스팅 2.7

그런데, 잠깐! 방금 홀수 번째 행에 스타일을 적용한다고 했는데 :even 선택자를 쓴 이유는 무엇인가? 이는 :eq( ) 선택자처럼, :even과 :odd 선택자도 자바스크립트 네이티브 코드의 0 기반 숫자 체계^{zero-based numbering}를 사용하기 때문이다. 따라서 첫 번째 열의 값은 0으로서 짝수에 해당하고, 두 번째 열이 1이 되어 홀수가 되는 것이다. 이런 사실을 염두에 두고 코드를 보면 다음과 같은 실행 결과도 짐작할 수 있다.

그런데 두 번째 테이블의 모습은 우리가 기대했던 것과는 다르다. Plays 테이블의 마지막 행이 회색이었기 때문에 그 아래 이어진 Sonnets 테이블은 흰색으로 시작된 탓이다. 이런 문제를 막기 위한 방법으로 :nthchild() 선택자가 있으며, 이 선택자는 모든 선택 요소를 대상으로 순서를 정하는 것이 아닌, 특정 부모 요소에 속한 대상의 순서를 정한다. :nthchild() 선택자의 인수로 숫자는 물론 odd 또는 even도 사용할 수 있다.

```
$(() => {
  $('tr:nth-child(odd)').addClass('alt');
});
```

리스팅 2.8

이때 주의할 사실은 :nth-child()은 제이쿼리의 1 기반 숫자 체계를 따른다는 것이다. 따라서 앞의 예제와 동일한 스타일을 구현하는 동시에 두 번째 테이블에도 스타일을 적용하려면 함수의 인수로 even 대신 odd를 사용해야 한다. 선택자를 제대로 작성했다면 다음과 같이 멋진 테이블 스타일이 만들어질 것이다.

Shakespeare's Plays

As You Like It	Comedy	
All's Well that Ends Well	Comedy	1601
Hamlet	Tragedy	1604
Macbeth	Tragedy	1606
Romeo and Juliet	Tragedy	1595
Henry IV, Part I	History	1596
Henry V	History	1599

Shakespeare's Sonnets

The Fair Youth	1-126
The Dark Lady	127-152
The Rival Poet	78-86

 :nth-child() 선택자는 대부분의 현대적인 브라우저에서 지원하는 네이티브 CSS 선택자다.

텍스트 내용에 따라 요소 선택하기

마지막 커스텀 선택자로, Henry와 관련된 연극이 있는 테이블 셀만을 강조할 수 있는 스타일을 적용해보자. 이번 예제는 highlight라는 클래스를 만들어서 텍스트에 볼드체와 이탤릭체를 적용하는 (.highlight {font-weight:bold; font-style: italic;}) 스타일 규칙을 추가하고, 제이쿼리 코드에는 :contains( ) 선택자를 추가한다.

```
$(() => {
  $('tr:nth-child(odd)')
    .addClass('alt');
```

```
$('td:contains(Henry)')
  .addClass('highlight');
});
```

리스팅 2.9

이제 홀수 행마다 회색 배경이 적용되고 Henry 연극을 강조한 테이블이 완성됐다.

Shakespeare's Plays

As You Like It	Comedy	
All's Well that Ends Well	Comedy	1601
Hamlet	Tragedy	1604
Macbeth	Tragedy	1606
Romeo and Juliet	Tragedy	1595
Henry IV, Part I	History	1596
Henry V	History	1599

Shakespeare's Sonnets

The Fair Youth	1–126
The Dark Lady	127–152
The Rival Poet	78–86

 :contains( ) 선택자는 대문자와 소문자를 구분한다는 점에 유의하자. 코드의 내용을 $('td:contains(henry)')로 할 경우, Henry가 있는 테이블 셀을 선택할 수 없게 된다. 또한 :contains( ) 함수는 성능이 엄청나게 좋진 않단 사실도 기억하자. 이는 인수로 제공한 단어와 페이지 내 모든 단어를 일일이 대조하기 때문이며, 만일 목적하는 페이지에 수백 개의 콘텐트 노드가 있다면 다른 선택자를 고려하는 것이 좋다.

테이블 행에 색상을 추가하거나 특정 셀의 텍스트를 강조하려 할 때 반드시 제이쿼리를 써야 하는 것은 아니지만, 제이쿼리와 CSS를 조합해 사용하면 동적으로 생성되는 콘텐트에 스타일을 적용할 수 있는 것은 물론 개발자가 HTML이나 서버 측 코드를 수정할 필요가 없어진다.

폼 선택자

커스텀 선택자는 특정 위치에 있는 요소를 선택할 수 있는 것 이외에 다른 능력도 갖고 있다. 예를 들어 제이쿼리의 커스텀 선택자와 CSS3 선택자를 조합하면 간단하면서도 강력한 폼 선택자를 만들 수 있다. 다음은 대표적인 폼 선택자 목록이다.

선택자	선택 대상
:input	Input, text area, select, button 요소
:button	Button 요소와 타입 속성이 button인 input 요소
:enabled	enabled 속성의 폼 요소
:disabled	disabled 속성의 폼 요소
:checked	checked 표시가 된 라디오 버튼과 체크박스
:selected	selected 선택 상태의 Option 요소

다른 선택자처럼 폼 선택자도 구체성을 추가하기 위해 여러 개를 결합해 사용할 수 있다. 예를 들어 $('input[type="radio"]:checked') 선택자를 작성해 체크 표시가 된 모든 라디오 버튼을 선택할 수 있고, $('input[type="password"], input[type="text"] :disabled') 선택자를 통해 모든 패스워드 입력 요소와 텍스트 입력 불능 요소를 선택할 수 있다. 커스텀 선택자와 마찬가지로 폼 선택자에서도 기본적인 CSS 규칙을 이용해 우리가 원하는 요소를 선택할 수 있다.

 지금까지는 제이쿼리 선택자 중 극히 일부만을 알아봤을 뿐이며, 9장, '고급 선택자와 순회 기능'에서 선택자에 대해 깊이 있게 알아본다.

▍ DOM 순회 메소드

앞서 살펴본 제이쿼리 선택자는 DOM 트리를 순회하면서 필요 요소를 가져오거나 결괏값을 필터링하는 역할을 했다. 하지만 이런 방식뿐이라면 웹 페이지 내 다양한 요소를 선택하는 데 어려움이 있게 될 것이다. 제이쿼리 DOM 순회 메소드는 복잡한 조건하에서 부모 혹은 조상 요소를 자유롭게 선택할 수 있도록 돕는다. 순회 메소드를 이용하면 DOM 트리 내부를 어느 방향이든 이동할 수 있다.

제이쿼리의 또 다른 메소드도 순회 메소드와 동일한 기능을 수행한다. 앞서 alt 클래스를 추가하기 위해 작성했던 $('tr:even').addClass('alt') 코드는 .filter() 메소드를 이용해 다음과 같이 작성할 수 있다.

```
$('tr').filter(':even').addClass('alt');
```

하지만 대부분의 경우 이와 같은 유사한 기능의 선택자는 상호 보완적으로 작동한다. 또한 .filter()는 스스로를 인수로 사용할 수 있어 경우에 따라서는 막강한 성능을 발휘하기도 한다. 이 함수를 이용해 특정 요소 집합이 정확하게 선택됐는지 확인하기 위한 복잡한 테스트도 만들 수 있다. 예를 들어 모든 외부 링크external links에 클래스를 추가하는 코드를 작성해보자.

```
a.external {
  background: #fff url(images/external.png) no-repeat 100% 2px;
  padding-right: 16px;
}
```

기본적인 제이쿼리 라이브러리에는 이런 방식으로 쓸 수 있는 선택자가 없다. 이럴 때 filter 함수가 없었다면 명시적인 순환문을 써서 각각의 요소를 정렬해야 하겠지만, filter 함수를 이용하면 제이쿼리의 암묵적인 반복implicit iteration 작업을 매우 간단한 코드로 실행시킬 수 있다.

```
$('a')
  .filter((i, a) =>
    a.hostname && a.hostname !== location.hostname
  )
  .addClass('external');
```

리스팅 2.10

위 함수는 <a> 요소 집합을 다음과 같은 두 가지 그룹으로 정렬한다.

- href 속성 및 도메인 이름(a.hostname)을 지녀야 한다. 이 과정에서 mailto 링크
  와 같은 것을 배제할 수 있다.
- 도메인 이름(a.hostname)이 가리키는 페이지는 현재 페이지(location.hostname)가
  아니어야 한다.

좀 더 간단한 방법으로, .filter() 메소드는 단 한 번의 함수 호출로 선택 조건과 일치하
는 요소를 반복적으로 가져오며, 반환된 결과를 테스트한다. 이때 결괏값이 false인 경
우 해당 요소는 선택 집합에서 제외되고, 결괏값이 true인 경우 해당 요소는 선택 집합에
그대로 있게 된다.

.filter() 메소드가 제대로 작동하면 외부 링크 속성을 지닌 Henry V 링크는 다음과 같
은 스타일이 적용된다.

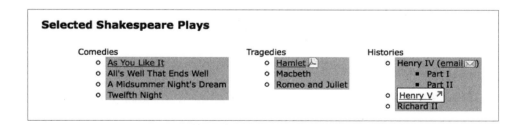

다음 절에서는 순회 메소드를 이용해 기존과는 다른 방식으로 테이블 셀에 스타일을 적
용하는 법을 알아본다.

특정 셀에 스타일 적용하기

지난 예제에서 Henry라는 텍스트를 포함하고 있는 셀에 highlight 클래스를 추가하는
방법을 소개했다. Henry를 포함하고 있는 각각의 셀과 인접한 셀에 스타일을 적용하기
위해 .next() 메소드를 사용할 수 있다.

```
$(() => {
  $('td:contains(Henry)')
    .next()
    .addClass('highlight');
});
```

리스팅 2.11

위 코드의 실행 결과는 다음과 같다.

.next() 메소드는 바로 옆의 형제 요소만을 선택한다. Henry를 포함하고 있는 셀과 인접
한 모든 셀에 highlight 클래스를 적용하려면 .next() 메소드 대신 .nextAll() 메소드
를 사용하면 된다.

```
$(( ) => {
  $('td:contains(Henry)')
    .nextAll( )
    .addClass('highlight');
});
```

리스팅 2.12

Henry를 포함하고 있는 셀은 테이블의 첫 번째 열에 있으며, 위 코드는 그와 인접한 다음의 모든 셀에 highlight를 추가한다.

여러분도 이미 짐작하겠지만, .next( )와 .nextAll( ) 메소드는 서로 대응 관계이며, .prev( )와 .prevAll( ) 역시 마찬가지다. .siblings( ) 메소드는 이미 선택된 요소의 앞에 있거나 뒤에 있는지 여부에 관계 없이 동일한 DOM 레벨의 모든 요소를 선택한다.

선택된 셀 집합에 Henry를 포함하고 있는 원래의 셀도 포함시키려면 다음과 같이 .addBack( ) 메소드를 추가한다.

```
$(() => {
  $('td:contains(Henry)')
     .nextAll()
     .addBack()
     .addClass('highlight');
});
```

리스팅 2.13

위와 같이 수정된 코드가 제대로 작동하면, 지정한 모든 셀에 다음과 같이 highlight 클래스가 적용된다.

Shakespeare's Plays

As You Like It	Comedy	
All's Well that Ends Well	Comedy	1601
Hamlet	Tragedy	1604
Macbeth	Tragedy	1606
Romeo and Juliet	Tragedy	1595
Henry IV, Part I	*History*	*1596*
Henry V	*History*	*1599*

Shakespeare's Sonnets

The Fair Youth	1–126
The Dark Lady	127–152
The Rival Poet	78–86

이 외에도 동일한 선택 집합을 생성하기 위한 다양한 선택자–순회 메소드 조합이 존재한다. 예를 들어 하나 이상의 Henry 텍스트를 포함하고 있는 모든 셀을 선택하는 또 다른 방법은 다음과 같다.

```
$(() => {
  $('td:contains(Henry)')
     .parent()
     .children()
```

```
        .addClass('highlight');
});
```

리스팅 2.14

위 방식에서는 형제 요소를 순회하는 방법 대신, .parent() 메소드를 이용해 DOM 트리에서 한 단계 위인 <tr> 태그로 올라가도록 하고, .children() 메소드를 이용해 모든 행의 셀을 선택한다.

코드 연쇄

앞서 살펴본 순회 메소드는 제이쿼리 코드 연쇄chaining의 전형적인 모습을 보여준다. 제이쿼리에서는 한 줄의 코드로 여러 개의 요소를 선택하고, 한꺼번에 여러 가지 임무를 수행할 수 있다. 이와 같은 연쇄는 제이쿼리 코드를 간결하게 해줄 뿐 아니라 선택자를 또 다른 함수로 추가할 필요가 없으므로 스크립트의 성능 또한 높여준다.

연쇄의 작동 방식
거의 대부분의 제이쿼리 메소드는 제이쿼리 객체를 반환하며, 반환값에 다시 제이쿼리 메소드를 적용할 수 있다. 이에 대한 좀 더 깊이 있는 내용은 8장, '플러그인 개발하기'에서 살펴본다.

물론 2장의 여러 예제 코드에서 본 것과 같이, 가독성을 위해 한 줄의 코드를 여러 줄로 나눌 수 있다. 앞서 몇 개의 라인으로 나눠서 작성했던 코드를 한 줄의 연쇄적인 코드로 작성한 결과는 다음과 같다.

```
$('td:contains(Henry)').parent().find('td:eq(1)')
    .addClass('highlight').end().find('td:eq(2)')
                        .addClass('highlight');
```

리스팅 2.15

위 내용을 일곱 개의 라인으로 나눠 다음과 같이 쓸 수 있다.

```
$('td:contains(Henry)') // "Henry"를 포함한 요소를 셀 선택
  .parent() // 부모 선택
  .find('td:eq(1)') // 두 번째 자손 셀을 찾음
  .addClass('highlight') // "highlight" 클래스를 추가함
  .end() // "Henry"를 포함한 셀의 부모 요소에 반환
  .find('td:eq(2)') // 세 번째 자손 셀을 찾음
  .addClass('highlight'); // "highlight" 클래스를 추가함
```

리스팅 2.16

위 예제 코드에서는 설명을 위해 DOM 순회 방식을 사용하긴 하지만 그리 권장하고 싶진 않다. 동일한 기능을 구현하는 훨씬 더 간단한 메소드가 있기 때문이다. 위 코드는 연쇄라는 방식으로 유연하게 코드를 작성할 수 있음을 보이기 위한 것이며, 특히 여러 개의 함수를 순차적으로 호출할 때 효과적이다.

코드 연쇄는 꽤 긴 문장을 단숨에 설명해 나가는 일과 비슷해서 메시지는 신속하게 전달할 수 있지만, 몇몇 사람은 이게 무슨 말인지 이해하지 못하는 경우도 있을 것이다. 그래서 연쇄의 기능은 활용하되 코드의 의미가 바뀌는 부분에서 줄을 바꾸고 주석문을 추가하는 것이 코드의 재활용 및 장기적인 사용에 도움이 될 것이다.

▎ 제이쿼리 객체의 반복 생성

제이쿼리3는 for 순환문을 이용해 제이쿼리 객체를 반복 생성^{iterate}할 수 있다. 그런데 제이쿼리에서는 반복 생성이 큰 의미가 없다. 실제 개발 과정에서 제이쿼리 객체를 명시적으로 반복 생성할 필요가 거의 없고, 이와 같은 반복 작업은 제이쿼리 함수를 이용해 암묵적으로 처리하기 때문이다. 그러나 때에 따라서는 명시적으로 반복 생성 업무를 해야 할 경우도 있다. 예를 들어 문자열 값을 포함한 배열에서 (제이쿼리 객체인) 배열 요소를 제

거하는 작업을 생각해보자. 이번 예제에서는 each( ) 함수를 사용한다.

```
const eachText = [];
$('td')
  .each((i, td) => {
    if (td.textContent.startsWith('H')) {
      eachText.push(td.textContent);
    }
  });
console.log('each', eachText);
  // ["Hamlet", "Henry IV, Part I", "History", "Henry V", "History"]
```

리스팅 2.17

<td> 요소의 배열로 시작한 함수는 $('td') 선택자를 반환하게 된다. 다음, each( ) 함수를 이용해 상수로 정의한 eachText 배열에 "H"가 포함된 문자열 배열을 반복적으로 추가한다. 이런 방식으로 우리가 원하는 결과는 얻을 수 있지만, 비교적 간단한 작업에 이와 같은 콜백 함수를 쓰는 것은 지나친 면이 있다. 그래서 다음 예제 코드에서는 for 순환문을 사용해 동일한 임무를 처리한다.

```
const forText = [];
for (let td of $('td')) {
  if (td.textContent.startsWith('H')) {
    forText.push(td.textContent);
  }
}
console.log('for', forText);
// ["Hamlet", "Henry IV, Part I", "History", "Henry V", "History"]
```

리스팅 2.18

위와 같은 for 순환문과 if문을 통해 제이쿼리 객체를 좀 더 간단하게 줄여 나갈 수 있다.

for 순환문 활용 문법에 대해서는 이 책 후반 제이쿼리 고급 활용 부분에서 생성기
generators를 포함한 몇 가지 내용에서 다시 알아본다.

▌ DOM 요소에 접근하기

제이쿼리의 모든 선택자 명령과 대부분의 제이쿼리 메소드는 제이쿼리 객체를 반환한다.
그리고 이 모든 과정은 제이쿼리의 전형적인 작업 방식인 암묵적인 반복 생성, 그리고 연
쇄 기능을 반영한 것이다.

하지만 개발 과정에는 제이쿼리 객체가 아닌, DOM 요소 자체에 직접 접근해야 하는 경
우도 존재한다. 또 다른 자바스크립트 라이브러리에 전달하기 위해 DOM 요소를 반환
해야 하는 경우도 있고, DOM 요소의 세부 속성인 태그 이름tag name에 접근해야 하는 때
도 있을 것이다. 이와 같이, 드물긴 하지만 반드시 있게 마련인 DOM 요소에 대한 직접
접근을 위해 제이쿼리는 .get() 메소드를 제공한다. 예를 들어 제이쿼리 객체로 첫 번째
DOM 요소에 접근하려 한다면 .get(0) 메소드를 사용하면 되며, 특정 ID 요소의 태그
이름을 알고자 한다면 다음과 같은 코드를 작성한다.

```
$('#my-element').get(0).tagName;
```

제이쿼리는 .get() 메소드를 좀 더 간편하게 쓸 수 있는 단축형 문법을 제공하며, 다음과
같이 선택자 뒤에 [] 기호를 추가하고 인수는 기호 내부에 넣으면 된다.

```
$('#my-element')[0].tagName;
```

위 코드는 DOM 요소로 구성된 배열을 또 하나의 제이쿼리 객체로 만들려는 의도가 엿
보인다. [] 기호는 노드 리스트로 만든 배열의 형태를 띠고, 내부에 있는 인덱스 값(이번
예제는 0)은 DOM 요소 자체의 순서를 나타낸다.

▌ 요약

2장에서는 웹 페이지 요소 위치를 다양한 방법으로 확인하는 방법을 알아봤다. 특히 기본적인 CSS 선택자를 이용해 중첩 리스트에서 최상위 레벨 아이템과 하위 아이템에 스타일을 적용했고, 속성 선택자를 이용해 서로 다른 링크 타입에 각기 다른 스타일을 적용했으며, 제이쿼리 커스텀 선택자인 :odd와 :even, CSS 고급 선택자인 :nthchild( )를 이용해 테이블 셀에 스타일을 적용하는 방법을 살펴봤다. 아울러 제이쿼리 메소드 연쇄 기법으로 테이블의 특정 셀에 있는 텍스트 스타일을 변경했다.

지금까지는 $(( ) => {}) 도큐먼트 레디 핸들러를 이용해 선택된 요소에 클래스를 추가하는 연습을 했다. 3장에서는 사용자와의 다양한 상호작용을 반영한 이벤트 핸들러를 이용해 클래스를 추가하는 법을 알아본다.

참고 자료

선택자와 순회 메소드에 대한 좀 더 깊이 있는 내용은 9장, '고급 선택자와 순회 기능'에서 소개한다. 이 책의 부록 B에는 제이쿼리에서 제공하는 모든 선택자와 순회 메소드 목록이 있으며, 상세한 내용은 다음 제이쿼리 공식 개발자 문서를 참고하기 바란다.

http://api.jquery.com/

▌ 연습 문제

이번 연습 문제를 풀이에는 제이쿼리 공식 개발자 문서가 도움이 될 것이다.

http://api.jquery.com/

1. 중첩 리스트의 두 번째 레벨에 있는 <li> 요소에 special 클래스를 추가한다.
2. 테이블 세 번째 열의 모든 셀에 year 클래스를 추가한다.

3. Tragedy라는 단어를 포함한 테이블의 첫 번째 열에 `special` 클래스를 추가한다.

4. 첫 번째 문제. 링크(`<a>`)를 포함한 모든 리스트 아이템(`<li>`)을 선택하고 선택된 요소 다음의 형제 아이템에 `afterlink` 클래스를 추가한다.

5. 두 번째 문제. .pdf 링크를 포함한 가장 가까운 조상인 `<ul>`에 `tragedy` 클래스를 추가한다.

03

이벤트 핸들링

자바스크립트에는 사용자와의 상호작용과 여러 가지 이벤트를 처리할 수 있는 기능이 포함돼 있다. 동적이며 반응성 높은 웹 페이지를 만들기 위해서는 자바스크립트에서 제공하는 기본적인 기능을 시의적절하게 강화해 제공할 필요가 있으며, 우리는 제이쿼리 라이브러리를 통해 이와 같은 목적을 달성하려 한다. 물론 순수한 자바스크립트^{vanilla} ^{JavaScript} 코드만으로도 동적 속성, 반응성을 부여할 수 있지만, 제이쿼리를 통해 이벤트 처리 메커니즘을 강화 및 확장해 문법적으로는 좀 더 간결하고 우아하면서 기능적으로는 강력한 성능을 제공할 수 있다.

3장에서 다룰 주요 내용은 다음과 같다.

- 도큐먼트 레디^{document ready} 상태에서 자바스크립트 코드 실행하기
- 마우스 클릭, 키 누름 등 사용자 이벤트 처리하기

- 웹 페이지 내에서 이벤트의 흐름과 이를 조절할 수 있는 방법
- 사용자가 실행한 것과 같은 이벤트 효과 재현하기

■ 페이지 로딩 이벤트

앞서 웹 페이지 로딩 시 제이쿼리 코드를 실행하는 법을 알아봤으며, $(( ) => {}) 이벤트 핸들러는 HTML 요소로 구성된 코드를 실행하는 데 사용한다고 설명한 바 있다. 이번 절에서는 제이쿼리의 페이지 로딩 이벤트 핸들러에 대해 좀 더 자세히 소개한다.

코드 실행 시기의 결정

1장, '제이쿼리 시작하기'에서, $(( ) => {}) 메소드는 페이지 로딩 시 제이쿼리에서 가장 먼저 실행되는 코드라고 설명했다. 그러나 엄밀한 의미에서는 페이지 로딩과 동시에 실행되는 또 다른 코드가 존재하며, 이는 바로 제이쿼리에 내장된 window.onload 이벤트 핸들러다. 이 두 메소드는 매우 유사한 기능을 수행하지만 페이지 로딩 후의 실행 시기에 있어 매우 미묘한 차이가 있다는 점이 중요하다.

window.onload 이벤트는 웹 페이지가 브라우저에 완전히 다운로드됐을 때 실행된다. 이는 웹 페이지의 모든 요소를 자바스크립트가 조절할 수 있는 상태에 있다는 의미이며, 로딩 순서에 상관없이 동적이며 반응성 높은 기능을 언제든 제공할 준비가 됐다는 뜻이기도 하다.

반면 $(( ) => {}) 메소드는 DOM이 완벽하게 사용 가능 상태가 됐을 때 이 메소드에 포함된 이벤트 핸들러를 실행시킨다. 이는 해당 페이지와 연관된 모든 파일 요소가 다운로드되기 전이라도, 웹 페이지 내 모든 요소를 제이쿼리 스크립트로 제어할 수 있다는 의미이다. 즉, HTML 파일이 다운로드되고 DOM 트리에 이들 요소가 파싱되는 즉시 제이쿼리 코드를 실행할 수 있게 된다.

예들 들어, 이미지 갤러리 페이지를 구현하는 법을 생각해보자. 이와 같은 페이지에는 제이쿼리 코드를 이용해 숨기거나 감추고 이동하거나 편집할 수 있는 대용량 이미지가 다수 포함돼 있을 것이다. onload 이벤트를 통해 기능을 구현하면, 사용자는 페이지 요소와 스타일시트, 스크립트는 물론이고 다수의 이미지까지 모두 로딩된 후에야 갤러리 기능을 사용할 수 있게 된다. 게다가 링크 등과 같은 기본 설정 동작이 해당 요소와 아직 결합되지 못했다면, 우리가 원하는 상호작용과 다른 결과를 내놓기도 한다. 하지만 제이쿼리의 $(( ) => {}) 메소드를 통해 기능을 구현하면, 페이지 요소가 로딩되거나 서로 적합한 형태로 결합하기 전이라도 갤러리 기능을 사용할 수 있다.

하나의 페이지에서 여러 개의 스크립트 처리하기

자바스크립트를 통해 이벤트 핸들러를 등록하는 전형적인 방법은 (HTML 요소에 직접 핸들러 속성을 추가하는 방식이 아닌) 특정 DOM 요소의 해당 속성에 함수를 할당하는 것이다. 예를 들어 다음과 같은 함수가 있다고 했을 때,

```
function doStuff() {
   // 수행할 내용
}
```

같은 내용을 HTML 마크업 요소에도 다음과 같이 할당할 수 있다.

```
<body onload="doStuff();">
```

또는 다음과 같이 자바스크립트 코드를 통해 할당할 수도 있다.

```
window.onload = doStuff;
```

이들 두 가지 방식 모두 페이지가 로딩된 후 해당 함수가 실행된다는 공통점이 있으
며, 두 번째 방식은 마크업과 스크립트를 명확하게 분리했다는 면에서 사용이 권장되고
있다.

 참조 방식 대 함수 호출 방식

함수를 이벤트 핸들러로 할당할 때는 함수의 괄호 기호는 생략한 채 함수의 이름만을 사용한
다. 함수에서 괄호가 있는 경우엔 해당 함수를 즉시 호출한다는 의미이며, 괄호가 없는 경우
엔 해당 함수의 이름은 식별자 또는 참조값으로 사용된 것으로, 나중에 해당 함수를 호출하면
실행된다.

이때 적용할 함수가 하나뿐이라면 위와 같은 방식도 괜찮다. 그런데 페이지 로딩 시 또
다른 함수도 적용해야 하는 경우에는 어떻게 될지 생각해보자.

```
function doOtherStuff() {
   // 두 번째로 수행할 내용
}
```

이 함수 역시 페이지 로딩 시 할당할 수 있다.

```
window.onload = doOtherStuff;
```

하지만 위 과정을 통해 페이지 로딩 이벤트에 할당된 것은 첫 번째 함수뿐이다. `.onload` 핸들러의 기본 속성상 한 번에 단 하나의 함수만을 참조할 수 있으며, 또 다른 함수는 추가할 수 없게 된다.

하지만 `$(() => {})` 메소드는 이러한 상황을 자연스럽게 풀어나간다. 메소드 내에 여러 개의 함수를 줄지어 입력할 수 있으며, 페이지가 로딩되면 참조된 모든 함수가 등록된 순서에 따라 실행된다.

 페이지 로딩 핸들러와 관련된 이와 같은 문제를 제이쿼리만 해결할 수 있는 것은 아니다. 자바스크립트 코드를 통해 onload 핸들러를 호출하고 이어서 전달한 또 다른 핸들러로 두 번째 함수를 호출할 수 있다. 이런 방식으로 `$(() => {})` 메소드와 비슷한 기능을 구현할 수는 있지만 앞서 언급한 몇 가지 이점은 여전히 제이쿼리에 많은 편이다. 또한 현대 브라우저에서는 W3C 표준인 document.addEventListener( ) 메소드로 DOMContentLoaded 이벤트 핸들러를 실행할 수 있도록 했으나, 제이쿼리의 `$(() => {})` 메소드가 좀 더 간결하고 명료하다는 점은 부인하기 어렵다.

document ready 콜백 함수에 인수 전달하기

동적인 웹사이트를 만들다 보면, 하나의 페이지에 여러 개의 자바스크립트 라이브러리를 사용해야 할 때도 있다. 이때 제이쿼리 외에도 다수의 라이브러리가 식별자로서 $ 기호를 사용하므로, 라이브러리 간에 충돌이 일어나지 않도록 해야 한다.

이런 상황에 대비해서, 제이쿼리는 `jQuery.noConflict( )`라는 메소드를 통해 $ 식별자 간의 충돌을 막는다. `jQuery.noConflict( )` 메소드의 일반적인 사용 방식은 다음과 같다.

```
<script src="prototype.js"></script>
<script src="jquery.js"></script>
<script>
  jQuery.noConflict();
</script>
<script src="myscript.js"></script>
```

위 코드에서는 먼저 prototype.js라는 또 다른 라이브러리를 포함시킨 뒤, 제이쿼리의 $
기호를 사용할 수 있는 jquery.js 라이브러리를 포함시켰다. 다음, .noConflict() 메소
드를 호출해 먼저 포함된 prototype.js 라이브러리가 $ 기호를 사용해도 충돌이 발생하
지 않도록 한다. 이제 커스텀 스크립트를 통해 두 개 라이브러리를 모두 사용할 수 있으
며, 제이쿼리 기호인 $ 대신 jQuery 단어를 추가함으로써 제이쿼리 메소드를 호출할 수
있다.

제이쿼리의 document ready 핸들러인 $(() => {}) 역시 위 내용을 적용할 수 있다. 이
콜백 함수는 제이쿼리 객체라는 단 하나의 파라미터만을 받을 수 있으므로, 다음과 같
은 문법으로 작성하면 서로 다른 라이브러리의 충돌을 자연스럽고도 효과적으로 막을 수
있다.

```
jQuery(($) => {
  // 코드 블록 내부에서는 $ 기호를 자유롭게 쓸 수 있다!
});
```

▌ 간단한 이벤트의 처리

지금까지는 페이지 로딩 이벤트에 대해서만 설명했지만, 웹 페이지 개발에서는 이 외에
도 다양한 이벤트를 처리할 수 있어야 한다. 페이지 로딩 이벤트를 <body onload=""> 또

는 window.onload 핸들러로 가로채서 우리가 원하는 기능을 추가할 수 있으며, 이와 유사한 방식으로 사용자의 마우스 클릭 동작(onclick), 폼 입력 동작(onchange), 그리고 윈도우의 크기 변화(onresize) 등 다양한 이벤트를 활용할 수 있다. 이때 DOM 속에 특정 요소를 직접 할당하면, onload 핸들러가 지니는 전형적인 단점과 비슷한 문제가 나타나게 된다. 제이쿼리는 이들 다양한 이벤트를 능숙하게 처리할 수 있는 다양한 방법을 제공한다.

간단한 스타일 변환기

이벤트 핸들링의 실용적인 설명을 위해, 사용자의 입력에 따라 하나의 페이지에 다양한 스타일을 적용할 수 있는 기능을 구현해보자. 이를 위해 페이지 내 스타일 변경 버튼을 추가하고, 이를 통해 폭이 좁은 칼럼 영역에서 텍스트를 보여주는 좁게 보기[narrow]와 인쇄 등의 작업을 염두에 둔 넓게 보기[large] 등 두 가지 모드를 전환할 수 있도록 한다.

 점진적 기능 강화

실제 개발 상황이라면, 이런 기능을 구현할 때 점진적 기능 강화라는 원칙을 적용하면 좋을 것이다. 5장, 'DOM 요소 조절하기'에서 제이쿼리 코드를 통해 콘텐츠를 주입하는 방식으로 스타일을 전환하는 법을 알아보며, 이때 자바스크립트를 사용하지 않는 사용자는 자신의 상황에 맞는 편안한 모드로 콘텐츠를 볼 수 있도록 한다.

스타일 변환기의 HTML 마크업은 다음과 같다.

```
<div id="switcher" class="switcher">
  <h3>Style Switcher</h3>
  <button id="switcher-default">
    Default
  </button>
  <button id="switcher-narrow">
```

```
    Narrow Column
  </button>
  <button id="switcher-large">
    Large Print
  </button>
</div>
```

예제 코드 다운로드

예제 코드는 다음 깃허브 저장소에서 다운로드할 수 있다.

https://github.com/PacktPublishing/Learning-jQuery-3

HTML 마크업과 기본적인 CSS 규칙을 적용한 페이지의 모습은 다음과 같다.

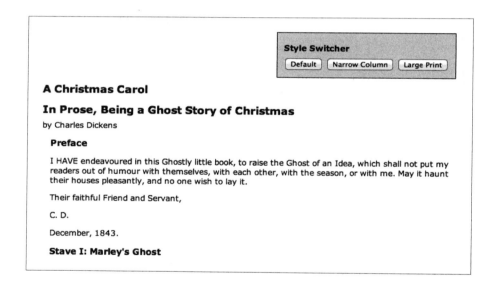

먼저 Large Print 버튼의 기능부터 구현한다. 여기에 적용될 스타일을 정의하기 위해 다음
과 같은 CSS 코드를 입력한다.

```
body.large .chapter {
  font-size: 1.5em;
}
```

이제부터 할 일은 large 클래스를 <body> 태그에 추가하는 것이다. 이렇게만 된다면 스타일시트의 내용이 페이지에 그대로 적용될 수 있을 것이다. 2장, '요소 선택하기'에서 배운 것처럼 addClass 메소드를 이용해 다음과 같은 코드를 작성한다.

```
$('body').addClass('large');
```

하지만 페이지 로딩과 함께 함수를 호출했던 지난번과 달리, 이번에는 우리가 버튼을 클릭했을 때 해당 함수를 호출하도록 하며, 이를 위해 .on() 메소드를 사용한다. 이 메소드는 어떠한 DOM 이벤트에도 우리가 원하는 동작을 추가할 수 있게 해준다. 이번 예제에서는 클릭 동작에 의해 이벤트가 촉발되고 우리가 작성한 스타일이 해당 요소에 적용된다.

```
$(() => {
  $('#switcher-large')
    .on('click', () => {
      $('body').addClass('large');
    });
});
```

리스팅 3.1

버튼을 클릭하면 코드가 실행되고 텍스트가 다음 화면처럼 커진다.

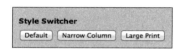

이상으로 이벤트에 특정 동작을 연결하는 binding을 알아봤다. 제이쿼리의 document ready 핸들러인 $(( ) => {})의 장점이 여기서도 드러나며, .on( ) 메소드의 다중 호출 상황을 일관되게 처리하고 동일한 이벤트에 새로운 동작을 자연스럽게 추가하는 것도 확인할 수 있었다.

스타일 전환과 같은 기능을 구현하는 데는 다양한 방법이 존재한다. 이후 내용에서는 이번에 작성한 코드 기능을 확장하고, 좀 더 세련되게 다듬는 법을 알아본다.

다른 버튼의 기능 구현하기

이제 Large Print 버튼은 우리가 기대했던 대로 작동하기 시작했다. 이제 스타일 전환을 위해 또 다른 두 개의 버튼인 Default 버튼과 Narrow Column 버튼의 기능을 구현해보자. 이번 작업 역시 간단하다. 각각의 버튼에 .on( ) 메소드로 클릭 이벤트 핸들러를 추가하고 필요에 따라 기존의 클래스를 추가하고 새로운 클래스를 추가하면 된다. 이를 위한 코드는 다음과 같다.

```
$(() => {
  $('#switcher-default')
    .on('click', () => {
      $('body')
        .removeClass('narrow')
        .removeClass('large');
    });
  $('#switcher-narrow')
    .on('click', () => {
      $('body')
        .addClass('narrow')
        .removeClass('large');
    });
  $('#switcher-large')
    .on('click', () => {
      $('body')
        .removeClass('narrow')
        .addClass('large');
    });
});
```

리스팅 3.2

위 제이쿼리 코드는 narrow 클래스의 CSS 규칙과 연동된다.

```
body.narrow .chapter {
  width: 250px;
}
```

Narrow Column 버튼을 클릭하면, 그에 상응하는 CSS 규칙이 적용되어 페이지 레이아웃이 바뀐다.

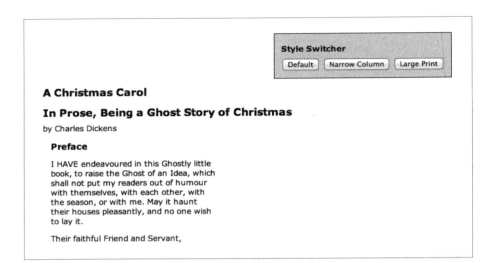

Default 버튼을 클릭하면, <body> 태그에서 두 개의 클래스가 제거되고, 원래 페이지 모습으로 되돌아간다.

이벤트 핸들러 컨텍스트의 활용

이제 스타일 변환기는 제대로 작동하지만 사용자에게 현재 페이지에 어떤 스타일이 적용되고 있는지 알려줄 필요가 있다. 이를 위해 특정 버튼을 클릭할 때 해당 버튼에 상태 표시를 위한 클래스를 추가하고, 다른 버튼을 클릭하면 상태 표시 클래스를 제거해보자. 이번 예제에서는 버튼을 클릭하면 버튼 내 텍스트에 볼드체를 적용한다.

```
.selected {
  font-weight: bold;
}
```

제이쿼리 코드에서는 기존 방식과 유사하게 버튼에 고유의 ID를 부여하고 이를 참조하는 방식으로 특정 클래스를 추가하거나 제거할 수 있다. 하지만 이번에는 이벤트 핸들러가 실행되는 맥락을 반영할 수 있는, 좀 더 우아하고 확장 가능한 기법을 사용해보자.

어떤 이벤트 핸들러에서든 키워드 this가 사용되면 현재 맥락에서 해당 DOM 요소에 특정한 동작을 부여하라는 의미가 된다. 지난 예제에서 $( ) 함수가 인수로 DOM 요소를 받는 것을 본적이 있을 텐데, this는 이때도 편리하게 사용할 수 있다. 이벤트 핸들러에서 $(this)를 사용하면, 해당 요소에 상응하는 제이쿼리 객체가 생성되고, 마치 CSS 선택자로 해당 요소를 직접 선택한 것처럼 해당 요소를 활용할 수 있게 된다.

키워드 this를 이용해 다음과 같은 코드를 작성할 수 있다.

```
$(this).addClass('selected');
```

위 코드를 세 개의 이벤트 핸들러에 추가하면 버튼을 클릭할 때마다 해당 클래스가 추가되며, 이와 동시에 다른 버튼에서 해당 클래스를 제거하려면 다음 코드를 통해 제이쿼리의 암묵적 반복^{implicit iteration} 속성을 활용한다.

```
$('#switcher button').removeClass('selected');
```

위 코드는 스타일 변환기 내 모든 버튼에서 해당 클래스를 제거한다.

또한 document ready 상태가 되면, **Default** 버튼에 해당 클래스를 추가하는 것도 가능하다. 이상의 내용을 반영한 코드는 다음과 같다.

```
$(() => {
  $('#switcher-default')
    .addClass('selected')
    .on('click', function() {
      $('body')
        .removeClass('narrow');
        .removeClass('large');
      $('#switcher button')
```

```
            .removeClass('selected');
        $(this)
          .addClass('selected');
      });

    $('#switcher-narrow')
      .on('click', function() {
          $('body')
            .addClass('narrow')
            .removeClass('large');
          $('#switcher button')
            .removeClass('selected');
          $(this)
            .addClass('selected');
          });

    $('#switcher-large')
      .on('click', function() {
        $('body')
          .removeClass('narrow')
          .addClass('large');
        $('#switcher button')
          .removeClass('selected');
        $(this)
          .addClass('selected');
      });
});
```

리스팅 3.3

이제 스타일 변환기가 제대로 작동한다.

이벤트 핸들러의 사용 맥락을 좀 더 일반화하면 코드의 효율성은 훨씬 더 높아진다. 이를
위해 리스팅 3.4와 같이 이벤트 핸들러를 분리해 스타일 변환 부분만을 별도의 이벤트 핸
들러에서 처리하도록 하며, 이 부분은 세 개 버튼 모두 동일하다.

```
$(() => {
  $('#switcher-default')
    .addClass('selected')
    .on('click', function() {
      $('body')
        .removeClass('narrow')
        .removeClass('large');
    });
  $('#switcher-narrow')
    .on('click', () => {
      $('body')
        .addClass('narrow')
        .removeClass('large');
    });

  $('#switcher-large')
    .on('click', () => {
      $('body')
        .removeClass('narrow')
        .addClass('large');
    });

  $('#switcher button')
    .on('click', function() {
      $('#switcher button')
        .removeClass('selected');
      $(this)
        .addClass('selected');
    });
});
```

리스팅 3.4

이와 같은 최적화 작업은 앞서 설명했던 제이쿼리의 3대 장점을 최대한 활용한 것이다. 첫 번째, 이번 코드에도 암묵적 반복 기능이 활용됐으며, 동일한 클릭 이벤트 핸들러와

버튼을 결합해 .on( ) 메소드를 단 한 번만 호출해도 이에 연동된 기능이 반복적으로 수
행되도록 했다. 두 번째, 동작 대기[behavior queuing] 기능을 통해 동일한 클릭 이벤트에 서로
다른 두 개의 함수를 결합해 순차적으로 작동하도록 했다.

이벤트 핸들러 함수가 this 키워드를 이용해 맥락 정보를 참조할 때는 $(( ) => { }) 함수를 쓸
수 없다. 이는 이들 함수가 사전식 맥락(lexical context)에서 작동하기 때문이며, $(( ) =>
{ }) 함수에서는 제이쿼리가 이벤트에 의해 촉발된 요소를 맥락 정보로 설정할 수 없다.

이벤트 컨텍스트를 활용한 결합 코드 작성

방금 작성한 코드를 최적화하기 위해 우리가 사용할 방법은 코드 분할 기법 또는 리팩토
링[refactoring]이다. 코드 리팩토링은 기존의 코드가 동일한 임무를 수행하되 좀 더 효율적이
고 우아하게 작동하도록 한다. 코드 리팩토링을 위해 각각의 버튼에 결합한 개별 동작들
을 유심히 살펴보자. .removeClass( ) 클래스의 메소드 파라미터는 선택적으로 추가할
수 있으며 파라미터를 입력하지 않는 경우 해당 요소에 적용된 모든 클래스를 삭제한다.
우리는 이 부분을 수정해 코드 전체가 좀 더 유기적으로 작동하도록 할 것이다.

```
$(( ) => {
  $('#switcher-default')
    .addClass('selected')
    .on('click', ( ) => {
      $('body').removeClass();
    });
  $('#switcher-narrow')
    .on('click', ( ) => {
      $('body')
        .removeClass()
        .addClass('narrow');
    });
```

```
  $('#switcher-large')
    .on('click', () => {
    $('body')
      .removeClass()
      .addClass('large');
    });

  $('#switcher button')
    .on('click', function() {
      $('#switcher button')
        .removeClass('selected');
      $(this)
        .addClass('selected');
    });
});
```

리스팅 3.5

위 코드에서는 클래스 제거 작업이 좀 더 보편적으로 이뤄질 수 있도록 작업의 순서를 약간 변경했다. 가장 먼저 `.removeClass()` 메소드를 실행해 기존에 적용된 클래스를 제거한 다음, `.addClass()` 메소드를 실행해 우리가 원하는 클래스를 적용하도록 했다.

이번 예제는 그리 길지 않은 내용의 HTML 코드로 작성된 페이지이므로 모든 클래스를 문제 없이 제거할 수 있었다. 하지만 수백 줄, 수천 줄의 코드로 구성된 웹 페이지에서 (플러그인 등을 사용해서) 코드의 재활용성을 높이려 한다면, 클래스 제거 또는 추가 작업을 좀 더 신중하게 진행해야 한다.

이제 각각의 버튼 핸들러를 통해 동일한 코드를 실행할 수 있게 됐다. 위 내용은 다음과 같이 간단하게 좀 더 범용성 높은 버튼 클릭 핸들러로 분할할 수 있다.

```
$(() => {
  $('#switcher-default')
    .addClass('selected');
```

```
$('#switcher button')
  .on('click', function() {
    $('body')
      .removeClass();
    $('#switcher button')
      .removeClass('selected');
    $(this)
      .addClass('selected');
  });

$('#switcher-narrow')
  .on('click', () => {
    $('body')
      .addClass('narrow');
  });

$('#switcher-large')
  .on('click', () => {
    $('body')
      .addClass('large');
  });
});
```

리스팅 3.6

다음, 범용 이벤트 핸들러를 그보다 구체적인 임무를 담당하는 이벤트 핸들러 위로 이동시킨다. .removeClass()의 호출은 .addClass() 실행보다 앞서야 하며, 우리는 제이쿼리가 이벤트 핸들러의 등록 순서에 따라 실행된다는 점에 착안해 코드를 수정하면 된다.

마지막으로, 이벤트 맥락 정보를 활용해 범용 핸들러만을 남기고 나머지 구체적인 핸들러를 삭제한다. 맥락 키워드인 this는 제이쿼리 객체가 아닌 DOM 요소를 반환하며, 우리는 네이티브 DOM 속성을 활용해 클릭 이벤트가 발생한 요소의 ID를 파악할 수 있다. 이를 통해 모든 버튼에 동일한 핸들러를 결합할 수도 있고, 각각의 버튼이 서로 다른 동작을 하도록 할 수도 있다.

```
$(() => {
  $('#switcher-default')
    .addClass('selected');
  $('#switcher button')
    .on('click', function() {
      const bodyClass = this.id.split('-')[1];
      $('body')
        .removeClass()
        .addClass(bodyClass);
      $('#switcher button')
        .removeClass('selected');
      $(this)
        .addClass('selected');
    });
});
```

리스팅 3.7

bodyClass 변수의 기본 설정값은 클릭한 버튼에 따라 narrow, 또는 large가 될 수 있다. 여기서, 사용자가 <button id="switcher-default">를 클릭했을 때 <body>에 기본 설 정 클래스를 추가하는 코드 부분을 분리한다. 이렇게 하면 해당 클래스를 적용할 필요가 없을 때는 아무런 동작도 일어나지 않을 것이고, 사용하지 않는 클래스 이름이 코드에 남 지 않는 것은 물론 코드의 복잡성 역시 줄여줄 것이다.

단축형 이벤트

웹사이트 개발에서는 (클릭, 마우스오버 등) 이벤트와 핸들러를 결합하는 작업은 일상적으 로 하게 되며, 제이쿼리는 이를 위한 매우 간단한 방법을 제공한다. .on() 메소드와 비슷 한 방식으로 작동하는 다양한 단축형 메소드를 통해 원하는 기능을 짧고 간결하게 정의 할 수 있다.

예를 들어 .on() 대신, .click() 메소드를 사용해 스타일 변환기를 구현한 내용은 다음
과 같다.

```
$(() => {
  $('#switcher-default')
    .addClass('selected');

  $('#switcher button')
    .click(function() {
      const bodyClass = this.id.split('-')[1];
      $('body')
        .removeClass()
        .addClass(bodyClass);
      $('#switcher button')
        .removeClass('selected');
      $(this)
        .addClass('selected');
    });
});;
```

리스팅 3.8

제이쿼리의 단축형 이벤트 메소드는 표준 DOM 이벤트인 blur, keydown, 그리고 scroll
등 다양한 이벤트를 지원한다. 이들 메소드는 이벤트 이름에 대응하는 핸들러 메소드와
결합할 수 있다.

페이지 요소 표시하기 혹은 감추기

이번엔 스타일 변환기 기능이 필요 없을 땐 화면에서 잠시 사라지는 기능을 구현해보자.
화면에 있는 요소를 감출 수 있는 대표적인 방법 중 하나가 바로 접기[collapsible]이다. 페이
지에 버튼을 감출 수 있는 라벨을 하나 만들고, 라벨을 클릭하면 버튼 세트는 사라지고

라벨만 남도록 하고, 라벨을 한 번 더 클릭하면 버튼이 다시 나타나도록 하자. 버튼 세트를 숨기기 위해 또 하나의 클래스를 추가한다.

```css
.hidden {
  display: none;
}
```

보통 이런 기능을 구현하기 위해서는 하나의 변수에 버튼 상태를 저장해 뒀다가 라벨을 클릭했을 때 버튼의 상태에 따라 버튼 세트를 감추거나 표시하는 방법을 사용해야 한다. 제이쿼리는 이를 훨씬 단순화해 클래스의 현재 상태에 따라 클래스를 추가하거나 제거하는 .toggleClass() 메소드를 제공한다.

```javascript
$(() => {
  $('#switcher h3')
    .click(function() {
      $(this)
        .siblings('button')
        .toggleClass('hidden');
    });
});
```

리스팅 3.9

한 번 클릭하면 모든 버튼 요소가 사라진다.

한 번 더 클릭하면 버튼 요소가 다시 나타난다.

이번 예제에서도 제이쿼리의 암묵적인 반복 속성을 활용해 <h3>의 형제 요소인 모든 버튼이 화면에서 사라지도록 했다.

■ 이벤트 전파

지난 예제에서는 보통 상호작용성이 없는 페이지 요소에 클릭 이벤트를 부여하는 방법을 알아봤다. 이번에는 스타일 변환기가 사용자의 시선을 끌도록 인터페이스를 수정해 <h3> 요소가 직접 사용자와 상호작용할 수 있게 하려고 한다. 이를 위해 마우스가 해당 요소 위로 이동하면 그에 따른 반응을 보이도록 롤오버rollover 상태를 부여한다.

```
.hover {
  cursor: pointer;
  background-color: #afa;
}
```

표준 CSS 명세서에는 :hover라는 모조 클래스가 있으며, 이를 사용하면 사용자의 마우스 커서가 특정 요소 위에 올라가고 그에 따른 스타일 규칙을 반영할 수 있다. 보통 CSS의 :hover를 이용해 우리가 원하는 기능을 구현했겠지만, 이번 예제에서는 제이쿼리의

.hover( ) 메소드를 이용해 자바스크립트를 활용한 스타일 변경 방식을 살펴보고 마우스 커서가 특정 요소 영역에 진입하거나 벗어나는 등 임의의 동작을 이벤트로 처리할 수 있는 방법에 대해서도 알아본다.

지금까지 살펴본 제이쿼리 메소드는 모두 하나의 인수만을 받았지만, 이번 .hover( ) 메소드는 두 개의 함수를 인수로 받는다. 첫 번째 함수는 마우스 커서가 해당 요소 영역에 진입했을 때 실행될 내용이고, 두 번째 함수는 마우스 커서가 해당 요소 영역에서 벗어났을 때 실행될 내용이다. 이들 두 함수를 이용하면 버튼에 특정 클래스를 적용하거나 제거하는 방법으로 롤오버 효과를 구현할 수 있다.

```
$(() => {
  $('#switcher h3')
    .hover(function() {
      $(this).addClass('hover');
    }, function() {
      $(this).removeClass('hover');
    });
});
```

리스팅 3.10

이번 예제도 암묵적인 반복, 그리고 이벤트 맥락 속성을 이용해 짧고 간결한 코드로 완성했다. 마우스를 <h3> 요소 위로 가져가면, 클래스가 적용돼 다음과 같은 모습이 된다.

.hover( ) 메소드를 이용함으로써 자바스크립트의 이벤트 전파^event propagation라는 문제에
서도 벗어날 수 있다. 우선은 이벤트 전파가 무엇인지 알기 위해 자바스크립트가 특정 이
벤트에 어떤 방식으로 핸들러를 추가하는지 알아본다.

이벤트의 여정

웹 페이지에서 이벤트가 발생하면 DOM의 전반적인 구조는 해당 이벤트를 처리하기 위
한 방법을 파악한다. 다음과 같은 페이지 모델이 있다고 생각해보자.

```
<div class="foo">
  <span class="bar">
    <a href="http://www.example.com/">
      The quick brown fox jumps over the lazy dog.
    </a>
  </span>
  <p>
    How razorback-jumping frogs can level six piqued gymnasts!
  </p>
</div>
```

위 페이지 구조는 다음과 같이 중첩된 요소를 포함한다.

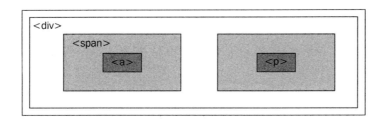

모든 이벤트는 그에 대한 (논리적인) 반응을 담당하는 하나 이상의 요소가 존재하게 마련
이다. 예를 들어 <div>와 <span>, <a> 등 페이지 요소에 포함된 링크를 클릭하면 이 클릭

이벤트에 반응할 수 있는 모든 선택안을 검토하게 된다. 사용자가 웹 페이지 위에서 마우스를 움직이면 이들 세 요소 모두가 영향을 받는 반면 <p> 요소는 상호작용 요소가 아니다.

여러 개의 요소가 사용자의 상호작용에 반응하도록 하기 위한 방법 중 하나가 바로 이벤트 캡처링event capturing이다. 이벤트 캡처링에서는 가장 먼저 이벤트가 모든 상호작용 요소를 파악하고, 다음 단계에서 좀 더 구체적인 요소를 찾아서 이동하게 된다. 이번 예제에서는 다음 그림과 같이 첫 번째 <div> 요소가 이벤트를 받은 뒤, 이를 <span>, 그리고 <a> 요소에 차례로 전달한다.

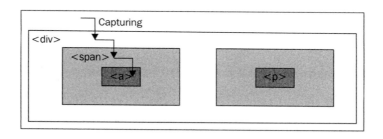

이와 반대 전략이 이벤트 버블링event bubbling이다. 이벤트는 가장 먼저 DOM 구조에서 가장 구체적인 단계에 전달되며, 물거품이 수면 위로 올라오듯 차츰 일반적인 단계의 요소로 이동한다. 이 전략에 따르면 이번 예제에서는 이벤트가 <a> 요소에 가장 먼저 전달되고, 다음 그림과 같이 <span>과 <div> 요소 순으로 전달된다.

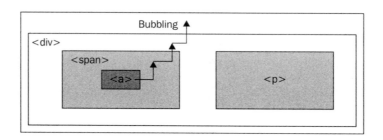

어쩌면 그리 놀랍지 않을 수도 있지만 각 브라우저 개발사는 이와 같은 이벤트 전파 전략에서 서로 다른 기법을 사용하고 있다. 그에 따라 DOM 구조의 표준적인 처리 방법 역시 이들 두 가지 전략을 모두 채택하고 있다. 즉, 이벤트는 가장 먼저 범용 요소에서 구체적인 요소 순으로 캡처링되며, 이를 반환할 때는 DOM 트리 구조를 이벤트 버블 방식으로 올라가게 된다. 그리고 이벤트 핸들러는 이들 두 절차 모두에서 등록된다.

일관되고 이해하기 쉬운 이벤트 처리를 위해 제이쿼리는 이벤트 핸들러를 모델의 버블링 단계에서 등록한다. 이에 따라 제이쿼리에서는 가장 구체적인 요소가 모든 이벤트를 가장 먼저 받는 요소라고 가정해도 무방하다.

이벤트 버블링의 부작용

그런데 이벤트 버블링 전략은 마우스오버mouseover 또는 마우스아웃mouseout 이벤트에 엉뚱한 요소가 반응할 경우 예기치 못한 결과를 낳을 수 있다. 예를 들어 mouseout 이벤트 핸들러를 <div> 요소에 적용한 경우를 생각해보자. 원래 계획대로라면 마우스 커서가 <div> 영역을 벗어나면 mouseout 이벤트 핸들러가 작동해야 할 것이다. 또 <div>는 DOM 구조에서 최상위 요소이므로 다른 요소가 해당 이벤트에 반응할 가능성도 없다. 그런데 커서가 <a> 요소를 벗어나면, mouseout 이벤트가 해당 요소에 전달되는 일이 벌어진다. 이 이벤트는 버블링 전략에 따라 <span>에서 <div> 요소 순으로 전달되고, 결국 동일한 이벤트 핸들러가 작동하게 된다. 하지만 이와 같은 버블 흐름은 결코 바람직하지 못하다.

mouseenter와 mouseleave 이벤트 모두, .hover( ) 메소드와 하나의 세트로, 혹은 개별적으로 결합되어 사용되며, 위와 같은 버블링 이벤트 문제가 발생할 경우, 예상치 못한 요소가 mouseover 또는 mouseout 이벤트에 반응하는 것을 방관해야 할 수도 있게 된다.

mouseout 이벤트가 비정상적으로 작동하는 상황은 이벤트의 범위scope를 좁힘으로써 해결할 수 있다. .hover( ) 메소드는 이와 같은 특정한 사례를 처리할 수 있지만, 다른 메소드 또는 프로퍼티에서 동일한 문제와 마주치게 된다면 이벤트의 실행 범위를 제한(특정 요소에 이벤트가 전달되는 것을 미리 차단)하거나 일정 시간 동안만 실행을 제한(일정 시간 동안 이벤트의 전달을 차단)하면 된다.

▌ 여정의 변화-이벤트 객체

앞서 이벤트 버블링이 문제를 일으킬 수 있는 상황을 알아봤다. .hover( ) 메소드 예제는 버블링의 문제를 파악하기 위한 것은 아니었으므로, 지난 예제로 다뤄본 접기 기능 구현 방식을 통해 이벤트 전파와 관련된 문제를 파악해보자.

이번 예제에서는 스타일 변환기를 위한 접기 또는 펼치기 기능이 작동하는 클릭 가능 영역을 좀 더 넓게 만든다. 이를 위한 첫 번째 방법은 버튼 라벨로 사용된 <h3> 요소가 아닌, 상위 요소인 <div> 자체에 이벤트 핸들러를 적용하는 것이다. 지난 리스팅 3.9에서는 #switcher h3에 click 핸들러를 추가했는데, 이번에는 이를 #switcher 자체에 핸들러를 추가하는 것으로 바꾼다.

```
$(() => {
  $('#switcher')
    .click(() => {
      $('#switcher button').toggleClass('hidden');
    });
});
```

리스팅 3.11

이와 같은 코드 변화는 스타일 변환기 전체 영역을 토글 기능을 위한 상호작용 영역으로 바꾸게 된다. 하지만 이 경우 스타일 변환기 내의 버튼을 클릭해도 스타일 변환기 자체가 접히거나 펼쳐진다는 문제가 생긴다. 이는 이벤트 버블링에 의한 것으로, 클릭이라는 이벤트는 처음엔 가장 구체적인 요소인 버튼에 적용되고, 이후 DOM 트리를 따라 최종적으로 스타일 변환기 토글 기능을 적용한 `<div id="switcher">`에 다다르기 때문이다.

이와 같은 문제를 해결하기 위해 이벤트 객체^{event object}를 활용한다. 이벤트 객체는 DOM 구조로서, 해당 요소를 호출하면 각 요소의 이벤트 핸들러에 명령을 전달할 수 있다. 이벤트 객체는 이벤트 발생 당시, 마우스 커서의 위치 정보 등 이벤트에 대한 정보와 DOM이라는 경로를 통해 전해지는 이벤트의 내용에 변화를 줄 수 있는 메소드를 제공한다.

 이벤트 객체에 대한 참고 자료
제이쿼리의 이벤트 객체와 그 프로퍼티에 대한 상세한 내용은 다음 링크에서 확인할 수 있다.
http://api.jquery.com/category/events/event-object/

이번 예제의 핸들러에서 이벤트 객체를 활용하기 위해선 함수에 파라미터 하나만 추가하면 된다.

```
$(() => {
  $('#switcher')
    .click(function(event) {
      $('#switcher button').toggleClass('hidden');
    });
});
```

위 함수의 파라미터로 event를 쓴 것은 코드의 내용을 좀 더 명확하게 설명하기 위한 것이며, flapjacks 등 다른 어떤 단어를 써도 정상적으로 작동한다.

이벤트 타깃

이제부터 이벤트 객체를 활용해 이벤트 핸들러의 문제점을 해결해보자. 이벤트 객체의 프로퍼티인 event.target은 이벤트가 영향을 미치는 위치를 조절할 수 있도록 돕는다.

이 프로퍼티는 DOM API에 속하며, 일부 구 버전의 브라우저에서는 작동하지 않을 수 있지만, 제이쿼리는 이벤트 객체를 활용할 수 있는 모든 브라우저에서 해당 프로퍼티를 쓸 수 있도록 지원한다. .target 프로퍼티를 이용해 DOM 내 어떤 요소가 특정 이벤트를 받게 될 것인지 지정할 수 있다. click 이벤트의 경우, 실제로 클릭하는 대상을 지정할 수 있다. 이를 통해 DOM 요소로 이벤트를 처리할 수 있으며, 예제 코드는 다음과 같다.

```
$(() => {
  $('#switcher')
    .click(function(event) {
      if (event.target == this) {
        $(this)
          .children('button')
          .toggleClass('hidden');
      }
    });
});
```

리스팅 3.12

위 코드는 클릭 이벤트를 받는 대상을 <div id="switcher">로 지정하며, 그 하위 요소에는 영향이 없도록 한다. 이제 하위 버튼을 클릭해도 스타일 변환기가 접히거나 펼쳐지는 일이 없어졌으며, 우리가 바라던 대로 변환기의 배경 영역 부분을 클릭하면 접히거나 펼쳐지게 된다. 하지만 <h3> 라벨을 클릭해도 아무 반응이 없는데 이는 <h3>가 <div id="switcher">의 하위 요소이기 때문이다. 이를 바로잡기 위해 코드를 수정하는 대신, 버튼의 기본 기능을 수정하는 방식으로 문제를 해결해보자.

이벤트 전파 멈추기

또한 이벤트 객체는 이벤트 버블링을 원천적으로 차단할 수 있는 .stopPropagation() 메소드도 제공한다. 이 메소드 역시 .target 메소드처럼 표준 DOM 기능 중 하나이며,

제이쿼리는 기본적인 기능 외에 브라우저 간의 일관성을 추가해 제공한다.

이번 예제에서는 바로 앞에 추가했던 event.target == this 코드를 삭제하고, 버튼의 클릭 핸들러 관련 코드를 추가한다.

```
$(() => {
  $('#switcher')
    .click((e) => {
      $(e.currentTarget)
        .children('button')
        .toggleClass('hidden');
    });
});
$(() => {
  $('#switcher-default')
    .addClass('selected');
  $('#switcher button')
    .click((e) => {
      const bodyClass = e.target.id.split('-')[1];

      $('body')
        .removeClass()
        .addClass(bodyClass);
      $(e.target)
        .addClass('selected')
        .removeClass('selected');

      e.stopPropagation();
    });
});
```

리스팅 3.13

지난 예제와 마찬가지로 함수에 클릭 핸들러로 사용할 이벤트 파라미터를 추가하며, 이번 예제의 파라미터는 e다. 다음, e.stopPropagation() 함수를 호출해 여타의 DOM 요소가 클릭 이벤트에 반응하는 것을 원천적으로 차단한다. 이제 클릭 이벤트는 버튼에 의해서만 발생하며, 그 중에서도 지정된 버튼에만 반응하고 스타일 변환기를 클릭하면 접기와 펼치기 기능만 실행된다.

기본 설정 동작 차단하기

클릭 이벤트 핸들러를 폼 바깥에 있는 범용 요소인 <button> 대신, 좀 더 구체적인 링크 요소(<a>)에 등록하면, 또 다른 문제가 발생한다. 사용자가 링크를 클릭하면 브라우저가 새로운 페이지를 로딩하는 것이다. 이와 같은 동작은 지금까지 설명했던 이벤트 핸들러의 속성과는 차원이 다른 문제라 할 수 있으며, 클릭에 대한 웹 브라우저의 가장 기본적인 동작^{default action}이다. 이와 유사한 사례로, 사용자가 폼을 입력하다가 (의도치 않게) 엔터 키를 누르면 폼의 제출^{submit} 이벤트가 실행돼 작성 중이던 폼이 서버에 전송되기도 한다.

이와 같은 기본 설정 동작을 막기 위해 해당 이벤트에서 .stopPropagation( ) 함수를 실행해도 기본 설정 동작은 막을 수 없다. 즉, 이와 같은 기본 동작은 보통의 이벤트 전파 흐름과는 다른 양상으로 진행되며, 이때는 .preventDefault( ) 메소드를 이용해 기본 설정 동작이 실행되는 것을 막을 수 있다.

 .preventDefault( ) 메소드는 특정 이벤트 실행 환경을 테스트할 때 특히 유용하다. 예를 들어 폼을 제출할 때, 필수 입력 필드의 내용을 모두 채우도록 하고 그 전에는 폼을 제출하지 못하게 할 것이다. 제출 링크를 만들면서 특정 조건에 부합하지 않을 경우 제출 링크 자체가 활성화되지 않도록 할 때 .preventDefault( ) 메소드를 유용하게 활용할 수 있다.

이벤트 전파와 기본 설정 동작은 서로 독립적인 메커니즘에서 작동하므로, 이 가운데 하나를 중지시키고 다른 하나를 실행시키는 것 또한 가능하다. 이들 두 기능을 모두 중지시키고 싶다면, 이벤트 핸들러 맨 뒷부분에서 false를 반환하도록 하면 되는데, 이는 .stopPropagation( )과 .preventDefault( )를 동시에 호출한다.

이벤트 위임하기

이벤트 버블링이 문제만 일으키는 것은 아니며, 다양한 혜택 또한 제공한다. 이벤트 버블링 활용 전략 중 대표적인 것이 이벤트 위임[event delegation]이다. 이벤트 위임을 이용하면 하나의 요소에 대한 이벤트 핸들러를 가지고 여러 가지 임무를 동시에 수행할 수 있다.

이번 예제는 클릭 핸들러가 부착된 세 개의 <button> 요소가 포함돼 있는데, 만일 세 개 이상의 임무를 수행해야 하는 경우에는 어떻게 해야 할까? 이런 물음은 실무에서 생각보다 자주 접하게 된다. 예를 들어 방대한 양의 정보를 담은 테이블이 있고, 각 테이블 열에서 사용자와의 상호작용이 가능한 클릭 핸들러가 필요한 경우를 생각해보자. 암묵적인 반복 기능으로 모든 열에 클릭 핸들러를 할당하는 것은 큰 문제가 없지만, 제이쿼리를 통해 내부적으로 순환문이 실행되면서 성능이 크게 저하될 수 있고, 수많은 핸들러를 처리하는 데 따른 메모리 소모 또한 적지 않단 문제가 있다.

따라서 우리는 수많은 이벤트 핸들러를 생성하는 방식이 아닌, DOM에 포함된 단 하나의 조상 요소에 클릭 이벤트 핸들러를 할당하는 방법을 사용할 것이다. 이벤트 버블링에 의해 클릭 이벤트가 다른 요소에 방해 받지 않고 해당 조상 요소에까지 도착할 것이므로, 우리는 그에 대한 임무만 정의하면 된다.

이와 같은 이벤트 위임 기법을 설명하기 위해 (위임이 필요할 정도로 이벤트 핸들러의 수가 많은 것은 아니지만) 기존의 스타일 변환 예제를 다시 한 번 활용한다. 리스팅 3.12에서 본 것처럼, e.target 프로퍼티를 이용해 클릭 이벤트가 발생했을 때 어떤 요소가 마우스 커서 아래에 있는지 확인한다.

```
$(() => {
  $('#switcher')
    .click((e) => {
      if ($(event.target).is('button')) {
        const bodyClass = e.target.id.split('-')[1];

        $('body')
```

```
        .removeClass()

        .addClass(bodyClass);
      $(e.target)
        .addClass('selected')
        .removeClass('selected');

      e.stopPropagation();
    }
  });
});
```

리스팅 3.14

이번 예제 코드에는 .is()라는 새로운 메소드가 사용됐다. 이 메소드는 지난 장에서 살펴봤던 선택자 표현식을 받으며, 해당 선택자와 현재의 제이쿼리 객체를 비교하고, 그 결과 선택자와 일치하는 요소가 하나라도 있다면 .is()는 true를 반환한다. 이번 예제에서 $(e.target).is('button')은 클릭된 요소가 <button>이 맞는지를 확인하고 버튼이 맞다면 <div id="switcher">를 참조하게 된다. 즉, 클릭된 버튼이 무엇인지 알고 싶다면 언제든 e.target을 참조하는 방식으로 파악할 수 있다.

> **.is() 메소드와 .hasClass() 메소드의 비교**
> .hasClass() 메소드 역시 페이지 요소가 특정 클래스를 지니고 있는지 확인할 수 있지만,
> .is() 메소드가 훨씬 적용 유연성이 높으며 어떤 형식의 선택자 표현식도 적용 가능하다.

하지만 이 과정에서 의도치 않은 부작용이 생겼다. 버튼을 클릭하면 .stopPropagation()를 호출했을 때처럼 스타일 변환기가 접히게 되는데, 이는 스위치 토글을 처리할 핸들러와 버튼 핸들러가 결합됐기 때문이다. 이렇게 되면 이벤트 버블링을 중단시켜도 토글 이벤트가 발생하는 것을 막을 수 없다. 이 문제를 해결하기 위해 .stopPropagation() 호출 부분을 제거하고 또 하나의 .is() 메소드를 추가한다. 또한 스타일 변환기를 구성하는

<div> 영역 전체가 클릭 가능한 상태이므로, 마우스가 해당 영역을 벗어나면 hover 클래스 역시 제거되도록 한다.

```javascript
$(() => {
  const toggleHover = (e) => {
    $(e.target).toggleClass('hover');
  };

  $('#switcher')
    .hover(toggleHover, toggleHover);
});

$(() => {
  $('#switcher')
    .click((e) => {

      if (!$(e.target).is('button')) {
        $(e.currentTarget)
          .children('button')
          .toggleClass('hidden');
      }
    });
});

$(() => {
  $('#switcher-default')
    .addClass('selected');
  $('#switcher')
    .click((e) => {
      if ($(e.target).is('button')) {
        const bodyClass = e.target.id.split('-')[1];

        $('body')
          .removeClass()
          .addClass(bodyClass);
        $(e.target)
```

```
            .addClass('selected')
            .siblings('button')
            .removeClass('selected');
      }
    });
});
```

리스팅 3.15

이번 예제는 포함된 항목 수에 비해 복잡한 방식을 쓴 감이 없지 않지만, 이벤트 핸들러 요소의 수가 급증할수록 이번 이벤트 위임 방식의 장점은 더욱 커질 것이다. 이번 예제에는 두 개의 클릭 이벤트 핸들러를 결합하고, .is() 테스트를 위해 if-else문을 사용함으로써 코드의 반복을 줄일 수 있다.

```
$(() => {
  $('#switcher-default')
    .addClass('selected');
  $('#switcher')
    .click((e) => {
      if ($(e.target).is('button')) {
        const bodyClass = e.target.id.split('-')[1];
        $('body')
          .removeClass()
          .addClass(bodyClass);
        $(e.target)
          .addClass('selected')
          .removeClass('selected');
      } else {
        $(e.currentTarget)
          .children('button')
          .toggleClass('hidden');
      }
    });
});
```

리스팅 3.16

이상으로 코드를 세련되게 다듬고 우리가 원하는 바를 좀 더 간편하게 얻을 수 있는 방법을 알아봤다. 다음 단계에서는 제이쿼리 이벤트 핸들러를 깊이 있게 이해하기 위한 과정으로 넘어가며, 리스팅 3.15의 내용을 수정하면서 설명한다.

 이벤트 위임은 앞으로 살펴볼 다양한 상황에서 활용되며, DOM 수정 메소드(5장, 'DOM 요소 조절하기')를 이용해 새로운 요소를 추가하려 할 때 또는 Ajax 루틴을 작성할 때(6장, 'Ajax로 데이터 전송하기') 특히 유용하다.

내장된 이벤트 위임 메소드의 활용

이벤트 위임은 다양한 상황에서 매우 유용하다. 제이쿼리는 이를 활용하기 위한 다양한 도구를 제공한다. 앞서 설명한 .on( ) 메소드는 적절한 파라미터를 추가해 이벤트 위임 기능을 부여할 수 있다.

```
$(() => {
  $('#switcher-default')
    .addClass('selected');
  $('#switcher')
    .on('click', 'button', (e) => {
      const bodyClass = e.target.id.split('-')[1];

      $('body')
        .removeClass()
        .addClass(bodyClass);
      $(e.target)
        .addClass('selected')
        .siblings('button')
        .removeClass('selected');

      e.stopPropagation();
```

```
  })
  .on('click', (e) => {
    $(e.currentTarget)

      .children('button')
      .toggleClass('hidden');
  });
});
```

리스팅 3.17

이번 예제에서는 이벤트 위임을 통해 스타일 변환기가 더 간결해졌으며, 단 두 개의 이벤트 핸들러만으로 스타일 변환기를 구현했다. .on() 메소드의 두 번째 인수로 선택자 표현식을 추가하고, 이를 통해 이벤트 버블링으로 #switch에 도달하는 어떤 요소든 버튼 요소가 되도록 했다. 이 방식은 특정 요소가 생성한 이벤트를 어떤 방식으로 처리할지 구현하는 것보다 훨씬 간단하고 명료한 방법이라 할 수 있다.

다음 e.stopPropagation()을 호출한다. 두 번째 클릭 이벤트 핸들러는 버튼 세트의 토글 기능을 담당하며, 이때는 해당 이벤트가 어디에서 나온 것인지 신경 쓸 필요가 없다. 이 방식은 이벤트 핸들러 코드 내에 if...else 구문과 같은 복잡한 코드를 사용하지 않고도 이벤트 전파를 효과적으로 막을 수 있게 한다.

이번 방식에도 약간의 단점은 있지만, 단 하나의 버튼 클릭 핸들러 함수만으로 3개의 버튼, 나아가서는 300개의 버튼도 처리할 수 있으며, 이와 같은 방식을 응용하면 제이쿼리 코드를 손쉽게 확장할 수 있다.

 .on() 메소드에 대해서는 10장, '고급 이벤트'에서 자세히 설명한다.

▌ 이벤트 핸들러 제거하기

개발을 하다 보면 이미 등록한 이벤트 핸들러를 제거해야 할 때가 있다. 가령 페이지의 상태가 바뀌면서 기존의 이벤트 핸들러가 쓸모가 없어지게 되는 것이다. 이때는 이벤트 핸들러 내에 조건문을 달아 이러한 상황을 처리해도 되지만, 이벤트와 핸들러 결합을 아예 끊어버리는 것이 필요할 때도 있다.

예를 들어 페이지에서 더 이상 기본 스타일을 사용하지 않는 경우에도 접이식 스타일 변환기가 계속 펼쳐져 있도록 해보자. Narrow Column 또는 Large Print 버튼이 선택되면, 스타일 변환기의 배경 부분을 클릭해도 아무런 변화가 없도록 만드는 것이다. 이를 위해 이번 예제에서는 .off( ) 메소드를 이용해 기본 스타일 변환기 버튼 이외의 것을 클릭했을 때 접기 핸들러를 제거한다.

```
$(() => {
  $('#switcher')
    .click((e) => {
      if (!$(e.target).is('button')) {
        $(e.currentTarget)
          .children('button')
          .toggleClass('hidden');
      }
    });
  $('#switcher-narrow, #switcher-large')
    .click(() => {
      $('#switcher').off('click');
    });
});
```

리스팅 3.18

이제 Narrow Column 버튼을 클릭하면 스타일 변환기의 <div>에 붙어 있던 클릭 핸들러는 제거되고, 변환기 내 배경 영역을 클릭해도 접기 기능이 작동하지 않게 된다. 그런데

이때 버튼까지도 작동하지 않는다는 문제가 생긴다. 이는 이벤트 위임을 사용하기 위해 버튼 핸들링 코드를 새로 작성하면서 스타일 변환기 <div> 영역의 클릭 이벤트가 영향을 받기 때문이다. 즉, $('#switcher').off('click') 함수를 호출하면 클릭과 관련된 두 개의 핸들러가 모두 제거되는 것이다.

이벤트 핸들러에 네임스페이스 부여하기

지난 예제에서 .off( ) 메소드 사용과 관련된 문제점을 확인했으며, 메소드의 적용 대상을 좀 더 구체적으로 지정해 두 개의 클릭 핸들러가 모두 제거되는 문제를 해결하려 한다. 이번 예제에서는 이벤트가 결합됐을 때 특정 핸들러를 나중에 확인할 수 있는 추가적인 정보를 활용한다. 이때의 추가 정보를 네임스페이스^{namespaces}라 하며, 이벤트 핸들러를 결합하기 위한 메소드로 .on( ) 메소드를 사용한다.

.on( ) 메소드에 전달할 첫 번째 파라미터는 우리가 찾고자 하는 이벤트의 이름이며, 이번 예제에서는 이벤트의 하위 카테고리를 생성하는 특별한 문법을 사용한다.

```
$(() => {
  $('#switcher')
    .on('click.collapse', (e) => {
      if (!$(e.target).is('button')) {
        $(e.currentTarget)
          .children('button')
          .toggleClass('hidden');
      }
    });
  $('#switcher-narrow, #switcher-large')
    .click(() => {
      $('#switcher').off('click.collapse');
    });
});
```

리스팅 3.19

.collapse 접미사suffix는 이벤트 핸들링 시스템에서는 드러나지 않는 요소다. 클릭 이벤트는 이 함수에 의해 처리되며, 이는 .on('click')과 유사한 기능을 수행하지만 여기에 네임스페이스를 추가하면 버튼을 위한 클릭 이벤트 핸들러에 영향을 주지 않고, 해당 이름을 지닌 핸들러의 결합을 해제할 수 있다.

이벤트 다시 연동하기

이제 Narrow Column 또는 Large Print 버튼을 클릭하면 스타일 변환기의 접기 기능이 작동하지 않게 된다. 이번 예제에서는 Default 버튼을 클릭했을 때의 반환 동작을 정의하며, 언제든 핸들러와 다시 연동되도록 한다.

먼저 핸들러 함수를 코드에서 반복하지 않고도 여러 번 사용할 수 있도록 핸들러 함수의 이름을 부여한다.

```
$(() => {
  const toggleSwitcher = (e) => {
    if (!$(e.target).is('button')) {
      $(e.currentTarget)
        .children('button')
        .toggleClass('hidden');
    }
  };

  $('#switcher')
    .on('click.collapse', toggleSwitcher);
  $('#switcher-narrow, #switcher-large')
```

```
  .click((e) => {
    $('#switcher').off('click.collapse');
  });
});
```

리스팅 3.20

앞서 .on( ) 메소드의 두 번째 인수로 toggleSwitcher 함수를 전달했던 걸 기억할 것
이다. 함수를 인수로 전달할 때는 함수명 뒤의 소괄호를 반드시 제거하고 입력해야 한다.
소괄호가 남아 있는 경우 참조의 의미가 아닌 함수 호출의 의미로 사용된다. toggle
Switcher( ) 함수를 참조하는 방식으로 함수에 대한 장황한 코드 반복 없이 다시 한 번
더 핸들러와 연동할 수 있다.

```
$(() => {
  const toggleSwitcher = (e) => {
    if (!$(e.target).is('button')) {
      $(e.currentTarget)
        .children('button')
        .toggleClass('hidden');
    }
  };

  $('#switcher').on('click.collapse', toggleSwitcher);
  $('#switcher-narrow, #switcher-large')
    .click(() => {
      $('#switcher').off('click.collapse');
    });
  $('#switcher-default')
    .click(() => {
      $('#switcher').on('click.collapse', toggleSwitcher);
    });
});
```

리스팅 3.21

이제 토글^{toggle} 동작은 도큐먼트가 로딩되면 핸들러와 연동되고, **Narrow Column** 또는 **Large Print** 버튼을 클릭하면 연동이 끊어진 뒤, **Default** 버튼을 클릭하면 다시 연동된다.

이젠 함수에 이름이 생겼으므로 네임스페이스 기법은 더 이상 사용하지 않아도 된다. `.off()` 메소드는 우리의 기대대로 두 번째 인수로 함수를 받은 뒤 특정 핸들러의 연동만을 끊는데, 곧 새로운 문제가 발생한다. 제이쿼리에서 이벤트와 핸들러를 연동하면 기존 핸들러도 영향을 받기 때문이다. 이번 예제를 실행하고 **Default**를 클릭하면 또 다른 `toggleSwitcher` 핸들러가 스타일 변환기에 연동된다. 즉, 사용자가 **Narrow** 또는 **Large Print**를 클릭할 때까지 각각의 클릭마다 핸들러 함수가 호출되어 모든 `toggleSwitcher` 핸들러의 연동을 일시에 끊게 된다.

몇 차례 `toggleSwitcher` 핸들러를 연동하고 나면, 스타일 변환기를 클릭해도 아무런 반응이 없게 된다. 이때 `hidden` 클래스가 수차례 추가되고 삭제되는 과정이 반복되며 결국 처음 시작했을 때의 상태로 되돌아간다. 이 문제를 해결하기 위해서는 사용자가 버튼을 클릭했을 때 핸들러의 연동을 끊고, 클릭된 버튼의 ID가 `switcher-default`일 때만 재연동한다.

```
$(() => {
  const toggleSwitcher = (e) => {
    if (!$(e.target).is('button')) {
      $(e.currentTarget)
        .children('button')
        .toggleClass('hidden');
    }
  };

  $('#switcher')
    .on('click', toggleSwitcher);
  $('#switcher button')
    .click((e) => {
      $('#switcher').off('click', toggleSwitcher);
```

```
          if (e.target.id == 'switcher-default') {
            $('#switcher').on('click', toggleSwitcher);
          }
        });
});
```

리스팅 3.22

첫 번째 이벤트가 실행된 직후 이벤트 핸들러의 연동을 끊기 위한 좀 더 간단한 방법이 있다. 다음과 같이 .one( ) 메소드를 사용하는 것이다.

```
$('#switcher').one('click', toggleSwitcher);
```

위 메소드를 사용하면 토글 동작을 단 한 번만 실행하도록 할 수 있다.

▌ 사용자 상호작용의 시뮬레이션

때론 이벤트와 연동돼 있는 코드를 사용자의 직접적인 입력을 받지 않은 상태에서 (이벤트가 발생하지 않는 상태에서) 실행하는 것이 필요할 때가 있다. 예를 들어 스타일 변환기가 접혀 있는 상태에서 스타일 변환기와 관련된 코드를 실행하는 것이다. 이는 스타일시트에서 버튼을 숨기는 방식으로, 혹은 hidden 클래스를 추가하거나, $(( ) => {}) 핸들러에서 .hide( ) 메소드를 호출하는 방식으로 할 수 있다. 또 다른 방식은 스타일 변환기에서 마치 클릭이 있었던 것처럼 상황을 재현해 토글 시스템이 실제로 입력을 받은 것처럼 하는 것이다.

상호작용의 재현 또는 시뮬레이션은 .trigger( ) 메소드를 이용해 다음과 같이 할 수 있다.

```
$(() => {
  $('#switcher').trigger('click');
});
```

리스팅 3.23

이제 페이지가 로딩되면 다음 그림과 같이 스타일 변환기가 마치 사용자가 클릭한 것처럼 (자동으로) 접힌다.

이는 자바스크립트를 사용하지 않는 사용자에게 불필요한 콘텐츠를 미리 감추는 방법으로 유용하며, 자연스러우면서도 우아한 기능 저하의 사례가 될 수 있다. 최근엔 자바스크립트를 사용하지 않는 사용자가 매우 드물다.

.trigger() 메소드는 .on() 메소드와 같은 단축 코드를 제공한다. 이 단축 코드에 인수를 입력하지 않으면 이벤트와의 연동이 아닌 해당 동작이 촉발된다는 의미가 된다.

```
$(() => {
  $('#switcher').click();
});
```

리스팅 3.24

키보드 이벤트에 반응하기

이벤트 시뮬레이션의 또 다른 사례로 스타일 변환기를 위한 키보드 단축키를 추가할 수 있다. 사용자가 키보드에서 화면 표시 스타일의 첫 번째 철자를 입력하면 페이지에서 해당 버튼이 클릭된 것으로 처리할 수 있다. 이 기능을 구현하기 위해 먼저 마우스 이벤트와는 다른 키보드 이벤트를 알아보자.

키보드 이벤트에는 키보드에 직접 반응하는 타입(keyup과 keydown)과 키보드 텍스트 입력에 반응하는 타입(keypress) 등, 두 가지가 있다. 단일 문자 입력 방식으로도 다양한 키 조합을 만들어 낼 수 있으며, 예를 들어 Shift 키와 x 키를 입력하면 대문자인 X 문자를 만들 수 있다. 세부적인 구현 방법에 있어서는 브라우저마다 다를 수 있지만, 어느 브라우저에서도 통용될 수 있는 방법은 다음과 같다. 사용자가 어떤 키를 눌렀는지 알고 싶다면, keyup 또는 keydown 이벤트를 관찰하고, 문자의 입력 결과 화면에 나타난 내용을 알고 싶다면, keypress 이벤트를 관찰한다. 이와 같은 방법으로, 사용자가 D, N, 또는 L 키를 눌렀을 때 keyup으로 이벤트 발생 사실을 파악할 수 있다.

다음, 키보드 이벤트의 타깃이 될 요소를 결정한다. 이 부분은 마우스 이벤트에 비해 다소 모호한 편인데, 마우스는 커서라는 시각적인 단서가 이벤트의 타깃 요소를 가리키기 때문이다. 반면 키보드 이벤트의 타깃은 현재 키보드의 포커스가 맞춰진 부분이 되는데, 포커스가 맞춰진 요소는 마우스 클릭이나 탭 키를 통해 다른 대상으로 바뀔 가능성이 존재한다. 또한 페이지 내 모든 요소가 포커스 대상이 되지 않으며, 폼 필드, 링크, 그리고 .tabIndex 프로퍼티가 적용된 요소만이 키보드 이벤트 대상이 될 수 있다.

이 경우, 키를 누르기 전까지는 어떤 부분에 포커스가 맞춰질지 알 수 없게 된다. 반면 개발자는 사용자가 키를 누르는 즉시 이벤트를 처리할 준비가 돼 있어야 한다. 이때 이벤트 버블링 기법이 다시 활용되며 keyup 이벤트를 문서 요소와 연동하고 최종적으로 입력된 키 이벤트가 핸들러와 결합될 수 있도록 해야 한다.

마지막으로, keyup 핸들러가 실행될 때 사용자가 어떤 키를 눌렀는지 알 수 있어야 하며, 이를 위해 이벤트 객체를 확인한다. 이벤트의 .which 프로퍼티는 눌려진 키를 확인하기 위한 식별자^{identifier}를 포함한다. 예를 들어 알파벳 키인 경우 이 식별자는 대문자 ASCII 값이 된다. 이 정보를 바탕으로 문자 객체를 생성하고 해당 키를 누른 것으로 처리한다. 사용자가 키를 누를 때 해당 키의 식별자가 있는지 확인하며, 그에 상응하는 식별자가 존재하면 해당 문자의 클릭 핸들러를 실행한다.

```
$(() => {
  const triggers = {
    D: 'default',
    N: 'narrow',
    L: 'large'
  };
$(document)
  .keyup((e) => {
    onst key = String.fromCharCode(e.which);

    if (key in triggers) {
      $(`#switcher-${triggers[key]}`).click();
    }
  });
});
```

리스팅 3.25

세 개 키를 누르면 마우스로 해당 버튼을 클릭한 것과 동일한 효과가 나타나며, 파이어폭스의 검색 텍스트 입력 동작과 혼동하지 않고 정상적으로 키 입력이 이뤄졌다.

클릭 이벤트를 재현하기 위해 .trigger() 메소드를 사용하는 대신, 함수 속에서 코드를 분할해 click과 keyup 이벤트 핸들러를 모두 실행하도록 하자. 코드 분할은 이번 예제처럼 그리 길지 않은 사례에서는 효과가 크지 않지만, 복잡한 프로그램에서 코드의 불필요한 반복을 줄여줄 수 있는 유용한 도구다.

```
$(() => {
  // 스타일 변환기에서 hover 효과를 재현
```

```
const toggleHover = (e) => {
  $(e.target).toggleClass('hover');
};


$('#switcher').hover(toggleHover, toggleHover);

// 스타일 변환기를 접거나 펼침
const toggleSwitcher = (e) => {
  if (!$(e.target).is('button')) {
    $(e.currentTarget)
      .children('button')
      .toggleClass('hidden');
  }
};


$('#switcher')
  .on('click', toggleSwitcher)
  // 접은 상태가 되도록 click을 재현
  .click();

// 페이지 스타일을 변경하는 setBodyClass() 함수
// 스타일 변환기의 상태 또한 업데이트됨
const setBodyClass = (className) => {
  $('body')
    .removeClass()
    .addClass(className);
  $('#switcher button').removeClass('selected');
  $(`#switcher-${className}`).addClass('selected');
  $('#switcher').off('click', toggleSwitcher);

  if (className == 'default') {
    $('#switcher').on('click', toggleSwitcher);
  }
};

// switcher-default 버튼이 선택 상태가 된 상태에서 시작
```

```
$('#switcher-default').addClass('selected');

// 세 개의 버튼 클릭 동작과 해당 키를 매핑함
const triggers = {
  D: 'default',
  N: 'narrow',
  L: 'large'
};

// 버튼을 클릭하면 setBodyClass()를 호출
$('#switcher')
  .click((e) => {
    if ($(e.target).is('button')) {
      setBodyClass(e.target.id.split('-')[1]);
    }
  });

// 키를 누르면 setBodyClass()를 호출
$(document)
  .keyup((e) => {
    const key = String.fromCharCode(e.which);

    if (key in triggers) {
      setBodyClass(triggers[key]);
    }
  });
});
```

리스팅 3.26

위의 마지막 코드는 3장에서 다룬 모든 코드를 담고 있다. 기존의 모든 코드를 하나의
$(() => {}) 핸들러에 담아 불필요한 코드 반복 없이 일괄적으로 처리하도록 했다.

▌ 요약

3장에서는 사용자와 브라우저가 만들어내는 다양한 이벤트에 반응하는 핸들러의 구현 방법을 알아봤다. 먼저 페이지가 로딩될 때 안전하게 그와 관련된 핸들러를 실행하는 방법을 알아보고 링크 클릭하기, 버튼에 마우스 올리기 등 마우스 이벤트 핸들러와 키 입력 동작을 해석해 전달하는 것도 살펴봤다.

또한 이벤트 시스템의 내부로 들어가 이벤트의 위임을 활용하는 방법을 알아보고 이벤트에 적용된 기본 설정 동작을 변경하는 것도 다뤘다. 또한 실제로 사용자가 이벤트를 발생시키지 않은 상태에서 마치 해당 이벤트가 발생한 것과 같이 재현하는 것도 관찰했다.

그리고 이러한 내용을 바탕으로 상호작용성 높은 페이지도 만들었다. 4장에서는 이와 같은 상호작용 과정에서 사용자에게 시각적인 피드백을 제공하는 방법을 다룬다.

참고 자료

이벤트 핸들링에 대해서는 10장, '고급 이벤트'에서 다시 한 번 상세히 다룬다. 또 제이쿼리의 전체 이벤트 메소드 목록은 이 책의 부록 C에 있고, 제이쿼리 공식 문서 링크에서도 확인할 수 있다. http://api.jquery.com/

▌ 연습 문제

이번 연습 문제 풀이에는 제이쿼리 공식 개발자 문서가 도움이 될 것이다.

http://api.jquery.com/

1. Charles Dickens를 클릭하면 해당 영역에 선택한 스타일이 적용되도록 한다.
2. 챕터 타이틀(`<h3 class="chapter-title">`)을 더블클릭하면 해당 챕터의 텍스트가 나타나도록 한다.

3. 사용자가 우측 화살표 키를 누르면, 다음 순서의 body 클래스가 적용되도록 한다. 우측 화살표 키의 키 코드는 39다.

4. **도전 과제**: console.log( ) 함수를 이용해 마우스가 이동하는 좌표가 출력되도록 한다(console.log( )는 파이어폭스의 익스텐션인 파이어버그^{Firebug}, 사파리의 웹 인스펙터 ^{Web Inspector}, 크롬 또는 인터넷 익스플로러의 개발자 도구 영역에 표시된다).

5. **도전 과제**: .mousedown( )과 .mouseup( )을 이용해 페이지 내에서 발생하는 마우스 이벤트의 흔적을 추적한다. 마우스 버튼을 클릭했다가 해당 요소 위에서 놓으면 모든 문단 영역에 hidden 클래스가 추가되도록 하고, 해당 요소 아래에서 놓으면 모든 문단 영역에서 hidden 클래스가 제거되도록 한다.

04

스타일과 애니메이션

말보다 행동이 중요하다는 말이 있다. 자바스크립트 세상에서는 시각적인 효과로 행동의 중요성을 더욱 강조할 수 있다. 제이쿼리를 이용해 간편하게 시각 효과를 추가하거나 각종 애니메이션을 더욱 세련되게 만들 수 있다.

제이쿼리의 시각 효과는 페이지 요소에 움직임을 부여하고 좀 더 현대적인 느낌을 갖게 해준다. 하지만 시각적인 효과는 장식적인 요소가 아닌, 사용자의 경험을 풍부하게 해주고, 높은 사용성을 제공하며 (특히 Ajax 애플리케이션의 경우) 페이지에서 일어나는 일들을 사용자가 더욱 잘 이해하게 도와준다.

4장에서 다루는 내용은 다음과 같다.

- 동적인 요소의 스타일 변경하기
- 다양한 시각 효과를 이용해 특정 요소 감추거나 나타내기

- 페이지 요소에 커스텀 애니메이션 적용하기
- 순차적으로 시각 효과 적용하기

CSS의 인라인 속성 변경하기

본격적으로 제이쿼리 시각 효과를 설명하기 전에, CSS를 간략히 알아보자. 3장에서는 별도의 스타일시트에 정의된 클래스를 페이지 내 특정 요소에 부여함으로써 해당 요소의 스타일을 변경하고 제이쿼리의 다양한 메소드를 이용해 이들 클래스를 추가하거나 제거하는 방법을 알아봤다. 보통 이와 같이 HTML 문서에 CSS 규칙을 주입injecting하는 방식이 사용되며, 이는 마크업과 스타일을 분리하는 웹 개발 기본 규칙에도 부합하기 때문이다. 하지만 이와 같은 스타일을 CSS만으로 정의하는 것이 어려울 수 있으며, 때론 CSS로 구현할 수 없는 스타일도 있게 마련이다. 제이쿼리는 .css() 메소드를 이용해 이런 문제를 해결한다.

이 메소드는 게터 객체getter와 세터 객체setter의 역할을 동시에 수행한다. 단일 스타일 속성값을 가져오기 위해서는 문자열로 된 속성 이름만 전달하면 되며, 반환값 역시 문자열이 된다. 여러 개의 스타일 속성값을 가져오기 위해서는 문자열 배열로 된 속성 이름을 전달하고, 반환값으로 속성-값 쌍property-value pairs을 받는다. 또한 backgroundColor와 같이 여러 개의 단어로 구성된 속성 이름은 제이쿼리가 직접 해석해 CSS 문법(background-color) 또는 DOM 문법(backgroundColor)으로 전달한다.

```
// 단일 속성값 받기
.css('property')
// "value"

// 다중 속성값 받기
.css(['property1', 'property-2'])
// {"property1": "value1", "property-2": "value2"}
```

.css( ) 메소드는 두 가지 방식으로 스타일 속성을 설정한다. 한 가지 방식은 하나의 스타일 속성에 하나의
값을 받는 것이고, 다른 방식은 속성-값 쌍 객체를 받는 것이다.

```
// 단일 속성과 값
.css('property', 'value')

// 속성-값 쌍 객체
.css({
  property1: 'value1',
  'property-2': 'value2'
})
```

이와 같은 단순한 키-값 쌍 모음을 객체 리터럴$^{object\ literals}$이라 부르며, 코드 내에서 직접
생성된 자바스크립트 객체가 포함된다.

객체 리터럴의 문법

속성값에서 문자열은 따옴표로 감싸는 것이 보통이지만, 숫자 등 다른 형식의 데이터는 따옴
표로 감싸지 않는다. 속성 이름은 문자열이므로 해당 코드 부분엔 따옴표가 포함돼 있는 경우
가 대부분이다. 하지만 자바스크립트 식별자로 속성 이름을 입력할 때는 인용 부호를 사용하
지 않으며, 이때는 DOM 문법에 따라 (backgroundColor와 같이 대문자와 소문자를 혼용
한) 캐멀-케이스(camel-cased) 방식으로 표기한다.

.css( ) 메소드 역시 앞서 살펴봤던 .addClass( )와 같은 방식으로 사용하며, 메소드의
인수로 해당 DOM 컬렉션을 가리키는 제이쿼리 객체를 입력하면 된다. 이를 위해 3장,
'이벤트 핸들링'에서 만들었던 스타일 변환기와 유사한 예제를 작성한다.

```html
<div id="switcher">
  <div class="label">Text Size</div>
  <button id="switcher-default">Default</button>
  <button id="switcher-large">Bigger</button>
  <button id="switcher-small">Smaller</button>
```

```
</div>
<div class="speech">
  <p>Fourscore and seven years ago our fathers brought forth
      on this continent a new nation, conceived in liberty,
      and dedicated to the proposition that all men are created
      equal.</p>
  ...
</div>
```

예제 코드 다운로드

예제 코드는 다음 깃허브 저장소에서 다운로드할 수 있다.

https://github.com/PacktPublishing/Learning-jQuery-3

스타일시트 링크 방식으로 기본적인 스타일을 적용한 결과 페이지는 다음과 같다.

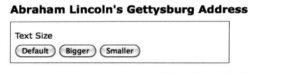

코드가 정상적으로 작동할 때, Bigger 버튼과 Smaller 버튼을 클릭하면 <div class="speech"> 영역의 텍스트 크기가 커지거나 작아지며, Default 버튼을 클릭하면 <div class="speech">의 텍스트 크기를 원래대로 바꾼다.

컴퓨터 연산 스타일 속성값 설정하기

폰트의 크기를 미리 정해 놓은 수치에 맞춰 변경하려 한다면, .addClass() 메소드를 써도 충분하다. 하지만 버튼을 클릭할 때마다 당시의 맥락에 맞춰 폰트의 크기를 크게 하거나 줄일 수 있으면 편리할 것이다. 이 역시 여러 개의 클래스를 미리 만들어놓고 상황에 맞춰 반복적으로 적용할 수 있겠지만 현재의 폰트 크기와 맥락을 고려해 컴퓨터 연산에 의해 새로운 레이아웃에 맞는 텍스트 크기를 (기존 폰트 크기의 40%와 같이) 비율에 따라 조절하는 기능을 구현해보자.

예제 코드는 $(( ) => {})와 $('#switcher-large').click( ) 이벤트 핸들러로 시작한다.

```
$(() => {
  $('#switcher-large')
    .click((e) => {

    });
});
```

리스팅 4.1

다음 .css( ) 메소드를 이용해 $('div.speech').css('fontSize')와 같이 폰트 크기를 확인할 수 있다. 하지만 반환된 값은 문자열로서, 숫자로 된 폰트 크기 값과 해당 값의 단위(px)가 포함돼 있으므로, 숫자 연산을 좀 더 간편하게 하기 위해 단위 문자를 제거해야 한다. 또한 제이쿼리 객체를 한 번 이상 사용할 것이므로, 상수에 제이쿼리 객체를 저장하는 방식으로 선택자를 임시로 저장해 뒀다가 필요할 때 쓸 수 있도록 한다.

```
$(() => {
  const $speech = $('div.speech');
  $('#switcher-large')
    .click(() => {
      const num = parseFloat($speech.css('fontSize'));
    });
});
```

리스팅 4.2

$(( ) => {}) 메소드의 첫 번째 라인은 <div class="speech"> 요소를 가리키는 제이쿼리 객체를 포함한 상수를 생성한다. 이때 $speech와 같이 이름에 $ 기호를 사용한 이유는 자바스크립트 식별자로서 다른 코드와 충돌 없이 사용할 수 있기 때문이며, 우리에겐 제이쿼리 객체를 담고 있는 상수임을 상기시켜준다. PHP 등과 같은 다른 프로그래밍 언어에서는 $ 기호에 특별한 의미가 없다.

> 이번 예제에서 변수(var) 대신 상수(const)를 사용하는 데는 나름의 이유가 있다. 상수는 자바스크립트 ES2015 버전에서 처음 소개됐으며, 상수를 사용함으로써 일련의 버그 발생을 줄일 수 있다. $speech를 예로 들어보자. 이 상수는 〈div class="speech"〉 외에 다른 것을 저장할 가능성이 조금이라도 있는가? 전혀 아니다. 상수로 선언한 뒤 $speech에 또 다른 값을 할당하려 하면 바로 오류가 발생하며, 이 오류는 명백하므로 고치기도 쉽다. 반면 $speech를 변수로 선언하고 실수로 다른 값을 할당하게 되면, 오류 발생 원인을 짐작하기가 어려워질 수 있다. 물론 한 번 값을 할당한 뒤에도 새로운 값을 할당해야 할 때가 있을 것이다. 이때는 변수를 쓰면 된다.

.click( ) 핸들러에서 parseFloat( ) 메소드를 이용해 폰트 크기를 나타내는 숫자값만을 가져온다. parseFloat( )는 숫자가 아닌 문자가 나타날 때까지 좌측에서 우측으로 문자열을 읽어들이며, 이렇게 읽어들인 문자열은 부동소수점수(10진수)로 변환된다. 예를 들어 12라는 문자열을 12라는 숫자로 변환하며, 12px과 같이 숫자가 아닌 문자가 섞여 있는 경우에도 12라는 숫자를 반환한다. 만일 숫자열의 시작 부분에 문자가 있다면, parseFloat( ) 실행 결과 숫자가 아니라는 뜻의 NaN[Not a Number]이 반환된다.

이제 남은 일은 파싱된 숫자값을 수정해 폰트 크기 재설정 작업에 적용하는 것이다. 이번 예제에서는 버튼을 클릭할 때마다 40%씩 폰트 크기가 증가하도록 한다. 이를 위해 다음과 같이 반환된 값에 1.4를 곱하고 결과로 나온 숫자에 'px'을 추가해 폰트 크기로 설정한다.

```
$(( ) => {
  const $speech = $('div.speech');
```

```
  $('#switcher-large')
    .click(() => {
      const num = parseFloat($speech.css('fontSize'));
      $speech.css('fontSize', `${num * 1.4}px`);
    });
});
```

리스팅 4.3

이제 사용자가 **Bigger** 버튼을 클릭하면 텍스트가 커지고, 한 번 더 클릭하면 텍스트가 더욱 커진다.

이제 **Smaller** 버튼을 클릭하면 텍스트 크기가 줄어들도록 해보자. 이를 위해 곱셈 대신 나눗셈을 적용해 num / 1.4 연산식을 적용한다. 또한 이들 두 부분을 <div id="switcher"> 내의 모든 <button> 요소를 조절하는 .click() 핸들러에 추가한다. 이후 클릭한 버튼 ID에 따라 곱셈을 적용할지, 혹은 나눗셈을 적용할지만 결정하면 된다. 다음 코드를 확인하자.

```
$(() => {
  const sizeMap = {
    'switcher-small': n => n / 1.4,
    'switcher-large': n => n * 1.4
  };
```

```
      const $speech = $('div.speech');

      $('#switcher button')
        .click((e) => {
          const num = parseFloat($speech.css('fontSize'));
          $speech.css(
            'fontSize',
            `${sizeMap[e.target.id](num)}px`
          );
        });
    });
```

리스팅 4.4

e.target.id값은 클릭 이벤트의 동작을 결정하는 데 사용되며, sizeMap에 해당 동작을 저장한다. sizeMap은 함수에 해당 요소의 ID를 매핑하는 단순한 객체이며, 이 함수는 현재의 fontSize값을 전달받는다. ID 맵을 사용하는 이유는 if 조건문을 추가해 상황을 판단하는 방식보다 동작을 추가하거나 제거하는 방식이 훨씬 간소하기 때문이다. 예를 들어 현재 폰트 크기가 "10px"이고 Bigger 버튼을 클릭한다면, ${sizeMap[e.target.id](num)}px의 실행 결과 "14px"을 반환한다.

이때 초깃값으로 폰트 크기를 반환하도록 하는 것이 좋다. 이를 위해 DOM이 로딩되는 즉시 변수에 폰트 크기를 저장하고, Default 버튼을 클릭할 때마다 이 값을 재저장한다. 이 모든 작업의 실행 결과는 sizeMap 상수에 저장한다.

```
$(() => {
  const sizeMap = {
    'switcher-small': n => n / 1.4,
    'switcher-large': n => n * 1.4,
    'switcher-default': () => defaultSize
  };
  const $speech = $('div.speech');
  const defaultSize = parseFloat($speech.css('fontSize'));
```

```
$('#switcher button')
  .click((e) => {
    const num = parseFloat($speech.css('fontSize'));
    $speech.css(
      'fontSize',
      `${sizeMap[e.target.id](num)}px`
    );
  });
});
```

리스팅 4.5

그런데 이 모든 동작을 구현하는 과정에서 클릭 핸들러는 전혀 손대지 않았다는 사실을 눈치챘는가? 예제에서 새로운 상수인 `defaultSize`를 생성하고, 여기에 항상 폰트 원본의 크기를 저장해둔다. 다음 `switcher-default` ID를 `sizeMap`에 저장해 새로운 함수에 전달하고 `defaultSize`값을 반환받는다.

이와 같은 매핑 방식은 `if` 가정문이나 `switch`문을 사용하는 방식보다 클릭 핸들러의 동작을 좀 더 간소하게 구현할 수 있게 해준다.

브라우저 개발사 전용 스타일 속성 키워드 사용

브라우저 개발사는 실험적인 스타일 속성을 만들고 나면, CSS 명세서specification에 부합하기 전까지 개발사를 나타내는 접두사를 붙여 배포한다. 구현 측면에서, 또 CSS 명세서 측면에서 충분히 안정화 단계에 접어들고 나면 접두사를 떼고 표준화된 이름으로 해당 속성을 사용하게 된다. 이에 따라 스타일시트에서 다음과 같은 CSS 선언을 자주 볼 수 있다.

```
-webkit-property-name: value;
-moz-property-name: value;
-ms-property-name: value;
-o-property-name: value;
```

```
property-name: value;
```

브라우저 개발사 전용 자바스크립트 또한 존재하며, propertyName, WebkitProperty
Name, msPropertyName 등 각 브라우저에서 제공하는 DOM 속성을 확인하고 테스트를
해볼 필요가 있다. 하지만 제이쿼리를 이용하면 .css('propertyName', 'value') 메소
드와 같이 표준 속성 이름만으로 모든 브라우저에서 동일한 기능을 제공할 수 있다. 스타
일 객체 속성의 이름이 없는 경우, 제이쿼리는 Webkit나 O, Moz, ms 등 접두사를 반복적
으로 붙여 가면서 적절한 속성 이름을 생성해낸다.

▌페이지 요소를 나타내거나 감추기

파라미터 없이 기본적으로 사용하는 .hide( ) 메소드와 .show( ) 메소드는 'string'을 통
해 적절한 display값을 지정하는 .css('display', 'string') 메소드의 단축형 표현이
라 할 수 있다. 이들 메소드는 별도의 애니메이션 없이 해당 요소를 즉각적으로 화면에서
사라지게 하거나, 화면에 표시한다.

.hide( ) 메소드는 display: none에 상응하는 인라인 스타일 속성을 설정한다. 이 메
소드의 편리한 점은 페이지 요소를 감추기 전에 display 속성이 block, inline, 또는
inline-block인지 기억한다는 점이다. .show( ) 메소드는 이와 반대의 기능을 제공하며,
display: none이 적용되기 이전 상태의 display 속성으로 복원한다.

display 속성

display 속성에 대한 좀 더 자세한 정보와 적용된 값에 따른 화면 표시 방식을 확인하고 싶
다면 다음 Mozilla Developer Center 링크를 확인한다.

• display 속성 문서
https://developer.mozilla.org/en-US/docs/CSS/display

• display 속성값에 따른 사례
https://developer.mozilla.org/samples/cssref/display.htm

.show( )와 .hide( )의 기능은 스타일시트의 기본적인 display 속성을 변경함으로써 페이지 요소를 감추거나 나타낸다는 것이다. 예를 들어 <li> 요소는 display: list-item이라는 속성을 기본적으로 지니고 있지만, 이 내용을 display: inline으로 변경해 수평 방향의 메뉴를 만들고 싶을 때가 있을 것이다. 이때는 <li> 태그의 감춰진 요소에 .show( ) 메소드를 적용하면 기존 상태 정보를 반영해 display: list-item 속성을 변경할 수 있다. 이때, 해당 요소는 기존의 display: inline 상태를 복원함으로써 수평 방향 메뉴의 형태를 그대로 유지할 수 있다.

이들 메소드를 적용해 첫 번째 문단 아래 추가한 **read more** 링크를 통해 두 번째 문단을 표시하거나 감추는 기능을 구현하기 위한 HTML 코드는 다음과 같다.

```html
<div class="speech">
  <p>Fourscore and seven years ago our fathers brought forth
      on this continent a new nation, conceived in liberty,
      and dedicated to the proposition that all men are
      created equal.
  </p>
  <p>Now we are engaged in a great civil war, testing whether
      that nation, or any nation so conceived and so dedicated,
      can long endure. We are met on a great battlefield of
      that war. We have come to dedicate a portion of that
      field as a final resting-place for those who here gave
      their lives that the nation might live. It is altogether
      fitting and proper that we should do this. But, in a
      larger sense, we cannot dedicate, we cannot consecrate,
      we cannot hallow, this ground.
  </p>
  <a href="#" class="more">read more</a>
    ...
</div>
```

DOM 로딩이 끝나면, 페이지 요소를 선택하고 .hide( )를 호출한다.

```
$(() => {
  $('p')
    .eq(1)
    .hide();
});
```

리스팅 4.6

.eq() 메소드는 2장, '요소 선택하기'에서 소개한 바 있는 :eq() 모조 클래스와 유사하다. 이 메소드는 0 기반 인덱스에 따라 하나의 페이지 요소를 가리키는 제이쿼리 객체를 반환한다. 이번 예제에서 .eq(1)은 두 번째 문단 요소를 가리키며, 첫 번째 문단 뒤에 바로 나타나는 read more 링크로 해당 요소를 감춘다.

사용자가 첫 번째 문단 끝 부분의 read more 링크를 클릭하면 두 번째 문단을 나타내기 위한 .show() 메소드를 호출하고 클릭된 링크를 감추기 위해 .hide()를 호출한다.

```
$(() => {
  $('p')
    .eq(1)
    .hide();
  $('a.more')
    .click((e) => {
      e.preventDefault();
      $('p')
```

```
        .eq(1)
        .show();
      $(e.target)
        .hide();
    });
});
```

리스팅 4.7

위 예제 코드에서 `.preventDefault()` 메소드를 이용해 링크 클릭에 따른 기본 설정 동작을 막았다. 클릭 후의 페이지 모습은 다음과 같다.

.hide()와 .show() 메소드는 매우 빠르고 유용하지만 그리 세련된 느낌은 주지 못한다. 다음 절에서는 좀 더 우아한 시각적 단서를 제공하기 위해 duration 또는 지속 시간이라는 속성을 추가한다.

▌ 시각 효과와 지속 시간

.show() 또는 .hide()의 인수로 (속도라고 언급하기도 하는) 지속 시간, 즉 duration을 추가하면 지정 시간 동안 애니메이션 효과가 나타난다. 예를 들어 .hide(duration) 형식으

로 메소드를 실행하면 CSS의 display: none 규칙에 따라 높이, 가로, 투명도가 동시에 감소하면서 화면에서 사라지게 된다. .show(duration)는 이와 반대로 원래의 콘텐츠 크기가 될 때까지 높이는 위에서 아래로, 가로 크기는 좌측에서 우측으로, 투명도는 0에서 1로 증가하면서 커진다.

속도 조절하기

제이쿼리 시각 효과에서는 'slow' 또는 'fast', 두 가지 속성으로 애니메이션 속도를 지정할 수 있다. .show('slow')는 600밀리초(0.6초) 동안 애니메이션이 실행되고, .show('fast')는 200밀리초(0.2초) 동안 애니메이션이 실행된다. 이 외 다른 문자열을 입력하면 제이쿼리 애니메이션의 기본 속도인 400밀리초 동안 애니메이션이 실행된다. 좀 더 정밀하게 실행 속도를 조절하고 싶다면 .show(850)과 같이 숫자값으로 직접 입력한다.

이번 예제는 에이브러햄 링컨 대통령의 「게티스버그 연설문」이며, 메소드에 지속 시간을 입력해 애니메이션 효과를 구현한다.

```
$(() => {
  $('p')
    .eq(1)
    .hide();

  $('a.more')
    .click((e) => {
      e.preventDefault();
      $('p')
        .eq(1)
        .show('slow');
      $(e.target)
        .hide();
    });
});
```

리스팅 4.8

연설문 단락의 애니메이션이 대략 반쯤 실행됐을 때 캡처한 화면은 다음과 같다.

페이드 인, 페이드 아웃

`.show()`와 `.hide()` 메소드를 이용한 애니메이션 효과는 세련된 느낌과 함께 실용성도 제공한다. 속성값을 조절하면 애니메이션을 좀 더 세부적으로 연출할 수 있다. 제이쿼리는 미묘한 느낌 차이가 있는 다수의 애니메이션 효과를 미리 구현해 놓았으며, 그 중 한 예로 전체 문단의 투명도가 0에서 1로 서서히 바뀌면서 화면에 드러나는 애니메이션 효과를 위해 `fadeIn('slow')` 메소드를 제공한다.

```
$(() => {
  $('p')
    .eq(1)
    .hide();

  $('a.more')
    .click((e) => {
      e.preventDefault();
      $('p')
```

```
        .eq(1)
        .fadeIn('slow');
      $(e.target)
        .hide();
    });
});
```

리스팅 4.9

해당 문단이 서서히 나타나는 동안 캡처한 화면은 다음과 같다.

.fadeIn() 메소드는 콘텐츠를 담고 있는 전체 문단 영역이 서서히 드러나고, 반대로 .fadeOut()은 전체 문단 영역이 서서히 사라지는 효과를 만든다.

슬라이드 업, 슬라이드 다운

앞서 설명한 페이드 애니메이션은 웹 문서의 바깥 영역에 있는 별도의 요소가 화면 내부로 들어오는 효과를 구현할 때 특히 유용하다. 예를 들어 도움말 링크를 클릭했을 때 페이지 위에 해당 문단이 겹쳐서 올라오는 효과를 만들 때 효과적이다. 하지만 해당 요소가 문서의 일부분일 때 .fadeIn()을 호출하면 기존의 요소를 밀어내면서 화면에 등장하므로 시각적으로 그리 권장할만한 방법은 아니라고 할 수 있다.

이런 경우 제이쿼리의 .slideDown()과 .slideUp() 메소드가 효과적이다. 이들 애니메이션 메소드는 선택된 요소의 높이만을 조절한다. 이번 예제에서 수직으로 미끄러지듯 아래로 이동하는 효과를 구현하기 위해 .slideDown('slow') 메소드를 호출한다.

```
$(() => {
  $('p')
    .eq(1)
    .hide();

  $('a.more')
    .click((e) => {
      e.preventDefault();
      $('p')
        .eq(1)
        .slideDown('slow');
      $(e.target)
        .hide();
    });
});
```

리스팅 4.10

해당 문단이 슬라이딩돼 나타나는 모습은 다음과 같다.

Abraham Lincoln's Gettysburg Address

Text Size

(Default) (Bigger) (Smaller)

Fourscore and seven years ago our fathers brought forth on this continent a new nation, conceived in liberty, and dedicated to the proposition that all men are created equal.

Now we are engaged in a great civil war, testing whether that nation, or any nation so conceived and so dedicated, can long endure. We are met on a great battlefield of that war. We have come to

The brave men, living and dead, who struggled here have consecrated it, far above our poor power

이와 반대의 애니메이션 효과를 원한다면 `.slideUp()` 메소드를 호출한다.

토글 기능을 이용한 화면 요소 표시

지난 예제에서는 화면 요소를 서서히 나타나거나 사라지게 하는 애니메이션을 구현했는데, 하나의 버튼으로 해당 요소를 나타나거나 사라지게 하는 것이 편리할 때가 있다. 이와 같은 토글 기능을 만들기 위해는 먼저 해당 요소가 화면에 나타나 있는지 확인하고, 그에 따라 화면 요소를 사라지거나 나타나게 해야 한다. 이번 예제에서도 페이드 효과를 사용하며, 다음과 같이 토글 기능을 구현한다.

```
$(() => {
  const $firstPara = $('p')
    .eq(1)
    .hide();
  $('a.more')
    .click((e) => {
      e.preventDefault();

      if ($firstPara.is(':hidden')) {
        $firstPara.fadeIn('slow');
        $(e.target).text('read less');
      } else {
        $firstPara.fadeOut('slow');
        $(e.target).text('read more');
      }
    });
});
```

리스팅 4.11

위 코드에서도 4장 초반에서 한 것처럼 불필요한 DOM 순회 작업을 피하기 위해 선택자를 임시 저장하고 클릭된 링크 부분을 감추는 대신 텍스트의 내용을 변경한다.

특정 요소에 포함된 텍스트의 내용을 확인하거나 해당 텍스트 내용을 변경하려 할 때는, .text()
메소드를 활용한다. 이에 대한 상세한 내용은 5장, 'DOM 요소 조절하기'에서 설명한다.

if-else문은 토글 방식으로 화면 요소를 나타낼 때 가장 훌륭한 방식이라 할 수 있지만,
제이쿼리의 복합적인 시각 효과 메소드를 이용하면 이런 코드 중 상당 부분을 제거할 수
있다. 제이쿼리는 .fadeToggle()과 .slideToggle()이라는 복합 메소드를 제공하며 토
글 방식으로 특정 요소를 나타내거나 사라지게 한다. .slideToggle() 메소드를 이용해
수정한 예제 코드는 다음과 같다.

```
$(() => {
  const $firstPara = $('p')
    .eq(1)
    .hide();

  $('a.more')
    .click((e) => {
      e.preventDefault();

      $firstPara.slideToggle('slow');
      $(e.target)
        .text(
          $(e.target).text() === 'read more' ?
            'read less' : 'read more'
        );
    });
});
```

리스팅 4.12

위 코드에서 (조건에 따라 반환값을 달리할 수 있는) 터너리^{ternary} 표현식 ($(e.target).
text() === 'read more' ?)은 두 번째 단락이 화면에 표시돼 있는가가 아닌, 링크 텍스

트의 내용을 확인한 뒤 필요에 따라 해당 내용을 변경한다. 터너리 표현식은 if 조건문의 축약형이라 할 수 있으며, 조건 부합 여부에 따라 값을 변경할 수 있다. 터너리 표현식은 특정 인수에 따라 달라지는 함수 호출 방식이라 생각해도 무방하다.

■ 커스텀 애니메이션 만들기

제이쿼리의 자체 시각 효과 메소드 외에, .animate( ) 메소드를 이용해 매우 세분화된 설정 작업이 가능한 커스텀 애니메이션을 만들 수 있다. .animate( ) 메소드는 크게 두 가지 타입이 있으며, 첫 번째 타입은 다음과 같은 네 개의 인수를 받는다.

- 스타일 속성과 값 객체 – 4장 초반에 설명한 .css( )의 인수와 비슷
- (옵션) 지속 시간^{duration} – 시간 문자열 또는 밀리초 단위의 숫자
- (옵션) 이징 타입$^{easing\ type}$ – 11장, '고급 시각 효과'에서 설명
- (옵션) 콜백 함수 – 4장 후반부에서 설명

네 개의 인수를 모두 적용한 .animate 메소드는 다음과 같다.

```
.animate(
  {property1: 'value1', property2: 'value2'},
  duration,
  easing,
  () => {
    console.log('The animation is finished.');
  }
);
```

두 번째 타입은 다음과 같이 속성 객체와 옵션 객체 등, 두 개의 인수를 받는다.

```
.animate({properties}, {options})
```

이 타입에서 두 번째 인수는 첫 번째 타입에 포함된 두 번째에서 네 번째 인수의 내용을 새로운 객체 형식으로 모두 포함하고 있으며, 이들 인수를 혼합해 활용하기 위한 고급 기능을 제공한다. 실제 인수가 적용된 .animate의 두 번째 타입은 다음과 같다.

```
.animate(
  {
    property1: 'value1',
    property2: 'value2'
  },
  {
    duration: 'value',
    easing: 'value',
    specialEasing: {
      property1: 'easing1',
      property2: 'easing2'
    },
    complete: ( ) => {
      console.log('The animation is finished.');
    },
    queue: true,
    step: callback
  }
);
```

당분간은 첫 번째 타입의 .animate( ) 메소드를 사용하며, 4장 후반부에 순차적 시각 효과에 대해 설명할 때 두 번째 타입의 예제를 사용한다.

커스텀 시각 효과 구현하기

지금까지 페이지 요소를 감추거나 나타내기 위한 제이쿼리의 다양한 시각 효과를 살펴봤다. 이번 절에서는 커스텀 애니메이션 구현 메소드인 .animate( )를 본격적으로 활용하기에 앞서 `.slideToggle( )` 방식으로 구현했던 것과 동일한 애니메이션을 좀 더 낮은 수준의 인터페이스를 이용해 구현해보려 한다. 기존 예제 코드에서 `.slideToggle( )` 라인을 삭제하고 다음과 같은 커스텀 애니메이션 코드를 추가한다.

```
$(( ) => {
  const $firstPara = $('p')
    .eq(1)
    .hide( );

  $('a.more')
    .click((e) => {
      e.preventDefault( );

      $firstPara.animate({ height: 'toggle' }, 'slow');
      $(e.target)
        .text(
          $(e.target).text( ) === 'read more' ?
            'read less' : 'read more'
        );
    });
});
```

리스팅 4.13

 이번 예제는 `.slideToggle( )` 애니메이션을 완벽하게 대체하지는 못하며, 페이지 요소의 마진과 패딩만을 조절한다.

위 예제 코드에서 보듯 `.animate( )` 메소드는 `'show'`, `'hide'`, 그리고 `'toggle'` 등 CSS 속성을 나타낼 수 있는 단축형 값을 제공하며, 이를 통해 `.slideToggle( )` 메소드의 구현 동작을 비슷하게나마 만들어 볼 수 있다.

164

다수의 속성이 적용된 애니메이션 구현하기

.animate( ) 메소드를 이용하면 동시에 여러 개의 속성으로 구성된 조합을 수정할 수 있다. 예를 들어 두 번째 문단을 토글링하면 슬라이딩과 페이딩 효과가 동시에 나타나거나 사라지게 할 수 있으며, .animate( )에 opacity 속성을 추가하면 해당 요소의 투명도까지 동시에 변경할 수 있다.

```
$(() => {
  const $firstPara = $('p')
    .eq(1)
    .hide();

  $('a.more')
    .click((e) => {
      e.preventDefault();

      $firstPara.animate({
        opacity: 'toggle',
        height: 'toggle'
      }, 'slow');
      $(e.target)
        .text(
          $(e.target).text() === 'read more' ?
            'read less' : 'read more'
        );
    });
});
```

리스팅 4.14

.animate( ) 메소드에는 위와 같이 애니메이션 효과와 관련된 스타일 속성을 추가할 수 있고, left, top, fontSize, margin, padding, borderWidth 등 CSS 속성값 또한 추가할 수 있다. 리스팅 4.15 코드는 연설문의 텍스트 크기를 변경하며 .css( ) 메소드의 내용을

.animate( ) 메소드에 적용하기만 하면 손쉽게 텍스트 크기를 변경할 수 있다.

```
$(() => {
  const sizeMap = {
    'switcher-small': n => n / 1.4,
    'switcher-large': n => n * 1.4,
    'switcher-default': () => defaultSize
  };

  const $speech = $('div.speech');
  const defaultSize = parseFloat($speech.css('fontSize'));

  $('#switcher button')
    .click((e) => {
      const num = parseFloat($speech.css('fontSize'));
      $speech.animate({
        fontSize: `${sizeMap[e.target.id](num)}px`
      });
    });
});
```

리스팅 4.15

CSS와 관련된 속성을 추가함으로써 훨씬 복잡한 애니메이션도 만들 수 있다. 예를 들어 아이템 요소의 텍스트 크기를 20픽셀 키우고 경계선의 폭을 5픽셀로 변경하면서 페이지 좌측에서 우측으로 이동시킬 수 있다. 이와 같은 내용을 <div id="switcher"> 박스에 적용한 결과 화면은 다음과 같다.

Abraham Lincoln's Gettysburg Address

Text Size
(Default) (Bigger) (Smaller)

Fourscore and seven years ago our fathers brought forth on this continent a new nation, conceived in liberty, and dedicated to the proposition that all men are created equal.

flexible-width 속성을 이용하면, 박스가 이동하게 될 페이지 우측까지의 거리를 측정할 수 있다. 예를 들어 문단의 폭이 100%라고 하면, 문단의 폭에서 Text Size 박스의 폭을 빼서 정확한 거리를 알 수 있다. jQuery.outerWidth( ) 메소드는 패딩과 경계선 두께를 포함해 정확한 화면 폭을 계산한다. 이번 예제에서는 스타일 변환기의 left 속성을 연산하는 데 outerWidth( ) 메소드를 사용한다. 화면에 나타난 세 개의 버튼 바로 위에 Text Size 라벨이 있으며, 이를 클릭하면 애니메이션이 실행된다. 완성된 예제 코드는 다음과 같다.

```
$(() => {
  $('div.label')
    .click((e) => {
      const $switcher = $(e.target).parent();
      const paraWidth = $('div.speech p').outerWidth();
      const switcherWidth = $switcher.outerWidth();

      $switcher.animate({
        borderWidth: '5px',
        left: paraWidth - switcherWidth,
        height: '+=20px'
      }, 'slow');
    });
});
```

리스팅 4.16

잠시 이번에 사용된 애니메이션 속성을 자세히 살펴보자. borderWidth는 단어 의미 그대로, 경계선의 두께를 의미하며 상숫값과 단위를 입력하면 스타일시트에 정의하는 것과 동일한 내용이 화면에 나타난다. left는 컴퓨터로 연산된 숫자값이며 단위는 필요에 따라 입력할 수 있다. 이번 예제에서는 단위를 생략했으므로 컴퓨터는 px 단위로 추측한다. 마지막 height는 이전에 본 적 없는 문법을 사용한다. 프로퍼티 값의 접두사로 사용된 +=는 상대적인 값임을 나타낸다. 즉, 해당 영역이 20픽셀 위로 이동하는 것이 아닌, 현재 높이를 기준으로 20픽셀 커진다는 것을 의미한다. 또 이 문법에는 특수 문자가 사용됐으므로 상대값은 문자열로 지정해야 한다.

예제 코드는 좌측면을 고정면으로 해 `<div>` 태그 영역의 높이와 경계선의 두께를 증가시킨다.

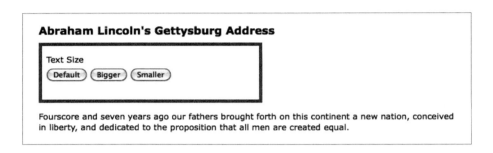

다음 절에서는 CSS 코드를 이용해 박스 영역의 위치를 변경한다.

CSS로 위치 설정하기

`.animate()`를 활용할 때, 우리가 변경하려는 요소에 이미 적용돼 있는 CSS 규칙의 제약이 존재한다는 사실을 기억해야 한다. 예를 들어 `left` 속성을 조절해도 해당 요소의 CSS 위치 규칙이 `relative` 또는 `absolute`로 설정돼 있으면 아무런 움직임도 나타나지 않게 된다. 모든 블록 레벨 요소에 대한 CSS 위치 규칙은 static이며, 단어 뜻 그대로 이들 요소에 대한 위칫값을 직접 바꾸지 않는 한 현재의 위치에 정적으로 머물게 된다.

 CSS의 absolute와 relative 위치에 대한 상세한 정보는 다음 링크를 참조한다.
https://css-tricks.com/almanac/properties/p/position/

다음과 같이 스타일시트에서 `<div id="switcher">`의 위칫값을 `relative`로 바꿀 수 있다.

```
#switcher {
  position: relative;
}
```

혹은, 제이쿼리를 통해 자바스크립트 레벨에서 위치 속성을 바꿀 수 있다. 다음 코드를
살펴보자.

```
$(() =>
  $('div.label')
    .click((e) => {
      const $switcher = $(e.target).parent();
      const paraWidth = $('div.speech p').outerWidth();
      const switcherWidth = $switcher.outerWidth();

      $switcher
        .css('position', 'relative')
        .animate({
          borderWidth: '5px',
          left: paraWidth - switcherWidth,
          height: '+=20px'
        }, 'slow');
    });
});
```

리스팅 4.17

위 코드를 통해 CSS 규칙이 바뀌면, Text Size를 클릭했을 때 다음과 같은 모습으로 애니
메이션이 구현된다.

■ 동시 발생 시각 효과와 순차 발생 시각 효과

지금까지 살펴본 .animate() 메소드는 특정 요소 그룹에 동시적으로 발생하는 시각 효과를 구현하는 데 매우 유용하다는 사실을 알게 됐다. 하지만 때론 일련의 요소들에 순차적으로 시각 효과가 적용되는 것이 더 좋을 때가 있다.

하나의 그룹 요소에 시각 효과 적용하기

한 무리의 그룹 요소에 여러 개의 시각 효과를 적용하려 할 때 순차적 시각 효과 또는 큐잉queuing 기법은 연쇄적으로 해당 효과를 적용한다. 큐잉 기법을 이용해 리스팅 4.17에서 Text Size 박스를 우측으로 이동시키고, 박스의 높이와 경계선 두께를 증가시켜보자. 단, 지난 예제에서는 이런 변화가 동시에 발생했는데, 이번 예제에서는 .animate()가 세 가지 시각 효과를 순차적으로 발생시키도록 한다.

```
$(() => {
  $('div.label')
    .click((e) => {
      const $switcher = $(e.target).parent();
      const paraWidth = $('div.speech p').outerWidth();
      const switcherWidth = $switcher.outerWidth();
```

```
    $switcher
      .css('position', 'relative')
      .animate({ borderWidth: '5px' }, 'slow')
      .animate({ left: paraWidth - switcherWidth }, 'slow')
      .animate({ height: '+=20px' }, 'slow');
  });
});
```

리스팅 4.18

위 예제 코드에서 세 개의 .animate( ) 메소드 연쇄는 사실상 한 줄의 코드이지만, 코드 가독성을 위해 별도의 라인으로 나눴다.

제이쿼리에서는 .animate( ) 메소드뿐 아니라 다른 시각 효과 메소드도 연쇄적으로 결합해 사용할 수 있다. 예를 들어 <div id="switcher">에 다음의 순서로 시각 효과를 순차적으로 적용할 수 있다.

1. .fadeTo( ) 메소드로 투명도를 0.5로 서서히 변화시킴
2. .animate( ) 메소드로 박스를 우측으로 이동시킴
3. .fadeTo( ) 메소드로 투명도를 1로 서서히 변화시킴
4. .slideUp( ) 메소드로 박스를 숨김
5. .slideDown( ) 메소드로 박스를 한 번 더 나타냄

이들 메소드를 결합해 연쇄적으로 시각 효과가 나타나도록 한다.

```
$(() => {
  $('div.label')
    .click((e) => {
      const $switcher = $(e.target).parent();
      const paraWidth = $('div.speech p').outerWidth();
      const switcherWidth = $switcher.outerWidth();

      $switcher
```

```
      .css('position', 'relative')
      .fadeTo('fast', 0.5)
      .animate({ left: paraWidth - switcherWidth }, 'slow')
      .fadeTo('slow', 1.0)
      .slideUp('slow')
      .slideDown('slow');
   });
});
```

리스팅 4.19

순차 발생 시각 효과의 활용

그런데 만일 <div> 태그 영역이 우측으로 사라지면서 투명도가 반으로 서서히 줄도록 하려면 어떻게 해야 하는가? 이들 두 애니메이션은 동일한 속도로 진행되며, 동시에 재생하려면 하나의 .animate() 메소드 속에 이들 두 애니메이션을 넣기만 하면 된다. 하지만 이번 예제에서 페이드 효과의 속도는 'fast'인 반면 우측 이동 속도는 'slow'로 설정돼 있으므로, 이를 반영할 방법이 필요하다. 바로 이럴 때 두 번째 타입의 .animate() 메소드를 사용한다.

```
$(() => {
  $('div.label')
    .click((e) => {
      const $switcher = $(e.target).parent();
      const paraWidth = $('div.speech p').outerWidth();
      const switcherWidth = $switcher.outerWidth();

      $switcher
        .css('position', 'relative')
        .fadeTo('fast', 0.5)
        .animate(
          { left: paraWidth - switcherWidth },
          { duration: 'slow', queue: false }
```

```
      )
      .fadeTo('slow', 1.0)
      .slideUp('slow')
      .slideDown('slow');
  });
});
```

리스팅 4.20

메소드의 두 번째 인수는 옵션 객체를 받으며, 이번 예제에서는 queue 옵션을 false로
설정해 기본 설정값을 오버라이딩할 수 있게 했다. 자연스러운 애니메이션 구현에서 이
와 같은 미세한 시간 차이는 꼭 필요하며, 이를 통해 다른 요소가 실행 가능 상태가 될 때
까지 특정 요소를 기다리게 하는 것이 가능해진다.

수동으로 순차적 시각 효과 구현하기

여러 요소를 포함한 단일 그룹에 대한 순차적 시각 효과 구현에서 살펴볼 마지막 요소는
.css()와 같은 비-시각 효과 메소드는 .animate() 메소드에 의해 자동으로 실행되지 않
는다는 점이다. 예를 들어 .slideUp() 메소드가 실행된 뒤 slideDown() 메소드가 실행
되기 직전에 <div id="switcher">의 배경색을 red로 변경하려면 어떻게 해야 할까?

우선은 지금까지 했던 것을 응용해 다음과 같이 해보자.

```
$(() => {
  $('div.label')
    .click((e) => {
      const $switcher = $(e.target).parent();
      const paraWidth = $('div.speech p').outerWidth();
      const switcherWidth = $switcher.outerWidth();

      $switcher
        .css('position', 'relative')
        .fadeTo('fast', 0.5)
```

```
        .animate(
          { left: paraWidth - switcherWidth },
          { duration: 'slow', queue: false }
        )
        .fadeTo('slow', 1.0)
        .slideUp('slow')
        .css('backgroundColor', '#f00')
        .slideDown('slow');
    });
});
```

리스팅 4.21

위 코드에서는 .css( ) 메소드를 우리가 원하는 순서에 놓았음에도 불구하고, 클릭하자
마자 배경색이 red로 바뀐다.

시각 효과 메소드와 비—시각 효과 메소드를 혼합해 순차적으로 작동하도록 하려면 다음
과 같이 적절한 위치에 적절한 이름으로 .queue( ) 메소드를 추가한다.

```
$(() => {
  $('div.label')
    .click((e) => {
      const $switcher = $(e.target).parent();
      const paraWidth = $('div.speech p').outerWidth();
      const switcherWidth = $switcher.outerWidth();

      $switcher
        .css('position', 'relative')
        .fadeTo('fast', 0.5)
        .animate(
          { left: paraWidth - switcherWidth },
          { duration: 'slow', queue: false }
        )
        .fadeTo('slow', 1.0)
        .slideUp('slow')
```

```
        .queue((next) => {

            $switcher.css('backgroundColor', '#f00');
            next();
        })
        .slideDown('slow');
    });
});
```

리스팅 4.22

콜백 함수의 호출을 받은 .queue( ) 메소드는 선택된 요소에 대해 순차적으로 시각 효과
를 구현하는 메소드를 추가한다. .queue( ) 메소드는 내부에서 배경색을 red로 설정한 뒤
next( ) 함수를 호출해 콜백 함수에 다음번 인수를 전달한다. next( ) 함수는 애니메이션
진행이 끝난 .slideDown('slow') 다음 부분에서 메소드 연쇄가 다시 시작되도록 한다.
next( ) 함수를 호출하지 않았다면 애니메이션 실행은 거기서 멈췄을 것이다.

 .queue( ) 메소드에 대한 상세한 정보와 예제 코드는 다음 링크에서 확인한다.
http://api.jquery.com/category/effects/

다음 절에서는 여러 개의 그룹 요소를 대상으로 비-시각 효과 메소드를 적용하기 위한
또 다른 큐 적용 기법을 소개한다.

여러 개의 그룹 요소에 시각 효과 적용하기

단일 그룹 요소에 시각 효과를 적용하는 것과 달리, 다수의 그룹에 시각 효과를 적용하면
그 효과는 동시에 발생한다. 이와 같은 동시 발생 효과를 직접 확인하기 위해 하나의 단
락은 위로 이동시키고, 또 다른 단락은 아래로 이동시켜보자. 이번 예제에서는 3~4개의
문단을 포함한 웹 문서를 활용한다.

```html
<p>Fourscore and seven years ago our fathers brought forth
    on this continent a new nation, conceived in liberty,
    and dedicated to the proposition that all men are
    created equal.</p>
<p>Now we are engaged in a great civil war, testing whether
    that nation, or any nation so conceived and so
    dedicated, can long endure. We are met on a great
    battlefield of that war. We have come to dedicate a
    portion of that field as a final resting-place for those
    who here gave their lives that the nation might live. It
    is altogether fitting and proper that we should do this.
    But, in a larger sense, we cannot dedicate, we cannot
    consecrate, we cannot hallow, this ground.</p>
<a href="#" class="more">read more</a>
<p>The brave men, living and dead, who struggled here have
    consecrated it, far above our poor power to add or
    detract. The world will little note, nor long remember,
    what we say here, but it can never forget what they did
    here. It is for us the living, rather, to be dedicated
    here to the unfinished work which they who fought here
    have thus far so nobly advanced.</p>
<p>It is rather for us to be here dedicated to the great
    task remaining before us&mdash;that from these honored
    dead we take increased devotion to that cause for which
    they gave the last full measure of devotion&mdash;that
    we here highly resolve that these dead shall not have
    died in vain&mdash;that this nation, under God, shall
    have a new birth of freedom and that government of the
    people, by the people, for the people, shall not perish
    from the earth.</p>
```

화면상의 변화를 좀 더 잘 확인할 수 있도록 세 번째 문단에는 1픽셀 두께의 경계선을, 네 번째 문단에는 회색 배경색을 추가하고, DOM 로딩이 완료되면 네 번째 문단 또한 사라지게 한다.

```
$(() => {
  $('p')
    .eq(2)
    .css('border', '1px solid #333');
  $('p')
    .eq(3)
    .css('backgroundColor', '#ccc')
    .hide();
});
```

리스팅 4.23

이번 예제 문서를 열면 첫 번째, 두 번째 문단과 그 아래 read more 링크, 그리고 경계선이 추가된 문단이 나타난다.

Fourscore and seven years ago our fathers brought forth on this continent a new nation, conceived in liberty, and dedicated to the proposition that all men are created equal.

read more

The brave men, living and dead, who struggled here have consecrated it, far above our poor power to add or detract. The world will little note, nor long remember, what we say here, but it can never forget what they did here. It is for us the living, rather, to be dedicated here to the unfinished work which they who fought here have thus far so nobly advanced.

마지막으로, 세 번째 문단에 클릭 핸들러를 추가해 클릭 이벤트가 발생하면 세 번째 문단은 (화면 밖으로 사라질 때까지) 위로 올라가고, 네 번째 문단은 (화면에 나타날 때까지) 아래로 내려가도록 한다.

```
$(() => {
  $('p')
    .eq(2)
    .css('border', '1px solid #333')
    .click((e) => {
      $(e.target)
```

```
        .slideUp('slow')
        .next()
        .slideDown('slow');
    });
  $('p')
    .eq(3)
    .css('backgroundColor', '#ccc')
    .hide();
});
```

리스팅 4.24

이들 두 가지 시각 효과가 동시에 발생하는 모습은 다음과 같다.

위 화면에서 세 번째 문단이 화면에 나타나기 시작함과 동시에 네 번째 문단은 화면에 사
라지기 시작한다.

콜백 함수를 이용한 순차적인 시각 효과 구현

서로 다른 요소에 순차적으로 시각 효과를 적용하기 위해, 제이쿼리는 각각의 시각 효과
메소드에 콜백 함수를 제공한다. 앞서 .queue() 메소드를 포함한 이벤트 핸들러를 소개
한 적이 있는데, 이때의 콜백 함수는 메소드의 인수로 전달되는 역할만 한다. 이번 예제
에서는 시각 효과 메소드의 마지막 인수로 콜백 함수를 적용한다.

두 개의 슬라이드 효과를 순차적으로 구현하기 위해 콜백 함수를 사용하면, 세 번째 문단이 위로 올라가기 전에 네 번째 문단이 아래로 내려오도록 할 수 있다. .slideDown( ) 메소드 속에 .slideUp( ) 메소드를 추가한 콜백 함수 형태는 다음과 같다.

```
$(() => {
  $('p')
    .eq(2)
    .css('border', '1px solid #333')
    .click((e) => {
      $(e.target)
        .next()
        .slideDown('slow', () => {
          $(e.target).slideUp('slow');
        });
    });
  $('p')
    .eq(3)
    .css('backgroundColor', '#ccc')
    .hide();
});
```

리스팅 4.25

이때 $(this)를 click( ) 콜백 함수와 slideDown( ) 콜백 함수에 사용했다면 정상적으로 작동하지 않았을 것이다. this가 맥락을 반영하기 때문이다. 그래서 이번 예제에서는 $(this) 대신 $(e.target)을 써서 <p> 요소를 참조하도록 했다.

이번 코드를 실행하고 화면을 캡처한 결과, 세 번째와 네 번째 문단이 반씩 나타나고 있는 모습이 보인다. 이때 네 번째 문단은 아래로 내려오는 동작이 완전히 멈춘 상태이고, 세 번째 문단은 위로 올라가기 시작하는 상태다.

Fourscore and seven years ago our fathers brought forth on this continent a new nation, conceived in liberty, and dedicated to the proposition that all men are created equal.

read more

The brave men, living and dead, who struggled here have consecrated it, far above our poor power to add or detract. The world will little note, nor long remember, what we say here, but it can never forget what they did here. It is for us the living, rather, to be dedicated here to the unfinished work which they who fought here have thus far so nobly advanced.

It is rather for us to be here dedicated to the great task remaining before us—that from these honored dead we take increased devotion to that cause for which they gave the last full measure of devotion—that we here highly resolve that these dead shall not have died in vain—that this nation, under God, shall have a new birth of freedom and that government of the people, by the people, for

이상으로 콜백 함수에 대한 설명을 마친다. 리스팅 4.22의 코드를 다시 가져와서 일련의 시각 효과가 거의 끝나갈 즈음 배경색을 변경하는 예제를 만들어보자. 이번 예제에서도 지난번과 같이 .queue() 메소드 대신 콜백 함수만 이용한다.

```
$(() => {
  $('div.label')
    .click((e) => {
      const $switcher = $(e.target).parent();
      const paraWidth = $('div.speech p').outerWidth();
      const switcherWidth = $switcher.outerWidth();

      $switcher
        .css('position', 'relative')
        .fadeTo('fast', 0.5)
        .animate(
          { left: paraWidth - switcherWidth },
          { duration: 'slow', queue: false }
        )
        .fadeTo('slow', 1.0)
        .slideUp('slow', () => {
          $switcher.css('backgroundColor', '#f00');
        })
        .slideDown('slow');
```

```
    });
});
```

리스팅 4.26

이번 예제에서도 문단이 올라가기 시작한 직후와 문단이 다시 내려오기 직전에 `<div id="switcher">`의 배경색이 red로 바뀐다. 이번 예제처럼 `.queue( )` 대신 콜백 함수로 시각 효과를 마무리하면 콜백 함수 내에서 next( ) 함수를 호출할 필요가 없어진다.

도움말

시각 효과 구현 시 다양한 변화를 주다 보면 어떤 때 시각 효과가 동시에 발생하고, 또 어떤 때 순차적으로 발생하는지 혼동이 될 수 있다. 이럴 땐 다음 내용만 기억하자.

단일 요소 그룹의 시각 효과

- 하나의 `.animate( )` 메소드에 여러 개의 속성을 추가하면 동시에 발생한다.
- queue 옵션을 `false`로 설정하지 않았다면, 메소드를 연쇄적으로 이어서 순차적으로 발생하도록 한다.

다중 요소 그룹의 시각 효과

- 기본적으로 동시에 발생한다.
- 다른 시각 효과 메소드의 콜백 함수로 입력하거나 `.queue( )` 메소드의 콜백 함수로 입력해 순차적으로 발생하도록 한다.

▌ 요약

4장에서 학습한 시각 효과 메소드를 이용하면 자바스크립트 코드를 이용해 인라인 스타일 속성을 변경할 수 있다. 제이쿼리의 다양한 시각 효과 패키지를 활용할 수 있으며 우리가 원하는 느낌을 살린 커스텀 애니메이션을 만들 수 있다. 4장에서는 특히 .css() 또는 .animate() 메소드를 이용해 텍스트 크기를 증가 또는 감소시키는 방법, 다양한 속성을 변경해 페이지 요소를 감추거나 드러내는 방법, 그리고 다양한 스타일의 애니메이션을 (순차적으로 또는 동시 발생적으로) 구현하는 방법을 알아봤다.

이 책의 1~4장은 하드코딩된 HTML 페이지의 개별 요소의 속성을 변경하는 다양한 예제를 소개했다. 5장, 'DOM 요소 조절하기'에서는 DOM을 직접 수정해 제이쿼리 코드로 새로운 요소를 생성하고, 이들 요소를 우리가 원하는 DOM 구조 위치에 삽입하는 방법을 알아본다.

참고 자료

애니메이션 구현에 대한 좀 더 자세한 내용은 11장, '고급 시각 효과'에서 확인할 수 있다. 제이쿼리의 전체 시각 효과 메소드와 스타일 메소드 목록은 부록 B에 수록돼 있으며, 제이쿼리 공식 문서에서도 확인할 수 있다. http://api.jquery.com/

▌ 연습 문제

연습 문제를 풀면서 막히는 부분이 있을 땐 제이쿼리 공식 문서를 확인하자.

http://api.jquery.com/

1. 처음 웹 페이지를 열면 모든 콘텐츠가 보이지 않도록 스타일시트를 작성한다. 페이지가 로딩되면 천천히 콘텐츠가 나타나도록 한다.
2. 마우스를 문단 위에 올리면 해당 문단의 배경색이 노란색이 되도록 한다.
3. 제목 요소를 클릭하면 동시에 해당 요소의 opacity는 25%로, 좌측 margin은 20px이 되도록 한다. 다음 애니메이션이 종료되면 연설문 텍스트의 opacity를 50%로 만든다.

4. 이제 본격적인 도전 과제다. 화살표 키를 누르면 스타일 변환 박스가 해당 키의 방향으로 20px씩 이동하도록 한다. 화살표 키 코드는 다음과 같다. 37(left), 38(up), 39(right), 40(down).

05

DOM 요소 조절하기

사용자의 웹 경험은 웹 서버와 웹 브라우저가 만드는 이중주라 해도 과언이 아니다. 전통적인 웹 개발에서는 웹 브라우저에서 사용할 수 있는 HTML 문서를 웹 서버가 생성한단 생각이 지배적이었지만 이 책을 통해 알 수 있듯 전통적인 사고 방식은 지속적으로 바뀌었고, 현재는 CSS 규칙을 통해 HTML 문서의 외관을 바꾸는 것이 상식이 됐다. 5장에서는 여러분의 자바스크립트의 활용 능력을 좀 더 향상시키기 위해 DOM, 즉 웹 문서 요소를 조절할 수 있는 방법을 알아본다.

5장에서 다루는 내용은 다음과 같다.

- DOM, Document Object Model 인터페이스를 이용한 웹 문서의 수정
- 웹 문서 요소와 텍스트 생성
- 웹 문서 요소 이동과 삭제
- 웹 요소의 속성과 성질의 추가, 삭제, 수정을 통한 웹 문서 변환

▌ 웹 요소의 속성과 성질 변경하기

이 책의 초반 네 장에서는 .addClass( )와 .removeClass( ) 메소드를 이용해 페이지 요소의 모습을 바꾸는 방법을 설명했고, 예제 풀이 과정에서 이들 메소드를 이용해 class 속성을 변경하는 방법도 알아봤다. 제이쿼리는 클래스 속성을 변경하기 위한 공식적인 방법으로 className( ) 메소드를 제공한다. 앞서 살펴본 대로 .addClass( ) 메소드는 각종 속성을 생성하거나 추가하고 .removeClass( ) 메소드는 각종 속성을 제거한다. 클래스 속성을 변경하는 또 다른 메소드인 .toggleClass( )는 클래스 이름을 추가하거나 제거하며, 클래스 속성 처리를 위한 매우 효율적인 방법을 제공한다. 이들 메소드는 <div class="first first">와 같은 상황이 벌어지지 않도록, 해당 이름의 클래스 요소가 이미 존재할 때 중복을 피할 수 있으며, <div class="first second">와 같이 하나의 요소에 여러 개의 클래스를 추가할 때도 편리하게 사용할 수 있다.

비-클래스 속성

개발을 하다 보면 필요에 따라 다양한 속성에 접근하거나 수정해야 할 경우가 있다. 예를 들어 id, rel, 그리고 href 속성을 변경하기 위해 제이쿼리는 .attr( )과 .removeAttr( ) 메소드를 제공한다. 이들 메소드는 간단한 방법으로 속성값을 변경한다. 또한 제이쿼리는 한 번에 여러 개의 속성을 변경할 수 있는 방법도 제공한다. 이는 4장, '스타일과 애니메이션'에서 소개한 바 있는 .css( ) 메소드를 활용한 다수의 CSS 속성 변경과 유사하다.

예를 들어 링크와 관련된 id, rel, 그리고 title 속성을 한 번에 설정할 수 있다. 이번 예제를 위한 HTML 코드는 다음과 같다.

```
<h1 id="f-title">Flatland: A Romance of Many Dimensions</h1>
<div id="f-author">by Edwin A. Abbott</div>
<h2>Part 1, Section 3</h2>
<h3 id="f-subtitle">
```

```
  Concerning the Inhabitants of Flatland
</h3>
<div id="excerpt">an excerpt</div>
<div class="chapter">
  <p class="square">Our Professional Men and Gentlemen are
    Squares (to which class I myself belong) and Five-Sided
    Figures or <a href="http://en.wikipedia.org/wiki/Pentagon">Pentagons
    </a>.
  </p>
  <p class="nobility hexagon">Next above these come the
    Nobility, of whom there are several degrees, beginning at
    Six-Sided Figures, or <a
    href="http://en.wikipedia.org/wiki/Hexagon">Hexagons</a>,
    and from thence rising in the number of their sides till
    they receive the honourable title of <a
    href="http://en.wikipedia.org/wiki/Polygon">Polygonal</a>,
    or many-Sided. Finally when the number of the sides
    becomes so numerous, and the sides themselves so small,
    that the figure cannot be distinguished from a <a
    href="http://en.wikipedia.org/wiki/Circle">circle</a>, he
    is included in the Circular or Priestly order; and this is
    the highest class of all.
  </p>
  <p><span class="pull-quote">It is a <span class="drop">Law
    of Nature</span> with us that a male child shall have
    <strong>one more side</strong> than his father</span>, so
    that each generation shall rise (as a rule) one step in
    the scale of development and nobility. Thus the son of a
    Square is a Pentagon; the son of a Pentagon, a Hexagon;
    and so on.
  </p>
<!-- . . . code continues . . . -->
</div>
```

이제 `<div class="chapter">` 내에 있는 링크 요소를 순회할 수 있으며, 이들 요소에 차례대로 속성을 반영할 수 있다. 모든 링크에 동일한 속성값을 추가하려면 `$(() => {})` 핸들러에 다음과 같이 한 줄의 코드만 입력하면 된다.

```
$(() => {
  $('div.chapter a').attr({ rel: 'external' });
});
```

리스팅 5.1

`.css()` 메소드처럼 `.attr()` 메소드 역시 한 쌍의 파라미터를 받으며, 첫 번째 파라미터는 속성 이름을, 첫 번째 파라미터는 해당 값을 받는다. 보통 리스팅 5.1과 같이 키-값 쌍을 파라미터로 받는다. 위 예제 코드를 간단하게 수정하면, 다음과 같이 한 번에 여러 개의 속성을 반영할 수 있다.

```
$(() => {
  $('div.chapter a')
    .attr({
      rel: 'external',
      title: 'Learn more at Wikipedia'
    });
});
```

리스팅 5.2

Value 콜백 함수

DOM 요소의 속성^{attribute}이 그에 상응하는 페이지 요소와 동일한 값^{value}을 지니기만 한다면, .attr( ) 메소드를 객체로 전달하기 위한 방법에는 여러 가지가 있다. 하지만 실무에서 우리가 추가하거나 변경하는 속성은 매번 다른 값으로 바뀌게 마련이다. 그 중 대표적인 사례가 ID이다. 문서 내에서 ID는 유일한 값이어야만 이를 참조하는 자바스크립트 코드가 정상적으로 작동할 수 있다. 각각의 링크에 유일한 ID를 설정하려면, 제이쿼리의 value 콜백 메소드인 .css( ) 메소드와 .each( ) 메소드를 활용해야 한다.

value 콜백은 인수의 값이 아닌, 그 자체로 하나의 간단한 함수이며 상승하는 요소 그룹에서 한 번씩 해당 요소를 호출한다. 콜백 결과 반환된 데이터는 해당 속성의 새로운 값이 된다. 예를 들어 각각의 요소에 다음과 같은 방식으로 서로 다른 ID값을 부여할 수 있다.

```
$(() => {
  $('div.chapter a')
    .attr({
      rel: 'external',
      title: 'Learn more at Wikipedia',
      id: index => `wikilink-${index}`
    });
});
```

리스팅 5.3

value 콜백이 실행될 때마다 반복 실행 횟수^{iteration count}를 나타내는 정수를 전달한다. 위 예제에서는 첫 번째 링크의 ID값으로 wikilink-0를, 두 번째 링크의 ID값으로 wikilink-1순으로 새로운 값을 생성한다.

이번 예제에서는 title 속성값으로 Learn more at Wikipedia라는 텍스트를 적용하며, 지금까지 사용한 모든 HTML 태그에는 Wikipedia 사이트 링크가 적용된다. 하지만 다른 콘텐츠를 가리키는 링크도 있으므로 해당 내용을 반영해 선택자 표현식을 추가한다.

```
$(() => {
  $('div.chapter a[href*="wikipedia"]')
    .attr({
    rel: 'external',
    title: 'Learn more at Wikipedia',
    id: index => `wikilink-${index}`
  });
});
```

리스팅 5.4

.attr( ) 메소드에 대한 마지막 내용으로, 링크 목적 페이지를 설명하는 좀 더 구체적인
타이틀 속성을 적용한다. 이때도 value 콜백이 중요한 역할을 담당한다.

```
$(() => {
  $('div.chapter a[href*="wikipedia"]')
    .attr({
    rel: 'external',
    title: function() {
      return `Learn more about ${$(this).text()} at Wikipedia.`;
    },
    id: index => `wikilink-${index}`
  });
});
```

리스팅 5.5

이번 예제에서는 value 콜백의 맥락 정보를 활용한다. 이벤트 핸들러를 사용할 때와 마
찬가지로, this 키워드는 콜백이 호출될 때마다 수정한 DOM 요소를 가리킨다. 위 코드
에서는 이들 DOM 요소를 제이쿼리 객체로 감싸서^{wrapping} (4장, '스타일과 애니메이션'에서 소
개한) .text( ) 메소드와 연결한 뒤 링크의 텍스트 콘텐츠로 사용한다. 이렇게 하면 다음
그림과 같이 해당 요소에 맞는 링크 타이틀이 만들어진다.

```
```

데이터 속성

HTML5 데이터 속성은 페이지 요소에 임의의 데이터 값을 적용할 수 있게 한다. 이후 제이쿼리 코드로 이들 값을 활용할 수 있으며, 수정 또한 가능하다. 데이터 속성을 활용하는 이유는 DOM 속성을 분리한 뒤 우리가 필요로 하는 애플리케이션에 적용해 화면에 표시되는 방식, 동작 방식 등을 좀 더 세부적으로 지정할 수 있기 때문이다.

제이쿼리의 data() 메소드를 이용해 데이터 값을 읽고, 해당 데이터 값을 변경할 수 있다. 이번 예제에서는 사용자가 특정 문단을 읽고 나면 클릭해 이미 읽은 부분임을 표시할 수 있는 새로운 기능을 추가해보자. 이때 체크박스를 추가해 읽음 표시가 남겨진 문단을 감출 수 있도록 한다. 이를 위해 data 속성을 이용해 읽음 표시가 남겨진 문단을 기억하도록 한다.

```
$(() => {
  $('#hide-read')
    .change((e) => {
      if ($(e.target).is(':checked')) {
        $('.chapter p')
          .filter((i, p) => $(p).data('read'))
          .hide();
```

```
      } else {
        $('.chapter p').show();
      }
    });

  $('.chapter p')
    .click((e) => {
      const $elm = $(e.target);

      $elm
        .css(
          'textDecoration',
          $elm.data('read') ? 'none' : 'line-through'
        )
        .data('read', !$(e.target).data('read'));
    });
});
```

리스팅 5.6

특정 단락을 클릭하면 이미 읽었다는 표시로 해당 텍스트 부분에 가로선$^{line-through}$이 나타
난다.

Flatland: A Romance of Many Dimensions
by Edwin A. Abbott

Part 1, Section 3

Concerning the Inhabitants of Flatland
an excerpt
Hide read paragraphs ☐

~~Our Professional Men and Gentlemen are Squares (to which class I myself belong) and Five-Sided Figures or Pentagons.~~

Next above these come the Nobility, of whom there are several degrees, beginning at Six-Sided Figures, or Hexagons, and from thence rising in the number of their sides till they receive the honourable title of Polygonal, or many-Sided. Finally when the number of the sides becomes so numerous, and the sides themselves so small, that the figure cannot be distinguished from a circle, he is included in the Circular or Priestly order; and this is the highest class of all.

~~It is a Law of Nature with us that a male child shall have **one more side** than his father, so that each generation shall rise (as a rule) one step in the scale of development and nobility. Thus the son of a Square is a Pentagon; the son of a Pentagon, a Hexagon; and so on.~~

But this rule applies not always to the Tradesman, and still less often to the Soldiers, and to the Workmen; who indeed can hardly be said to deserve the name of human Figures, since they have not all their sides equal. With them therefore the Law of Nature does not hold; and the son of an Isosceles (i.e. a Triangle with two sides equal) remains Isosceles still. Nevertheless, all hope is not such out, even from the Isosceles, that his posterity may ultimately rise above his degraded condition....

click 이벤트가 발생하면 핸들러는 문단의 시각적 외양을 변경한다. 이때 시각적인 속성의 변경 외에도 data('read', !$(e.target).data('read'))와 같이 해당 요소의 read 데이터를 켜거나 끌 수 있다. 이를 통해 다른 HTML 속성은 변경하지 않고 특정 요소와 애플리케이션에 필요한 데이터만을 서로 연결할 수 있다.

이미 읽은 문단에 체크박스를 추가하고 해당 문단을 감추기 위한 change 핸들러는 이 데이터를 포함한 문단을 찾는다. filter((i, p) => $(p).data('read')) 메소드를 호출하면 read data 속성이 true인 문단을 반환한다. 이제 화면에서 특정 애플리케이션 데이터만을 골라낼 수 있으며, 이미 읽은 문단이 사라진 페이지 모습은 다음과 같다.

Flatland: A Romance of Many Dimensions
by Edwin A. Abbott

Part 1, Section 3

Concerning the Inhabitants of Flatland
an excerpt
Hide read paragraphs ☑

Next above these come the Nobility, of whom there are several degrees, beginning at Six-Sided Figures, or Hexagons, and from thence rising in the number of their sides till they receive the honourable title of Polygonal, or many-Sided. Finally when the number of the sides becomes so numerous, and the sides themselves so small, that the figure cannot be distinguished from a circle, he is included in the Circular or Priestly order; and this is the highest class of all.

But this rule applies not always to the Tradesman, and still less often to the Soldiers, and to the Workmen; who indeed can hardly be said to deserve the name of human Figures, since they have not all their sides equal. With them therefore the Law of Nature does not hold; and the son of an Isosceles (i.e. a Triangle with two sides equal) remains Isosceles still. Nevertheless, all hope is not such out, even from the Isosceles, that his posterity may ultimately rise above his degraded condition....

 제이쿼리의 고급 데이터 처리 기법은 이 책 후반부에 다시 한 번 설명한다.

DOM 요소의 프로퍼티

앞서 언급한 바와 같이, HTML 속성^{attributes}과 DOM 프로퍼티^{properties} 사이에는 미묘한 차이가 있다. HTML 속성은 페이지를 구성하는 HTML 소스 코드에서 class, id 등이며, 여기에 따옴표로 감싼 "chapter", "square" 등의 값이 할당돼 있고, DOM 프로퍼티는 자바스크립트를 통해 접근할 수 있는 값이다. 크롬 브라우저 개발자 도구에서 웹 페이지를 열면 속성과 프로퍼티를 한눈에 확인할 수 있다.

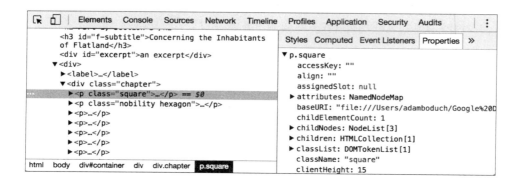

위 화면에 나타난 크롬 개발자 도구의 인스펙터^{elements inspector} 패널 좌측에서 선택된 <p> 요소를 보면, class 속성에 square라는 값이 할당돼 있고, 인스펙터 패널 우측에서 이에 대응되는 className이라는 프로퍼티가 있으며, 여기에 square라는 값이 할당돼 있음을 알 수 있다. 즉, 동일한 웹 요소를 가리키는 경우에도 속성과 프로퍼티 이름이 서로 다를 수 있음을 알 수 있다.

하지만 대부분 속성과 프로퍼티는 기능적으로 서로 교환 가능하며, 제이쿼리는 위와 같은 명칭의 불일치 문제를 해결해준다. 어쨌든 이번 절에서는 속성과 프로퍼티가 서로 다를 수 있다는 점만 기억하자. nodeName과 nodeType, selectedIndex, childNodes 등 일부 DOM 프로퍼티는 그에 상응하는 HTML 속성이 존재하지 않으며, 이런 경우 .attr() 메소드 등을 이용해 해당 요소에 접근할 수 없다. 게다가 데이터 타입은 더욱 다양한데, checked 속성의 경우 문자열 데이터 값이지만 프로퍼티는 Boolean 타입의 값을 받는다. 이와 같은 Boolean 속성은 크로스 브라우저 환경에서의 일관성을 확보하기 위해 테스트를 거친 뒤에 프로퍼티로 설정하는 것이 필요하다.

다음과 같이 .prop() 메소드를 이용해 제이쿼리 프로퍼티를 가져오거나^{get} 설정^{set}할 수 있다.

```
// "checked" 프로퍼티의 현재 값을 가져옴
const currentlyChecked = $('.my-checkbox').prop('checked');

// "checked" 프로퍼티의 새로운 값을 설정함
$('.my-checkbox').prop('checked', false);
```

.prop( ) 메소드는 .attr( ) 메소드가 제공하는 거의 모든 특성을 지니며 여러 개의 값을 지닌 객체를 받아서 동시에 설정하고 콜백 함수를 받을 수 있다.

폼 입력값 조절하기

HTML 속성과 DOM 프로퍼티를 혼동하게 되면, 폼 입력값을 가져오거나^{get}, 설정하는 ^{set} 작업을 하면서 곤란을 겪을 수 있다. 텍스트 입력에서 HTML의 value 속성은 DOM 의 (value 프로퍼티가 아닌!) defaultValue 프로퍼티와 같다. value 프로퍼티는 문서 요소 선택 시 selectedIndex 프로퍼티 또는 해당 옵션 요소에서 선택된 프로퍼티를 통해 얻을 수 있다.

이와 같은 차이 때문에 .attr( )를 신중하게 사용해야 한다. 특히 요소 선택을 위해 폼 입력값의 get 또는 set 작업 시 .prop( )을 사용할 때 주의해야 한다. 이런 상황을 고려해 제 이쿼리는 다음과 같이 .val( ) 메소드를 제공한다.

```
// 현재 텍스트 입력값을 가져옴
const inputValue = $('#my-input').val();

// 현재 선택 목록값을 가져옴
const selectValue = $('#my-select').val();

// 단일 선택 목록값을 설정
$('#my-single-select').val('value3');
```

```
// 다중 선택 목록값을 설정
$('#my-multi-select').val(['value1', 'value2']);
```

.attr( )나 .prop( ) 메소드처럼, .val( ) 메소드 역시 세터^{setter} 인수로 함수를 받을 수 있다. 다양한 기능을 수행하는 .val( ) 메소드는 제이쿼리 기반 각종 프로그래밍 작업을 쉽게 만들어준다.

■ DOM 트리 조절하기

.attr( )와 .prop( ) 메소드는 매우 강력한 도구이며 이를 이용해 문서 내 특정 요소만을 선택적으로 변경할 수 있지만, 아직 문서 전반의 구조를 변경할 수 있는 방법은 알아보지 못했다. DOM 트리를 자유롭게 수정하려면 제이쿼리 라이브러리의 가장 중요한 함수에 대해 좀 더 깊이 알아야 한다.

$( ) 함수의 재발견

책 초반부터 우리는 $( ) 함수를 이용해 문서 내 여러 요소에 접근하는 방법을 알아봤다. 지금까지는 CSS 선택자로 문서 내 특정 요소를 가리키고, 이를 새로운 제이쿼리 객체로 만들어내는 생산 도구, 즉 팩토리^{factory}의 개념에서 $( ) 함수를 살펴봤다.

하지만 지금까지의 내용은 $( ) 함수 기능의 일부일 뿐이며, $( ) 함수는 문서 내 개별 요소, 혹은 그룹 요소의 변경뿐 아니라 페이지 전체 내용을 바꿀 수도 있다. $( ) 함수에 약간의 HTML 코드만 입력하면 완전히 새로운 DOM 구조를 만들어낼 수 있다.

접근성에 대한 고려

제이쿼리를 이용해 구현하는 모든 기능, 시각적 효과, 텍스트 기반 정보 등은 브라우저의 자바
스크립트 활용 능력에 영향을 받는다. 따라서 웹 문서에서 모든 사용자에게 배포해야 할 콘텐
츠가 있다면, 자바스크립트 성능에 상관없이 콘텐츠를 볼 수 있도록 접근성을 고려해야 한다.

새 요소 생성하기

FAQ 페이지의 가장 공통적인 특징은 각각의 질문-답변 바로 아래 나타나는 back to
top 링크일 것이다. 상단 이동 링크는 시맨틱[semantic] 측면에서 아무런 역할도 하지 못
한다는 비판이 있으므로, (자바스크립트를 사용할 수 있는) 성능 좋은 브라우저의 사용자를
위한 기능으로 제공하는 편이 나을 수 있다. 이번 절에는 각 문단 아래 back to top 링크
와 이들 링크가 연결할 페이지 앵커를 추가하는 예제를 만들어보자. 이를 위해 $( ) 함수
를 이용해 새로운 요소 몇 개를 생성한다.

```
$(( ) => {
  $('<a href="#top">back to top</a>');
  $('<a id="top"></a>');
});
```

리스팅 5.7

첫 번째 코드 라인에서 back to top 링크를 생성하고, 두 번째 라인에서 해당 링크에 대
한 타깃 앵커를 생성했다. 하지만 아래 페이지에는 back to top 링크가 보이지 않는다.

Our Professional Men and Gentlemen are Squares (to which class I myself belong) and Five-Sided Figures or <u>Pentagons</u>.

Next above these come the Nobility, of whom there are several degrees, beginning at Six-Sided Figures, or <u>Hexagons</u>, and from thence rising in the number of their sides till they receive the honourable title of <u>Polygonal</u>, or many-Sided. Finally when the number of the sides becomes so numerous, and the sides themselves so small, that the figure cannot be distinguished from a <u>circle</u>, he is included in the Circular or Priestly order; and this is the highest class of all.

It is a Law of Nature with us that a male child shall have **one more**

위 두 줄의 코드는 분명 해당 요소를 생성하긴 했지만, 아직 페이지 요소로 추가되진 못한 탓이다. 이를 위해 브라우저에게 새로운 요소가 어디에 나타나야 하는지 설명해줘야 하며, 이때 사용하는 것이 바로 제이쿼리 삽입 메소드다.

새 요소 삽입하기

제이쿼리는 웹 문서에 요소를 삽입할 수 있는 다양한 메소드를 제공한다. 이들 메소드의 이름은 기존의 콘텐츠가 새로 추가될 콘텐츠와 어떤 방식으로 연결될지를 설명한다. 예를 들어 각각의 문단 아래 back to top 링크를 추가하고 싶다면 .insertAfter() 메소드를 이용하면 된다.

```
$(() => {
  $('<a href="#top">back to top</a>')
    .insertAfter('div.chapter p');
  $('<a id="top"></a>');
});
```

리스팅 5.8

<div class="chapter"> 영역에서 각 문단 아래 (DOM 구조 속에) back to top 링크가 추가되며, 결과 화면은 다음과 같다.

> Our Professional Men and Gentlemen are Squares (to which class I myself belong) and Five-Sided Figures or <u>Pentagons</u>.
>
> <u>back to top</u>
>
> Next above these come the Nobility, of whom there are several degrees, beginning at Six-Sided Figures, or <u>Hexagons</u>, and from thence rising in the number of their sides till they receive the honourable title of <u>Polygonal</u>, or many-Sided. Finally when the number of the sides becomes so numerous, and the sides themselves so small, that the figure cannot be distinguished from a <u>circle</u>, he is included in the Circular or Priestly order; and this is the highest class of all.
>
> <u>back to top</u>
>
> It is a Law of Nature with us that a male child shall have **one more**

이때, 새 링크가 해당 문단이 아닌 별도의 라인에 추가됐다는 것을 알 수 있다. 이는 `.insertAfter()` 메소드와 그 반대 메소드인 `.insertBefore()`가 선택 요소 바깥 영역에 새로운 콘텐츠를 삽입하기 때문이다.

그런데 링크가 제대로 작동하지 않는다. 이는 `id="top"` 앵커를 삽입하지 않았기 때문이다. 이번엔 다른 요소 내부에 새로운 요소를 삽입하는 메소드를 추가한다.

```
$(() => {
  $('<a href="#top">back to top</a>')
    .insertAfter('div.chapter p');
  $('<a id="top"></a>')
    .prependTo('body');
});
```

리스팅 5.9

새로운 코드는 <body> 태그 시작 부분, 즉 페이지 최상단에 앵커 요소를 삽입한다. 이제 `.insertAfter()` 메소드로 링크를 삽입하고 `.prependTo()` 메소드로 앵커를 삽입해 완벽하게 작동하는 back to top 링크 페이지를 완성했다.

위 메소드에 .appendTo( )만 추가하면 기존 요소의 앞 또는 뒤에 새로운 요소를 추가하는 삽입 메소드 세트가 완성된다.

- .insertBefore( ): 새로운 콘텐츠를 기존 요소 바깥의 아랫부분에 추가함
- .prependTo( ): 새로운 콘텐츠를 기존 요소 내부의 아랫부분에 추가함
- .appendTo( ): 새로운 콘텐츠를 기존 요소 내부의 윗부분에 추가함
- .insertAfter( ): 새로운 콘텐츠를 기존 요소 바깥의 윗부분에 추가함

요소 이동시키기

지난 절에서는 back to top 링크를 추가하는 과정에서 페이지에 새로운 요소를 생성해 삽입하는 방법을 알아봤다. 페이지에 있는 기존 요소를 하나의 장소에서 또 다른 장소로 옮기는 것 또한 가능한데, 이를 위한 대표적인 방식은 동적 배치^{dynamic placement}, 그리고 각주 포맷^{formatting of footnotes} 기법이다. 기존 예제의 Flatland 텍스트 부분에 이미 각주가 존재하지만 요소 이동 예제 구현을 위해 새로운 각주 내용을 추가하고 위치를 변경한다.

```
<p>How admirable is the Law of Compensation! <span
   class="footnote">And how perfect a proof of the natural
   fitness and, I may almost say, the divine origin of the
   aristocratic constitution of the States of Flatland!</span>
   By a judicious use of this Law of Nature, the Polygons and
   Circles are almost always able to stifle sedition in its
   very cradle, taking advantage of the irrepressible and
   boundless hopefulness of the human mind.&hellip;
</p>
```

이번 HTML 문서에는 위 문단과 같은 세 개의 각주가 포함돼 있다. 각주 텍스트는 <p> 영역에 포함돼 있으며, <span class="footnote"></span>이라는 별도로 구획된 영역에 있다. 이와 같은 방식으로 HTML 문서 구조를 만들면 각주의 맥락을 그대로 유지할 수

있다. CSS 규칙을 이용해 각주에 이탤릭체를 적용하며, 스타일이 적용된 결과 화면은 다음과 같다.

> How admirable is the Law of Compensation! *And how perfect a proof of the natural fitness and, I may almost say, the divine origin of the aristocratic constitution of the States of Flatland!* By a judicious use of this Law of Nature, the Polygons and Circles are almost always able to stifle sedition in its very cradle, taking advantage of the irrepressible and boundless hopefulness of the human mind....

이제 각주만을 모아서 문서 최하단 영역에 모으자. 모든 각주는 `<div class="chapter">`와 `<div id="footer">` 사이에 삽입할 것이다.

제이쿼리의 암묵적 반복 기능이 작동한다 하더라도, 요소 간의 순서는 이미 결정돼 있으며, DOM 트리 최상단에서 하단 순서로 내려오게 된다. 페이지 내 새로운 위치에 올바른 순서대로 각주가 정렬돼야 하므로 이번 예제에서는 `.insertBefore('#footer')`를 사용한다. 이 메소드는 각각의 각주를 `<div id="footer">` 바로 앞에 배치하며, 첫 번째 각주는 `<div class="chapter">`와 `<div id="footer">` 사이에, 두 번째 각주는 첫 번째 각주와 `<div id="footer">`의 사이에 놓이게 된다. 반면 `.insertAfter('div.chapter')` 메소드를 사용하게 되면 이와 반대 순서로 배치된다.

지금까지 작성한 코드는 다음과 같다.

```
$(() => {
  $('span.footnote').insertBefore('#footer');
});
```

리스팅 5.10

`<span>` 태그의 각주는 기본적으로 인라인 속성을 지니므로, 각각의 요소가 구분선 없이 바로 연결된다. 각주의 가독성을 높이기 위해 각각의 CSS를 이용해 `<div class="chapter">` 바깥 영역에 존재하는 span.footnote의 display 속성을 block으로

만든다. 결과 화면은 다음과 같다.

```
to mutual warfare, and perish by one another's angles. No less than
one hundred and twenty rebellions are recorded in our annals, besides
minor outbreaks numbered at two hundred and thirty-five; and they
have all ended thus.

back to top

"What need of a certificate?" a Spaceland critic may ask: "Is not the procreation of a Square Son a certificate from Nature herself,
proving the Equal-sidedness of the Father?" I reply that no Lady of any position will marry an uncertified Triangle. Square
offspring has sometimes resulted from a slightly Irregular Triangle; but in almost every such case the Irregularity of the first
generation is visited on the third; which either fails to attain the Pentagonal rank, or relapses to the Triangular.

The Equilateral is bound by oath never to permit the child henceforth to enter his former home or so much as to look upon his
relations again, for fear lest the freshly developed organism may, by force of unconscious imitation, fall back again into his
hereditary level.

And how perfect a proof of the natural fitness and, I may almost say, the divine origin of the aristocratic constitution of the States
of Flatland!
```

이제 각주의 위치와 형태를 바꿨는데, 아직 몇 가지 작업이 남아 있다. 전형적인 각주 스타일을 갖추기 위해 다음과 같은 작업이 필요하다.

1. 각각의 각주에 번호를 부여한다.
2. 텍스트 영역에 숫자로 된 위칫값을 부여해 각각의 각주가 숫자로 구분되게 한다.
3. 텍스트에 각각의 각주로 이동할 수 있는 링크를 추가하고, 각주에서 다시 해당 텍스트로 되돌아갈 수 있는 링크를 추가한다.

요소 감싸기

각주에 순번을 부여하기 위해 마크업에서 명시적으로 숫자를 추가해도 되지만, 이번엔 자동으로 순번을 부여할 수 있는 표준 순위 목록 시스템을 활용한다. 이를 위해 래핑 wrapping 메소드로 모든 각주 영역을 <ol>로 감싸고 각각의 각주 요소를 <li>로 감싼다.

기존 요소에 들어 있는 또 다른 요소를 감싸려 할 때는, 해당 요소가 포함된 영역 전체를 감쌀 것인지, 혹은 개별 요소의 영역만을 감쌀 것인지를 명확히 해야 한다. 이번 각주 순번 부여 예제에서는 이들 두 방식을 모두 사용한다.

```
$(() => {
  $('span.footnote')
    .insertBefore('#footer')
    .wrapAll('<ol id="notes"></ol>')
    .wrap('<li></li>');
});
```

리스팅 5.11

푸터 앞에 각주를 삽입한 뒤, .wrapAll() 메소드를 이용해 모든 각주를 <ol>로 감싼다.
다음, .wrap() 메소드를 이용해 각각의 각주를 <li>로 감싼다. 이렇게 하면 다음과 같이
순번이 매겨진 각주가 나타난다.

have all ended thus.

<u>back to top</u>

1. *"What need of a certificate?" a Spaceland critic may ask: "Is not the procreation of a Square Son a certificate from Nature herself, proving the Equal-sidedness of the Father?" I reply that no Lady of any position will marry an uncertified Triangle. Square offspring has sometimes resulted from a slightly Irregular Triangle; but in almost every such case the Irregularity of the first generation is visited on the third; which either fails to attain the Pentagonal rank, or relapses to the Triangular.*

2. *The Equilateral is bound by oath never to permit the child henceforth to enter his former home or so much as to look upon his relations again, for fear lest the freshly developed organism may, by force of unconscious imitation, fall back again into his hereditary level.*

3. *And how perfect a proof of the natural fitness and, I may almost say, the divine origin of the aristocratic constitution of the States of Flatland!*

이제 각각의 각주가 어디에서 왔는지 출처를 설명할 수 있는 순번을 부여했다. 다음 절에
서는 이런 과정을 좀 더 이해하기 쉽고 단순하게 만들어서 암묵적인 반복 작업 없이 각주
에 순번을 부여하는 코드를 작성한다.

명시적인 반복 실행

.each( ) 메소드는 명시적 반복기explicit iterator와 같은 역할을 하며, 최근 자바스크립트 언어에 추가된 forEach 배열 반복기array iterator와 매우 유사한 기능을 제공한다. .each( ) 메소드는 암묵적인 반복 방식으로 특정 요소들에 어떤 속성을 부여하는 작업이 너무 복잡할 때 사용하며, 조건에 맞는 요소에 대해 한 번씩 콜백 함수를 전달한다.

```
$(() => {
  const $notes = $('<ol id="notes"></ol>')
    .insertBefore('#footer');

  $('span.footnote')
    .each((i, span) => {
      $(span)
        .appendTo($notes)
        .wrap('<li></li>');
    });
});
```

리스팅 5.12

기존과 다른 방식으로 반복기를 구현한 이유는 다음과 같다. 먼저 .each( ) 콜백에서 어떤 정보를 받게 될지 알 수 있어야 하기 때문이다.

리스팅 5.12에서 개별 각주 요소인 <span>을 가리키는 제이쿼리 객체를 생성하기 위해 span 파라미터를 사용한다. 다음, <ol>에 해당 요소를 추가하고, 마지막으로 <li>로 각주를 감싼다.

이때 각주의 출처가 된 텍스트의 위치를 표시하기 위해 .each( ) 콜백 파라미터를 사용한다. 이 파라미터는 0부터 시작해 콜백이 반복될 때마다 숫자를 부여한다. 즉, 이 숫자 반복기는 우리가 부여하려는 순번보다 1이 적은 숫자를 생성하는 것이다. 각주에 실제로 적용해 순번을 부여할 때는 이런 사정을 고려해 다음과 같이 생성된 숫자에 1을 더해 써야 한다.

```
$(() => {
  const $notes = $('<ol id="notes"></ol>')
    .insertBefore('#footer');

  $('span.footnote')
    .each((i, span) => {
      $(`<sup>${i + 1}</sup>`)
        .insertBefore(span);
      $(span)
        .appendTo($notes)
        .wrap('<li></li>');
    });
});
```

리스팅 5.13

텍스트에서 가져온 각각의 각주를 페이지 하단에 배치하기 전에, 새로운 <sup> 요소를 생성하고, 여기에 각주 번호와 텍스트를 입력한다. 이때 작업의 순서가 중요하다. 순번을 나타내는 숫자는 반드시 각주가 이동하기 전에 해당 위치에 삽입돼야 하며, 그렇지 않을 경우 출처가 된 텍스트가 어떤 것이었는지 알 수 없게 된다.

텍스트 원본 내 인라인 형식으로 각주 번호가 적용된 화면은 다음과 같다.

subject of rejoicing in our country for many furlongs round. After a strict examination conducted by the Sanitary and Social Board, the infant, if certified as Regular, is with solemn ceremonial admitted into the class of Equilaterals. He is then immediately taken from his proud yet sorrowing parents and adopted by some childless Equilateral.②

back to top

How admirable is the Law of Compensation!③ By a judicious use of this Law of Nature, the Polygons and Circles are almost always able to stifle sedition in its very cradle, taking advantage of the irrepressible and boundless hopefulness of the human mind....

역삽입 메소드의 활용

리스팅 5.13에서 특정 요소 앞에 새로운 콘텐츠를 삽입하고 문서 내 또 다른 위치에 해당 요소를 추가했다. 이와 같은 작업은 제이쿼리 메소드 연쇄 기법으로 간결하면서도 효율적으로 처리할 수 있다. 하지만 이번 예제에서는 연쇄 기법을 사용하지 않았다. 해당 요소가 .insertBefore( )의 타깃인 동시에 .appendTo( )의 목적이기 때문이다. 이런 상황에서 역삽입inverted insertion 메소드가 도움이 될 수 있다.

.insertBefore( ) 또는 .appendTo( ) 등 각각의 삽입 메소드는 그에 대응하는 역전 메소드inverted method가 존재한다. 이들 역전 메소드는 기존 메소드와 동일한 기능을 수행하되, 목적과 타깃만 뒤바뀌게 된다. .appendTo( )와 그 역인 .append( )를 비교해보자.

```
$('<p>Hello</p>').appendTo('#container');
```

위 코드는 다음 코드와 동일한 기능을 수행한다.

```
$('#container').append('<p>Hello</p>');
```

.before( )는 .insertBefore( )의 역전 메소드이며, 제이쿼리 연쇄 패턴을 활용하기 위해 다음과 같이 코드를 재분할할 수 있다.

```
$(() => {
  const $notes = $('<ol id="notes"></ol>')
    .insertBefore('#footer');

  $('span.footnote')
    .each((i, span) => {
    $(span)
      .before(`<sup>${i + 1}</sup>`)
      .appendTo($notes)
      .wrap('<li></li>');
```

```
    });
});
```

리스팅 5.14

삽입 메소드의 콜백

역삽입 메소드는 인수로 .attr( ), .css( ) 등과 같은 함수를 받을 수 있다. 이때의 함수는 각 타깃 요소마다 한 번 호출되며, 삽입될 때는 HTML 문자열로 반환된다. 이 방식으로도 연쇄 패턴을 구현할 수는 있지만 이 경우 여러 개의 각주 생성 및 이동을 반복해야 하므로, 단 한 번 .each( ) 메소드를 호출하는 편이 훨씬 효율적이라 할 수 있다.

이제 각주 예제의 마지막 부분을 완성할 차례다. 텍스트 본문에서 각주로 이동하는 링크와 각주에서 다시 텍스트 본문으로 이동하는 링크를 생성한다. 이를 위해 각각의 각주마다 네 개의 마크업 요소가 필요하며, (텍스트 내 링크와 각주 하단의 링크 등) 두 개의 링크와 (해당 위치를 나타내는) 두 개의 id 속성을 정의한다. 이들 내용을 모두 반영하면 .before( ) 메소드의 인수가 매우 복잡해지므로, 문자열 생성을 위한 새로운 기법 하나를 소개한다.

리스팅 5.14에서 템플릿 문자열을 이용해 각주의 위치를 표시했다. 매우 유용한 방법임에는 틀림없으나, 결합해야 할 문자열의 수가 많아지면 매우 복잡한 코드가 만들어진다는 단점이 있다. 따라서 이번 예제에서는 배열 메소드 중 하나인 .join( )을 이용해 긴 문자열을 처리한다. abc 문자를 결합하는 방식은 다음과 같이 여러 가지가 있으며, 세 번째 줄의 .join( ) 메소드 문법을 기억하자.

```
var str = 'a' + 'b' + 'c';
var str = `${'a'}${'b'}${'c'}`;
var str = ['a', 'b', 'c'].join('');
```

위 예제에서는 .join() 메소드가 다소 복잡해 보이지만, 복잡한 문자열 결합 또는 문자열 템플릿 구성에 사용할 경우 코드 가독성이 높아진다. .join()을 이용해 문자열을 결합하는 코드는 다음과 같다.

```javascript
$(() => {
  const $notes = $('<ol id="notes"></ol>')
    .insertBefore('#footer');

  $('span.footnote')
    .each((i, span) => {
      $(span)
        .before([
          '<sup>',
          i + 1,
          '</sup>'
        ].join(''))
        .appendTo($notes)
        .wrap('<li></li>');
    });
});
```

리스팅 5.15

위 코드를 통해 페이지 하단에 개별 번호가 매겨진 각주를 인수로 전달한다. 다음, 각각의 `<li>`에 대응하는 `id`를 통해 원본 텍스트의 위치를 나타내는 링크를 추가한다. 예제 코드는 다음과 같다.

```javascript
$(() => {
  const $notes = $('<ol id="notes"></ol>')
    .insertBefore('#footer');

  $('span.footnote')
    .each((i, span) => {
```

```
    $(span)
      .before([
        '<a href="#footnote-',
        i + 1,
        '" id="context-',
        i + 1,
        '" class="context">',
        '<sup>',
        i + 1,
        '</sup></a>'
      ].join(''))
      .appendTo($notes)
      .wrap('<li></li>');
  });
});
```

리스팅 5.16

위 코드를 통해 마크업을 생성하면, 텍스트에 있는 각각의 각주 번호에서 문서 하단의 각주로 연결되는 링크가 만들어진다. 이제 남은 일은 각주에서 다시 본문 텍스트로 돌아가는 context 링크를 추가하는 것이다. 이를 위해 `.appendTo()`의 역전 메소드인 `.append()`를 사용한다.

```
$(() => {
  const $notes = $('<ol id="notes"></ol>')
    .insertBefore('#footer');

  $('span.footnote')
    .each((i, span) => {
      $(span)
        .before([
          '<a href="#footnote-',
          i + 1,
          '" id="context-',
```

```
        i + 1,
        '" class="context">',
        '<sup>',
        i + 1,
        '</sup></a>'
      ].join(''))
      .appendTo($notes)
      .append([
        ' (<a href="#context-',
        i + 1,
        '">context</a>)'
      ].join(''))
      .wrap('<li></li>');
  });
});
```

리스팅 5.17

이때 href 태그는 상응하는 본문 텍스트 위치의 id값을 가리킨다는 점에 주의한다. 아래
그림에서 각주와 새로 추가된 context 링크를 확인할 수 있다.

have all ended thus.

back to top

1. *"What need of a certificate?" a Spaceland critic may ask: "Is not the procreation of a Square Son a certificate from Nature herself, proving the Equal-sidedness of the Father?" I reply that no Lady of any position will marry an uncertified Triangle. Square offspring has sometimes resulted from a slightly Irregular Triangle; but in almost every such case the Irregularity of the first generation is visited on the third; which either fails to attain the Pentagonal rank, or relapses to the Triangular. (context)*

2. *The Equilateral is bound by oath never to permit the child henceforth to enter his former home or so much as to look upon his relations again, for fear lest the freshly developed organism may, by force of unconscious imitation, fall back again into his hereditary level. (context)*

3. *And how perfect a proof of the natural fitness and, I may almost say, the divine origin of the aristocratic constitution of the States of Flatland! (context)*

▌페이지 요소의 복제

지금까지 새로운 요소를 삽입하고 이들 요소를 문서 내 기존 위치에서 다른 위치로 이동시키며 기존 요소로 새로운 요소를 감싸는 방법을 알아봤다. 하지만 요소의 이동이 아닌 요소의 복제가 필요할 때가 있다. 가령 페이지 헤더 영역에 나타나는 내비게이션 메뉴를 복사해 푸터 영역에 적용할 수 있을 것이다. 제이쿼리를 이용하면 사용자 인터페이스 요소를 복제해 필요한 곳에 적용함으로써 페이지의 성능을 높일 수 있다.

요소의 복제에는 제이쿼리 .clone() 메소드를 사용한다. 이 메소드는 다양한 요소를 인수로 받을 수 있으며, 필요 시 사용할 수 있도록 복제물을 저장한다. 5장 초반에 살펴본 $() 함수의 요소 생성 프로세스처럼, .clone() 메소드에 의해 복제된 요소는 삽입 메소드로 문서에 추가하기 전까지는 화면에 나타나지 않는다.

<div class="chapter"> 내부의 첫 번째 문단을 복제하는 예제 코드는 다음과 같다.

```
$('div.chapter p:eq(0)').clone();
```

이것만으로는 페이지 콘텐츠의 내용을 바꾸는 데 부족하다. 복제된 문단 요소를 <div class="chapter"> 앞에 삽입하는 예제 코드는 다음과 같다.

```
$('div.chapter p:eq(0)')
  .clone()
  .insertBefore('div.chapter');
```

위 코드 실행 결과 첫 번째 문단이 두 번 나타난다. 문서 요소의 복제 및 적용 절차는 먼저 .clone() 메소드로 복제하고, 다음 삽입 메소드로 붙여넣기하는 것으로 이해하면 된다.

인용문의 복제

인쇄물처럼 많은 웹사이트가 인용문^{pull quotes} 형식을 활용해 특정 텍스트 콘텐츠를 강조하거나 독자의 시선을 사로잡기 위해 노력한다. 인용문은 특정 웹 문서의 주제가 될 텍스트를 담고 있으며, 이들 텍스트를 강조하기 위해 시각적인 효과를 추가한다. 이와 같은 작업에서 .clone( ) 메소드를 유용하게 쓸 수 있다. 먼저 본문 텍스트에서 세 번째 문단을 살펴보자.

```
<p>
  <span class="pull-quote">It is a Law of Nature
  <span class="drop">with us</span> that a male child shall
  have <strong>one more side</strong> than his father</span>,
  so that each generation shall rise (as a rule) one step in
  the scale of development and nobility. Thus the son of a
  Square is a Pentagon; the son of a Pentagon, a Hexagon; and
  so on.
</p>
```

문단 시작 부분이 <span class="pull-quote">로 시작함을 알 수 있는데, 바로 이 클래스에 복제 메소드를 적용한다. <span> 태그의 복제된 텍스트를 또 다른 위치에 붙여넣기한 뒤, 나머지 텍스트와 구분되는 스타일 속성을 적용한다.

인용문의 스타일 정의를 위해 복제된 <span> 태그에 pulled 클래스를 적용한다. 스타일 시트의 내용은 다음과 같다.

```
.pulled {
  position: absolute;
  width: 120px;
  top: -20px;
  right: -180px;
  padding: 20px;
  font: italic 1.2em "Times New Roman", Times, serif;
  background: #e5e5e5;
  border: 1px solid #999;
  border-radius: 8px;
  box-shadow: 1px 1px 8px rgba(0, 0, 0, 0.6);
}
```

pulled 클래스가 적용된 요소는 배경색, 경계선, 폰트 등에 차별화된 스타일을 적용해 메인 콘텐츠와는 다른 시각적인 느낌을 주며, 무엇보다도 절대 좌표로 위치를 설정해 DOM 구조에서 (절대 좌표 또는 상대 좌표 기준으로) 가장 가까운 조상 요소와 20픽셀 상단, 20픽셀 우측에 위치한다. 조상 요소에 위칫값이 적용되지 않은 경우, 인용문은 <body>를 기준으로 상대적인 위치에 놓이게 된다. 때문에 복제된 인용문의 부모 요소는 반드시 position:relative 속성을 지니도록 했다.

 CSS 위치 계산
인용문의 위치를 top을 기준으로 설정한 부분은 이해하기 쉽지만, 부모 요소의 20픽셀 우측에 위치하도록 한 부분은 다소 모호하다. 여기에 사용된 20픽셀은 인용문 전체 영역을 기준으로 계산된 것이며, 폭에 좌우측 패딩을 더한 145px+5px+10px=160px을 기준으로 한 것이다. 여기서 인용문의 right 프로퍼티를 설정한다. 이때의 값이 0이면 부모 요소와 인용문이 서로 맞닿게 되며, 부모 요소의 우측 20픽셀 지점에 위치하도록 하려면 −20픽셀, 전체적으로는 −180픽셀을 이동해야 한다.

이제 위 스타일을 적용하기 위한 제이쿼리 코드를 작성한다. 먼저 <span class="pull-quote"> 요소를 선택하는 표현식을 작성하고 각각의 부모 요소에 position: relative 스타일 속성을 적용한다.

```
$(() => {
  $('span.pull-quote')
    .each((i, span) => {
      $(span)
        .parent()
          .css('position', 'relative');
    });
});
```

리스팅 5.18

다음, CSS 스타일 정의가 적용될 대상인 인용문을 생성한다. 각각의 <span> 태그를 복제하고 여기에 pulled 클래스를 추가한 뒤 부모 문단 시작 부분에 삽입한다.

```
$(() => {
  $('span.pull-quote')
    .each((i, span) => {
      $(span)
        .clone()
          .addClass('pulled')
            .prependTo(
              $(span)
                .parent()
                  .css('position', 'relative')
            );
    });
});
```

리스팅 5.19

214

모든 인용문의 위치 속성은 absolute로 설정했으므로, 문단 내 배치 속성에는 영향을 받지 않는다. 인용문이 문단 내에 있는 한 CSS 규칙에 따라 문단 상단 우측에 위치하게 된다.

지금까지 작성한 내용에 따라 본문의 우측에 위치한 인용문의 모습은 다음과 같다.

인용문의 스타일 정의와 위치 설정에서 나름 만족할 만한 성과를 거뒀다. 이제 복잡한 코드를 간결하게 정리해보자.

▌ 콘텐트 게터(getter)와 세터(setter) 메소드

인용문 생성 코드에서 복잡한 단어 대신 함수를 추가해 좀 더 이해하기 쉽고 유지 보수가 용이한 코드로 만들어보자. 이를 위해 `<span class="drop">` 태그 속에 예제 텍스트 단어 중 일부를 넣는다.

단어 대체를 위한 가장 간단한 방법은 새로운 HTML 단어를 추가해 기존의 텍스트를 대체하는 것이다. 이를 위해 `.html()` 메소드를 사용한다.

```
$(() => {
  $('span.pull-quote')
    .each((i, span) => {
      $(span)
```

```
          .clone()
          .addClass('pulled')
          .find('span.drop')
            .html('&hellip;')
            .end()
          .prependTo(
            $(span)
              .parent()
              .css('position', 'relative')
          );
      });
    });
```

리스팅 5.20

리스팅 5.20에 추가된 DOM 순회 기술과 관련된 코드 라인은 2장, '요소 선택하기'에서 설명한 바 있다. 이번 예제 코드에서는 `.find()` 메소드를 이용해 `<span class="drop">`에 포함된 모든 인용문을 찾아내고, 스타일을 적용한 뒤 `.end()` 메소드로 호출한다. 이 메소드 사이에서 `.html()` 메소드를 호출해 (적절한 HTML 마크업을 통해) 생략 기호를 넣는다.

`.html()` 메소드를 인수 없이 호출하면 해당 영역 내에 HTML 요소^{entity}를 나타내는 문자열이 반환된다. 인수가 있는 경우 해당 요소는 HTML 요소가 반환되므로 적절한 HTML 요소가 반환될 수 있도록 구체적으로 코드를 작성해야 한다. 종료 기호(;)를 써서 HTML 요소 문자열이 끝났음을 표시해야 한다.

지정한 텍스트 영역이 생략 기호로 바뀐 모습은 다음과 같다.

back to top

It is a Law of Nature with us that a male child shall have **one more side** than his father, so that each generation shall rise (as a rule) one step in the scale of development and nobility. Thus the son of a Square is a Pentagon; the son of a Pentagon, a Hexagon; and so on.

back to top

*It is a Law of Nature ... that a male child shall have **one more side** than his father*

인용문은 새로운 스타일 적용을 통해 원래 폰트 설정값을 유지하지 않는 경우가 대부분이다. 위 그림에서는 인용문 텍스트 중간 부분에 기본 설정의 볼드체가 적용돼 있는 부분이 눈에 띈다. 이번에는 `<span class="pull-quote">` 영역에서 `<strong>`, `<em>`, `<a href>` 속성을 제거하고 인라인 태그 또한 삭제한다. 모든 인용문 영역에서 HTML 속성을 제거해 순수한 텍스트만을 남기려면 `.html( )` 메소드의 동반자라 할 수 있는 `.text( )` 메소드를 사용한다.

`.html( )`처럼, `.text( )` 메소드 역시 해당 요소의 콘텐츠를 그대로 가져오거나 새로운 문자열로 기존 콘텐츠를 대체할 수 있다. 하지만 `.text( )` 메소드는 `.html( )`과 달리 순수한 텍스트 문자열을 가져오거나 설정할 수 있다. `.text( )` 메소드로 콘텐츠를 가져오는 경우 그 속에 포함된 모든 태그 요소는 무시되며 HTML 코드는 순수한 문자열로 변환된다. 또 `.text( )` 메소드로 콘텐츠를 설정하는 경우 `<`와 같은 특수 기호는 그에 상응하는 HTML 코드로 변환된다.

```
$(() => {
  $('span.pull-quote')
    .each((i, span) => {
      $(span)
        .clone()
        .addClass('pulled')
        .find('span.drop')
          .html('&hellip;')
          .end()
        .text((i, text) => text)
        .prependTo(
          $(span)
            .parent()
            .css('position', 'relative')
        );
    });
});
```

리스팅 5.21

text( ) 메소드를 이용해 값을 가져오는 경우 마크업 속성은 모두 제거되며, 이번 예제에서 이를 확인할 수 있다. 지금까지 배운 다른 제이쿼리 함수처럼 text( ) 역시 함수를 받을 수 있으며 반환값은 특정 요소의 텍스트로 활용되고 현재의 텍스트는 두 번째 인수로 전달된다. 따라서 텍스트 콘텐츠에서 태그를 제거하려면 text((i, text) => text)와 같이 호출하면 된다.

결과 화면은 다음과 같다.

■ DOM 요소 조절 메소드 핵심 정리

제이쿼리는 임무와 타깃 위치에 따라 다양한 DOM 요소 조절 메소드를 제공한다. 5장에서 그와 관련된 모든 메소드를 소개하지는 못했지만, 핵심적인 메소드 대부분을 소개했으며 이 외의 상세한 내용은 12장, '고급 DOM 요소 조절하기'에서 살펴본다. 5장에서 살펴본 DOM 요소 조절 메소드를 임무별로 정리한 목록은 다음과 같다.

- HTML 코드로 새로운 요소를 생성할 때는 $( ) 함수를 사용한다.
- 모든 선택된 요소 내부에 새로운 요소를 삽입할 때는 다음 함수를 사용한다.
  - .append( )
  - .appendTo( )
  - .prepend( )

- ○ `.prependTo( )`
- 모든 선택된 요소의 인접 영역에 새로운 요소를 삽입할 때는 다음 함수를 사용한다.
  - ○ `.after( )`
  - ○ `.insertAfter( )`
  - ○ `.before( )`
  - ○ `.insertBefore( )`
- 모든 선택된 요소 주변에 새로운 요소를 삽입할 때는 다음 함수를 사용한다.
  - ○ `.wrap( )`
  - ○ `.wrapAll( )`
  - ○ `.wrapInner( )`
- 새로운 요소 또는 텍스트로 기존 모든 요소를 대체할 때는 다음 함수를 사용한다.
  - ○ `.html( )`
  - ○ `.text( )`
  - ○ `.replaceAll( )`
  - ○ `.replaceWith( )`
- 모든 선택된 요소 내부에 포함된 요소를 삭제할 때는 다음 함수를 사용한다.
  - ○ `.empty( )`
- 문서에 포함된 모든 선택된 요소와 그 자손 요소를 실제로 삭제하지 않고 화면에서 제거하려면 다음 함수를 사용한다.
  - ○ `.remove( )`
  - ○ `.detach( )`

▋ 요약

5장에서는 제이쿼리 DOM 요소 조절 메소드를 이용해 새로운 요소 생성, 복제, 재배치, 그리고 스타일을 적용하는 방법을 알아봤다. 이들 메소드는 단일 웹 페이지에 사용돼 문단에 각주를 달거나 인용문을 추가하고, 상호 링크를 생성하거나 특정 콘텐츠에 시선을 끄는 스타일을 적용한다. 특히 제이쿼리를 이용해 간단하게 페이지 콘텐츠를 추가하거나 삭제, 재배치하는 방법을 소개했다. 또한 페이지 요소의 CSS, 그리고 DOM 프로퍼티를 변경하는 방법에 대해서도 알아봤다. 6장에서는 서버를 향한 왕복 여행을 도와줄 제이쿼리 Ajax 메소드에 대해 살펴본다.

참고 자료

DOM 요소 조절에 대한 좀 더 자세한 내용은 12장, '고급 DOM 요소 조절하기'에서 소개한다. 제이쿼리 DOM 요소 조절 메소드 목록은 부록 B에서 확인할 수 있으며, 다음 제이쿼리 개발자 문서에서도 찾아볼 수 있다. http://api.jquery.com/

▋ 연습 문제

연습 문제를 풀다가 막히는 부분이 있을 땐 제이쿼리 공식 문서를 확인하자.

http://api.jquery.com/

1. back to top 링크 코드를 수정해 네 번째 문단 아래에만 나타나도록 한다.
2. back to top 링크를 클릭하면 링크 아래에 You were here라는 새로운 문단이 추가되도록 한다(단, 링크가 정상적으로 작동하는지도 확인한다).
3. author's name을 클릭하면 볼드체가 적용되도록 한다(단, 클래스나 CSS 속성 변경 방식이 아닌 새로운 요소 추가 방식을 사용한다).

4. **도전 과제:** 볼드체가 적용된 author's name을 클릭하면 방금 추가된 <b> 요소가 제거되도록 한다(bold 속성과 normal 속성이 번갈아 적용되도록 한다).

5. **도전 과제:** 각 장 문단에 .addClass( )를 호출하지 않고 inhabitants 클래스를 적용한다(이때 기존 클래스가 그대로 유지되도록 주의한다).

06

Ajax로 데이터 전송하기

Ajax는 비동기적인 자바스크립트와 XML^{Asynchronous JavaScript and XML}의 줄임말로서, 2005년 IT 컨설턴트인 제시 제임스 가렛^{Jesse James Garrett}이 처음 사용했다. Ajax는 데이터 전송과 관련된 기능과 기술 등 다양한 의미를 함축하고 있다. Ajax의 가장 기본적이고 핵심적인 기술은 다음과 같다.

- **자바스크립트**: 사용자와 브라우저 사이에 발생하는 이벤트를 이용해 현재 웹 페이지와 서버 간의 데이터 전송 상황을 파악한다.
- **XMLHttpRequest**: 브라우저 렌더링 작업 없이, 서버 측에서 요청을 처리하도록 한다.
- **텍스트 데이터**: 서버는 XML, HTML, 또는 JSON 등 텍스트 파일 포맷을 제공한다.

Ajax를 이용하면 정적인 웹 페이지를 상호작용성 높은 웹 애플리케이션으로 만들 수 있지만 모든 브라우저가 Ajax의 핵심 요소라 할 수 있는 XMLHttpRequest 객체를 일관성 있게 처리하지 않는다는 문제가 있다. 제이쿼리는 바로 이 부분에서 개발자를 도울 수 있다.

6장에서 다루는 내용은 다음과 같다.

- 페이지 갱신 없이 서버에서 데이터 로딩하기
- 자바스크립트로 브라우저의 데이터를 서버로 전송하기
- HTML, XML, JSON 등 다양한 포맷의 데이터 해석하기
- 사용자에게 Ajax 요청 상태에 대한 피드백 제공하기

▌ 요청에 따른 데이터 로딩

Ajax는 간단히 말해 페이지 갱신 없이 서버에서 브라우저로 데이터를 로딩하는 방법이다. 데이터는 다양한 포맷과 양식을 지니고 있으므로 데이터를 처리하기 위해서는 다양한 옵션이 필요하다. 즉, 데이터를 전송한다는 임무는 거의 유사하다고 할 수 있으며, 각각의 데이터에 적합한 전송 방식을 익힐 필요가 있는 것이다.

이번 예제는 딕셔너리를 이용해 하나의 페이지를 만들고, 일련의 딕셔너리를 모아 첫 글자를 딴 그룹을 만든다. 페이지의 콘텐츠 영역에 대한 HTML 코드는 다음과 같이 시작한다.

```
<div id="dictionary">
</div>
```

보는 바와 같이 이번 예제 페이지는 아무것도 없는 상태에서 시작하며, 제이쿼리의 다양한 Ajax 메소드를 이용해 딕셔너리 요소로 <div> 태그를 채워 나간다.

로딩 프로세스를 실행시키기 위해, 다음과 같이 이벤트 핸들러 링크를 추가한다.

```
<div class="letters">
  <div class="letter" id="letter-a">
    <h3><a href="entries-a.html">A</a></h3>
  </div>
  <div class="letter" id="letter-b">
    <h3><a href="entries-a.html">B</a></h3>
  </div>
  <div class="letter" id="letter-c">
    <h3><a href="entries-a.html">C</a></h3>
  </div>
  <div class="letter" id="letter-d">
    <h3><a href="entries-a.html">D</a></h3>
  </div>
  <!-- and so on -->
</div>
```

이들 간단한 링크는 해당 철자로 시작하는 단어의 딕셔너리 페이지로 연결된다. 이때 페이지가 완전히 로딩되기 전이라도 페이지 콘텐츠를 바꿀 수 있도록 점진적 기능 강화 progressive enhancement 전략을 사용한다. 기본적인 스타일이 적용된 HTML 페이지는 다음과 같다.

The Devil's Dictionary

by Ambrose Bierce

<u>**A**</u>

<u>**B**</u>

<u>**C**</u>

<u>**D**</u>

이제 페이지에 콘텐츠를 채워보자.

▌HTML 코드 붙이기

Ajax 애플리케이션은 사용자의 요청에 따라 일련의 HTML 코드를 가져오는 것이라 할 수 있다. 이 기술을 AHAH, 즉 비동기적인 HTTP와 HTML^{Asynchronous HTTP and HTML}이라고 하며, 제이쿼리를 통해 매우 간단하게 구현할 수 있다. 먼저 이번 예제에서 메인 웹 문서에 삽입할 HTML 코드 블록을 담은 a.html이라는 파일이 필요하다. a.html 파일의 시작 부분은 다음과 같다.

```
<div class="entry">
  <h3 class="term">ABDICATION</h3>
  <div class="part">n.</div>
  <div class="definition">
    An act whereby a sovereign attests his sense of the high
    temperature of the throne.
    <div class="quote">
      <div class="quote-line">Poor Isabella's Dead, whose
      abdication</div>
      <div class="quote-line">Set all tongues wagging in the
      Spanish nation.</div>
```

226

```html
          <div class="quote-line">For that performance 'twere
          unfair to scold her:</div>
          <div class="quote-line">She wisely left a throne too
          hot to hold her.</div>
          <div class="quote-line">To History she'll be no royal
          riddle &mdash;</div>
          <div class="quote-line">Merely a plain parched pea that
          jumped the griddle.</div>
          <div class="quote-author">G.J.</div>
      </div>
    </div>
</div>

<div class="entry">
  <h3 class="term">ABSOLUTE</h3>
  <div class="part">adj.</div>
  <div class="definition">
    Independent, irresponsible. An absolute monarchy is one
    in which the sovereign does as he pleases so long as he
    pleases the assassins. Not many absolute monarchies are
    left, most of them having been replaced by limited
    monarchies, where the sovereign's power for evil (and for
    good) is greatly curtailed, and by republics, which are
    governed by chance.
  </div>
</div>
```

이 페이지에는 위와 동일한 구조의 HTML 코드 블록이 여러 개 있으며, 브라우저에서 확인한 결과는 다음과 같다.

주의할 점은 a.html이 실제 HTML 문서는 아니라는 사실이다. <html>, <head>, 또는 <body> 등 전형적인 HTML 문서가 지녀야 할 요소가 보이지 않는다. 우리는 이와 같은 파일을 부분 파일partial 또는 프래그먼트fragment라 부르며, 이들 파일은 또 다른 HTML 문서에 삽입하기 위한 용도로 존재한다. 부분 파일 삽입을 위한 제이쿼리 코드는 다음과 같다.

```
$(() => {
  $('#letter-a a')
    .click((e) => {
      e.preventDefault()

      $('#dictionary').load('a.html');
    });
});
```

리스팅 6.1

위 코드에서 .load() 메소드가 복잡한 임무를 수행한다. 제이쿼리 선택자를 이용해

HTML 코드 블록을 로딩할 타깃 위치를 설정하고, 메소드 파라미터를 통해 로딩할 파일의 URL을 전달한다. 이제 첫 번째 링크를 클릭하면 해당 파일의 내용이 `<div id="dictionary">`에 로딩된다. HTML 코드 블록이 로딩된 화면은 다음과 같다.

로딩 메소드를 통해 HTML 코드 블록만을 삽입했지만 화면에는 스타일이 적용된 웹 문서가 나타났다. 이는 메인 페이지와 연결된 CSS 규칙이 적용됐기 때문이며, 이후에도 새로운 HTML 코드만 추가하면 그에 상응하는 스타일 규칙이 적용돼 나타난다.

예제 화면을 테스트해보면 버튼을 클릭한 즉시 딕셔너리의 정의 콘텐츠가 나타남을 알 수 있다. 그런데 이런 동작에 변화를 주는 것은 매우 까다로우며, 네트워크를 통해 문서 데이터를 전송하는 과정에서는 의도적인 지연이나 메시지 팝업 등 작업을 실행하는 것은 어려운 일이다. 가령 딕셔너리 정의가 로딩된 직후 화면에 경고창을 하나 띄우는 코드를 작성해보자.

```
$(() => {
  $('#letter-a a')
    .click((e) => {
      e.preventDefault()

      $('#dictionary').load('a.html');
      alert('Loaded!');
```

```
    });
});
```

리스팅 6.2

위 코드를 보면 누구라도 문서 파일을 로딩한 직후 경고창에 Loaded!라는 텍스트가 출력될 것으로 기대할 것이다. 자바스크립트는 동기적으로 실행되므로 하나의 임무를 수행한 뒤 다음 임무를 수행하기 때문이다.

하지만 이 코드를 웹 서버에서 실행해보면 네트워크 시차^{network lag} 때문에 로딩이 끝나기 전에 경고창이 나타났다가 사라짐을 알 수 있다. 이는 모든 Ajax 호출이 비동기적으로 ^{asynchronous} 이뤄지기 때문이다. 비동기적인 로딩에서는 HTML 코드 블록을 가져오기 위해 HTTP 요청이 발송되면, 스크립트는 지체 없이 실행된다. 그리고 일정 시간이 흐르면 브라우저는 서버로부터 응답을 받게 되고 이를 처리하게 된다. 이는 이상적인 상황으로, 특정 데이터의 로딩을 기다리느라 웹 브라우저 전체의 렌더링을 막는 것보다는 훨씬 우수한 사용자 경험을 제공한다.

만일 특정 데이터의 로딩이 완료된 후에 실행해야 할 동작이 있다면 제이쿼리는 이 임무를 콜백으로 처리한다. 4장, '스타일과 애니메이션'에서 콜백에 대해 상세히 알아봤는데, 이때 애니메이션이 끝난 후 특정 동작을 실행하도록 했었다. Ajax 콜백 역시 이와 동일한 방식으로 작동하며, 서버로부터 데이터를 모두 전달받은 후에 해당 동작을 실행한다. 이 부분은 서버에서 JSON 데이터를 가져와서 읽는 부분을 학습한 뒤 다시 한 번 설명한다.

자바스크립트 객체 활용하기

필요에 따라 완벽한 형태를 갖춘 HTML 문서를 가져오는 것은 편리하지만 이런 작업을 하기 위해서는 실제 콘텐츠 외에도 HTML 구조와 관련된 다양한 정보를 함께 가져와야 한다는 어려움이 따른다. 또한 서버와의 데이터 전송 시 최대한 적은 양의 데이터를 전송하고 데이터가 도착한 즉시 이를 처리해야 한다. 이번 예제에서는 자바스크립트로 순회

할 수 있는 HTML 구조와 관련된 데이터를 가져온다.

제이쿼리 선택자를 이용해 HTML 구조 요소를 순회하고 수정할 수 있지만, 네이티브 자바스크립트 데이터 포맷을 이용하면 전송하거나 처리해야 할 데이터의 양이 크게 줄어든다.

JSON 데이터 가져오기

앞서 살펴본 바와 같이, 자바스크립트 객체는 키-값 쌍으로 설정할 수 있으며 {} 기호를 이용해 명확하게 정의할 수 있다. 반면 자바스크립트 배열은 [] 기호를 써서 정의하며, 정수가 1씩 증가하는 암묵적인 키 체계를 제공한다. 이들 두 가지 개념을 결합하면 상당히 복잡하면서도 풍부한 내용을 담은 데이터를 표현할 수 있다.

JSON은 더글러스 크록포드Douglas Crockford가 제안한 자바스크립트 객체 표기법JavaScript Object Notation의 줄임말이다. 방대한 양의 데이터를 담을 수 있는 XML 포맷을 대체할 수 있는 매우 간결한 데이터 표기법이다.

```
{
    "key": "value",
    "key 2": [
      "array",
      "of",
      "items"
    ]
}
```

JSON은 자바스크립트 객체 문법과 배열 문법을 따르며, 문법적인 요구 사항을 체계적으로 이해할 수 있고 입력해야 할 값이 무엇인지도 잘 알 수 있다. 예를 들어 모든 객체 키와 문자열 값을 JSON으로 나타낸다면, 이들 각각을 큰 따옴표로 감싸야 한다. 또한 함수는 JSON의 값으로 사용할 수 없다. 이와 같은 문법적 엄격성으로 인해 개발자는 가급적

직접 JSON 코드를 입력하지 않는 것이 좋으며, 적절한 포맷의 데이터를 전달할 수 있는
서버 측 스크립트 등 별도의 소프트웨어를 활용하는 것이 좋다.

 JSON 문법 요구 사항과 장점, 다양한 프로그래밍 언어에서의 구현 방법 등 상세한 정보는
다음 링크에서 확인할 수 있다. http://json.org/

이와 같은 데이터 포맷을 다양한 방법으로 입력할 수 있다. 다음은 JSON 파일 형식으로
딕셔너리 데이터를 입력하기 위해 만든 b.json의 내용이다.

```
[
  {
    "term": "BACCHUS",
    "part": "n.",
    "definition": "A convenient deity invented by the...",
    "quote": [
      "Is public worship, then, a sin,",
      "That for devotions paid to Bacchus",
      "The lictors dare to run us in,",
      "And resolutely thump and whack us?"
    ],
    "author": "Jorace"
  },
  {
    "term": "BACKBITE",
    "part": "v.t.",
    "definition": "To speak of a man as you find him when..."
  },
  {
    "term": "BEARD",
    "part": "n.",
    "definition": "The hair that is commonly cut off by..."
},
... 계속 ...
```

이 데이터를 가져오기 위해 $.getJSON( ) 메소드를 사용한다. 이 메소드는 JSON 파일을 가져오고 데이터를 처리한다. 서버에서 전송된 이들 데이터가 브라우저로 들어오면 JSON 포맷의 간단한 문자열이 되며, $.getJSON( ) 메소드는 이 문자열을 파싱해 자바스크립트 객체로 변환한다.

전역 제이쿼리 함수의 활용

지금까지 우리가 살펴본 모든 제이쿼리 메소드는 $( ) 함수로 만든 제이쿼리 객체에 붙여서 사용했다. 선택자는 작업 대상인 DOM을 구체적으로 지정할 수 있게 하고 메소드는 이를 활용해 임무를 수행한다. 반면 $.getJSON( ) 메소드는 기존 메소드와 다른 방식으로 작동하며, 이 메소드가 적용될 DOM 요소가 존재하지 않는다. 그리고 메소드 실행 결과로 만들어진 객체는 페이지에 나타나는 것이 아닌, 스크립트에 전달된다. 이 때문에 getJSON( )는 ($( ) 함수에 의해 반환된) 개별 제이쿼리 객체의 인스턴스가 아닌, (제이쿼리에 의해 호출된 단일 객체 또는 제이쿼리 라이브러리에 의해 정의된) 전역 제이쿼리 메소드로 정의한다.

이때 $가 $.getJSON( )에서 클래스에 사용되면 클래스 메소드가 된다. 이번 예제에서는 메소드를 전역 함수로 선언하는 편이 낫다. 이번 메소드는 다른 함수와 충돌을 방지하기 위해 제이쿼리 네임스페이스를 사용한다.

$.getJSON( ) 함수의 인수로 파일 이름을 전달한다.

```
$(() => {
  $('#letter-b a')
    .click((e) => {
      e.preventDefault();
      $.getJSON('b.json');
    });
});
```

리스팅 6.3

위 코드를 실행한 뒤 링크를 클릭해도 아무런 반응이 없다. 함수는 성공적으로 파일을 로딩했지만, 그 데이터를 가지고 어떤 일을 하라는 코드는 작성하지 않았기 때문이다. 데이터 활용을 위한 콜백 함수를 작성한다.

$.getJSON( ) 함수는 두 번째 인수로 데이터 로딩이 끝났을 때 호출하는 함수를 받는다. 앞서 설명했듯, Ajax는 함수를 비동기적으로 호출하며 이들 콜백 역시 즉각적으로 실행되기보다 데이터 전송이 끝난 후에 호출할 수 있는 콜백을 제공한다. 이때 콜백 함수 역시 인수를 받으며 여기엔 로딩된 데이터가 채워진다. 데이터 로딩 후 콜백은 다음과 같이 작성한다.

```
$(() => {
  $('#letter-b a')
    .click((e) => {
      e.preventDefault();
      $.getJSON('b.json', (data) => {});
    });
});
```

리스팅 6.4

이때 함수 내부에서 JSON 구조를 순회하는 데이터 파라미터를 활용할 수 있다. 이번 예제에서는 각각의 아이템에 대한 HTML 코드를 반복 생성하도록 최상위 레벨의 배열을 순회하는 작업이 필요하다. 배열을 HTML 문자열로 바꿔서 웹 문서에 삽입할 수 있도록 reduce( ) 메소드를 사용한다. reduce( )는 메소드 인수로 함수를 받으며, 각각의 배열 아이템으로 구성된 결괏값을 반환한다.

```
$(() => {
  $('#letter-b a')
    .click((e) => {
      e.preventDefault();
```

```
      $.getJSON('b.json', (data) => {
        const html = data.reduce((result, entry) => `
          ${result}
          <div class="entry">
            <h3 class="term">${entry.term}</h3>
            <div class="part">${entry.part}</div>
            <div class="definition">
              ${entry.definition}
            </div>
          </div>
        `, '');
      $('#dictionary')
        .html(html);
    });
  });
});
```

리스팅 6.5

위 예제 코드는 문자열 템플릿을 이용해 각각의 배열 아이템에 맞는 HTML 콘텐츠를 생
성하고, result 인수에는 이전 배열의 값이 저장돼 있다. 전통적인 문자열 입력 방식
보다는 이와 같은 템플릿 방식으로 HTML 문서 구조를 만들어 나가는 편이 훨씬 효율
적이다. 모든 아이템 배열에 HTML 코드가 채워지면, .html() 메소드를 이용해 <div
id="dictionary">에 삽입한다.

안전한 HTML
HTML 코드로 변환하기에 안전한 데이터만을 사용해야 한다는 접근 방법이며, 대표적으로
태그와 혼동을 일으킬 수 있는 < 기호 등은 데이터에 포함되지 않아야 한다.

이제 남은 일은 배열 요소를 인용문으로 만드는 것이며, 문자열을 생성하는 reduce() 메
소드로 도우미 함수 몇 가지를 만들어 사용한다.

```
$(() => {
  const formatAuthor = entry =>
    entry.author ?
      `<div class="quote-author">${entry.author}</div>` :
      '';

  const formatQuote = entry =>
    entry.quote ?
      `
      <div class="quote">
        ${entry.quote.reduce((result, q) => `
          ${result}
          <div class="quote-line">${q}</div>
        `, '')}
        ${formatAuthor(entry)}
      </div>
      ` : '';

  $('#letter-b a')
    .click((e) => {
      e.preventDefault();

      $.getJSON('b.json', (data) => {
        const html = data.reduce((result, entry) => `
          ${result}
          <div class="entry">
            <h3 class="term">${entry.term}</h3>
            <div class="part">${entry.part}</div>
            <div class="definition">
              ${entry.definition}
              ${formatQuote(entry)}
            </div>
          </div>
        `, '');
```

```
      $('#dictionary')
        .html(html);
    });
  });
});
```

리스팅 6.6

위 코드가 제대로 작동한다면, B 링크를 클릭했을 때 우리가 원하는 콘텐츠가 나타나며, 딕셔너리 항목이 페이지 우측에 표시된다.

The Devil's Dictionary
by Ambrose Bierce

A
B
C
D

BACCHUS *n.*
A convenient deity invented by the ancients as an excuse for getting drunk.

Is public worship, then, a sin,
That for devotions paid to Bacchus
The lictors dare to run us in,
And resolutely thump and whack us?

Jorace

JSON 포맷은 정말 간단하지만 약간의 오류라도 있으면 작동을 멈춘다. 대괄호, 중괄호, 인용 부호, 쉼표 등 어느 하나라도 잘못 입력하면 파일이 로딩되지 않는다. 때론 오류 메시지조차 나타나지 않고, 그냥 조용히 실행이 안 되는 경우도 있다.

스크립트 실행하기

때론 처음 로딩된 페이지에서 모든 자바스크립트 코드를 사용할 필요가 없는 상황도 있다. 사용자가 어떤 동작을 취하기 전까지는 실제로 어떤 스크립트를 사용해야 할지 결정할 수 없는 경우다. 우리가 필요할 때 <script> 태그를 통해 코드를 실행하는 것도 한 가지 방법이지만, 이번 예제에서는 좀 더 자연스럽게 스크립트 코드를 주입하기 위해 제이쿼리가 직접 .js 파일을 로딩하도록 한다.

스크립트 주입은 HTML 프래그먼트를 로딩하는 것처럼 간단하다. 이번에는 $.getScript( )를 써서 스크립트 파일을 로딩할 URL을 전달한다.

```
$(() => {
  $('#letter-c a')
    .click((e) => {
      e.preventDefault();
      $.getScript('c.js');
    });
});
```

리스팅 6.7

지난 예제 코드에서 result에 기존 배열의 값을 저장해뒀으며, 이 값을 로딩된 스크립트를 이용해 문서 요소로 활용하려 한다. 하지만 스크립트 파일은 자동으로 실행되므로 실행 시기를 조절할 방법을 찾아야 한다.

이런 방식으로 불러온 스크립트는 현재 페이지에서 글로벌 맥락global context으로 실행된다. 즉, 이들 스크립트는 모든 글로벌 속성의 함수와 변수, 심지어 제이쿼리 자신에게 접근한다. 따라서 앞선 JSON 사례를 모방해 스크립트가 실행될 때 페이지에 HTML 요소를 생성 및 삽입하도록 하고, 이 내용을 담은 코드는 c.js에 넣으면 된다.

```
const entries = [
  {
    "term": "CALAMITY",
    "part": "n.",
    "definition": "A more than commonly plain and..."
  },
  {
    "term": "CANNIBAL",
    "part": "n.",
    "definition": "A gastronome of the old school who..."
  },
```

```
  {
    "term": "CHILDHOOD",
    "part": "n.",
    "definition": "The period of human life intermediate..."
  }
  // and so on
];

const html = entries.reduce((result, entry) => `
  ${result}
  <div class="entry">
    <h3 class="term">${entry.term}</h3>
    <div class="part">${entry.part}</div>
    <div class="definition">
      ${entry.definition}
    </div>
  </div>
`, '');

$('#dictionary')
  .html(html);
```

예제 코드를 실행하고 C 링크를 클릭하면 화면에 적절한 딕셔너리 요소가 나타난다.

XML 문서 로딩하기

XML은 Ajax라는 단어를 구성하는 매우 중요한 데이터 포맷이지만, 아직 XML 데이터
를 로딩하지 않았다. XML 데이터 로딩은 기존 JSON 데이터 로딩과 거의 비슷하다. 먼
저 XML 데이터를 담고 있는 d.xml 파일을 준비한다. 여기에 포함된 내용은 대략 다음과
같다.

```xml
<?xml version="1.0" encoding="UTF-8"?>
<entries>
  <entry term="DEFAME" part="v.t.">
    <definition>
      To lie about another. To tell the truth about another.
    </definition>
  </entry>
  <entry term="DEFENCELESS" part="adj.">
    <definition>
      Unable to attack.
    </definition>
  </entry>
  <entry term="DELUSION" part="n.">
    <definition>
      The father of a most respectable family, comprising
      Enthusiasm, Affection, Self-denial, Faith, Hope,
      Charity and many other goodly sons and daughters.
    </definition>
    <quote author="Mumfrey Mappel">
      <line>All hail, Delusion! Were it not for thee</line>
      <line>The world turned topsy-turvy we should see;
      </line>
    <line>For Vice, respectable with cleanly fancies,
      </line>
    <line>Would fly abandoned Virtue's gross advances.
      </line>
    </quote>
  </entry>
</entries>
```

이와 같은 데이터를 표현하는 방법은 다양하며, 앞서 HTML 또는 JSON 데이터를 작성했던 구조를 거의 그대로 사용할 수도 있다. 하지만 이번 예제에서는 태그에 대한 설명보다는 속성을 나타내는 용어 사용 등 좀 더 읽기 쉬운 구조의 XML 데이터 작성을 돕는 데 주안점을 둔다.

XML 데이터 로딩을 위한 함수 사용법은 다음과 같다.

```
$(() => {
  $('#letter-d a')
    .click((e) => {
      e.preventDefault();
      $.get('d.xml', (data) => {

      });
    });
});
```

리스팅 6.8

이번 예제에서는 $.get() 메소드를 활용한다. 보통 $.get() 메소드는 지정된 URL에 있
는 파일을 가져오거나 콜백을 통해 텍스트 데이터를 가져온다. 하지만 이번 예제에서는
MIME 타입을 지원하는 서버를 사용하므로 XML DOM 트리 구조에 콜백을 전달한다.

지금까지 살펴본 바와 같이 제이쿼리는 DOM 순회 기능을 제공하므로 기존 HTML 문서
에서 그랬듯 XML 문서에서도 .find(), .filter() 그리고 여타의 순회 메소드를 사용할
수 있다.

```
$(() => {
  $('#letter-d a')
    .click((e) => {
      const formatAuthor = entry =>
        $(entry).attr('author') ?
          `
          <div class="quote-author">
            ${$(entry).attr('author')}
          </div>
          ` : '';
      const formatQuote = entry =>
        $(entry).find('quote').length ?
```

```
            `
        <div class="quote">
          ${$(entry)
            .find('quote')
            .get()
            .reduce((result, q) => `
              ${result}
              <div class="quote-line">
                ${$(q).text()}
              </div>
            `, '')}
          ${formatAuthor(entry)}
        </div>
      ` : '';

  e.preventDefault();

  $.get('d.xml', (data) => {
    const html = $(data)
      .find('entry')
      .get()
      .reduce((result, entry) => `
        ${result}
        <div class="entry">
          <h3 class="term">${$(entry).attr('term')}</h3>
          <div class="part">${$(entry).attr('part')}</div>
          <div class="definition">
            ${$(entry).find('definition').text()}
            ${formatQuote(entry)}
          </div>
        </div>
      `, '');

    $('#dictionary')
      .html(html);
  });
```

```
  });
});
```

위 코드를 실행하고 D 링크를 클릭하면 다음과 같은 화면이 나타난다.

이번에 사용한 방법은 기존과는 다른 DOM 순회 메소드 기법으로, 제이쿼리의 CSS 선택자 메커니즘을 좀 더 유연하게 사용할 수 있는 가능성을 보여준다. CSS 문법의 기본적인 용도는 HTML 페이지의 시각적인 부분을 담당하는 것이며, 표준 .css 파일의 선택자는 div, body 등 HTML 태그 이름을 이용해 스타일을 적용한다. 하지만 제이쿼리는 표준 HTML 태그 요소뿐만 아니라, entry, definition 등 임의의 XML 태그 이름을 선택자로 사용할 수 있다.

제이쿼리의 고급 선택자 엔진은 매우 복잡한 조건식을 이용해 XML 문서 내의 요소를 찾아낼 수 있다. 페이지에 포함된 여러 콘텐츠 중 인용문과 저자 속성을 포함한 요소만을 선택적으로 화면에 표시하려는 경우를 생각해보자. 이를 위해 entry:has(quote) 선택자로 <quote> 요소가 포함된 요소만을 가져오도록 할 수 있다. 다음, entry:has (quote[author]) 선택자로 저자가 있는 인용문 요소만을 가져오도록 할 수 있다. 리스팅 6.9의 선택자를 다음과 같이 바꿀 수 있다.

```
$(data).find('entry:has(quote[author])').each(function() {
```

새로운 선택자를 통해 데이터 검색의 범위를 좁힌 결과 화면은 다음과 같다.

제이쿼리를 이용해 서버에서 XML 데이터를 가져와서 브라우저 단에서 활용하는 것은 충분히 가능하지만 이 경우 관련 코드의 용량이 급격하게 늘어날 수 있다.

■ 데이터 포맷 선택하기

지금까지 네 가지 포맷의 외부 데이터를 제이쿼리 Ajax 함수로 가져오고, 활용하는 방법을 알아봤다. 이들 네 가지 포맷 모두 간단하게 처리할 수 있고, 사용자의 요구에 따라 이들 데이터를 기존의 페이지에 적용하기 위해 로딩하는 방법에 대해서도 알게 됐다. 이번엔 우리가 만드는 애플리케이션에서 과연 어떤 데이터 포맷이 가장 적합한지 알아보자.

HTML 데이터는 구현 과정에서 할 일이 거의 없는 편이다. 외부의 HTML 데이터는 간단한 메소드로 로딩 및 페이지 삽입이 가능하며, 별도 콜백을 사용하지 않아도 될 정도로 간단한 작업이다. 기존 페이지에 새로운 HTML 코드를 삽입하는 작업에는 데이터 순회와 같은 작업도 필요 없다. 반면 HTML 데이터는 정형화된 구조를 유지하지 않는 경우가 많으며, 여타의 애플리케이션에서 해당 데이터를 재활용하는 것이 어렵다. 또한 CSS 등 외부 연동 파일은 HTML 컨테이너 요소와 긴밀하게 연결돼 있으므로 이들 요소를 모두 한꺼번에 로딩해야 하는 경우도 있다.

JSON 파일은 간단한 사용을 염두에 둔 구조화된 데이터 포맷으로, 읽기 쉽고 간결하다. 정보를 가져오기 위해 데이터 구조를 순회해야 하며, 이렇게 가져온 콘텐츠를 페이지에 적용하는 경우가 대부분이지만, 이런 작업을 돕는 전용 자바스크립트 도구 역시 쉽게 찾을 수 있다. 현대적인 브라우저 대부분은 JSON.parse( ) 메소드를 통해 네이티브하게 파싱하므로, JSON 파일의 읽기 속도는 매우 빠르다. 하지만 원인을 알 수 없는 JSON 파일 오류silent failure가 발생하는 경우가 종종 있고 페이지에서 예상 못한 부작용이 나타나는 경우도 있으므로 정확하고 신뢰할 수 있는 JSON 파일 생성 작업이 요구된다.

자바스크립트 파일은 고도의 유연성을 제공하지만 데이터 저장을 위한 전용 메커니즘은 아니다. 자바스크립트 파일은 언어적 특성을 띠므로 이 언어를 이해할 수 없는 시스템에 정보를 전달할 수 없다. 자바스크립트 파일 로딩은 자주 활용되지는 않지만, 필요에 따라 혹은 코드 용량을 줄이기 위해 외부 서버에 파일을 분산 저장하는 데 사용되곤 한다.

XML 파일 형식은 (JSON을 선호하는 분위기 탓에) 자바스크립트 커뮤니티에서는 그리 환영받지 못하고 있지만 어떤 시스템 환경이나 어떤 운영체제에서도 재활용이 가능한 보편적인 데이터 포맷이라 할 수 있다. XML 포맷은 대용량 데이터의 저장 및 전달을 목적으로 만들었기 때문에, 파싱이나 데이터 수정 등의 작업에 더 많은 시간이 걸린다.

이상과 같은 데이터 포맷의 특징을 고려하고 다른 애플리케이션에서의 데이터 재활용이 중요하지 않다고 생각한다면, HTML 파일이 가장 다루기 쉬운 데이터 포맷이라 할 수 있다. 또 데이터 재활용이 중요하고 다른 애플리케이션도 해당 데이터를 필요로 한다면, 성능과 용량 면에서 JSON이 가장 좋은 선택이 될 것이다. 원격으로 작동하는 애플리케이션의 사용 환경과 운영체제를 모른다면 XML 파일 포맷이 호환성 측면에서 가장 믿을 만할 것이다.

하지만 이번 예제 구현에서 무엇보다 중요한 것은 데이터가 활용 가능 상태에 있느냐 하는 것이다. 어떤 데이터 포맷을 선택하는 것은 여러분의 몫이며, 이미 외부의 데이터를 가져왔다면 우리는 각각의 포맷에 맞춰 잘 활용하기만 하면 되는 것이다.

▌ 서버에 데이터 전송하기

지금까지는 웹 서버에서 정적 데이터 파일을 가져오는 방법을 알아봤다. 하지만 웹 서버는 사용자가 브라우저 폼에서 입력한 데이터를 반영해 동적으로 데이터를 구성한다. 이번 절에서는 제이쿼리를 통해 서버에 동적으로 데이터를 전송하는 법을 알아본다. 지금까지 살펴본 메소드의 내용을 수정해 데이터를 받는 것은 물론 데이터를 보내는 법을 다뤄보자.

서버 측 코드와 상호작용하기

이번 절에서는 웹 서버와의 상호작용이 필요하며, 예제에서 처음으로 서버 측 코드를 사용한다. 이번 서버 측 코드는 Node.js로 작성하며, 웹 개발에서 널리 사용되는 자바스크립트의 서버 측 라이브러리다. 하지만 지면 관계상 Node.js와 Express를 자세히 다루기는 어려우며, 보다 상세한 내용은 Node.js 사이트와 구글 검색을 통해 확인하기 바란다.

GET 요청 보내기

(자바스크립트 언어를 사용하는) 클라이언트와 (역시 자바스크립트 언어를 사용하는) 서버 통신을 구현하기 위해, 각각의 요청 시 하나의 딕셔너리 데이터를 입력하는 스크립트를 작성한다. 선택된 데이터는 브라우저에서 전송하는 파라미터에 따라 달라진다. 이번 스크립트는 다음과 같은 내부 데이터 구조에서 특정 데이터를 가져온다.

```
const E_entries = {
  EAVESDROP: {
    part: 'v.i.',
    definition: 'Secretly to overhear a catalogue of the ' +
                'crimes and vices of another or yourself.',
    quote: [
      'A lady with one of her ears applied',
      'To an open keyhole heard, inside,',
      'Two female gossips in converse free &mdash;',
      'The subject engaging them was she.',
      '"I think," said one, "and my husband thinks',
      'That she\'s a prying, inquisitive minx!"',
      'As soon as no more of it she could hear',
      'The lady, indignant, removed her ear.',
      '"I will not stay," she said, with a pout,',
      '"To hear my character lied about!"',
    ],
    author: 'Gopete Sherany',
  },
  EDIBLE: {
    part:'adj.',
    definition: 'Good to eat, and wholesome to digest, as ' +
                'a worm to a toad, a toad to a snake, a snake ' +
                'to a pig, a pig to a man, and a man to a worm.',
  },
  // Etc...
```

이번 예제 코드는 데이터베이스에 데이터를 저장하고 요청에 따라 해당 데이터를 가져오며, 데이터가 스크립트의 일부이므로 데이터를 가져오는 과정이 매우 단순한 편이다. 시험 삼아 URL 문자열 일부를 조회하고 해당 단어 또는 데이터 엔트리를 함수에 전달해 HTML 코드를 반환하도록 한다.

```
const formatAuthor = entry =>
  entry.author ?
    `<div class="quote-author">${entry.author}</div>` :
    '';

const formatQuote = entry =>
  entry.quote ?
    `
    <div class="quote">
      ${entry.quote.reduce((result, q) => `
        ${result}
        <div class="quote-line">${q}</div>
      `, '')}
      ${formatAuthor(entry)}
    </div>
    ` : '';

const formatEntry = (term, entry) => `
  <div class="entry">
    <h3 class="term">${term}</h3>
    <div class="part">${entry.part}</div>
    <div class="definition">
      ${entry.definition}
      ${formatQuote(entry)}
    </div>
  </div>
`;

app.use(express.static('./'));

app.get('/e', (req, res) => {
  const term = req.query.term.toUpperCase();
  const entry = E_entries[term];
  let content;
```

```
  if (entry) {
    content = formatEntry(term, entry);
  } else {
    content = '<div>Sorry, your term was not found.</div>';
  }

  res.send(content);
});
```

/e 핸들러가 요청하면, GET 파라미터로 전달한 데이터 엔트리의 HTML 코드가 반환된다. 예를 들어 /e?term=eavesdrop로 핸들러에 접근하면 다음과 같은 내용이 반환된다.

EAVESDROP

v.i.
Secretly to overhear a catalogue of the crimes and vices of another or yourself.
A lady with one of her ears applied
To an open keyhole heard, inside,
Two female gossips in converse free —
The subject engaging them was she.
"I think," said one, "and my husband thinks
That she's a prying, inquisitive minx!"
As soon as no more of it she could hear
The lady, indignant, removed her ear.
"I will not stay," she said, with a pout,
"To hear my character lied about!"
Gopete Sherany

앞서 HTML 데이터 포맷의 단점에 대해 설명한 것과 같이, 위 결과 화면에도 HTML 데이터는 그대로 들어왔지만, 이에 연결됐던 CSS 스타일시트와의 연결이 끊어진 탓에 위와 같이 스타일이 없는 텍스트만 화면에 표시된다.

서버에 데이터를 전송하는 기본적인 방법을 알아봤다. 이번엔 다른 메소드를 이용해 좀 더 복잡한 내용을 포함한 데이터 엔트리를 요청하는 방법을 알아본다. 이번엔 해당 대표

철자 아래 각각의 용어를 설명하는 링크 목록을 표시하고, 해당 단어를 클릭하면 상세 설명이 표시되도록 한다. 이번 예제를 위해 추가할 HTML 코드는 다음과 같다.

```
<div class="letter" id="letter-e">
  <h3>E</h3>
  <ul>
    <li><a href="e?term=Eavesdrop">Eavesdrop</a></li>
    <li><a href="e?term=Edible">Edible</a></li>
    <li><a href="e?term=Education">Education</a></li>
    <li><a href="e?term=Eloquence">Eloquence</a></li>
    <li><a href="e?term=Elysium">Elysium</a></li>
    <li><a href="e?term=Emancipation">Emancipation</a>
      </li>
    <li><a href="e?term=Emotion">Emotion</a></li>
    <li><a href="e?term=Envelope">Envelope</a></li>
    <li><a href="e?term=Envy">Envy</a></li>
    <li><a href="e?term=Epitaph">Epitaph</a></li>
    <li><a href="e?term=Evangelist">Evangelist</a></li>
  </ul>
</div>
```

이제 파라미터로 자바스크립트 벡엔드 함수를 호출하기 위해 프론트엔드 자바스크립트 코드를 가져올 차례다. 이를 위해 `.load()` 메소드를 이용해 문자열로 URL을 조회하고, e?term=eavesdrop과 같은 형식으로 해당 데이터를 가져오는 방법도 있지만, 이번 예제에서는 제이쿼리 구조체를 만든 뒤 `$.get()` 함수에 객체 기반 문자열을 인수로 넣어서 조회한다.

```
$(() => {
  $('#letter-e a')
    .click((e) => {
      e.preventDefault();
```

```
      const requestData = {
        term: $(e.target).text()
      };

      $.get('e', requestData, (data) => {
        $('#dictionary').html(data);
      });
    });
  });
});
```

리스팅 6.10

지금까지 제이쿼리에서 제공하는 다양한 Ajax 인터페이스를 봤으므로, 위 방식 또한 익숙할 것이다. 기존 방식과의 차이는 쿼리 스트링^{query string}이 되는 두 번째 파라미터인 키-값 쌍 객체이다. 이번 예제에서 키는 언제나 딕셔너리의 단어지만, 값은 각각의 링크 텍스트에서 가져온 데이터다. 이제 목록 첫 번째 링크를 클릭하면 다음과 같이 해당 단어의 설명 텍스트가 나타난다.

위 화면의 모든 링크는 URL 값을 지니는데, 이는 우리가 직접 지정하지 않아도 적용된다. 클릭 후 링크된 경로로 이동하는 것을 막으려면 .preventDefault( ) 메소드를 호출한다.

 false를 반환할 것인가, 기본 설정 동작을 막을 것인가?

6장에서는 클릭 핸들러를 설명하면서 false를 반환하는 대신 e.preventDefault( )를 사용해 왔다. 이 방법은 페이지 갱신 없이 문서 내 일정 영역의 콘텐츠만 바꿀 필요가 없을 경우 주로 사용하며, 그렇지 않을 경우 페이지가 갱신되거나 다른 페이지로 이동한다. 예를 들어 클릭 핸들러에서 자바스크립트 오류가 발생하면 핸들러의 첫 번째 라인에서 .preventDefault( ) 를 호출함으로써 입력 데이터가 서버로 전송되지 않고 브라우저의 콘솔에는 정상적으로 오류 메시지가 나타날 수 있다. 3장, '이벤트 핸들링'에서 false를 반환하면 event.prevent Default( )와 event.stopPropagation( )이 동시에 호출된다고 설명한 바 있다. 이벤트 버블링을 막으려면 .stopPropagation( )으로 호출해야 한다.

연속적인 폼 데이터 전송

서버로 전송할 데이터에는 폼에 대한 사용자 입력 데이터도 포함된다. 이번 예제에서는 전체 브라우저 윈도우가 갱신되며 데이터를 전송하는 일반적인 폼 제출 메커니즘이 아닌, 제이쿼리 Ajax 도구를 이용해 비동기적으로 폼 데이터를 전송하고 현재 페이지에 그에 대한 응답을 적용할 것이다.

이를 위해 다음과 같이 간단한 폼을 만든다.

```
<div class="letter" id="letter-f">
  <h3>F</h3>
  <form action="f">
    <input type="text" name="term" value="" id="term" />
    <input type="submit" name="search" value="search"
      id="search" />
  </form>
</div>
```

이번에는 /f 핸들러가 서버에 입력된 단어를 검색한 뒤, 딕셔너리에 존재하는 일련의 단어를 반환하도록 한다. /e 핸들러에 formatEntry() 함수를 추가하고, 동일한 포맷의 데이터를 반환하도록 한다. /f 핸들러 구현 내용은 다음과 같다.

```
app.post('/f', (req, res) => {
  const term = req.body.term.toUpperCase();
  const content = Object.keys(F_entries)
    .filter(k => k.includes(term))
    .reduce((result, k) => `
      ${result}
      ${formatEntry(k, F_entries[k])}
    `, '');
  res.send(content);
});
```

이제 폼 제출 이벤트에 반응할 준비가 됐다. 다음은 DOM 트리 순회를 통해 딕셔너리에서 검색어를 조회하는 코드다.

```
$(() => {
  $('#letter-f form')
    .submit((e) => {
      e.preventDefault();

      $.post(
        $(e.target).attr('action'),
        { term: $('input[name="term"]').val() },
        (data) => { $('#dictionary').html(data); }
      );
    });
});
```

리스팅 6.11

우리가 원하는 결과가 나타나긴 하지만 폼 필드에 입력한 이름과 딕셔너리의 해당 단어를 하나씩 찾는 부분은 다소 복잡해 보인다. 이 방식은 딕셔너리 규모가 커질수록 점차 복잡해질 수 있어 개선의 여지가 있다. 이런 상황에 대해 제이쿼리는 자주 사용하는 단어장을 손쉽게 만들 수 있는 기능을 제공한다. .serialize() 메소드는 제이쿼리 객체에 대해 작동하며, 입력 데이터가 DOM 요소와 일치하면 이를 Ajax 요청과 함께 쿼리 문자열로 변환해 전달한다. 폼 양식에 범용성을 추가한 버전은 다음과 같다.

```
$(() => {
  $('#letter-f form')
    .submit((e) => {
      e.preventDefault();

      $.post(
        $(e.target).attr('action'),
        $(e.target).serialize(),
        (data) => { $('#dictionary').html(data); }
      );
    });
});
```

리스팅 6.12

동일한 스크립트로 폼 양식을 제출하고 폼 필드의 수도 늘렸다. 가령 폼 필드에 fid를 입력하면 다음 화면과 같이 이 문자열을 포함한 하위 문자열이 나타난다.

The Devil's Dictionary
by Ambrose Bierce

A

B

C

D

E

Eavesdrop
Edible
Education

FIDDLE *n.*

An instrument to tickle human ears by friction of a horse's tail on the
entrails of a cat.
To Rome said Nero: "If to smoke you turn
I shall not cease to fiddle while you burn."
To Nero Rome replied: "Pray do your worst,
'Tis my excuse that you were fiddling first."
Orm Pludge

FIDELITY *n.*

A virtue peculiar to those who are about to be betrayed.

▌ 요청 상황 관찰하기

지금까지는 Ajax 메소드를 호출하고, 서버에서 반응이 올 때까지 기다렸다. 하지만 서버와의 상호작용에서 요청한 데이터의 처리 등 HTTP 요청의 진행 상황을 파악할 수 있다면 더욱 편리할 것이다. 제이쿼리는 이를 위해 다양한 Ajax 관련 이벤트가 발생할 때 이들 콜백을 등록해 관리할 수 있는 기능을 제공한다.

.ajaxStart( )와 .ajaxStop( ) 메소드는 제이쿼리의 대표적인 관찰 함수다. 아무런 데이터 전송 없는 상태에서 Ajax 호출이 시작되면, .ajaxStart( ) 콜백이 실행된다. 이와 반대로 마지막 전송 요청이 종료되면 .ajaxStop( ) 콜백이 실행된다. 모든 관찰 함수는 코드 실행 여부에 상관없이, Ajax 상호작용이 일어나는 곳이라면 언제라도 호출할 수 있는 전역 속성을 띤다. 그리고 이들 모든 콜백을 $(document)에 연동할 수 있다.

이들 메소드를 이용하면 네트워크 연결이 지연되는 상황 등에서 사용자에게 피드백을 제공할 수 있다. 이번 예제는 로딩 상태 메시지를 화면에 표시한다. HTML 코드는 다음과 같다.

```
<div id="loading">
  Loading...
</div>
```

HTML로 작성했지만 실무적으로는 로딩 지시자를 GIF 애니메이션 이미지로 구현해 화면에 표시하는 것도 가능하다. 이번 예제에서는 CSS 스타일 정의를 통해 간단하게 로딩 상태를 표시한다. 결과 화면은 다음과 같다.

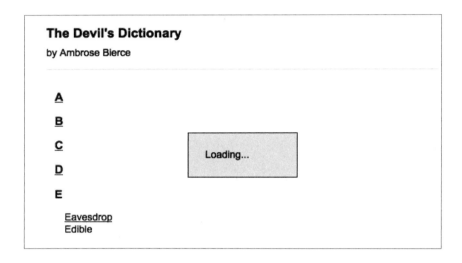

점진적 기능 강화 전략에 따라, 로딩 상태 표시를 위한 HTML 코드와 페이지 본문의 코드는 별도로 분리해 관리하며, 다음과 같이 제이쿼리로 메시지 코드를 삽입한다.

```
$(() => {
  $('<div/>')
    .attr('id', 'loading')
    .text('Loading...')
    .insertBefore('#dictionary');
});
```

CSS 스타일 정의를 통해 <div> 요소를 메시지 박스로 만들고 화면에 표시하는데, 처음에는 메시지 박스가 화면에 나타나지 않도록 한다. 적절한 시기가 되면 화면에 나타나도록 하며, 이를 위해 관련 내용을 .ajaxStart( ) 관찰 함수에 포함시킨다.

```
$(() => {
  const $loading = $('<div/>')
    .attr('id', 'loading')
    .text('Loading...')
    .insertBefore('#dictionary');

  $(document)
    .ajaxStart(() => {
    $loading.show();
    });
});
```

메시지 박스를 감추는 동작은 다음과 같이 메소드 연쇄에 추가한다.

```
$(() => {
  const $loading = $('<div/>')
    .attr('id', 'loading')
    .text('Loading...')
    .insertBefore('#dictionary');

  $(document)
    .ajaxStart(() => {
      $loading.show();
    })
    .ajaxStop(() => {
      $loading.hide();
    });
});
```

리스팅 6.13

이제 로딩이 시작되면 로딩 메시지가 나타난다.

이들 메소드는 Ajax 커뮤니케이션이 일어나는 실제 과정과는 직접적인 관련이 없다는 점을 기억하자. A 링크에 부착된 .load( ) 메소드는 B 링크에 부착된 .getJSON( ) 메소드 모두 이와 같은 피드백이 실행되도록 할 수 있다.

이와 같은 예제에서는 전역 동작global behavior으로 설정하는 것이 바람직하며 범위를 좁히게 되면 피드백을 제공할 수 있는 선택안이 줄어들게 된다. .ajaxError( )와 같은 일부 메소드는 XMLHttpRequest 객체에 참조용 콜백을 보낼 수 있다. 이는 하나의 요청을 또 다른 요청과 구분할 수 있게 해주며, 그에 따라 서로 다른 동작을 제공할 수 있다. 좀 더 구체적인 이벤트 핸들링이 필요할 경우 로우 레벨의 $.ajax( ) 함수를 사용할 수 있으며, 이에 대해선 차후 다시 설명한다.

요청에 대한 가장 기본적인 상호작용 방식은 요청이 성공적으로 접수됐음을 알리는 success 콜백이며, 서버에서 전송된 데이터를 해석하거나, 전송받은 데이터로 페이지를 채우는 등, 앞서 소개했던 다양한 예제가 이에 해당한다. 이번엔 리스팅 6.1에서 사용한 .load( ) 메소드를 이용해 새로운 피드백을 제공해보자.

```
$(( ) => {
  $('#letter-a a')
    .click((e) => {
      e.preventDefault();
      $('#dictionary')
        .load('a.html');
    });
});
```

이번 예제에서는 텍스트가 갑자기 나타나지 않고 자연스럽게 서서히 콘텐츠를 채우도록 한다. .load( ) 메소드로 데이터 로딩이 완료됐을 때 시각 효과를 위한 콜백이 실행되도록 한다.

```
$(() => {
  $('#letter-a a')
    .click((e) => {
      e.preventDefault();
      $('#dictionary')
        .hide()
        .load('a.html', function() {
          $(this).fadeIn();
        });
    });
});
```

리스팅 6.14

가장 먼저 타깃 요소를 화면에서 감추고 로딩을 시작한다. 로딩이 끝나면 콜백을 이용해 서서히 딕셔너리 텍스트가 나타나도록 한다.

▌ 오류 처리

지금까진 Ajax 요청을 보냈을 때 우리가 의도한 대로 새로운 콘텐츠가 페이지로 로딩되는 성공적인 상황만을 소개했다. 하지만 숙련된 개발자라면 네트워크 오류, 데이터 전송 오류 등 Ajax 요청과 관련된 다양한 문제 상황에 대한 대비를 원할 것이다. 로컬 환경에서 Ajax 애플리케이션을 개발한다면, 잘못된 URL 형식 등의 문제가 발생하지 않겠지만, 로컬 환경을 벗어나 서버와 상호작용을 시작하면 전혀 예상치 못한 문제가 발생할 수 있다. Ajax 편의 메소드인 $.get()과 .load()는 오류 처리를 위한 별도의 콜백을 제공하지 않으므로 직접 문제 해결에 나서야 한다.

전역 메소드인 .ajaxError()를 사용하는 상황을 제외하면, 제이쿼리의 지연 객체 시스템deferred object system으로 각종 오류에 대처할 수 있다. 지연 객체에 대해서는 11장, '고급 시각 효과'에서 상세히 다루겠지만 우선은 .done( )과 .always( ), .fail( ) 메소드 연쇄를 이용해 (.load( ) 메소드는 제외하고) 오류와 관련된 콜백을 전달한다. 예를 들어 리스팅 6.16의 코드를 가져와서 존재하지 않는 URL로 변경한 뒤, 다음과 같이 .fail( ) 메소드를 시험해보자.

```
$(() => {
  $('#letter-e a')
    .click((e) => {
      e.preventDefault();

      const requestData = {
        term: $(e.target).text()
      };

      $.get('notfound', requestData, (data) => {
        $('#dictionary').html(data);
      }).fail((xhr) => {
        $('#dictionary')
          .html(`An error occurred:
            ${xhr.status}
            ${xhr.responseText}
          `);
      });
    });
});
```

리스팅 6.15

E로 시작하는 링크를 클릭하면 다음과 같은 오류 메시지가 나타난다. 이때 화면에 표시된 jqXHR.responseText의 내용은 서버 설정에 따라 달라진다.

The Devil's Dictionary

by Ambrose Bierce

A

B

C

D

E

Sorry, but an error occurred: 404

Not Found

The requested URL /6549/06/z.php was not found on this server.

.status 프로퍼티는 서버에서 제공한 숫자 코드를 포함한다. 이들 코드는 HTTP 명세서에 정의돼 있으며, .fail( ) 핸들러가 실행되면 상황에 따른 오류 숫자 코드를 출력한다.

Response code	Description
400	Bad request
401	Unauthorized
403	Forbidden
404	Not found
500	Internal server error

숫자 코드의 전체 목록은 다음 W3C 사이트 링크에서 확인할 수 있다.

http://www.w3.org/Protocols/rfc2616/rfc2616-sec10.html

오류 처리에 대한 보다 상세한 내용은 13장, '고급 Ajax 기술'에서 알아본다.

▌Ajax와 이벤트

이번 절에서는 사용자 이벤트로 딕셔너리 용어의 이름으로 화면에 표시될 내용을 조절하는 기능을 구현해보자. 사용자가 용어 이름을 클릭하면 해당 용어의 정의가 나타나거나 사라지는 것이다. 지금까지 이와 비슷한 기능을 여러 차례 구현해봤으므로, 여러분의 머릿속에 이를 위한 코드가 떠오를 것이다.

```
$(() => {
  $('h3.term')
    .click((e) => {
      $(e.target)
        .siblings('.definition')
        .slideToggle();
    });
});
```

리스팅 6.16

용어 이름을 클릭하면 위 코드는 해당 요소의 형제 가운데 definition 클래스를 지닌 요소를 찾아서 화면에 슬라이드 방식으로 표시하거나 사라지게 할 것이다.

하지만 위 코드를 실행해도 우리가 원한 결과는 나타나지 않는다. 불행히도 클릭 핸들러를 추가하는 시점에는 딕셔너리 단어가 아직 문서에 추가된 상태가 아니기 때문에 이 같은 현상이 발생한다. 개별 아이템에 클릭 핸들러를 부착해도 결과는 마찬가지다.

이 같은 문제는 Ajax 기법으로 페이지 콘텐츠를 채우는 애플리케이션에서 공통적으로 발생한다. 문제를 해결하기 위한 방법 중 하나는 페이지 영역이 갱신될 때마다 이벤트 핸들러를 다시 연동하는 것이다. 하지만 이 방식은 주먹구구식이어서, 페이지의 DOM 구조가 약간이라도 변경될 때마다 이벤트 연동 코드를 계속 호출해야 한다.

이에 대한 해결책은 3장, '이벤트 핸들링'에서 설명한 바 있다. 바로 이벤트 위임event delegation을 통해 어떤 상황에서도 내용이 바뀌지 않을 조상 요소에 이벤트를 연동하는 것

262

이다. 이 경우 클릭 핸들러를 `<body>`에 부착하고 `.on( )` 메소드로 클릭 이벤트를 처리한다.

```
$(() => {
  $('body')
    .on('click', 'h3.term', (e) => {
      $(e.target)
        .siblings('.definition')
        .slideToggle();
    });
});
```

리스팅 6.17

이 방식을 사용하면, `.on( )` 메소드는 브라우저에게 문서 내에서 발생하는 모든 클릭 동작을 관찰하라는 명령을 내린다. 그리고 클릭 요소가 h3.term 선택자와 일치하면, 클릭 핸들러를 실행하는 것이다. 이제 코드를 실행하고 용어를 클릭하면 (Ajax 동작이 이후에 추가되더라도) 용어의 정의가 화면에 슬라이드 방식으로 표시된다.

▌ 연기 객체와 약정 객체

제이쿼리 연기^{deferred} 객체는 자바스크립트 코드로 비동기적인 동작을 처리할 수 없을 때 사용하고, 약정^{promise} 객체는 다중 HTTP 요청, 파일 읽기, 애니메이션 등 다수의 비동기적인 임무 수행을 조절하는 역할을 담당한다. 약정 객체는 다른 프로그래밍 언어에서도 널리 사용되는 개념으로, 간단히 설명하면 장래의 조건에 따라 어떤 함수를 실행할 것을 약속한 것이라 할 수 있다.

약정 객체는 자바스크립트 ES6 버전부터 공식적으로 제공되며, 제이쿼리는 약정 객체와 관련된 모든 기능을 제공한다. 사실 제이쿼리의 연기 객체는 여타의 약정 객체와 매우 유사한 기능을 제공한다. 이번 절에서는 제이쿼리 연기 객체를 이용해 복합적인 비동기적 동작을 수행하는 약정 객체를 반환하는 예제를 만든다.

페이지 로딩 시 Ajax 호출 실행하기

지금까지 만든 딕셔너리 애플리케이션은 처음 페이지가 로딩될 때는 아무런 용어 정의도 제공하지 않고 빈 공간만을 보여준다. 이번 예제에서는 코드를 약간 수정해 문서가 로딩 되면 A 단어에 해당하는 내용을 표시하도록 하자.

이를 위한 방법 중 하나는 document ready 핸들러($(() => {}))에서 다른 요소들과 함께 load('a.html')를 호출하는 것이다. 하지만 이 방법은 document ready 상태가 될 때 까지 Ajax 요청을 미뤄야 한다는 점에서 그리 효율적이지 못하다. 자바스크립트 실행과 함께 Ajax 요청을 처리할 수 있는 방법은 없을까?

이를 위해 document ready 이벤트와 Ajax response ready 이벤트를 동기화하면 된다. 이 작업은 경주의 승자를 맞추는 것과 비슷하다. 이들 두 이벤트 중 어떤 것이 먼저 실행 되는지 모르기 때문이다. document ready 이벤트가 먼저 실행된다고 가정할 수는 있지 만, 확실치 않다는 문제가 있다. 바로 이때 약정 객체를 통해 문제를 해결할 수 있다.

```
Promise.all([
  $.get('a.html'),
  $.ready
]).then(([content]) => {
  $('#dictionary')
    .hide()
    .html(content)
    .fadeIn();
});
```

리스팅 6.18

264

Promise.all() 메소드는 다른 약정 객체를 받고, 새로운 약정 객체를 반환한다. 그리고 이 새로운 약정 객체는 모든 배열 인수가 처리됐을 때 새 약정 객체의 함수에 포함된 내용을 실행한다. 약정 객체는 이런 방식으로 비동기적으로 실행 순서를 조율한다. 약정 객체를 사용하면, Ajax 약정 객체($.get('a.html')) 혹은 document ready 약정 객체($.ready) 중 어느 것이 먼저 실행될지 여부는 중요치 않게 된다.

then() 핸들러는 비동기적으로 제공된 값에 따라 어떤 내용의 코드든 실행할 수 있다. 예를 들어 딕셔너리 데이터가 로딩되면 Ajax 메소드가 호출되고, 암묵적으로 document ready 상태가 되면 DOM 구조가 생성된다. 만일 DOM 구조가 생성되지 않으면, $('#dictionary') 역시 실행하지 않는다.

fetch() 함수의 활용

최근 자바스크립트에 추가된 또 하나의 함수는 fetch()이다. 이 함수는 XMLHttpRequest에 비해 훨씬 높은 수준의 유연성을 제공한다. 가령 크로스-도메인을 요청하거나 HTTP 헤더값 변경 시, fetch() 함수가 훨씬 간단한 방법으로 임무를 수행한다. 딕셔너리의 G 항목은 fetch() 함수를 이용해 구현해보자.

```
$(() => {
  $('#letter-g a')
    .click((e) => {
      e.preventDefault();

      fetch('/g')
        .then(resp => resp.json())
        .then(data => {
          const html = data.reduce((result, entry) => `
            ${result}
            <div class="entry">
              <h3 class="term">${entry.term}</h3>
```

```
          <div class="part">${entry.part}</div>
          <div class="definition">
            ${entry.definition}
            ${formatQuote(entry)}
          </div>
        </div>
      `, '');

      $('#dictionary')
        .html(html);
    });
  });
});
```

리스팅 6.19

fetch() 함수는 다른 많은 제이쿼리 Ajax 함수처럼 약정 객체를 반환한다. 이번 예제에서 호출한 /g URL이 실제로는 다른 도메인에 존재하는 경우, fetch() 함수를 이용해 접근 가능하다. 또 JSON 데이터가 필요한 경우, .then() 핸들러에서 .json()을 호출하면 된다. 다음 두 번째 핸들러에 기존의 함수를 추가해 DOM 구조를 채운다.

약정 객체의 가장 큰 특징은 일관성^{consistency}이라 할 수 있다. 약정 객체의 목적은 비동기적인 동작을 동기화하는 것이다. 제이쿼리에서 일어나는 모든 비동기적인 동작은 약정 객체를 이용해 실행 시기를 조절할 수 있다.

▌ 요약

6장에서는 페이지 갱신 없이 서버에서 다양한 포맷의 데이터를 로딩하는 제이쿼리 Ajax 메소드에 대해 알아봤다. 필요에 따라 서버에서 스크립트를 실행하는 방법과 서버에 데이터를 전송하는 방법도 살펴봤다.

비동기적인 로딩 기법을 활용하기 위한 다양한 문제 상황 대처법도 살펴봤는데, 로딩이 시작된 뒤에도 핸들러의 연동 상태를 유지하거나 외부 서버에서 데이터를 로딩하는 방법 등에 대해서도 알아봤다.

이로써 제이쿼리 라이브러리 구성 요소에 대한 기본적인 학습은 마친다. 7장에서는 제이쿼리 플러그인을 이용해 기존의 다양한 기능을 확장하는 방법을 배운다.

참고 자료

Ajax에 대한 보다 상세한 내용은 13장, '고급 Ajax 기술'에서 다시 한 번 살펴본다. 제이쿼리 Ajax 목록은 부록 B, 그리고 제이쿼리 공식 개발자 문서에서 확인할 수 있다. http://api.jquery.com/

▌ 연습 문제

연습 문제를 풀다가 막히는 부분이 있을 땐 제이쿼리 공식 개발자 문서를 확인하자. http://api.jquery.com/

1. 페이지 로딩 시, exercises-content.html의 body 콘텐츠를 페이지의 content 영역에 넣는다.
2. 모든 문서를 한 번에 표시하지 말고, 좌측 행에 단어 도움말 영역을 만들고 exercises-content.html에서 사용자가 마우스 오버한 단어의 내용만 화면에 표시되도록 한다.
3. 페이지 로딩을 위한 error 핸들러를 만들고, content 영역에 오류 메시지를 출력하도록 한다. 기존의 exercises-content.html 파일이 아닌 does-not-exist.html 파일을 요청해 error 핸들러 코드가 정상적으로 작동하는지 확인한다.

4. **도전 과제**: 페이지 로딩 시 깃허브에 JSONP 요청을 보내고, 사용자의 저장소^{repositories} 목록을 가져온다. 각 저장소에서 가져온 name과 URL을 페이지의 content 영역에 넣는다. 제이쿼리 프로젝트 저장소의 URL은 다음과 같다. https://api.github.com/users/jquery/repos

07

플러그인 활용하기

6장까지 제이쿼리를 구성하는 핵심 요소에 대해 알아봤다. 이 과정에서 다양한 임무를 수행할 수 있는 제이쿼리 라이브러리의 주요 메소드에 대해 소개했다. 7장에서는 제이쿼리 핵심 구성 요소만큼이나 강력하면서도 세련된 방식으로 제이쿼리의 기능 확장을 돕는 제이쿼리 플러그인을 학습한다.

제이쿼리 커뮤니티는 작은 기능을 수행하는 선택자 도우미 객체부터 대규모 웹 서비스를 완성할 수 있는 사용자 인터페이스 위젯에 이르기까지 수백여 개의 플러그인을 만들어 왔다. 7장은 이와 같이 방대한 플러그인을 활용하기 위한 방법을 소개한다.

7장에서 다루는 내용은 다음과 같다.

- 플러그인 다운로드와 초기 설정
- 플러그인이 제공하는 제이쿼리 메소드 호출하기

- 제이쿼리 플러그인이 정의한 커스텀 선택자로 요소 찾아내기
- 제이쿼리 UI를 이용해 사용자 인터페이스 동작 추가하기
- 제이쿼리 모바일을 이용해 모바일 친화적인 기능 구현하기

▌ 플러그인 활용하기

제이쿼리 플러그인은 매우 직관적으로 활용할 수 있다. 플러그인 코드를 가져와 HTML 문서에서 참조한 뒤, 스크립트에서 해당 기능을 사용하면 된다.

간단한 플러그인 사용 방법을 설명하기 위해 jQuery Cycle 플러그인을 소개한다. 마이크 알서프Mike Alsup가 만든 플러그인으로, 정적 페이지 요소를 상호작용이 가능한 슬라이드 쇼로 변환해준다. 다른 인기 플러그인처럼 꽤 복잡한 고급 기능을 제공하지만 플러그인 속에 복잡성을 감추고 개발자가 직관적으로 사용할 수 있다.

Cycle 플러그인 다운로드 및 참조하기

제이쿼리 플러그인을 설치하기 위해 npm 패키지 매니저를 사용한다. npm은 현대적인 자바스크립트 프로젝트의 패키지 의존성dependencies을 정의하는 사실상 표준 도구다. 이를 이용하면 package.json 파일을 통해 제이쿼리에 필요한 내용과 제이쿼리 플러그인 실행에 필요한 내용을 선언할 수 있다.

> npm 설치와 관련된 내용은 다음 링크를 참조하자.
> https://docs.npmjs.com/getting-started/what-is-npm
> package.json 초기화에 대한 내용은 다음 링크를 참조하자.
> https://docs.npmjs.com/getting-started/using-a-package.json

package.json을 다운로드한 뒤 여러분 프로젝트의 루트 디렉터리에 놓는다. 이제 의존성을 설정한다. 커맨드 라인 콘솔을 켜고 다음과 같이 제이쿼리 의존성을 추가한다.

```
npm install jquery --save
```

cycle 플러그인을 사용하려면, 다음과 같이 설치한다.

```
npm install jquery-cycle --save
```

커맨드 라인에서 --save 플래그를 사용하는 이유는 npm으로 하여금 이번 프로젝트에서 해당 패키지가 계속 사용되므로 이와 같은 의존성 설정을 package.json에 저장해야 하기 때문이다. 이제 jquery와 jquery-cycle을 설치했고, 다음과 같이 스크립트를 HTML 코드에 추가한다.

```html
<head>
  <meta charset="utf-8">
  <title>jQuery Book Browser</title>
  <link rel="stylesheet" href="07.css" type="text/css" />
  <script src="node_modules/jquery/dist/jquery.js"></script>
  <script src="node_modules/jquery-cycle/index.js"></script>
  <script src="07.js"></script>
</head>
```

이제 첫 번째 플러그인을 로딩했다. 플러그인 설치는 제이쿼리 설정만큼이나 간단한 작업임을 알 수 있다. 이제 플러그인에서 제공하는 기능을 활용해보자.

플러그인 메소드 호출하기

Cycle 플러그인은 페이지에서 형제가 있는 어떤 요소에도 적용할 수 있다. 플러그인 동작을 확인하기 위해 다음과 같이 책 표지 이미지와 관련 목록 정보를 포함하고 있는 간단한 HTML 코드를 작성하고, 이를 웹 문서 body 영역에 붙여 넣는다.

```html
<ul id="books">
  <li>
    <img src="images/jq-game.jpg" alt="jQuery Game Development
      Essentials" />
    <div class="title">jQuery Game Development Essentials</div>
    <div class="author">Salim Arsever</div>
  </li>
  <li>
    <img src="images/jqmobile-cookbook.jpg" alt="jQuery Mobile
      Cookbook" />
    <div class="title">jQuery Mobile Cookbook</div>
    <div class="author">Chetan K Jain</div>
  </li>
  ...
</ul>
```

위 코드에 간단한 CSS 스타일 규칙이 적용되면 다음과 같이 책 표지와 제목, 저자 이름이 있는 페이지가 나타난다.

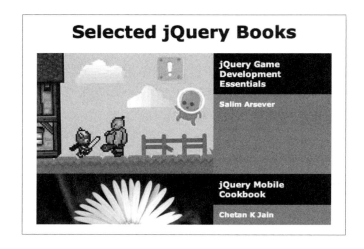

Cycle 플러그인은 마치 마법처럼 이 목록을 애니메이션 슬라이드로 바꿔준다. DOM 구조에서 적절한 컨테이너 요소를 선택한 후 .cycle( ) 메소드를 호출하면 애니메이션이 시작된다.

```
$(() => {
  $('#books').cycle();
});
```

리스팅 7.1

이보다 간단한 문법은 없을 것이다. 다른 제이쿼리 메소드를 사용하듯, 슬라이드 애니메이션을 적용하려는 DOM 요소를 제이쿼리 객체 인스턴스로 만들어서 .cycle( )을 적용하면 된다. 이때 별도의 인수를 사용하지 않아도 된다. 스타일이 적용된 페이지는 한 번에 하나의 아이템을 화면에 표시하며, 새로운 아이템은 페이드 효과와 함께 4초마다 하나씩 나타난다.

이와 같은 간결성은 훌륭한 제이쿼리 플러그인의 전형적인 특징이기도 하다. 직관적인 메소드 호출을 통해 전문적이면서도 유용한 결과를 만들어낼 수도 있지만, Cycle 역시 커스터마이징과 세부적인 동작 제어를 위한 다수의 옵션을 제공한다.

플러그인 메소드 파라미터 조절하기

플러그인 메소드에 파라미터를 전달하는 과정은 다른 제이쿼리 메소드에 하는 것과 차이가 없다. 대부분의 경우 (6장, 'Ajax로 데이터 전송하기'에서 사용한 $.ajax( )처럼) 메소드에 파라미터로 단일 키-값 쌍 객체를 전달한다. Cycle 메소드에 파라미터를 전달하는 방법은 50여 가지가 넘으며, 플러그인 문서에서 이에 대한 상세한 설명과 예제를 확인할 수 있다.

Cycle 플러그인은 슬라이드 애니메이션의 속도와 스타일의 변경 그리고 애니메이션 실행 이벤트의 방법과 시기 조절, 콜백을 이용한 애니메이션 종료 후의 동작 등 다양한 옵션을 제공한다. 이를 확인하기 위해 리스팅 7.1의 내용을 변경해 메소드와 관련된 세 가지 옵션 적용 예제를 만든다.

```
$(() => {
  $('#books').cycle({
    timeout: 2000,
    speed: 200,
    pause: true
  });
});
```

리스팅 7.2

timeout 옵션은 각각의 슬라이드가 대기하는 시간(2,000)을 밀리초로 표시한다. 반면 speed 옵션은 슬라이드 변환이 일어나는 시간(200)을 밀리초로 표시한다. pause 옵션을 true로 설정하면 사용자가 슬라이드 애니메이션 영역 위로 마우스를 올리면 애니메이션이 멈추며, 사용자는 해당 슬라이드를 자세히 보거나 클릭 등을 통해 다음 단계로 넘어갈 수 있다.

파라미터 기본값 수정하기

Cycle 플러그인은 인수를 사용하지 않아도 충분히 훌륭한 기능을 제공한다. 하지만 이를 제대로 활용하기 위해서는 옵션을 사용하지 않을 때 기본 설정값이 어떤 것인지 알고 있어야 한다.

이를 위한 기본 방식은 Cycle 메소드 앞에 단일 객체를 이용해 모든 기본 설정값을 입력하는 것이다. Cycle 메소드의 경우, `$.fn.cycle.defaults` 객체에 모든 기본 설정 옵션을 담을 수 있다. 이와 같이 모든 기본 설정 옵션이 겉으로 드러나게 하면, 이후 스크립트를 통해 수정하기가 편리하다. 또 플러그인을 여러 번 호출할 때도 매번 옵션에 맞는 새로운 값을 입력할 필요가 없으므로 코드를 간결하게 유지할 수 있다. 물론 다음과 같이 기본 설정값을 재정의하는 것도 간단하다.

```
$.fn.cycle.defaults.timeout = 10000;
$.fn.cycle.defaults.random = true;

$(() => {
  $('#books').cycle({
    timeout: 2000,
    speed: 200,
    pause: true
  });
});
```

리스팅 7.3

위 예제에서는 `.cycle()`을 호출하기 전, `timeout`과 `random`이라는 두 개의 기본값을 설정한다. `.cycle()` 메소드 내부에서 `timeout`의 값으로 2,000을 설정했으므로, 처음 정의한 10,000이라는 값은 무시된다. 반면 새로 추가된 기본 설정 속성인 `random`은 정상적으로 작동해서, 슬라이드가 임의의 순서로 나타나도록 한다.

▌ 플러그인의 확장

플러그인은 다양한 제이쿼리 메소드와 결합해 쓸 수 있는 확장성이 중요하다. 플러그인은 다양한 방법으로 기본 기능을 확장하며, 때론 원래의 목적을 벗어난 기능까지도 제공할 수 있다.

플러그인은 제이쿼리 라이브러리와의 결합 방식을 바꿀 수 있으며 새로운 애니메이션 완급 조절 기능을 제공하거나 사용자 동작을 반영해 새로운 제이쿼리 이벤트를 추가할 수 있다. Cycle 플러그인은 새로운 커스텀 선택자를 추가함으로써 본래의 기능을 강화한다.

커스텀 선택자

플러그인에 커스텀 선택자 표현식을 추가하면 제이쿼리 내장 선택자 엔진의 성능을 더욱 높일 수 있고, 페이지에 존재하는 다양한 요소를 새로운 방식으로 지정할 수 있다. 이번 절에서는 Cycle 플러그인의 커스텀 선택자에 대해 알아본다.

Cycle의 슬라이드 쇼는 .cycle('pause') 그리고 .cycle('resume')을 호출함으로써 중지하거나 재생할 수 있으며, 다음과 같은 코드를 이용해 슬라이드 쇼 재생 조절용 버튼을 추가할 수 있다.

```
$(() => {
  const $books = $('#books').cycle({
    timeout: 2000,
    speed: 200,
    pause: true
  });
  const $controls = $('<div/>')
    .attr('id', 'books-controls')
    .insertAfter($books);

  $('<button/>')
```

```
        .text('Pause')
        .click(() => {
          $books.cycle('pause');
        })
        .appendTo($controls);
      $('<button/>')
        .text('Resume')
        .click(() => {
          $books.cycle('resume');
        })
        .appendTo($controls);
});
```

리스팅 7.4

페이지에서 Cycle 슬라이드 쇼가 중지된 상태에서 **Resume** 버튼을 눌러서 다시 슬라이드
쇼를 재생하는 방법을 생각해보자. 이를 위해 우리는 페이지에 있는 모든 <ul> 요소 가운
데 pause 속성이 있는 요소를 골라 .cycle('resume')을 실행하면 된다. Cycle 플러그
인이 제공하는 :paused 선택자 덕분에 이 같은 작업이 간단하게 끝날 수 있다.

```
$(() => {
  $('<button/>')
    .text('Resume')
    .click(() => {
      $('ul:paused').cycle('resume');
    })
    .appendTo($controls);
});
```

리스팅 7.5

Cycle이 로딩되면, $('ul:paused')가 페이지 내 모든 중지된 슬라이드 쇼 요소를 참조
하는 제이쿼리 객체를 생성하며, 개발자는 이 객체를 활용해 슬라이드 쇼를 조절할 수

있다. 이와 같이 플러그인에 의해 확장된 커스텀 선택자 대부분은 제이쿼리 표준 선택자와 호환성을 유지한다. 적절한 플러그인만 고른다면, 제이쿼리의 성능을 자유롭게 강화하고 확장할 수 있다.

전역 함수 플러그인

인기 높은 다수의 플러그인은 제이쿼리 네임스페이스를 활용하는 전역 함수를 제공한다. 이런 분위기는 페이지 내 DOM 요소 조절과 무관한 표준 제이쿼리 메소드를 지원하지 않는 플러그인에도 상식처럼 받아들여지고 있다. 그 중 하나인 Cookie 플러그인(https://github.com/carhartl/jquery-cookie)은 웹 페이지의 쿠키 값을 읽거나 쓰기 위한 인터페이스를 제공하며, 개별 쿠키 값을 가져오거나 설정하는 $.cookie() 메소드를 제공한다.

사용자가 슬라이드 쇼의 **Pause** 버튼을 누르면 사용자가 해당 페이지를 벗어났다가 다시 돌아와도 해당 값을 기억하는 기능을 구현해보자. Cookie 플러그인을 로딩하고 나면, 다음과 같이 간단한 방법으로 쿠키의 이름을 통해 해당 쿠키 값을 읽도록 할 수 있다.

```
if ($.cookie('cyclePaused')) {
  $books.cycle('pause');
}
```

리스팅 7.6

다음 우리는 cyclePaused라는 이름의 쿠키가 있는지만 확인하면 되며 실제 쿠키 값이 무엇인지는 상관하지 않아도 된다. 해당 쿠키 값이 존재하기만 하면 슬라이드 쇼는 pause 상태를 유지하게 된다. .cycle() 호출 직후 이번 사이클 중지 코드를 삽입하면 슬라이드 쇼 애니메이션은 사용자가 **Resume** 버튼을 누른 첫 번째 화면에서 멈춘 상태를 유지하게 된다.

물론 아직은 쿠키 값을 설정하지 않았기 때문에 위 코드를 실행해도 슬라이드 쇼는 그대로 재생된다. 쿠키 설정 작업은 쿠키 값 가져오기만큼이나 간단하다. 다음과 같이 두 번째 인수만 입력하면 된다.

```
$(() => {
  $('<button/>')
    .text('Pause')
    .click(() => {
      $books.cycle('pause');
      $.cookie('cyclePaused', 'y');
    })
    .appendTo($controls);
  $('<button/>')
    .text('Resume')
    .click(() => {
      $('ul:paused').cycle('resume');
      $.cookie('cyclePaused', null);
    })
    .appendTo($controls);
});
```

리스팅 7.7

Pause 버튼을 누르면 cookie의 두 번째 인수가 y로 설정되고 Resume 버튼을 누르면 cookie의 두 번째 인수가 null이 되면서 저장 내용이 제거된다. 기본적으로 쿠키 값은 하나의 세션이 유지되는 동안 (보통의 경우 브라우저 탭을 닫기 전까지) 지속된다. 이 같은 기본 설정값을 바꾸려면 함수의 세 번째 인수로 옵션 객체를 전달하면 된다. 이런 패턴은 제이쿼리 플러그인은 물론 제이쿼리 코어의 기본적인 방식이라 할 수 있다.

예를 들어 쿠키가 사이트를 벗어난 뒤 7일 동안 유지되도록 하려면 $.cookie('cyclePaused', 'y', { path: '/', expires: 7 }) 코드를 입력하면 된다. $.cookie()에 대한 좀 더 상세한 내용과 기타 옵션에 대해 알고 싶다면 플러그인 문서를 참고하기 바란다.

▌ 제이쿼리 UI 플러그인 라이브러리

Cycle과 Cookie 등 대부분의 플러그인은 한 가지 임무에 집중하지만 제이쿼리 UI는 광범위한 임무를 수행할 수 있다. 제이쿼리 UI는 하나의 파일에 담겨 있지만 실제로는 UI 구현과 관련된 다양한 요소를 제공하는 집약형 소프트웨어 패키지라 할 수 있다.

제이쿼리 UI 팀은 오랜 시간에 걸쳐 데스크톱 애플리케이션의 기능을 구현할 수 있는 인터랙션 컴포넌트와 위젯을 만들어왔다. 제이쿼리 UI 인터랙션 컴포넌트에는 드래그, 드롭, 정렬, 선택, 크기 조절 메소드가 있고, 제이쿼리 UI 위젯에는 버튼, 아코디언, 데이트 피커, 다이얼로그 등이 있다. 또한 제이쿼리 애니메이션 기능을 활용할 수 있는 다양한 고급 시각 효과 모음도 제공한다.

UI 라이브러리의 전반적인 내용은 이 책에서 소개하기 힘들 정도로 방대하므로, 이번 절에서는 몇 가지 주제를 집중적으로 소개한다. 제이쿼리 UI는 작동 방식이나 구현 과정의 일관성이 높으므로 일부 요소의 구현 방법만 알더라도 나머지 요소를 어려움 없이 구현할 수 있다는 장점이 있다.

제이쿼리 UI 라이브러리 다운로드, 개발자 문서, 예제 데모는 다음 링크에서 확인한다.
http://jqueryui.com/

다운로드 페이지에는 모든 요소가 포함돼 있는 버전과 사용자가 필요한 요소만 골라서 담을 수 있는 버전이 별도로 존재한다. 다운로드한 ZIP 파일에는 스타일시트와 참조 이미지가 포함돼 있어 제이쿼리 UI 인터랙션 컴포넌트 또는 위젯을 좀 더 편리하게 수정하고 활용할 수 있다.

시각 효과

제이쿼리 UI의 시각 효과 모듈은 코어^{core}와 개별적인 시각 효과 컴포넌트로 구성된다. 코어 파일은 컬러 애니메이션과 클래스 애니메이션, 고급 완급 조절 기능을 제공한다.

컬러 애니메이션

제이쿼리 UI의 코어 시각 효과 컴포넌트는 문서에 연결돼 있으며, .animate( ) 메소드는 borderTopColor와 backgroundColor, color 등 추가적인 스타일 프로퍼티를 이용해 기능을 확장할 수 있다. 예를 들어 검정색 배경 위에 흰색 텍스트 요소의 색상을 차츰 변경해 회색 배경에 검정색 텍스트로 바꾸는 예제 코드는 다음과 같다.

```
$(() => {
  $books.hover((e) => {
    $(e.target)
      .find('.title')
      .animate({
        backgroundColor: '#eee',
        color: '#000'
      }, 1000);
  }, (e) => {
    $(e.target)
      .find('.title')
      .animate({
        backgroundColor: '#000',
        color: '#fff'
      }, 1000);
  });
});
```

리스팅 7.8

이제 마우스 커서를 페이지 내 슬라이드 영역 위로 이동시키면, 책 제목 텍스트 색상과 배경색이 1초(1000밀리초)의 시간 동안 서서히 바뀐다.

클래스 애니메이션

6장에서 .addClass( )와 .removeClass( ), .toggleClass( ) 등 세 개의 CSS 클래스 메소드에 대해 알아봤다. 제이쿼리 UI에서는 이를 확장해 메소드의 두 번째 인수로 애니메이션 실행 시간을 받는다. 실행 시간을 지정하면 페이지는 .animate( )를 호출한 것처럼 모든 스타일 속성이 해당 요소에 적용된다.

```
$(() => {
  $('h1')
    .click((e) => {
      $(e.target).toggleClass('highlighted', 'slow');
    });
});
```

리스팅 7.9

리스팅 7.9 코드를 실행하고 페이지 헤더를 클릭하면 highlighted 클래스가 추가되거나 제거된다. 이번 예제에서는 실행 시간을 slow로 설정했으므로 이 같은 변화가 일시적으로 일어나는 대신 색상, 경계선, 마진 등의 값이 서서히 바뀌게 된다.

고급 완급 조절

제이쿼리를 통해 일정 시간 동안 애니메이션을 재생하도록 하면 처음부터 끝까지 같은 속도로 재생되지는 않는다. 예를 들어 $('#my-div').slideUp(1000) 코드를 실행하면, 해당 요소가 1초 동안 서서히 위로 올라오게 된다. 하지만 이때 처음 몇백밀리초, 혹은 마지막 몇백밀리초 동안 천천히 움직이는 것으로 바꾸면 중간 부분의 애니메이션은 빠르게 재생된다. 이와 같은 재생 속도 조절을 완급 조절, 혹은 easing이라 하며, 애니메이션을 좀 더 부드럽고 자연스럽게 만들어준다.

고급 완급 조절 함수는 가속과 감속 커브 조절을 통해 다양한 애니메이션의 느낌을 살릴수 있다. easeInExpo 함수는 기하급수적으로 증가하며 시작 속도에 비해 종료 속도가 매우 빨라지게 된다. 제이쿼리 코어의 애니메이션 메소드와 제이쿼리 UI의 시각 효과 메소드를 통해 다양한 완급 조절 함수를 추가할 수 있다. 이때 사용 문법에 따라 해당 메소드에 인수를 추가하는 방식, 혹은 객체 설정 옵션을 추가하는 방식 등을 선택할 수 있다.

완급 조절 함수를 확인해보기 위해 리스팅 7.9의 .toggleClass() 메소드에 easeInExpo 함수를 추가한다.

```
$(() => {
  $('h1')
    .click((e) => {
      $(e.target)
        .toggleClass(
          'highlighted',
          'slow',
          'easeInExpo'
        );
```

```
      });
});
```

리스팅 7.10

이제 헤더를 클릭하면 애니메이션이 서서히 시작되다가 순식간에 빨라지면서 전환 효과가 끝나게 된다.

 다양한 완급 조절 함수 확인하기
제이쿼리 완급 조절 함수에 대한 상세한 내용은 다음 링크에서 확인한다.
http://api.jqueryui.com/easings/

제이쿼리 UI의 시각 효과

제이쿼리 UI에 포함된 시각 효과effect 파일에는 다양한 전환 효과가 포함돼 있다. 제이쿼리 코어에서 기본으로 제공하는 슬라이딩, 페이딩 애니메이션에 비해 훨씬 복합적인 느낌을 준다. 이들 시각 효과는 제이쿼리 UI에 추가된 .effect( ) 메소드를 호출하면 나타난다. 특정 요소의 화면 등장, 혹은 사라짐을 위한 시각 효과는 .show( ) 또는 .hide( ) 메소드로도 구현할 수 있다.

제이쿼리 UI에서 제공하는 시각 효과는 기존의 시각 효과와 구분되는 특징이 있다. 특히 요소의 형태 변화, 위치 변화 시 크기와 변환 과정에 초점을 맞추고 있다. 또한 explode, puff는 사라짐을 위한 시각 효과에 특히 유용하고, pulsate와 shake도 사용자의 시선을 끄는 데 탁월한 효과가 있다.

 시각 효과 확인하기
제이쿼리 UI 시각 효과는 다음 링크에서 확인할 수 있다.
http://jqueryui.com/effect/#default

shake 시각 효과는 당장 사용할 수 없는 요소에 사용자의 주의를 유지하는 데 유용하다. 슬라이드 쇼 재생을 멈춘 상태에서 Resume 버튼에 사용자의 주의를 모으고 싶을 때 다음과 같이 shake 시각 효과를 적용할 수 있다.

```javascript
$(() => {
  $('<button/>')
    .text('Resume')
    .click((e) => {
      const $paused = $('ul:paused');
      if ($paused.length) {
        $paused.cycle('resume');
        $.cookie('cyclePaused', null);
      } else {
        $(e.target)
          .effect('shake', {
            distance: 10
          });
      }
    })
    .appendTo($controls);
});
```

리스팅 7.11

위 코드는 $('ul:paused')의 수를 확인해 다시 실행할 슬라이드 쇼가 있는지 확인한다. 다시 실행할 슬라이드 쇼가 있는 경우, Cycle의 resume 동작을 호출하고, 그렇지 않은 경우 버튼에 shake 효과가 적용된다. shake 효과 역시 다른 시각 효과처럼 세부적으로 조절 가능한 옵션을 제공한다. distance 옵션에 기본 설정값보다 더 작은 값을 입력하면, 좀 더 빠른 떨림 동작이 나타난다.

제이쿼리 UI의 인터랙션 컴포넌트

제이쿼리 UI의 중요한 요소는 인터랙션 컴포넌트interaction components이다. 복합적이며 상호작용성 높은 애플리케이션을 만들기 위한 다양한 동작과 기능을 제공한다. 컴포넌트 중 하나인 Resizable은 마우스 드래그 동작만으로 웹 요소의 크기를 조절할 수 있게 한다.

웹 요소에 상호작용성을 부여할 때는 해당 컴포넌트의 이름을 호출하면 된다. 책 제목 요소의 크기를 조절하고 싶다면, 다음과 같이 .resizable( )을 호출하면 된다.

```
(() => {
  $books
    .find('.title')
    .resizable();
});
```

리스팅 7.12

문서 내에서 제이쿼리 UI의 CSS 파일 참조 기능을 사용하면, 제목 박스 우측 하단에 크기 조절 핸들을 추가할 수 있다. 핸들을 클릭하고 드래그하면, 다음 화면과 같이 제목 영역의 폭과 높이가 바뀐다.

제이쿼리의 다른 기능처럼 컴포넌트 역시 옵션을 이용해 세부적인 조정이 가능하다. 크기 조절을 하되 화면 하단으로만 변경되도록 하려면 다음과 같이 handle 옵션을 추가하면 된다.

```
$(( ) => {
  $books
    .find('.title')
    .resizable({ handles: 's' });
});
```

리스팅 7.13

옵션 속성값인 s는 south(남쪽)의 약어로서 화면 하단 방향을 지칭한다. 이후 크기 조절
은 화면 세로 방향으로만 가능해진다.

 다른 인터랙션 컴포넌트 확인하기

다른 제이쿼리 UI 인터랙션 컴포넌트로는 Draggable, Droppable, Sortable 등이 있으며,
앞서 살펴본 Resizable처럼 세부적인 기능 조절이 가능하다. 이들 컴포넌트의 실시간 데모
와 다양한 옵션에 대한 내용은 다음 링크에서 확인할 수 있다. http://jqueryui.com/

위젯

제이쿼리 UI는 레고와 같이 사용할 수 있는 인터랙션 컴포넌트 외에 다수의 사용자 인터
페이스 위젯을 제공하며, 매우 간단한 방법으로 데스크톱 애플리케이션을 만들 수 있도

록 돕는다. 그 중 Button 위젯의 경우 사용 방법이 특히 간단하다. 매력적인 스타일과 다양한 롤오버 속성을 통해 버튼과 링크 기능을 한층 강화할 수 있다.

위젯을 이용해 버튼의 스타일, 기능을 추가하는 방법은 다음처럼 무척 간단하다.

```
$(() => {
  $('button').button();
});
```

리스팅 7.14

제이쿼리 UI의 기본 설정 스타일시트인 Smoothness 테마가 적용되면 다음과 같이 입체적이며 광택이 있는 버튼이 나타난다.

다른 위젯, 인터랙션 요소처럼 Button 위젯도 다양한 옵션을 제공한다. 위 버튼에 맥락에 맞는 아이콘을 추가하면 좋을 텐데, Button 위젯에는 수십여 개의 아이콘 이미지를 적용할 수 있다. 이를 위해 각각의 버튼을 다음과 같이 두 번의 .button() 메소드로 호출하고 각각에 맞는 아이콘 이미지를 적용한다.

```
$(() => {
  $('<button/>')
    .text('Pause')
    .button({
      icons: { primary: 'ui-icon-pause' }
    })
    .click(() => {
      // ...
    })
```

```
      .appendTo($controls);
  $('<button/>')
    .text('Resume')
    .button({
      icons: { primary: 'ui-icon-play' }
    })
    .click((e) => {
      // ...
    })
    .appendTo($controls);
});
```

리스팅 7.15

primary 아이콘은 제이쿼리 UI 테마 프레임워크에 표준화된 클래스 이름으로 등록된 아이콘이며, 기본적으로 버튼 텍스트의 좌측에 나타나고 secondary 아이콘은 버튼 텍스트의 우측에 나타난다.

이와 달리, 다른 위젯은 사용 방법이 좀 더 복잡한 편이다. Slider 위젯은 비교적 최근에 추가된 폼 요소로서, HTML5의 range 요소와 유사하며, 현대적인 브라우저 대부분에서 사용할 수 있다. Slider 위젯은 높은 수준의 커스터마이징 속성을 제공하며, 예제 코드는 대략 다음과 같다.

```
$(() => {
  $('<div/>')
    .attr('id', 'slider')
    .slider({
      min: 0,
      max: $books.find('li').length - 1
```

```
    })
    .appendTo($controls);
});
```

리스팅 7.16

간단하게 .slider() 호출만 했을 뿐인데, <div> 요소가 슬라이더 위젯으로 바뀐다. 이 위젯을 이용하면 슬라이더 핸들로 드래그하거나 화살표 키로 값을 조절할 수 있으므로 접근성을 크게 높일 수 있다.

리스팅 7.16에서, 슬라이더의 최솟값은 0으로, 최댓값은 슬라이드 쇼의 마지막 항목 번호로 설정했음을 알 수 있다. 이런 방식으로 슬라이더 기능을 세부적으로 조절할 수 있으며, 슬라이드 쇼가 앞 혹은 뒤로 진행되는 동안 슬라이더 위젯 역시 해당 상태를 반영하게 된다.

슬라이더 값이 변경되는 동안 슬라이더의 움직임을 커스텀 이벤트로 한 핸들러를 구현할 수 있다. 이번 예제에서 사용할 slide라는 이벤트는 자바스크립트의 공식적인 이벤트는 아니지만, 여타의 제이쿼리 코드와 연동되어 제대로 작동할 것이다. 하지만 이번 예제에서는 .on() 메소드를 명시적으로 호출하기보다, 슬라이드 동작을 관찰하고 이를 반영할 필요가 있으므로 다음과 같이 .slider() 호출 내부에 이벤트 핸들러를 추가하는 방법을 사용한다.

```
$(() => {
  $('<div/>')
    .attr('id', 'slider')
    .slider({
      min: 0,
      max: $books.find('li').length - 1,
```

```
        slide: (e, ui) => {
          $books.cycle(ui.value);
        }
      })
      .appendTo($controls);
});
```

리스팅 7.17

slide 콜백을 호출하면, ui 파라미터가 현재의 상태값 등 위젯이 생성하는 정보로 채워진다. 이 값을 Cycle 플러그인에 전달하면 현재 표시되는 슬라이드를 조절할 수 있게 된다.

또 슬라이드 쇼에 다음 슬라이드가 나타나기 전, 슬라이더 위젯을 업데이트할 필요가 있다. 이런 방식으로 슬라이더 위젯과 소통하기 위해서는 Cycle 플러그인에 before 콜백을 추가하면 되며, 각각의 슬라이드가 나타나기 전에 해당 코드가 실행된다.

```
$(() => {
  const $books = $('#books').cycle({
    timeout: 2000,
    speed: 200,
    pause: true,
    before: (li) => {
      $('#slider')
        .slider(
          'value',
          $('#books li').index(li)
        );
    }
  });
});
```

리스팅 7.18

before 콜백에서 .slider() 메소드를 다시 호출한다. 이번엔 첫 번째 파라미터로 새로운 슬라이더 값을 설정한다. 이번 제이쿼리 UI 문법에서는 .slider() 메소드 호출에 의해 위젯이 실행되더라도 슬라이더 메소드를 독립적인 메소드로서가 아닌, 하나의 값으로 사용한다.

다른 위젯 확인하기

다른 제이쿼리 UI 위젯으로는 Datepicker와 Dialog, Tabs, Accordion 등이 있으며, 각각의 위젯은 옵션과 이벤트, 메소드를 제공한다. 상세한 내용은 다음 링크에서 확인한다.

http://jqueryui.com/

제이쿼리 UI 테마롤러

제이쿼리 UI 라이브러리의 가장 큰 특징 중 하나는 UI 위젯에 스타일을 적용할 수 있는 웹 기반의 인터랙티브 테마 엔진인 테마롤러ThemeRoller라 할 수 있다. 테마롤러는 전문가의 솜씨가 느껴지는, 높은 수준의 커스터마이징 스타일의 테마가 적용된 UI 위젯 요소를 쉽고 빠르게 만들 수 있게 해준다. 방금 구현한 버튼과 슬라이더는 default 테마가 적용됐으며, 커스텀 설정이 전혀 적용되지 않은 모습을 확인할 수 있다.

이와 다른 새로운 느낌의 테마를 만들기를 원한다면 http://jqueryui.com/themeroller/ 링크를 방문, 간단하게 원하는 옵션 몇 가지를 추가하고 **Download Theme** 버튼만 누르면 된다. 이렇게 생성된 .zip 파일에는 해당 테마의 스타일시트와 이미지가 포함돼 있으며, 프로젝트 디렉터리에서 zip 파일을 푼 뒤 사용한다. 테마롤러에서 새로운 색상과 질감을 선택하면 다음과 같이 기존과는 전혀 다른 느낌의 버튼과 아이콘, 슬라이더 스타일을 만들 수 있다.

■ 제이쿼리 모바일 플러그인 라이브러리

지난 절에서 제이쿼리 UI를 통해 복합적인 웹 애플리케이션을 구현하기 위한 사용자 인터페이스 조합 방법을 알아봤다. 제이쿼리 UI는 웹 애플리케이션으로서 갖춰야 할 여러 속성을 성공적으로 제공한다. 하지만 이와 다른 새로운 문제 영역이 있는데, 최근 수년 사이 그 중요성이 더욱 강조되고 있는 모바일 애플리케이션이 그것이다. 스마트폰과 태블릿을 위한 현대적인 웹사이트 또는 애플리케이션의 인터페이스 구현을 위해 만들어진 제이쿼리 모바일 플러그인에 대해 배워본다.

제이쿼리 UI처럼, 제이쿼리 모바일 역시 긴밀하게 연결된 여러 개의 컴포넌트로 이뤄진 패키지라 할 수 있다. 제이쿼리 모바일 프레임워크는 Ajax 기반 내비게이션 시스템과 모바일 최적화 상호작용 요소, 고급 터치 이벤트 핸들러를 제공한다. 또한 제이쿼리 UI처럼 제이쿼리 모바일 역시 방대한 내용을 다루고 있으므로 이번 절에서는 몇몇 중요 기능에 대해 소개한다. 보다 자세한 내용은 공식 개발자 문서를 참고하기 바란다.

제이쿼리 모바일 프레임워크 다운로드, 개발자 문서, 그리고 데모 예제는 다음 링크에서 확인한다. http://jquerymobile.com/.

이번 제이쿼리 모바일 예제는 Ajax 기술을 사용하므로, 예제 활용을 위해 웹 서버 소프트웨어가 필요하다. 이에 대한 자세한 내용은 6장, 'Ajax로 데이터 전송하기'에서 확인하자.

HTML5 커스텀 데이터 속성

7장에서 살펴본 여러 예제는 플러그인의 기능을 사용할 수 있도록 외부로 공개된 자바스크립트 API를 활용하는 방식이었다. 이 과정에서 플러그인을 우리가 만드는 프로젝트에 반영하기 위해 제이쿼리 객체 메소드, 전역 함수, 커스텀 선택자 등에 대한 내용도 함께 소개했다. 제이쿼리 모바일은 이 같은 방식으로도 사용할 수 있지만, 대부분 HTML5 데이터 속성^{data attributes}을 활용해 기능을 구현한다.

HTML5 명세서에는 웹 요소에 사용자가 원하는 어떤 속성이라도 삽입할 수 있다고 설명하고 있으며, 제이쿼리 모바일에서는 이를 위해 data-라는 접두사를 써서 속성을 적용한다. 이 같은 속성은 페이지 렌더링 시 화면에 나타나진 않지만, 제이쿼리 스크립트를 통해 개별 속성을 제어할 수 있다. 제이쿼리 모바일 프레임워크를 페이지에 포함시키면 해당 스크립트는 data-* 속성을 스캔한 뒤 그에 상응하는 모바일 친화적인 기능을 제공한다.

 제이쿼리 모바일 라이브러리는 마치 커스텀 데이터 속성만을 모아놓은 것처럼 보인다. 이에 대한 상세한 설명과 활용 방안은 12장, '고급 DOM 요소 조절하기'에서 설명한다.

제이쿼리 모바일의 데이터 속성 활용 패턴 덕분에 이번 예제에서는 별다른 자바스크립트 코드 작성 없이도 제이쿼리 모바일의 강력한 기능을 확인할 수 있다.

모바일 내비게이션

제이쿼리 모바일의 가장 널리 알려진 기능 가운데 하나는 일반적인 페이지 링크를 모바일에 최적화된 Ajax 내비게이션으로 바꿔준다는 점이다. 표준적인 브라우저 히스토리 내비게이션 기능을 그대로 제공하면서도 페이지 변환 과정에 애니메이션 효과가 추가돼 모바일 환경을 경험하게 해준다. 이번 절에서는 다음과 같이 여러 권의 책에 대한 정보와 링크를 담고 있는 웹 문서를 모바일 애플리케이션으로 구현한다.

```html
<!DOCTYPE html>
<html>
<head>
  <title>jQuery Book Browser</title>
  <link rel="stylesheet" href="booklist.css" type="text/css" />
  <script src="jquery.js"></script>
</head>
<body>

<div>
  <div>
    <h1>Selected jQuery Books</h1>
  </div>

  <div>
    <ul>
      <li><a href="jq-game.html">jQuery Game Development
        Essentials</a></li>
      <li><a href="jqmobile-cookbook.html">jQuery Mobile
        Cookbook</a></li>
      <li><a href="jquery-designers.html">jQuery for
        Designers</a></li>
      <li><a href="jquery-hotshot.html">jQuery Hotshot</a></li>
      <li><a href="jqui-cookbook.html">jQuery UI Cookbook</a></li>
      <li><a href="mobile-apps.html">Creating Mobile Apps with
        jQuery Mobile</a></li>
      <li><a href="drupal-7.html">Drupal 7 Development by
        Example</a></li>
      <li><a href="wp-mobile-apps.html">WordPress Mobile
        Applications with PhoneGap</a></li>
    </ul>
  </div>
</div>

</body>
</html>
```

이번 예제 파일에서 mobile.html이 완성된 HTML 코드를 담고 있다.

지금까지는 제이쿼리 모바일과 관련된 코드는 나오지 않았으며, 위 코드를 실행하면 다음과 같이 기본적인 브라우저 스타일의 웹 페이지가 모바일 화면에 나타난다.

다음 이번 웹 문서의 <head> 섹션에서 제이쿼리 모바일 라이브러리 파일과 관련 스타일 시트를 참조한다.

```
<head>
  <title>jQuery Book Browser</title>
  <meta name="viewport"
    content="width=device-width, initial-scale=1">
```

```
<link rel="stylesheet" href="booklist.css"
  type="text/css" />
<link rel="stylesheet"
  href="jquery.mobile/jquery.mobile.css" type="text/css" />
<script src="jquery.js"></script>
<script src="jquery-migrate.js"></script>
<script src="jquery.mobile/jquery.mobile.js"></script>
</head>
```

또한 <meta> 태그에서 페이지의 viewport 속성을 설정한다. viewport 속성 정의는 웹
문서가 모바일 디바이스의 폭에 맞춰 화면에 나타나도록 한다.

 이번 예제 페이지에는 jquery-migrate 플러그인이 포함됐는데, 이 플러그인이 없을 경우
제이쿼리 모바일의 안정화 버전이 제이쿼리 코어의 최신 안정화 버전에서 작동하지 않을 수
있다. 제이쿼리 모바일 코드가 문제 없이 작동하도록 여러분의 예제 페이지에는 jquery-
migrate 참조 링크를 적용해두기 바란다.

예제 문서에 제이쿼리 모바일의 스타일이 적용되면, 텍스트에는 좀 더 큰 sans-serif 폰
트가 적용되고 색상과 여백 또한 다음과 같은 모습으로 나타날 것이다.

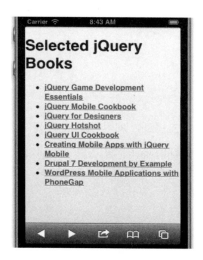

모바일 환경에 맞는 내비게이션 요소를 제공하려면, 제이쿼리 모바일에 적합한 페이지의 구조를 갖춰야 한다. 다음과 같이 웹 문서에 data-role 속성을 적용한다.

```
<div data-role="page">
  <div data-role="header">
    <h1>Selected jQuery Books</h1>
  </div>

  <div data-role="content">
    <ul>
      <li><a href="jq-game.html">jQuery Game Development
        Essentials</a></li>
      <li><a href="jqmobile-cookbook.html">jQuery Mobile
        Cookbook</a></li>
      <li><a href="jquery-designers.html">jQuery for
        Designers</a></li>
      <li><a href="jquery-hotshot.html">jQuery Hotshot</a></li>
      <li><a href="jqui-cookbook.html">jQuery UI Cookbook</a></li>
      <li><a href="mobile-apps.html">Creating Mobile Apps with
        jQuery Mobile</a></li>
      <li><a href="drupal-7.html">Drupal 7 Development by
        Example</a></li>
      <li><a href="wp-mobile-apps.html">WordPress Mobile
        Applications with PhoneGap</a></li>
    </ul>
  </div>
</div>
```

위 코드를 실행하고 페이지를 로딩하면 제이쿼리 모바일은 기존의 페이지 헤더 스타일을 다음과 같이 표준적인 모바일 내비게이션 바 스타일로 변경한다.

이때 제목 텍스트가 너무 길어서 제대로 표시할 수 없는 경우, 제이쿼리 모바일은 내비게이션 바 영역에서 넘치는 텍스트는 잘라내고 생략 기호를 추가한다. 이 상태에서 모바일 디바이스를 가로 모드로 전환하면 다음과 같은 모습이 나타난다.

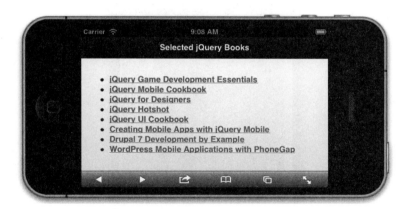

이와 같은 내용은 단지 외형적인 문제에 그치지 않고, Ajax 내비게이션을 만들 때 그대로 적용된다. 목록에서 링크로 연결되는 페이지는 다음과 같은 마크업으로 표현할 수 있다.

```
<div data-role="page">
  <div data-role="header">
    <h1>WordPress Mobile Applications with PhoneGap</h1>
  </div>
  <div data-role="content">
    <img src="images/wp-mobile-apps.jpg" alt="WordPress Mobile
      Applications with PhoneGap" />
    <div class="title">WordPress Mobile Applications with
      PhoneGap</div>
    <div class="author">Yuxian Eugene Liang</div>
  </div>
</div>
```

이 페이지 링크를 클릭하면, 제이쿼리 모바일은 Ajax 호출 방식으로 해당 페이지를 로딩하고, data-role="page" 속성에 맞춰 해당 문서의 정보를 가져온 뒤, 페이딩 전환 효과와 함께 다음과 같이 콘텐츠를 표시한다.

하나의 문서에서 여러 페이지 제공하기

제이쿼리 모바일은 Ajax 호출을 통해 웹 문서를 로딩하는 기능은 물론 여러 개의 웹 콘텐츠를 마치 하나의 페이지에서 보는 것과 같은 사용자 경험을 제공할 수 있다. 이를 구현하기 위해, # 기호로 페이지를 구분하는 앵커를 추가한 뒤, 웹 브라우저에서는 여러 장의 문서를 넘기는 느낌이 들도록 페이지의 해당 영역에 data-role="page" 속성을 추가한다.

```html
<div data-role="page">
  <div data-role="header">
    <h1>Selected jQuery Books</h1>
  </div>

  <div data-role="content">
    <ul>
      <li><a href="#jq-game">jQuery Game Development
        Essentials</a></li>
      <li><a href="#jqmobile-cookbook">jQuery Mobile
        Cookbook</a></li>
      <li><a href="#jquery-designers">jQuery for
        Designers</a></li>
      <li><a href="#jquery-hotshot">jQuery Hotshot</a></li>
      <li><a href="#jqui-cookbook">jQuery UI Cookbook</a></li>
      <li><a href="#mobile-apps">Creating Mobile Apps with jQuery
        Mobile</a></li>
      <li><a href="#drupal-7">Drupal 7 Development by
        Example</a></li>
      <li><a href="wp-mobile-apps.html">WordPress Mobile
        Applications with PhoneGap</a></li>
    </ul>
  </div>
</div>

<div id="jq-game" data-role="page">
```

```
<div data-role="header">
  <h1>jQuery Game Development Essentials</h1>
</div>
<div data-role="content">
  <img src="images/jq-game.jpg" alt="jQuery Game Development
    Essentials" />
  <div class="title">jQuery Game Development Essentials</div>
  <div class="author">Salim Arsever</div>
</div>
</div>
```

여러분은 이들 두 가지 중 각자의 필요에 맞는 방식을 적용하면 된다. 하나의 콘텐츠를 여러 개의 문서에 분리해 제공하면 사용자는 자신이 필요한 만큼의 정보만 로딩해보면 되며, 여러 개의 페이지를 요청하고 로딩하는 번거로움을 줄일 수 있다.

상호작용 요소

제이쿼리 모바일이 제공하는 대부분의 기능은 모바일 디바이스에서 웹 페이지를 활용할 수 있는 상호작용 요소에 초점이 맞춰져 있다. 이들 요소는 웹 페이지의 기본적인 기능을 강화하고 페이지 요소를 터치 인터페이스 친화적으로 만들어준다. 이들 요소 가운데는 아코디언 스타일의 펼침 영역, 토글 스위치, 슬라이딩 패널, 그리고 반응형 테이블 등이 있다.

제이쿼리 UI와 제이쿼리 모바일이 제공하는 인터페이스 요소 가운데는 중복되는 것이 꽤 있다. 그래서 보통 이들 두 라이브러리를 하나의 페이지에 적용하지 않는 경우가 많으며, 각각의 라이브러리에서 제공하는 주요 위젯 중 여러분의 프로젝트에 좀 더 적합한 것을 골라 사용하는 편이 낫다.

리스트 뷰

스마트폰 애플리케이션은 수직 방향의 작은 화면에서 이용해야 하므로, 리스트 뷰를 사용하는 경우가 많다. 제이쿼리 모바일을 이용하면 웹 페이지에 네이티브 앱의 속성과 느낌을 살린 리스트 뷰를 손쉽게 만들 수 있다. 이번 예제에서도 다음과 같이 간단한 HTML5 커스텀 데이터 속성을 사용한다.

```
<ul data-role="listview" data-inset="true">
  <li><a href="#jq-game">jQuery Game Development
    Essentials</a></li>
  <li><a href="#jqmobile-cookbook">jQuery Mobile Cookbook</a></li>
  <li><a href="#jquery-designers">jQuery for Designers</a></li>
  <li><a href="#jquery-hotshot">jQuery Hotshot</a></li>
  <li><a href="#jqui-cookbook">jQuery UI Cookbook</a></li>
  <li><a href="#mobile-apps">Creating Mobile Apps with jQuery
    Mobile</a></li>
  <li><a href="#drupal-7">Drupal 7 Development by Example</a></li>
  <li><a href="wp-mobile-apps.html">WordPress Mobile Applications
    with PhoneGap</a></li>
</ul>
```

data-role="listview" 코드를 삽입하면 제이쿼리 모바일은 터치 인터페이스에 최적화된 리스트 뷰를 만들며, data-inset="true" 코드는 해당 리스트 뷰와 주변 다른 콘텐츠가 구분되도록 경계선을 생성한다. 위 코드를 실행하면 다음과 같이 모바일 앱 느낌이 물씬 나는, 네이티브 스타일의 화면이 나타난다.

이제 모바일 친화적인 터치 아이템이 만들어졌지만, 모바일 속성을 좀 더 강화할 필요가 있다. 보통 이와 같은 긴 리스트 뷰는 검색 필드를 통해 사용자가 필요로 하는 내용만을 필터링할 수 있도록 한다. 다음과 같은 코드를 삽입해 데이터 필터를 적용한다.

```
<ul data-role="listview" data-inset="true" data-filter="true">
```

위 코드를 실행하면 다음과 같이 리스트를 필터링할 수 있는 데이터 입력 필드가 만들어 진다.

멋진 아이콘과 함께 네이티브 앱의 느낌을 살린 검색 필드에 텍스트를 입력하면 별다른 노력 없이 데이터 필터링 기능이 구현됐음을 알 수 있다.

툴바 버튼

제이쿼리 모바일이 제공하는 또 다른 사용자 인터페이스 요소는 모바일 친화적인 버튼 이다. 제이쿼리 UI에서 표준 버튼 스타일을 제공하듯, 제이쿼리 모바일 역시 터치 입력 에 최적화된 버튼 스타일과 기능을 제공한다.

제이쿼리 모바일은 우리가 어떤 작업을 하기도 전에 스스로 알아서 화면에 필요한 버튼 을 추가하는 경우도 있다. 전형적인 모바일 앱에는 툴바 버튼이 있게 마련이다. 그 중 대 표적인 것이 바로 화면 좌측 상단에 위치하는 Back 버튼으로, 사용자가 이전 단계로 돌 아갈 수 있도록 한다. <div> 요소에 다음과 같이 data-add-back-btn 속성을 추가하면 별 도의 스크립트 작업 없이 해당 기능을 구현할 수 있다.

```
<div data-role="page" data-add-back-btn="true">
```

위 속성이 추가되면, 화면 좌측 상단에 다음과 같은 표준적인 Back 버튼이 나타난다.

 제이쿼리 모바일 위젯과 관련된 HTML5 데이터 속성의 초기화 및 설정 방식은 개발자 문서
에서 확인하기 바란다. http://jquerymobile.com/

제이쿼리 모바일의 고급 기능들

모바일 페이지에는 좀 더 폭 넓은 커스텀 디자인과 복합적인 기능을 부여할 수 있어야 하
며, 제이쿼리 모바일은 이를 위한 강력한 도구를 제공한다. 이와 관련된 모든 내용은 제
이쿼리 모바일 공식 사이트(http://jquerymobile.com/)에서 확인할 수 있다. 지면 관계상
제이쿼리 모바일의 모든 기능을 자세히 설명할 수는 없으므로 대표적인 기능을 주요 섹
션별로 소개한다.

- **모바일 친화적인 이벤트** : 웹 페이지에서 제이쿼리 모바일을 참조하면, 제이쿼리 코드는 사용자의 tap, taphold, swipe 등 동작을 이벤트로 활용할 수 있다. 이들 이벤트의 핸들러는 다른 이벤트처럼 .on( ) 메소드로 서로 연동할 수 있다. taphold와 swipe 동작의 경우, 터치 지속 시간 등 관련 데이터를 $.event.special.taphold 객체와 $.event.special.swipe 객체 프로퍼티로 전달할 수 있다. 또 제이쿼리 모바일에서는 터치 관련 이벤트 외에도 스크롤링과 화면 방향 변경, 페이지 내비게이션의 단계 변화, 마우스와 터치 모두에 반응할 수 있는 가상 마우스 이벤트 등을 활용할 수 있다.
- **테마 설정 기능** : 제이쿼리 모바일 역시 제이쿼리 UI처럼, 위젯의 디자인과 느낌을 변경할 수 있는 테마롤러를 제공한다(http://jquerymobile.com/themeroller/).
- **폰갭 통합 기능** : 제이쿼리 모바일로 만든 웹사이트는 (카메라, 가속도 센서, 위치 센서 등) 모바일 디바이스 API를 활용하고 앱 스토어에 등록할 수 있도록 폰갭PhoneGap을 이용해 네이티브 모바일 애플리케이션으로 변환할 수 있다. $.support.cors와 $.mobile.allowCrossDomainPages 프로퍼티를 이용하면 원격 서버를 통해 애플리케이션에 포함되지 않는 페이지에도 접속할 수 있다.

▌요약

7장에서는 웹 페이지에 적용할 수 있는 다양한 서드파티 플러그인에 대해 학습했다. 여러 플러그인 가운데 Cycle 플러그인, 제이쿼리 UI, 제이쿼리 모바일에 대해 상세히 알아보고, 다른 플러그인의 활용에 그대로 적용할 수 있는 플러그인 적용 프로세스에 대해서도 살펴봤다. 8장에서는 우리가 직접 플러그인을 만들어 배포할 수 있도록 제이쿼리 플러그인 아키텍처에 대해 알아본다.

▌ 연습 문제

1. 사이클 변환의 duration 속성을 0.5초로 바꾸고, 다음 슬라이드가 나타나기 전 기존 슬라이드가 서서히 사라지도록 한다. 이를 위해 Cycle 플러그인 개발자 사이트를 참고해 적절한 옵션을 찾는다.

2. cyclePaused 쿠키 값을 30일로 설정한다.

3. 타이틀 박스의 크기 조절 시 10픽셀만 커질 수 있도록 변경한다.

4. 슬라이드 쇼가 진행될 때, 슬라이더가 부드럽게 이동하도록 완급(이징) 함수를 조절한다.

5. 슬라이드 쇼가 무한 반복되지 않고, 마지막 슬라이드에서 멈추도록 한다. 이때 버튼과 슬라이더 또한 사용 불능[Disable] 상태로 만든다.

6. 새로운 제이쿼리 UI 테마를 생성해 위젯의 배경색을 light blue로, 텍스트는 dark blue로 변경한 뒤, 이 테마를 현재의 예제 프로젝트에 적용한다.

7. mobile.html 문서의 HTML 코드를 수정해 리스트 뷰의 책 제목 첫 번째 단어가 분리되도록 한다. 이를 위해 제이쿼리 모바일 개발자 문서 중 datarole="list-divider" 부분을 참고한다.

08

플러그인 개발하기

시중에 배포된 다양한 서드파티 플러그인은 개발자의 프로그래밍에 드는 시간과 노력을 줄여주지만, 때론 필요로 하는 기능이 부족하거나 없는 경우가 있다. 직접 사용하기 위해서나 다른 개발자에게 도움이 될 만한 기능을 구현한 뒤에 이를 플러그인으로 배포하고 싶을 때도 있을 것이다. 다행히 제이쿼리 플러그인을 만들고 배포하는 과정은 보통의 프로그램 작성에 비해 그리 복잡하지도, 어렵지도 않다.

8장에서 다루는 내용은 다음과 같다.

- 제이쿼리 네임스페이스에서 글로벌 함수 추가하기
- DOM 요소에 반응하는 제이쿼리 객체 메소드 추가하기
- 제이쿼리 UI 위젯 팩토리를 이용해 위젯 플러그인 만들기
- 플러그인 배포하기

▌ 플러그인에 $ 기호 사용하기

제이쿼리 플러그인을 작성할 때, 제이쿼리 라이브러리를 로딩해야 한다고 생각할 것이다. 하지만 제이쿼리 플러그인을 작성할 때는 제이쿼리 라이브러리의 알리아스인 $ 기호만 사용하면 된다. 3장, '이벤트 핸들링'에서 $.noConflict( ) 메소드로 제이쿼리를 로딩했던 것을 기억할 것이다. 제이쿼리 메소드를 호출할 때 jQuery 이름을 모두 써도 되고, 혹은 그 단축형 표현인 $ 기호만 써도 된다.

특히 대규모 플러그인에서 많은 개발자는 $ 기호를 충분히 활용하지 않으면 코드가 읽기 어려울 정도로 복잡해진다는 사실을 느끼게 된다. 플러그인 코드의 복잡성을 막기 위해 $ 기호로 플러그인의 내부적인 범위를 정의하고 함수의 정의, 그리고 호출에 활용하는 것이 좋다. 한 번에 함수를 정의하고 호출하기 위해 다음과 같이 IIFE, 또는 즉각적인 함수 호출 표현식Immediately Invoked Function Expression을 사용한다.

```
(($) => {
  // 코드 구현
})(jQuery);
```

위 래핑 함수는 제이쿼리 전역 객체를 전달할 수 있는 파라미터를 지닌다. 이때 파라미터 이름에 $ 기호를 사용하면 함수 내부에서 다른 자바스크립트 요소와의 충돌을 막을 수 있다.

▌ 새 전역 함수 추가하기

제이쿼리에 탑재된 기능 중 일부는 전역 함수 호출 방식으로 활용할 수 있다. 지금까지는 이들 함수를 제이쿼리 객체 메소드로 소개했지만, 좀 더 구체적으로는 제이쿼리 네임스페이스 함수라 할 수 있다.

제이쿼리 네임스페이스 함수 중 가장 대표적인 것이 $.ajax( ) 함수다. $.ajax( )가 제공하는 모든 기능은 전역 함수인 ajax( )를 호출하는 방식으로 활용할 수 있지만, 다른 함수 이름과 충돌할 수 있는 문제가 있다. 제이쿼리 네임스페이스의 함수를 사용하는 데 있어 유일한 주의 사항은 다른 제이쿼리 메소드와의 충돌 가능성이다. 제이쿼리 네임스페이스는 제이쿼리 라이브러리를 필요로 하는 플러그인 개발에 활용할 수 있다.

제이쿼리 코어 라이브러리에서 제공하는 전역 함수 상당수는 웹 애플리케이션 개발에 자주 사용하는 기능을 편리하게 사용할 수 있도록 집약해놓은 유틸리티 메소드이다. 배열 관련 메소드인 $.each( )와 $.map( ), $.grep( ) 등이 이에 해당된다. 이번 절에서는 간단한 유틸리티 메소드를 구현하며, 이를 위해 두 개의 함수를 추가한다.

제이쿼리 네임스페이스에 sum( )이라는 함수를 추가하려면 다음과 같이 해당 함수를 제이쿼리 객체의 프로퍼티로 할당하면 된다.

```
(($) => {
  $.sum = (array) => {
    // 코드 구현
  };
})(jQuery);
```

리스팅 8.1

이제 어떤 제이쿼리 코드에서든 sum( ) 함수를 사용할 수 있다.

```
$.sum( );
```

위 코드는 보통의 함수 호출과 동일하며, 함수에 포함된 코드가 실행된다.

이번 sum 메소드는 인수로 배열을 받으며, 배열 요소의 값을 더하고, 결괏값을 반환하는 유틸리티 함수는 다음과 같이 간단히 구현할 수 있다.

```
(($) => {
  $.sum = array =>
    array.reduce(
      (result, item) =>
        parseFloat($.trim(item)) + result,
      0
    );
})(jQuery);
```

리스팅 8.2

sum 연산을 위해 배열에서 reduce( )를 호출해서, 배열 내 각각의 아이템을 순회하며 결괏값에 더하도록 한다. 위 코드에는 값을 반환하는 두 개의 콜백 함수가 있지만, return 명령이 전혀 없는 이유는 이들이 arrow 함수이기 때문이다. 이때 중괄호(`{}`)를 사용하지 않으면, 값의 반환은 암묵적으로 처리된다. 플러그인을 테스트하기 위해 다음과 같이 간단한 식료품 재고 목록을 만든다.

```
<table id="inventory">
  <thead>
    <tr class="one">
      <th>Product</th> <th>Quantity</th> <th>Price</th>
    </tr>
  </thead>
  <tfoot>
    <tr class="two" id="sum">
      <td>Total</td> <td></td> <td></td>
    </tr>
    <tr id="average">
      <td>Average</td> <td></td> <td></td>
    </tr>
  </tfoot>
  <tbody>
    <tr>
      <td><a href="spam.html" data-tooltip-text="Nutritious and
```

```
    delicious!">Spam</a></td> <td>4</td> <td>2.50</td>
  </tr>
  <tr>
    <td><a href="egg.html" data-tooltip-text="Farm fresh or
    scrambled!">Egg</a></td> <td>12</td> <td>4.32</td>
  </tr>
  <tr>
    <td><a href="gourmet-spam.html" data-tooltip-text="Chef
    Hermann's recipe.">Gourmet Spam</a></td> <td>14</td> <td>7.89
    </td>
  </tr>
  </tbody>
</table>
```

 예제 코드 다운로드

예제 코드는 다음 깃허브 저장소에서 다운로드할 수 있다.

https://github.com/PacktPublishing/Learning-jQuery-3

모든 아이템의 양을 합산해 테이블 푸터 셀에 입력하는 스크립트는 다음과 같다.

```
$(() => {
  const quantities = $('#inventory tbody')
    .find('td:nth-child(2)')
    .map((index, qty) => $(qty).text())
    .get();
  const sum = $.sum(quantities);

  $('#sum')
    .find('td:nth-child(2)')
    .text(sum);
});
```

리스팅 8.3

sum 플러그인에 의해 합산 결과가 출력된 HTML 페이지의 모습은 다음과 같다.

여러 개의 함수 추가하기

플러그인에 하나 이상의 전역 함수를 추가하려면 이들 함수를 하나씩 선언해야 한다. 플러그인에 기존 sum 함수 외에, average 함수를 추가하는 예제 코드는 다음과 같다.

```
(($) => {
  $.sum = array =>
    array.reduce(
      (result, item) =>
        parseFloat($.trim(item)) + result,
      0
    );

  $.average = array =>
    Array.isArray(array) ?
      $.sum(array) / array.length :
      '';
})(jQuery);
```

리스팅 8.4

314

편의성과 간결성을 고려해서 $.sum( ) 플러그인에 $.average( )의 반환값을 적용하도록 했다. 오류 가능성을 줄이려면 배열 요소의 평균값을 계산하기 전, 인수가 정확한 값인지 확인할 필요가 있다.

기존과 동일한 방식으로 두 번째 메소드를 추가한 예제 코드는 다음과 같다.

```
$(() => {
  const $inventory = $('#inventory tbody');
  const prices = $inventory
    .find('td:nth-child(3)')
    .map((index, qty) => $(qty).text())
    .get();
  const average = $.average(prices);

  $('#average')
    .find('td:nth-child(3)')
    .text(average.toFixed(2));
});
```

리스팅 8.5

평균값이 계산돼 다음 그림에서와 같이 세 번째 행에 표시된다.

Inventory

Product	Quantity	Price
Spam	4	2.50
Egg	12	4.32
Gourmet Spam	14	7.89
Total	**30**	
Average		*4.90*

전역 제이쿼리 객체 확장하기

sum, average 등 두 개의 함수가 작동하는 플러그인 문법을 $.extend( ) 객체를 이용해 다음과 같이 변경할 수 있다.

```
(($) => {
  $.extend({
    sum: array =>
      array.reduce(
        (result, item) =>
          parseFloat($.trim(item)) + result,
        0
      ),
    average: array =>
      Array.isArray(array) ?
        $.sum(array) / array.length :
        ''
  });
})(jQuery);
```

리스팅 8.6

위 방식으로 플러그인을 호출하면, $.extend( ) 객체는 전역 제이쿼리 객체의 프로퍼티를 추가 혹은 대체할 수 있다. 결국 기존의 문법과 동일한 기능을 수행하게 된다.

네임스페이스로 함수 간의 충돌 방지하기

이번 예제 플러그인은 제이쿼리 네임스페이스에 등록된 두 개의 전역 함수로 구성된다. 하지만 여전히 네임스페이스 과잉의 문제가 남아 있다. 다른 제이쿼리 플러그인에 정의된 동일한 이름의 함수와 충돌 가능성이 있는 것이다. 이런 문제를 막기 위해, 단일 객체 속에 플러그인의 모든 전역 함수를 넣는 캡슐화encapsulate 방식을 사용한다.

```
(($) => {
  $.mathUtils = {
    sum: array =>
      array.reduce(
        (result, item) =>
          parseFloat($.trim(item)) + result,
          0
      ),
    average: array =>
      Array.isArray(array) ?
        $.mathUtils.sum(array) / array.length :
        ''
  };
})(jQuery);
```

리스팅 8.7

이번 패턴은 jQuery.mathUtils라는 전역 함수를 위한 또 다른 네임스페이스를 생성한다. 우리는 여전히 이들 함수를 전역 속성으로 호출할 수 있지만, 엄밀하게는 전역 제이쿼리 객체의 프로퍼티인 mathUtils 객체 내부의 메소드가 된다. 따라서 이번 예제의 합산, 평균 함수를 호출할 때는 다음과 같이 플러그인 이름을 포함해야 한다.

```
$.mathUtils.sum(array);
$.mathUtils.average(array);
```

다른 플러그인 이름과 중복될 가능성을 충분히 배제하는 이와 같은 기법을 이용해 전역 함수에서의 네임스페이스 충돌을 막을 수 있다. 이제 우리가 만든 플러그인은 다른 플러그인 혹은 라이브러리와 충돌 가능성이 거의 없어졌다. 이번 파일을 jquery.mathutils.js로 저장하고 스크립트로 포함시키면, 페이지 내 다른 스크립트에서 해당 함수를 사용할 수 있다.

TIP **네임스페이스 선택하기**

어떤 전역 함수를 만들어서 개인적인 프로젝트에서만 사용할 계획이라면 자체 프로젝트의 전역 네임스페이스로 등록하고 사용하면 된다. 제이쿼리 라이브러리를 사용하는 대신, 우리가 직접 만든 전역 객체를 외부로 노출시켜 사용할 수 있다. 예를 들어 ljQ라는 전역 객체를 만든 뒤, 제이쿼리 네임스페이스로 등록한 \$.mathUtils.sum( ) 또는 \$.mathUtils.average( ) 대신, ljQ.mathUtils.sum( ) 또는 ljQ.mathUtils.average( )와 같은 메소드를 사용할 수 있는 것이다. 이렇게 하면 웹 페이지에 포함시킨 다른 서드파티 플러그인과 네임스페이스가 충돌할 가능성은 원천적으로 차단된다.

이상으로 제이쿼리 플러그인 개발과 관련한 네임스페이스를 보호하고 라이브러리 적용 가능성을 유지하는 방법을 알아봤다. 하지만 이는 웹 문서 내에서의 안정적인 조직 구조 유지와 관련된 부분일 뿐이다. 이제부터는 제이쿼리 플러그인이 제대로 성능을 발휘할 수 있도록 개별 제이쿼리 객체 인스턴스에 새로운 메소드를 생성하는 방법을 알아본다.

■ 제이쿼리 객체 메소드 추가하기

제이쿼리에 탑재된 대부분의 기능은 객체 인스턴스 메소드^{object instance methods}를 이용해 활용할 수 있으며, 플러그인 또한 이 방법으로 구현한다. DOM의 일부분으로서 작동하게 될 함수를 작성할 때는 그와 관련된 새로운 인스턴스 메소드를 생성하는 편이 낫다.

앞서 새로운 메소드로 제이쿼리 객체를 확장하는 전역 함수를 추가하는 방법을 살펴봤다. 인스턴스 메소드를 추가하는 방법 역시 이와 비슷하며, `jQuery.fn` 객체를 사용한다는 점만 다르다.

```
jQuery.fn.myMethod = function( ) {
  alert('Nothing happens.');
};
```

이렇게 만든 새로운 메소드는 어떤 선택자 표현식으로도 호출할 수 있다.

```
$('div').myMethod();
```

메소드가 호출되면 (문서 내 <div> 요소를 만날 때마다) 경고창 메시지가 화면에 나타나며 (해당 요소에 해당하는 DOM 노드를 사용하지는 않지만) 전역 함수를 이용해도 같은 결과를 얻을 수 있다. 메소드 구현은 당시의 상황과 맥락에 따라 달라질 수 있다.

객체 메소드 컨텍스트

어떤 플러그인 메소드에서든 this 키워드는 현재의 제이쿼리 객체를 가리킨다. 따라서 this 키워드를 이용해 제이쿼리 내장 메소드를 호출하거나 DOM 노드를 추출하고 이들 요소를 활용할 수 있다. 이번 절에서는 객체 컨텍스트^{object context}로 어떤 일을 할 수 있는지 알아보기 위해 특정 요소에 적용된 클래스를 조절할 수 있는 간단한 플러그인을 구현한다.

이번 예제의 새로운 메소드는 두 개의 클래스 이름을 받고 각각의 요소에 적용된 클래스를 서로 교환하도록 한다. 제이쿼리 UI 플러그인 역시 클래스 변경 과정을 애니메이션으로 구현하는 .switchClass()라는 강력한 메소드를 제공하지만 이번에는 객체 컨텍스트의 변화를 확인할 수 있는 간단한 예제를 구현한다.

```
(function($) {
  $.fn.swapClass = function(class1, class2) {
    if (this.hasClass(class1)) {
```

```
        this
          .removeClass(class1)
          .addClass(class2);
      } else if (this.hasClass(class2)) {
        this
          .removeClass(class2)
          .addClass(class1);
      }
    };
  })(jQuery);

$(() => {
  $('table')
    .click(() => {
      $('tr').swapClass('one', 'two');
    });
});
```

리스팅 8.8

이번 플러그인 코드는 먼저 해당 요소에 class1이 있는지 확인하고, class1이 있다면 이를 class2로 대체한다. 그리고 이와 반대로 class2의 존재 여부를 확인하고 class1으로 대체한다. 두 클래스 모두 존재하지 않으면, 아무 작업도 하지 않는다.

플러그인 활용 코드에서, 테이블에 클릭 핸들러를 연동하고 테이블을 클릭할 때마다 모든 열에서 .swapClass() 함수를 호출한다. 이렇게 하면 헤더 열header row의 클래스는 one 클래스에서 two 클래스로 변경되고, 합산 열sum row의 클래스는 two 클래스에서 one 클래스로 변경될 것으로 예상된다.

하지만 기대와는 달리 클래스 변경이 일어나지 않았다.

Inventory

Product	Quantity	Price
Spam	4	2.50
Egg	12	4.32
Gourmet Spam	14	7.89
Total	30	
Average		4.90

이는 모든 열이 two 클래스를 받았기 때문이다. 이 문제를 해결하기 위해 여러 개의 선택 요소를 이용해 제이쿼리 객체를 올바르게 처리해야 한다.

암묵적인 반복

제이쿼리 선택자 표현식은 항상 0, 1, 또는 다중 요소와 일치해야 한다. 이는 플러그인 디자인에서도 마찬가지이다. 이번 예제에서 .hasClass() 함수를 이용해 첫 번째 요소의 일치 여부를 확인했는데, 이 대신 모든 요소를 개별적으로 확인하고 클래스를 적용하는 편이 확실하다.

조건에 맞는 요소의 수에 상관없이 적절한 동작을 부여하는 가장 편리한 방법은 관련 메소드를 .each() 콜백 내부에서 호출하는 것이다. 이 방법은 플러그인과 제이쿼리 메소드 간의 일관성을 확보할 수 있는 좋은 방법이며, 암묵적인 반복을 강화해준다. .each() 콜백 함수 내부의 두 번째 인수는 각각의 DOM 요소를 차례대로 참조하며, 각 요소의 클래스를 확인한 뒤 필요한 클래스를 부여한다.

```
(function($) {
  $.fn.swapClass = function(class1, class2) {
    this
      .each((i, element) => {
        const $element = $(element);
```

```
      if ($element.hasClass(class1)) {
        $element
          .removeClass(class1)
          .addClass(class2);
      } else if ($element.hasClass(class2)) {
        $element
          .removeClass(class2)
          .addClass(class1);
      }
    });
  };
})(jQuery);
```

리스팅 8.9

이제 테이블을 클릭하면 클래스가 없는 열에는 영향을 미치지 않은 채 우리가 원하는 열의 클래스가 서로 바뀌게 된다.

메소드 연쇄 활성화하기

암묵적인 반복 외에 제이쿼리가 지닌 또 다른 강력한 기능 가운데 하나는 메소드 연쇄다. 메소드 연쇄는 해당 메소드가 명시적으로 다른 정보를 가져오지 않는 한 모든 플러그인 메소드에서 제이쿼리 객체를 반환받을 수 있다. 이렇게 반환된 제이쿼리 객체는 보통의 경우 this가 된다. .each( ) 콜백을 이용해 this를 반복적으로 가져오면, 결국 우리가 원하는 값을 얻게 된다.

```
(function($) {
  $.fn.swapClass = function(class1, class2) {
    return this
      .each((i, element) => {
        const $element = $(element);

        if ($element.hasClass(class1)) {
          $element
            .removeClass(class1)
            .addClass(class2);
        } else if ($element.hasClass(class2)) {
          $element
          .removeClass(class2)
          .addClass(class1);
        }
      });
  };
})(jQuery);
```

리스팅 8.10

지난 예제에서 .swapClass( )를 호출할 때, 해당 요소로 뭔가를 실행하는 새로운 명령문을 작성해야 했는데, 이번 예제 코드에서는 이를 return 명령으로 바꿈으로써 제이쿼리 내장 메소드와 플러그인 메소드가 자유롭게 연쇄 반응을 일으키도록 했다.

▌유연한 메소드 파라미터 제공하기

7장, '플러그인 활용하기'에서 파라미터를 통해 플러그인을 매우 세밀하게 조정할 수 있다는 사실을 알게 됐다. 또한 잘 만들어진 플러그인은 그에 최적화된 기본 설정값을 제공하는 동시에, 해당 값을 개별적으로 변경할 수 있다는 사실도 파악했다. 이번 절에서는 우리의 플러그인에도 이와 같은 패턴을 적용하는 방법을 알아본다.

사용자가 자유롭게 커스터마이징할 수 있는 플러그인을 만들려면 우선 사용자가 주도적으로 변경 및 수정 가능한 설정 요소를 제공해야 한다. 이번 예제에서는 CSS의 특징적인 기능을 자바스크립트 코드로 구현해볼 것인데, 상용 서비스가 아닌 시범 서비스로서 좀 더 적합하리라 생각한다. 이번 플러그인은 페이지 내 다른 위치에 있는 여러 개의 투명한 요소를 겹치는 방식으로 특정 요소에 그림자를 드리우는 시뮬레이션을 구현한다.

```
(function($) {
  $.fn.shadow = function() {
    return this.each((i, element) => {
      const $originalElement = $(element);

      for (let i = 0; i < 5; i++) {
        $originalElement
          .clone()
          .css({
            position: 'absolute',
            left: $originalElement.offset().left + i,
            top: $originalElement.offset().top + i,
            margin: 0,
            zIndex: -1,
            opacity: 0.1
          })
          .appendTo('body');
      }
    });
  };
})(jQuery);
```

리스팅 8.11

각각의 요소에서 메소드를 호출할 때마다 해당 요소의 복제물이 만들어지고 투명도가 조절된다. 이들 복제물은 원본 요소와 약간의 간격을 유지한 채 절대 좌표 기준으로 위치하게 된다. 아직은 플러그인에 파라미터를 사용하지 않았기 때문에 코드가 비교적 간단하다.

```
$(() => {
  $('h1').shadow();
});
```

shadow() 메소드를 호출하면 헤더 텍스트에 다음과 같이 단순한 그림자 효과가 적용된다.

이제 플러그인 메소드에 약간의 유연성을 부여해보자. 몇 개의 값을 추가하거나 뺌으로써 사용자가 원하는 대로 메소드의 기능을 변경할 수 있도록 한다. 이와 같은 유연성은 메소드의 파라미터를 통해 부여할 수 있다.

옵션 객체

제이쿼리 API에서 .animate() 그리고 $.ajax() 등을 활용한 예제를 구현하면서 옵션 객체를 메소드 파라미터로 제공하는 다양한 사례를 살펴봤다. 기존의 .swapClass() 플러그인 코드처럼 파라미터 목록을 보여주는 것보다, 플러그인 사용자에게 조절 가능한 옵션을 제공하는 방식이 훨씬 사용자 친화적이라 할 수 있다. 객체 리터럴은 각 파라미터의 라벨과 같은 역할을 하며, 파라미터의 관련성을 순위별로 보여줄 수 있다. 또한 우리가 만든 플러그인으로 제이쿼리 API의 기능을 모방해 제공할 때, 객체 리터럴 방식을 사용하면 코드의 일관성, 편의성이 증가한다.

```
(($) => {
  $.fn.shadow = function(options) {
    return this.each((i, element) => {
      const $originalElement = $(element);

      for (let i = 0; i < options.copies; i++) {
        $originalElement
          .clone()
          .css({
            position: 'absolute',
            left: $originalElement.offset().left + i,
            top: $originalElement.offset().top + i,
            margin: 0,
            zIndex: -1,
            opacity: options.opacity
          })
          .appendTo('body');
      }
    });
  };
})(jQuery);
```

리스팅 8.12

이제 복제물의 수와 투명도를 플러그인 파라미터로 조절할 수 있게 됐다. 플러그인에서 각각의 값은 함수의 인수가 되는 옵션 프로퍼티로 접근 가능하다. 이제부터 .shadow() 메소드를 호출할 때는 옵션값을 지닌 객체를 입력할 수 있다.

```
$(() => {
  $('h1')
    .shadow({
      copies: 3,
      opacity: 0.25
    });
});
```

플러그인의 환경 설정 가능성^{configurability}이 높아진 것은 좋지만, 플러그인을 사용할 때마다 매번 옵션값을 입력해야 하는 불편함이 생겼다. 다음 절에서는 사용자가 옵션값을 입력해도, 혹은 입력하지 않아도 플러그인이 정상적으로 작동하도록 해보자.

기본 설정 파라미터 값

메소드의 기능이 강력해지고 복잡해질수록 파라미터 수 또한 늘어나게 마련이지만, 사용자가 직접 이들 값을 조절하기를 원하는 경우는 많지 않다. 이 때문에 최적화된 기본 설정값이 마련돼 있다면 플러그인 인터페이스의 사용 만족도는 크게 높아질 수 있다. 이는 객체를 통해 파라미터를 전달하는 방식으로 구현할 수 있으며, 객체에서 특정 아이템을 생략하거나 기본값으로 간단하게 대체할 수 있다.

```
(($) => {
  $.fn.shadow = function(opts) {
    const defaults = {
      copies: 5,
      opacity: 0.1
    };
    const options = $.extend({}, defaults, opts);

    // ...
  };
})(jQuery);
```

리스팅 8.13

위 예제 코드에서, defaults라는 새로운 객체를 생성했다. 유틸리티 함수인 $.extend( )는 인수로 opts 객체를 받고, defaults를 이용해 새로운 옵션 객체를 생성할 수 있도록 한다. extend( ) 함수는 첫 번째 인수로 전달된 어떤 객체든 병합할 수 있으며, 위 코드에서 첫 번째 인수로 빈 객체를 전달함으로써 기존의 데이터를 손상시키지 않고, 옵션으로 사용할 새로운 객체를 생성하도록 했다. 이는 defaults가 코드 내 다른 어디엔가 정의돼 있을 때, 의도치 않게 해당 값을 대체할 수 있는 위험을 줄이기 위함이다.

이전까지는 객체 리터럴을 이용해 메소드를 호출했지만, 이제부터는 defaults 대신 우리가 원하는 값을 넣어서 간단하게 파라미터만 변경하면 된다.

```
$(() => {
  $('h1')
    .shadow({
      copies: 3
    });
});
```

그리고 위에서 지정하지 않은 파라미터 항목은 기본 설정값이 적용된다. $.extend( ) 메소드는 null값도 받을 수 있는데, 이는 기본 설정 파라미터만 사용할 경우 자바스크립트 오류 표시 없이 해당 메소드를 호출하기 위함이다.

```
$(() => {
  $('h1').shadow();
});
```

콜백 함수

물론 일부 메소드 파라미터는 간단한 숫자 데이터 이상으로 복잡해질 수 있다. 지금까지 다양한 제이쿼리 API를 살펴보는 동안, 자주 사용했던 파라미터 중 하나는 콜백 함수다.

328

파라미터로서의 콜백 함수는 복잡한 절차 없이 플러그인을 생성할 수 있도록 돕고, 플러그인에 유연성을 부여한다.

메소드에 콜백 함수를 적용하려면 파라미터로 해당 함수를 받기만 하면 된다. 메소드가 구현된 뒤에는 우리가 원하는 어디에서든 해당 함수를 호출하면 된다. 예를 들어 텍스트 그림자 생성 메소드에서 다음과 같이 콜백 함수를 파라미터로 전달함으로써 텍스트의 상대 위치 좌표에 그림자를 만들게 할 수 있다.

```
(($) => {
  $.fn.shadow = function(opts) {
    const defaults = {
      copies: 5,
      opacity: 0.1,
      copyOffset: index => ({
        x: index,
        y: index
      })
    };
    const options = $.extend({}, defaults, opts);

    return this.each((i, element) => {
      const $originalElement = $(element);

      for (let i = 0; i < options.copies; i++) {
        const offset = options.copyOffset(i);

        $originalElement
          .clone()
          .css({
            position: 'absolute',
            left: $originalElement.offset().left + offset.x,
            top: $originalElement.offset().top + offset.y,
            margin: 0,
            zIndex: -1,
```

```
        opacity: options.opacity
      })
      .appendTo('body');
    }
  });
};
})(jQuery);
```

리스팅 8.14

이렇게 생성된 각각의 그림자 레이어는 원본 텍스트와 조금씩 차이 나는 오프셋 값을 지닌다. 지난 예제 코드에서는 이 오프셋 값이 복제물의 인덱스 값으로만 설정돼 있었지만, 이제는 copyOffset() 함수로 오프셋 값을 계산하며, 사용자가 이 값을 수정할 수 있도록 했다. 예를 들어 다음과 같이 x축과 y축 모든 방향으로 음수인 오프셋 값을 입력할 수 있다.

```
$(() => {
  $('h1').shadow({
    copyOffset: index => ({
      x: -index,
      y: -2 * index
    })
  });
});
```

위 코드가 실행되면 그림자가 텍스트의 우측 하단이 아닌, 텍스트의 좌측 상단에 생성된다.

이번 콜백은 간단한 내용 설정이다. 그림자의 방향을 바꾸거나 플러그인 개발자가 좀 더 복합적인 콜백을 추가하면 매우 정밀한 그림자 위치 설정도 가능하다. 콜백이 없을 경우 원래대로 기본 설정값이 적용된다.

커스터마이징 가능한 기본 설정

메소드 파라미터로 최적화된 기본 설정값을 제공하면 사용성을 높일 수 있다는 사실을 알게 됐다. 하지만 때론 특정 플러그인에 최적화된 기본 설정값을 알아내는 것이 어려울 수 있다. 플러그인 사용자가 기본값을 설정하기보다, 플러그인 개발자가 다양한 파라미터 세트를 가지고 직접 실험해보길 원한다면 실험 시간과 노력을 대폭 줄일 수 있는 기본 설정 커스터마이징 도구가 있으면 편리할 것이다.

기본 설정 커스터마이징 도구를 만들기 위해 코드 바깥 영역에서 메소드의 정의를 수정할 수 있도록 다음과 같이 코드 구조를 바꾼다.

```
(() => {
  $.fn.shadow = function(opts) {
    const options = $.extend({}, $.fn.shadow.defaults, opts);
    // ...
  };

  $.fn.shadow.defaults = {
```

```
    copies: 5,
    opacity: 0.1,
    copyOffset: index => ({
      x: index,
      y: index
    })
  };
})(jQuery);
```

리스팅 8.15

위 코드에서 defaults는 shadow 플러그인의 네임스페이스에 있고, `$.fn.shadow.de
faults`를 통해 직접 참조할 수 있다. 이제 플러그인 코드는 `.shadow()`를 사용하기 위한
모든 호출에서 defaults를 변경할 수 있게 됐다.

```
$(() => {
  $.fn.shadow.defaults.copies = 10;
  $('h1')
    .shadow({
      copyOffset: index => ({
        x: -index,
        y: index
      })
    });
});
```

위 코드는 기본 설정값에 따라 그림자 레이어를 10회 생성하고, 메소드 콜백인 copy
Offset의 설정 내용에 따라 좌측 하단에 그림자를 드리운다.

Product	Quantity	Price
Spam	4	2.50
Egg	12	4.32
Gourmet Spam	14	7.89
Total	**30**	
Average		*4.90*

▪ 제이쿼리 UI 위젯 팩토리로 플러그인 만들기

7장, '플러그인 활용하기'에서 살펴본 것처럼 제이쿼리 UI는 매우 실용적인 위젯을 제공한다. 엄밀한 의미에서 버튼과 슬라이더 등 특정 UI 요소의 기능을 제공하기 위한 플러그인이라 할 수 있다. 이들 위젯은 자바스크립트 프로그래머에게 익숙하면서도 일관성 있는 API를 제공한다. 일관성은 곧 학습 시간의 단축으로 이어진다. 우리가 만드는 플러그인이 새로운 사용자 인터페이스를 위한 것이라면, 기존 제이쿼리 UI 위젯 플러그인을 확장하는 것도 좋은 개발 전략이 될 수 있다.

위젯은 매우 민감하게 작동하는 장치라 할 수 있지만, 우리는 이를 다룰 수 있는 매우 좋은 도구를 가지고 있다. 바로 제이쿼리 UI 코어에 포함된 팩토리 메소드인 $.widget( )이다. 이 메소드를 이용해 다양한 작업을 할 수 있다. 팩토리 메소드 활용의 가장 큰 장점은 다른 모든 제이쿼리 UI 위젯과 표준 API를 공유할 수 있다는 점이다.

이번 팩토리 메소드를 활용한 위젯 플러그인은 다양한 기능을 포함한다. 복잡한 코드 사용 없이 이번 예제에서 구현하려는 기능은 다음과 같다.

- 플러그인이 적용된 뒤에도 테스트, 수정, 효과의 반전 등이 가능한 스테이트풀 stateful 플러그인을 만든다.

- 사용자가 입력한 옵션과 커스터마이징 기본 설정 옵션이 자동으로 병합돼 적용
되도록 한다.
- 여러 개의 플러그인 메소드를 하나의 제이쿼리 메소드로 통합, 연동하고 이 단
일 메소드에는 하위 메소드의 이름만 입력하면 되도록 한다.
- 플러그인이 위젯 인스턴스의 데이터에 접근하면 코드를 실행하는 커스텀 이벤
트 핸들러를 구현한다.

이와 같이 복잡한 플러그인을 구현할 때는 UI와 관련된 기능이든, 혹은 UI와 무관한 기
능이든, 위젯 팩토리 메소드를 이용하는 것이 여러 모로 편리하다.

위젯 만들기

이번에는 플러그인에 해당 요소에 적용할 수 있는 툴팁tooltips 또는 도움말을 추가해보자.
툴팁을 구현하기 위해 페이지 내 각각의 요소를 담을 수 있는 <div> 컨테이너를 만들고,
툴팁 텍스트를 채운 뒤 사용자가 마우스로 가리키면 해당 요소 옆에 툴팁 박스가 나타나
도록 한다.

 제이쿼리 UI 라이브러리에는 이번에 우리가 만들려는 위젯보다 훨씬 성능 좋은 툴팁 위젯이
내장돼 있다. 이번 예제에서는 .tooltip( ) 메소드를 오버라이딩하는 방식으로 위젯을 구현하
며, 실제 프로젝트용으로는 다소 미흡하지만 복잡한 요소에 대한 설명 없이 간단하게 위젯 구
현 과정을 살펴볼 수 있다.

위젯 팩토리에 의해 $.widget( )이 호출될 때마다 제이쿼리 UI 플러그인이 생성된다. 위
젯 함수는 위젯 이름과 위젯 프로퍼티를 포함한 객체를 인수로 받는데, 이때 위젯 이름은
네임스페이스에 등록돼 있어야 한다. 이번 예제에서 사용할 네임스페이스는 ljq이며, 플
러그인 이름은 tooltip이고, 제이쿼리 객체에서 .tooltip( ) 함수를 호출할 때마다 플러
그인이 생성된다.

가장 먼저 정의할 위젯 프로퍼티는 ._create( ):다.

```
(($) => {
  $.widget('ljq.tooltip', {
    _create() {
      this._tooltipDiv = $('<div/>')
        .addClass([
          'ljq-tooltip-text',
          'ui-widget',
          'ui-state-highlight',
          'ui-corner-all'
        ].join(' '))
        .hide()
        .appendTo('body');
      this.element
        .addClass('ljq-tooltip-trigger')
        .on('mouseenter.ljq-tooltip', () => { this._open(); })
        .on('mouseleave.ljq-tooltip', () => { this._close(); });
    }
  });
})(jQuery);
```

리스팅 8.16

_create( ) 프로퍼티는 .tooltip( )이 호출돼 제이쿼리 객체에서 해당 요소를 찾을 때
마다 위젯 팩토리에 의해 호출되는 함수다.

 밑줄 기호로 시작하는 _create와 같은 위젯 프로퍼티는 private 속성을 지닌 것으로 간주된
다. 이에 대해서는 public 함수에서 설명한다.

이번 팩토리 함수에서 나중에 화면에 표시할 툴팁의 내용을 설정한다. 이를 위해 새로운
<div> 요소를 추가하고 문서 내에 입력한다. 또한 이렇게 생성된 요소는 나중에 사용할

수 있도록 this._tooltipDiv에 저장한다.

함수의 맥락을 고려했을 때, this는 현재의 위젯 인스턴스를 참조하며, 이 객체에 우리가 원하는 어떤 프로퍼티라도 추가할 수 있다. 이 객체에는 편리하게 사용할 수 있는 프로퍼티가 내장돼 있으며, 특히 this.element는 원래 선택된 요소를 가리키는 제이쿼리 객체를 제공한다.

this.element를 이용해 mouseenter와 mouseleave 핸들러를 툴팁 트리거 요소에 연동할 수 있다. 이 핸들러는 마우스 호버링 이벤트가 발생하면 툴팁 박스를 열고, 마우스 호버링 이벤트가 끝나면 툴팁 박스를 닫게 한다. 이번 이벤트는 플러그인 이름을 통해 네임스페이스에 등록돼 있다. 3장, '이벤트 핸들링'에서 설명했듯 네임스페이스에 등록하면 다른 라이브러리에 있는 동일한 이름의 요소와의 충돌에 대한 걱정을 하지 않아도 되므로, 이벤트 핸들러를 추가하거나 삭제하는 일이 훨씬 편리해진다.

다음, mouseenter 그리고 mouseleave 핸들러와 연동하기 위해 ._open()과 ._close() 메소드를 정의한다.

```
(() => {
  $.widget('ljq.tooltip', {
    _create() {
      // ...
    },

    _open() {
      const elementOffset = this.element.offset();
      this._tooltipDiv
        .css({
          position: 'absolute',
          left: elementOffset.left,
          top: elementOffset.top + this.element.height()
        })
        .text(this.element.data('tooltip-text'))
```

```
      .show( );
    },

    _close( ) {
      this._tooltipDiv.hide( );
    }
  });
})(jQuery);
```

리스팅 8.17

._open( )과 ._close( ) 메소드는 이름 그대로의 기능을 수행한다. 이름으로 의미하는 바는 충분히 이해할 수 있으며, 밑줄 기호를 통해 이들 메소드가 위젯 내에서 사용할 수 있는 private 함수라는 사실도 알 수 있다. 툴팁을 열면 CSS로 위치를 설정하고 화면에 표시하며 툴팁을 닫으면 화면에서 사라진다.

열기 동작이 진행되는 동안 툴팁 박스 영역을 텍스트로 채워야 하며, 이를 위해 어떤 요소라도 받아들여서 임의의 데이터를 가져오거나 설정할 수 있는 .data( ) 메소드를 사용한다. 이번 예제에서는 .data( ) 메소드를 이용해 각 요소의 data-tooltiptext 속성값을 가져오도록 한다.

코드가 정상적으로 작동한다면 특정 요소에 마우스를 올렸을 때 $('a').tooltip( )에 의해 툴팁 텍스트가 화면에 나타난다.

이번 플러그인은 그리 길지 않은 코드로 구성됐지만 정교한 위젯 구현 방식에 대해 잘 보여준다. 위젯의 정교함을 제대로 활용하기 위해서는 위젯에 스테이트풀 속성을 적용해야한다. 즉, 위젯의 상태^{state} 속성에 따라 특정 기능을 활성화하거나 비활성화할 수 있도록하고 사용이 끝난 뒤에는 완전히 삭제되도록 한다.

위젯 삭제하기

위젯 팩토리를 이용해 .tooltip( )이라는 새로운 제이쿼리 메소드를 생성하는 방법을 알아봤다. 이 메소드는 별도의 인수 없이 위젯 요소를 생성하며 이 외에도 다양한 기능을제공한다. 이 메소드에 문자열 인수를 추가하면 해당 이름의 메소드를 호출할 수 있다.

그 중 하나가 내장 메소드 중 하나인 destroy다. .tooltip('destroy') 형식으로 메소드를 호출하면, 페이지에서 툴팁 위젯을 제거할 수 있다. 위젯 팩토리로 많은 일을 할 수 있지만, ._create( )로 생성한 문서 내 여러 요소(이번 예제에서는 툴팁 텍스트를 포함하는 <div>요소)를 수정하기에 앞서, 불필요한 내용부터 삭제해야 한다.

```
(($) => {
  $.widget('ljq.tooltip', {
    _create() {
      // ...
    },

    destroy() {
      this._tooltipDiv.remove();
      this.element
        .removeClass('ljq-tooltip-trigger')
        .off('.ljq-tooltip');
      this._superApply(arguments);
    },

    _open() {
```

```
      // ...
    },

    _close() {
      // ...
    }
  });
})(jQuery);
```

리스팅 8.18

이번에 작성한 새 코드는 위젯의 새로운 프로퍼티를 추가한다. 이번 위젯 함수는 수정된 내용을 이전 상태로 돌리며, destroy 함수를 호출해 관련 내용을 자동으로 삭제한다. _super()와 _superApply() 메소드는 동일한 이름의 원본 위젯 메소드를 호출하는데, 이와 같은 초기화 작업은 원본 위젯 내에서 실행하는 편이 낫기 때문이다.

 destroy 함수 앞에는 밑줄 기호가 없다는 사실에 주목하자. 이는 .tooltip('destroy') 형식으로 호출할 수 있는 public 속성의 메소드이기 때문이다.

위젯 활성화, 비활성화하기

사용이 끝난 위젯을 완전히 삭제하는 방식 외에도 위젯을 임시로 비활성화 상태로 만든 뒤 다시 활성화하는 것도 가능하다. 위젯 메소드인 enable과 disable을 이용하면 필요에 따라 this.options.disabled의 값을 true 또는 false로 설정할 수 있다. 이들 메소드를 사용하려면 위젯이 어떤 동작을 하기 전 해당 값만 확인하면 된다.

```
_open() {
  if (this.options.disabled) {
    return;
```

```
  }

  const elementOffset = this.element.offset();
  this._tooltipDiv
    .css({
      position: 'absolute',
      left: elementOffset.left,
      top: elementOffset.top + this.element.height()
    })
    .text(this.element.data('tooltip-text'))
    .show();
}
```

리스팅 8.19

위 코드를 실행한 뒤, `.tooltip('disable')`이 호출되면 툴팁이 비활성화되고, `.tooltip`
`('enable')`이 호출되면 툴팁이 활성화된다.

위젯 옵션 받기

이제 위젯에 커스터마이징 옵션을 추가해보자. 앞서 `.shadow()` 플러그인을 만들면서 위
젯의 커스터마이징을 위한 기본 설정값을 제공하고, 이후 사용자의 필요에 따라 이들 값
을 오버라이딩하는 방법을 알아봤다. 이 과정의 대부분은 위젯 팩토리를 통해 구현할 수
있으며, 다음과 같이 적절한 프로퍼티만 제공하면 된다.

```
options: {
  offsetX: 10,
  offsetY: 10,
  content: element => $(element).data('tooltip-text')
},
```

리스팅 8.20

options 프로퍼티는 일반적인 객체다. 위젯에 사용할 수 있는 모든 옵션이 표시돼 있으며, 이들 값은 사용자가 수정할 필요가 없다. 위 코드에서 x축, y축 좌푯값은 트리거 요소와 상대적인 위치에 있는 툴팁 박스를 위한 것이며, 함수는 툴팁 박스의 텍스트 콘텐츠를 채운다.

이제 남은 일은 ._open( ) 여부를 확인하는 것뿐이다.

```
_open( ) {
  if (this.options.disabled) {
    return;
  }

  const elementOffset = this.element.offset( );
  this._tooltipDiv
    .css({
      position: 'absolute',
      left: elementOffset.left + this.options.offsetX,
      top:
        elementOffset.top +
        this.element.height( ) +
        this.options.offsetY
    })
    text(this.options.content(this.element))
    .show( );
}
```

리스팅 8.21

_open 메소드 내부에서, this.options을 이용해 이들 프로퍼티에 접근할 수 있다. 이런 방식으로 기본 설정값 또는 사용자가 오버라이딩한 값 등, 항상 올바른 옵션값을 가져올 수 있다.

.tooltip( )과 같이, 인수 없이 사용할 수 있는 위젯도 있다. 이들 위젯은 기본 설정값을 받는데 .tooltip({ offsetX: -10, offsetX: 25 })와 같이 이 기본 설정값을 오버

라이딩할 수 있는 옵션을 제공할 수 있다. 위젯 팩토리를 이용하면 `.tooltip('option', 'offsetX', 20)`과 같이, 위젯 인스턴스가 만들어진 뒤에도 옵션을 변경할 수 있다. 이 경우 다음번 옵션값을 가져올 때 설정 내용이 바뀌게 된다.

 옵션 변경에 대한 대응
옵션 변경 즉시 설정 내용에 적용하려면, _setOption 함수를 추가해 위젯에서 변경 사항을 처리한 뒤, 기본 설정의 _setOption을 호출하면 된다.

메소드 추가하기

destroy와 같은 내장 메소드는 사용하기 편리하지만 이들 메소드를 위해 플러그인 구현 시 다양한 옵션을 외부로 노출시켜야 하는 경우가 있다. 앞서 위젯 내부에 새로운 private 함수를 추가하는 방법을 알아봤는데, public 함수를 구현하는 것 또한 크게 다르지 않으며, 위젯 프로퍼티의 이름을 밑줄 기호 없이 쓰기만 하면 된다. 이번에는 public 메소드를 이용해 코드에서 직접 툴팁을 열고, 닫는 기능을 구현한다.

```
open() {
  this._open();
},
close() {
  this._close();
}
```

리스팅 8.22

위 예제 코드는 private 함수를 public 메소드로 호출하며, 위젯에서는 `.tooltip('open')`으로 툴팁을 열고, `.tooltip('close')`로 툴팁을 닫을 수 있다. 이때 메소드에서 아무런 값을 반환하지 않아도 위젯 팩토리가 알아서 연쇄적으로 임무를 수행한다.

위젯 이벤트 실행하기

훌륭한 플러그인은 제이쿼리의 기능을 확장할 뿐 아니라 플러그인의 기능을 다시 확장할 수 있는 방법을 제공한다. 이와 같은 확장성을 제공하는 방법은 플러그인과 관련된 커스텀 이벤트를 제공하는 것이다. 이번 절에서는 위젯 팩토리로 커스텀 이벤트를 추가한다.

```
_open() {
  if (this.options.disabled) {
    return;
  }

  const elementOffset = this.element.offset();
  this._tooltipDiv
    .css({
    position: 'absolute',
    left: elementOffset.left + this.options.offsetX,
    top:
      elementOffset.top +
      this.element.height() +
      this.options.offsetY
    })
    .text(this.options.content(this.element))
    .show();
  this._trigger('open');
},

_close: function() {
  this._tooltipDiv.hide();
  this._trigger('close');
}
```

리스팅 8.23

함수에서 this._trigger()를 호출하면 새로운 커스텀 이벤트에 반응할 수 있다. 이벤트의 이름 앞에는 접두사로 위젯 이름을 추가해 다른 이벤트와의 충돌을 막는다. 툴팁

open 함수에서 `this._trigger('open')`를 호출하면, 툴팁이 열릴 때마다 `tooltipopen`이라는 이벤트가 전송되고, 이 이벤트는 해당 요소에서 `.on('tooltipopen')`을 호출해 그에 맞는 반응을 할 수 있다.

지금까지 훌륭한 플러그인을 만들기 위한 기본적인 구현 방법을 소개하고, 전 세계의 제이쿼리 UI 사용자가 편리하게 사용할 수 있는 기능은 물론 표준에 부합하는 위젯의 구현 방식에 대해 알아봤다.

▌ 플러그인 디자인 권장 사항

8장에서는 제이쿼리 코어와 제이쿼리 UI의 기능을 확장해 사용할 수 있는 대표적인 방법인 플러그인에 대해 알아봤다. 플러그인 디자인 및 개발과 관련된 권장 사항은 다음과 같다.

- 제이쿼리를 나타내는 알리아스alias 혹은 상징인 달러($) 기호를 사용함에 있어 다른 제이쿼리 라이브러리와의 간섭 상황을 고려한다. 또 IIFE 즉, 즉각적인 함수 호출 표현식에 $ 기호가 지역 변수로 사용될 때 역시 충돌이 있어날 수 있으므로 주의한다.

- `$.myPlugin`으로 제이쿼리 객체를 확장하거나, `$.fn.myPlugin`으로 제이쿼리 프로토타입을 확장할 때, $ 네임스페이스에 하나 이상의 프로퍼티를 추가한다. 추가적인 public 메소드와 프로퍼티는 (`$.myPlugin.publicMethod` 또는 `$.fn.myPlugin.pluginProperty`와 같은 형식으로) 플러그인의 네임스페이스에 추가돼 있어야 한다.

- 플러그인에서 기본 설정값이 포함된 객체를 제공한다(예: `$.fn.myPlugin.defaults = {size: 'large'}.`).

- 사용자가 메소드의 콜백을 이용해(예: `$.fn.myPlugin.defaults.size = 'medium';`), 혹은 단일 호출로 (예: `$('div').myPlugin({size: 'small'});`) 플러그인의 기본 설

정값을 오버라이딩할 수 있도록 한다.

- 제이쿼리 프로토타입($.fn.myPlugin)을 확장할 때, 제이쿼리 메소드를 연쇄적으로 추가할 수 있도록 프로토타입을 반환한다(예: $('div').myPlugin().find('p').addClass('foo')).

- 제이쿼리 프로토타입($.fn.myPlugin)을 확장할 때, this.each()를 호출해 암묵적인 반복 기능을 강화한다.

- 콜백 함수를 이용하면, 플러그인 코드 변경 없이 플러그인의 기능을 유연하게 수정할 수 있다.

- 플러그인으로 사용자 인터페이스 요소를 호출하거나, 특정 요소의 상태 정보를 파악해야 할 경우, 제이쿼리 UI 위젯 팩토리를 사용한다.

- QUnit 등 테스팅 프레임워크를 이용해 플러그인의 유닛 테스트를 자동화할 수 있다. QUnit에 대한 자세한 내용은 부록 A에서 확인한다.

- 코드 리비전revisions 관리를 위해 깃Git과 같은 버전 콘트롤 시스템을 사용한다. 깃허브(http://github.com/)를 통해 플러그인을 호스팅하고, 다른 사용자의 코드 기여도 받을 수 있다.

- 다른 사용자도 플러그인을 사용할 수 있게 하기에 앞서, 코드 라이선싱 내용을 명확히 할 필요가 있다. 이를 위해 제이쿼리 코어에도 적용된 MIT 라이선스 등에 대해 알아보자.

플러그인 배포하기

앞서 설명한 권장 사항을 준수하면 강력하면서도 유지 보수성 높은 플러그인을 만들 수 있다. 사용성 높고 다른 개발자에 의한 코드 재활용성이 높은 플러그인이라면 제이쿼리 커뮤니티에서 공개적으로 배포할 만하다.

플러그인을 배포하려면, 플러그인 코드를 명료하게 잘 작성하는 일 외에도, 다른 사용자의 플러그인 활용을 도울 수 있는 개발자 문서가 필요하다. 개발자 문서 포맷은 여러 형식이 있지만, 개발 업계의 표준이라 할 수 있는 JSDoc(http://usejsdoc.org/)도 좋은 선택 안이 될 수 있다. 이 외 자동 문서 생성 기능을 제공하는 docco(http://jashkenas.github.com/docco/)와 dox(https://github.com/visionmedia/dox)도 개발자 문서 작성에 활용할 수 있다. 어떤 포맷을 쓰더라도, 개발자 문서에는 플러그인 활용과 관련된 모든 파라미터와 메소드 사용을 위한 옵션에 대한 상세한 설명이 포함돼 있어야 한다.

플러그인 코드와 개발자 문서 호스팅 방법 또한 다양하며, npm이 가장 널리 사용되고 있다. npm 패키지로 제이쿼리 플러그인을 배포하는 방식은 다음 링크를 참고하기 바란다.

http://blog.npmjs.org/post/112064849860/using-jquery-plugi ns-with-npm

■ 요약

8장에서는 제이쿼리 라이브러리 기능을 확장하는 방법을 알아봤다. 7장, '플러그인 활용하기'에서 기존 플러그인이 어떻게 만들어져 있는지 확인했다면, 8장에서는 우리가 필요로 하는 기능을 직접 확장하고 구현하는 방법을 살펴봤다. 이번 플러그인 구현에서는 제이쿼리 라이브러리를 참조하는 전역 함수 그리고 DOM 요소를 활용하기 위한 새로운 제이쿼리 객체, 정교한 제이쿼리 UI 위젯 활용 방법을 알아봤다. 다양한 도구로 제이쿼리 라이브러리와 직접 작성한 자바스크립트 코드를 결합해 우리가 꼭 필요로 하는 플러그인을 구현할 수 있게 됐다.

■ 연습 문제

1. .slideFadeIn( ) 그리고 .slideFadeOut( )이라는 이름의 새로운 플러그인 메소드를 만든 뒤, .fadeIn( )과 .fadeOut( ) 함수로 투명도 애니메이션을, .slideDown( )

그리고 .slideUp( ) 함수로 슬라이드 애니메이션을 연동한다.

2. .shadow( ) 메소드의 커스터마이징 기능을 확장해 복제된 요소의 z-index를 플러그인 사용자가 조절할 수 있도록 한다.

3. tooltip 위젯에 isOpen이라는 하위 메소드를 추가한다. 이 하위 메소드는 현재 화면에 툴팁이 나타나 있을 경우 true를, 그렇지 않을 경우 false를 반환한다.

4. tooltipopen 이벤트에 반응하는 코드를 작성한다. 위젯이 실행되면 콘솔창에 로그 메시지를 출력하도록 한다.

5. **도전 과제**: 툴팁 위젯에 대체 콘텐츠를 추가할 수 있도록 한다. Ajax로 가리킨 href 문서를 가져와서 툴팁 위젯의 텍스트로 화면에 표시되도록 한다.

6. **도전 과제**: 툴팁 위젯에 새로운 시각 효과 옵션을 추가할 수 있도록 한다. 툴팁이 나타나거나 사라질 때 (explode 등) 지정된 이름의 제이쿼리 UI 시각 효과가 적용되도록 한다.

09

고급 선택자와 순회 기능

2009년 1월, 제이쿼리의 창시자인 존 레식^{John Resig}은 새로운 오픈소스 자바스크립트 프로젝트인 Sizzle을 발표했다. 독자적인 CSS 선택자 엔진인 Sizzle은 어떤 자바스크립트 라이브러리에서도 코드 수정 없이 (혹은 거의 없이) 사용할 수 있도록 했다. 사실 제이쿼리는 이미 버전 1.3부터 자체 선택자 엔진으로 Sizzle을 사용하고 있다.

Sizzle은 제이쿼리 내에서 작동하는 컴포넌트로서 $( ) 함수에 입력한 CSS 선택자 표현식을 파싱^{parsing}하는 역할을 담당하며, 다른 제이쿼리 메소드와 연동할 특정 요소 그룹을 생성할 때 어떤 네이티브 DOM 메소드를 사용할지 결정한다. Sizzle과 제이쿼리 조합의 순회 메소드^{traversal methods}는 페이지 내 특정 요소를 찾으려 할 때, 제이쿼리를 훨씬 더 강력하게 만들어준다.

2장, '요소 선택하기'에서는 제이쿼리 라이브러리에서 우리가 활용할 수 있는 기본적인 선택자와 순회 메소드가 무엇이고, 어떻게 사용하는지에 대해 알아봤다.

이번 9장에서는 고급 선택자와 그 활용 방법을 알아본다.

- 선택자를 이용해 다양한 방법으로 데이터를 찾고 필터링하기
- 새로운 선택자와 DOM 순회 메소드를 추가하는 플러그인 작성하기
- 성능 향상을 위해 선택자 표현식 최적화하기
- Sizzle 엔진의 구동 방식 이해하기

▌ 요소 선택하기와 순회하기

선택자와 순회 기능에 대한 깊이 있는 이해를 위해, 웹 문서 내에서 보다 복잡한 선택 및 순회 기능을 발휘할 수 있는 스크립트를 작성한다. 이번 예제에서 새로운 아이템 목록이 포함된 HTML 문서를 작성한다. 이들 아이템 목록은 테이블에 들어 있으며, 다양한 방법으로 테이블 열과 행에 있는 요소를 선택하는 실험을 한다.

```html
<div id="topics">
  Topics:
  <a href="topics/all.html" class="selected">All</a>
  <a href="topics/community.html">Community</a>
  <a href="topics/conferences.html">Conferences</a>
  <!-- continued... -->
</div>
<table id="news">
  <thead>
    <tr>
      <th>Date</th>
      <th>Headline</th>
      <th>Author</th>
```

```
      <th>Topic</th>
    </tr>
  </thead>
  <tbody>
    <tr>
      <th colspan="4">2011</th>
    </tr>
    <tr>
      <td>Apr 15</td>
      <td>jQuery 1.6 Beta 1 Released</td>
      <td>John Resig</td>
      <td>Releases</td>
    </tr>
    <tr>
      <td>Feb 24</td>
      <td>jQuery Conference 2011: San Francisco Bay Area</td>
      <td>Ralph Whitbeck</td>
      <td>Conferences</td>
    </tr>
    <!-- continued... -->
  </tbody>
</table>
```

예제 코드 다운로드

예제 코드는 다음 깃허브 저장소에서 다운로드할 수 있다.

https://github.com/PacktPublishing/Learning-jQuery-3

위 코드를 통해 HTML 문서의 구조를 알 수 있다. 이번 예제의 테이블은 네 개의 행에 date, headline, author, topic 등의 타이틀 텍스트가 있고 테이블 열에는 캘린더 연도가 제목 요소로 나타난다.

문서 타이틀과 테이블 사이에는 테이블에 포함된 토픽과 연결된 링크 그룹이 있다. 다음 절에서는 토픽 링크를 클릭하면 다른 페이지로 넘어가지 않고, 테이블 내에서 관련 내용이 토픽에 맞춰 변경되도록 한다.

동적인 테이블 필터링

토픽 링크로 테이블을 필터링하기에 앞서 가장 먼저 할 일은 링크의 기본 설정 동작을 막는 것이다. 또한 현재 선택된 토픽에 대해 사용자에게 피드백을 제공한다.

```
$(() => {
  $('#topics a')
    .click((e) => {
      e.preventDefault();
      $(e.target)
        .addClass('selected')
        .siblings('.selected')
        .removeClass('selected');
    });
});
```

리스팅 9.1

토픽 링크를 클릭하면 selected 클래스를 제거하고, 새로운 토픽에 selected 클래스를
추가한다. .preventDefault()는 링크의 기본 설정 동작을 막는다.

다음, 본격적으로 필터링 작업을 시작한다. 가장 먼저 관련 토픽을 포함하고 있지 않은
열을 테이블에서 감춘다.

```
$(() => {
  $('#topics a')
    .click((e) => {
      e.preventDefault();
      const topic = $(e.target).text();

      $(e.target)
        .addClass('selected')
        .siblings('.selected')
        .removeClass('selected');

      $('#news tr').show();
      if (topic != 'All') {
        $(`#news tr:has(td):not(:contains("${topic}"))`)
          .hide();
      }
    });
});
```

리스팅 9.2

링크의 텍스트를 topic 상수에 저장해 테이블에 있는 텍스트와 비교한다. 먼저 모든 테
이블 열을 표시한 뒤 토픽이 All이 아닌 경우 그와 무관한 요소를 감춘다. 이 과정에서 사
용하는 선택자의 내용은 다소 복잡한 편이다.

```
#news tr:has(td):not(:contains("topic"))
```

이번 선택자는 테이블의 모든 열에 있는 `#news tr`로 시작한 뒤, `:has()` 커스텀 선택자로 필터링을 시작한다. 이 선택자는 해당 자손을 포함하고 있는 요소만 걸러내는데, 이번 예제에서는 맨 앞의 (캘린더 연도를 포함한) 제목 열을 제거하기 위해 `<td>`를 포함하고 있지 않은 테이블 셀만을 찾는다.

테이블에서 실제로 콘텐츠를 포함하고 있는 열만을 걸러낸 뒤, 선택된 토픽과 관련된 열이 어떤 것인지 찾는다. `:contains()` 커스텀 선택자는 인수로 전달된 문자열과 일치하는 요소가 있는지 찾으며, 이를 `:not()`으로 감싸면, topic 문자열이 포함되지 않은 모든 열을 반환하게 된다.

코드를 실행하면, 토픽이 뉴스 헤드라인의 일부분처럼 나타나는데, 약간의 수정이 필요하다. 또 하나의 토픽이 또 다른 토픽의 하위 문자열로 나타나는 부분도 수정해야 한다. 이들 문제를 해결하기 위해, 각 열의 내용을 수정하는 코드를 작성한다.

```
$(() => {
  $('#topics a')
    .click((e) => {
      e.preventDefault();
      const topic = $(e.target).text();

      $(e.target)
        .addClass('selected')
        .siblings('.selected')
        .removeClass('selected');

      $('#news tr').show();
      if (topic != 'All') {
        $('#news')
          .find('tr:has(td)')
          .not((i, element) =>
            $(element)
              .children(':nth-child(4)')
              .text() == topic
```

354

```
        )
        .hide();
    }
  });
});
```

리스팅 9.3

새로운 예제 코드는 DOM 순회 메소드로 복잡했던 선택자 표현식 부분을 대체했다. `.find()` 메소드는 지난 예제 코드에서 #news와 tr이 했던 것과 비슷한 역할을 하는 반면 `.not()` 메소드는 기존 코드의 `:not()`이 할 수 없었던 임무를 수행한다. 2장, '요소 선택하기'에서 `.filter()` 메소드에 대해 알아봤는데, `.not()`은 개별 요소를 한 번씩 테스트할 때마다 호출되는 콜백 함수를 받을 수 있다. 그 결과 true를 반환하면, 해당 요소는 필터링 그룹에서 제외된다.

선택자와 순회 메소드 비교

선택자와 그에 상응하는 순회 메소드는 성능상의 차이가 있다. 이번 장 후반에서 이에 대해 상세히 알아본다.

`.not()` 메소드의 필터링 함수 내부에서, 해당 열의 자식 요소를 테스트하고 (Topic행에 있는 테이블 셀인) 네 번째 요소를 찾는다. 이 셀의 텍스트를 확인하면, 해당 열을 감출지 여부를 결정할 수 있다. 그리고 오직 해당 텍스트와 일치하는 열만 화면에 표시한다.

Topics: All Community **Conferences** Documentation Plugins Releases Miscellaneous			
Date	**Headline**	**Author**	**Topic**
2011			
Feb 24	jQuery Conference 2011: San Francisco Bay Area	Ralph Whitbeck	Conferences
2010			
Aug 24	jQuery Conference 2010: Boston	Ralph Whitbeck	Conferences
Jun 14	Seattle jQuery Open Space and Hack Attack with John Resig	Rey Bango	Conferences
Mar 15	jQuery Conference 2010: San Francisco Bay Area	Mike Hostetler	Conferences
2009			
Oct 22	jQuery Summit	John Resig	Conferences

테이블 열에 배경색 적용하기

2장, '요소 선택하기'에서 선택자 예제를 통해 테이블 셀에 짝수, 홀수 단위로 번갈아 배경색을 적용하는 방법을 알아봤다. 당시 :even과 :odd 커스텀 선택자로 배경색을 적용했는데, 8장에서는 CSS의 네이티브 선택자인 :nth-child( ) 모조 클래스^{pseudo class}를 이용한다.

```
$(( ) => {
  $('#news tr:nth-child(even)')
    .addClass('alt');
});
```

리스팅 9.4

이 선택자는 매우 직관적으로 테이블 열을 하나씩 건너뛰면서 선택하는데, 이번 예제에서는 각 해의 새로운 뉴스 기사가 <tbody> 요소에 포함돼 있어서 다음과 같이 섹션마다 짝수 요소를 선택해 배경색을 적용한다.

Date	Headline	Author	Topic
2011			
Apr 15	jQuery 1.6 Beta 1 Released	John Resig	Releases
Feb 24	jQuery Conference 2011: San Francisco Bay Area	Ralph Whitbeck	Conferences
Feb 7	New Releases, Videos & a Sneak Peek at the jQuery UI Grid	Addy Osmani	Plugins
Jan 31	jQuery 1.5 Released	John Resig	Releases
Jan 30	API Documentation Changes	Karl Swedberg	Documentation
2010			
Nov 23	Team Spotlight: The jQuery Bug Triage Team	Paul Irish	Community
Oct 4	New Official jQuery Plugins Provide Templating, Data Linking and Globalization	John Resig	Plugins

테이블 열에 좀 더 복합적인 스타일을 적용하려면, 한 번에 두 줄씩 alt 클래스를 추가한다. 이렇게 하면 첫 번째 두 개 열은 해당 클래스가 적용되고, 다음 두 개 열은 적용되지 않으며, 이 패턴이 반복된다. 이를 위해 filter 함수를 약간 수정한다.

```
$(() => {
  $('#news tr')
    .filter(i => (i % 4) < 2)
    .addClass('alt');
});
```

리스팅 9.5

2장, '요소 선택하기'의 `.filter()`와 리스팅 9.3의 `.not()`을 이용해 만든 필터링 함수는 테이블 셀 중에서 우리가 원하는 결괏값을 포함하고 있는지 하나씩 대조하며 확인한다. 하지만 필터링을 진행할 때는 목록에서 제외할 정보만 있으면 되며, 토픽에 포함될 정보는 몰라도 된다. 대신 원본 요소를 기준으로 한 위치 정보는 알고 있어야 한다. 이번 예제에서 이 정보는 i라 부르고, `each()` 함수의 인수로 전달한다.

i 파라미터는 해당 요소의 0 기반 인덱스 값을 저장하며, 이 값을 나머지 연산자(%)에 대입해 한 쌍의 요소에 alt 클래스를 적용할지 말지를 결정한다. 이제 테이블에 두 줄씩 번갈아 가며 배경색이 적용된다.

하지만 코드 변경과 함께 몇 개 요소가 불필요해졌다. 이제부터는 `:nth-child()`를 사용하지 않으며, 대체 방식은 각각의 `<tbody>`에서 시작할 필요가 없어졌다. 또한 좀 더 일관성 높은 디자인을 위해 테이블 헤더 열은 선택 요소에서 제외할 필요가 있다. 이들 내용을 반영한 코드는 다음과 같다.

```
$(() => {
  $('#news tbody')
    .each((i, element) => {
      $(element)
        .children()
        .has('td')
        .filter(i => (i % 4) < 2)
        .addClass('alt');
```

```
    });
});
```

각각의 열 그룹을 독립적으로 처리하기 위해 .each( ) 호출 시 <tbody> 요소를 반복 순회하도록 하고, 여기서 리스팅 9.3에서 썼던 .has( )를 이용해 서브헤드 열을 제외한다. 이모든 내용이 적용된 결과 화면은 다음과 같다.

Date	Headline	Author	Topic
2011			
Apr 15	jQuery 1.6 Beta 1 Released	John Resig	Releases
Feb 24	jQuery Conference 2011: San Francisco Bay Area	Ralph Whitbeck	Conferences
Feb 7	New Releases, Videos & a Sneak Peek at the jQuery UI Grid	Addy Osmani	Plugins
Jan 31	jQuery 1.5 Released	John Resig	Releases
Jan 30	API Documentation Changes	Karl Swedberg	Documentation
2010			
Nov 23	Team Spotlight: The jQuery Bug Triage Team	Paul Irish	Community

필터링과 테이블 셀 스타일의 결합

이상으로 고급 레벨의 테이블 셀 선택 기술은 익혔다. 토픽 필터링이 적용된 결과 화면은 그리 만족스럽지 못하다. 두 개의 함수가 상호 보완적으로 작동하려면, 필터가 적용될 때마다 테이블 셀에 배경색을 다시 지정할 필요가 있다. 또한 alt 클래스를 어디에 적용할지 연산하는 동안 해당 열이 현재 화면에서 감춰진 상태인지를 확인할 필요도 있다.

```
$(( ) => {
  function stripe( ) {
    $('#news')
      .find('tr.alt')
```

```
        .removeClass('alt')
        .end()
        .find('tbody')
        .each((i, element) => {
          $(element)
            .children(':visible')
            .has('td')
            .filter(i => (i % 4) < 2)
            .addClass('alt');
        });
  }
  stripe();

  $('#topics a')
    .click((e) => {
      e.preventDefault();
      const topic = $(e.target).text();

      $(e.target)
        .addClass('selected')
        .siblings('.selected')
        .removeClass('selected');

      $('#news tr').show();
      if (topic != 'All') {
        $('#news')
          .find('tr:has(td)')
          .not((i, element) =>
            $(element)
              .children(':nth-child(4)')
              .text() == topic
          )
          .hide();
      }

      stripe();
```

```
    });
});
```

리스팅 9.7

리스팅 9.3의 필터링 코드와 새로운 테이블 셀 배경색 코드를 결합한 stripe() 함수는 문서가 로딩될 때 호출되며 토픽 링크를 클릭할 때마다 다시 호출된다. 이 함수 내부에서 더 이상 필요 없어진 열에서 alt 클래스를 제거하고, 현재 화면에 나타나 있는 테이블 셀 중에서만 열을 선택하도록 제한한다. 이는 :visible 모조 클래스(그 반대는 :hidden)로 구현하는데, 이 클래스는 특정 요소가 화면에 나타나지 않을 때 그 이유가 display값이 none이기 때문인지, 혹은 width와 height값이 0이기 때문인지 등을 가리지 않고 화면 표시 여부만을 확인할 수 있어 편리하다.

이제 필터링을 진행해 테이블 셀의 기본 스타일을 그대로 유지된다.

선택자와 순회 메소드에 대한 추가 사항

지금까지 다양한 예제를 만들어왔지만, 제이쿼리에서 제공하는 전체 페이지 요소 찾기 기능 가운데 절반도 확인하지 못했다. 우리가 상황에 따라 사용할 수 있는 선택자와 DOM 순회 메소드는 수십여 가지가 있으며, 그 밑에 다시 이들 기능을 지원하는 수백여 가지의 유틸리티가 있다.

상황에 꼭 맞는 선택자와 DOM 순회 메소드를 찾는 데 도움이 되는 많은 자료가 준비돼 있다. 이 책 마지막 부분인 부록 A에는 제이쿼리에서 제공하는 거의 모든 선택자와 순회 메소드 목록을 매우 간단하게 설명한다. 하지만 좀 더 길고 세부적인 설명이 필요한 경우, 제이쿼리 API 레퍼런스 사이트를 참고하기 바란다.

- 제이쿼리의 모든 선택자 목록
  http://api.jquery.com/category/selectors/
- 제이쿼리의 모든 순회 메소드 목록
  http://api.jquery.com/category/traversing/

▌ 선택자 커스터마이징 및 최적화

지금까지 웹 페이지에 있는 어떤 요소든지 찾아서 활용할 수 있는 기능과 도구에 대해 배웠다. 하지만 우리가 원하는 요소를 찾는 방법을 알게 됐다고 모든 일이 끝나는 것은 아니다. 요소 검색 도구의 성능과 효율성을 높이기 위해 학습해야 할 것이 아직 많이 남아있다. 검색 도구의 효율성은 사용자가 좀 더 쓰기 쉽고 읽기 쉬워야 한다는 점과, 웹 브라우저 내에서 더 빨리 검색 결과를 가져와야 한다는 점에서 중요하다.

커스텀 선택자 플러그인 작성하기

코드의 가독성을 높이기 위한 방법 중 하나는 코드 블록을 재활용 가능한 컴포넌트로 캡슐화하는 것이다. 우리는 이와 관련해 지난 8장, '플러그인 개발하기'에서 제이쿼리 객체에 메소드를 추가하는 플러그인 구현 방법을 알아봤다. 하지만 플러그인이 코드를 재활용하는 데만 사용되는 것은 아니며, 7장, '플러그인 활용하기'에서 살펴본 Cycle 플러그인과 같은 :paused 등의 커스텀 선택자 표현식도 제공한다.

가장 간단한 선택자 표현식은 다름 아닌 모조 클래스다. 모조 클래스는 :checked 또는 :nth-child( )와 같이 콜론(:)으로 시작한다. 선택자 표현식 생성 과정에 대해 알아보기 위해 :group( )이라는 모조 클래스를 만들어보자. 이 모조 클래스는 리스팅 9.6의 배경색 적용을 위한 테이블 셀 선택 부분을 캡슐화한다.

특정 요소를 찾기 위해 선택자 표현식을 사용하면, 제이쿼리는 expr라는 내부 객체에 담긴 선택자 구현 지침을 찾는다. 이 객체에 담긴 내용은 .filter( ) 또는 .not( ) 등과 같은 필터링 함수와 비슷한 기능을 수행하며, 함수 실행 결과 true가 반환되면, 해당 조건에 부합하는 요소만을 선택적으로 걸러낸다. 그리고 $.extend( )라는 함수를 이용해 이 표현식에 다양한 객체를 추가할 수 있다.

```
(($) => {
  $.extend($.expr[':'], {
    group(element, index, matches) {
      const num = parseInt(matches[3], 10);

      return Number.isInteger(num) &&
        ($(element).index( ) - 1) % (num * 2) < num;
    }
  });
})(jQuery);
```

리스팅 9.8

위 코드는 제이쿼리에게 선택자 표현식에서 해당 그룹이 콜론으로 연결될 수 있는 적절한 문자열임을 알리고, 해당 함수는 선택 요소가 결과 그룹에 포함될지 여부를 결정할 때 호출되도록 한다.

이때 요소 선택 여부를 판단하는 group 함수는 다음 네 개의 파라미터를 전달한다.

- element: 그룹에 포함시킬지 여부를 고려하는 DOM 요소다. 대부분의 선택자에는 필요하지만 이번 예제에서는 꼭 필요한 파라미터는 아니다.

- **index**: 결과 그룹 내 DOM 요소의 인덱스 값이다. 안타깝게도 인덱스는 항상 0으로 시작하므로, 이번 예제에서 활용할 수는 없다. 그럼에도 인덱스가 파라미터로 포함된 이유는 인덱스상에서의 위칫값을 가져와야 하기 때문이다.
- **matches**: 이번 선택자를 파싱하기 위해 사용된 정규 표현식 결과를 포함한 배열이다. 보통 matches[3]는 배열에 유일한 연관 아이템이다. :group(2) 선택자에서 matches[3]는 두 개의 아이템을 지닌다.

모조 클래스 선택자는 결과 그룹에 특정 요소가 포함될지 아닐지를 결정하는 이들 세 개의 인수를 포함하는 정보의 일부 또는 전부를 활용한다. 이번 예제에서 element와 matches 모두 선택자 구현에 필요한 요소다. 또 이 함수에 전달된 모든 요소의 인덱스 값 또한 필요하다. 하지만 이번 예제에서 index 인수는 사용할 수 없으므로, 제이쿼리 메소드인 .index()를 이용해 해당 인덱스 값을 가져온다.

커스텀 모조 클래스인 :group 선택자를 이용해 우리가 원하는 요소를 선택할 수 있는 유연한 방법을 알아봤다. 예를 들어 선택자 표현식과 리스팅 9.5의 .filter() 함수를 결합해 $('#news tr:group(2)')라는 단일 선택자 표현식을 만들거나, 리스팅 9.7의 섹션별 선택 함수를 실행한 뒤, .filter() 함수에서 :group() 표현식을 사용한다. 이때 괄호 내 숫자만 변경하면 그룹에 포함시킬 열의 수도 바꿀 수 있다.

```
$(() => {
  function stripe() {
    $('#news')
      .find('tr.alt')
      .removeClass('alt')
      .end()
      .find('tbody')
      .each((i, element) => {
        $(element)
          .children(':visible')
          .has('td')
```

```
        .filter(':group(3)')
        .addClass('alt');
    });
  }

  stripe();
});
```

리스팅 9.9

세 개 열씩 그룹으로 묶어 배경색을 적용한 결과 화면은 다음과 같다.

Date	Headline	Author	Topic
2011			
Apr 15	jQuery 1.6 Beta 1 Released	John Resig	Releases
Feb 24	jQuery Conference 2011: San Francisco Bay Area	Ralph Whitbeck	Conferences
Feb 7	New Releases, Videos & a Sneak Peek at the jQuery UI Grid	Addy Osmani	Plugins
Jan 31	jQuery 1.5 Released	John Resig	Releases
Jan 30	API Documentation Changes	Karl Swedberg	Documentation
2010			
Nov 23	Team Spotlight: The jQuery Bug Triage Team	Paul Irish	Community

선택자의 성능

웹 개발 프로젝트를 기획할 땐 웹사이트 개발에 걸리는 시간과 기한에 맞추기 위한 업무의 강약 조절, 그리고 사용자와의 상호작용과 관련된 성능 등을 고려해야 한다. 이들 가운데 첫 번째와 두 번째 요소가 무엇보다 중요하다. 클라이언트 측 스크립트를 작성할 때 개발자는 섣부른 최적화, 혹은 마이크로 최적화라는 덫에 걸려 시간을 허비하는 경우가 자주 발생한다. 이런 문제에 얽히게 되면 자바스크립트 실행 시간을 몇 밀리초 줄이기 위해 수십 시간을 낭비하게 되는데, 실제 사용자 대부분은 이런 변화를 느끼지도 못한다는 문제가 있다.

성능이라는 지표에 대한 가장 추천할만한 조언은 사용자가 상호작용의 지연을 느낄 정도가 아니라면, 컴퓨터의 시간이 아닌 개발자 여러분의 시간을 좀 더 소중히 하라는 것이다.

개발 과정에서 성능이 중요한 이슈가 됐을 때, 병목 구간을 이루는 제이쿼리 코드를 찾는 일은 결코 쉬운 일이 아니다. 9장 초반에서 어떤 선택자는 다른 선택자에 비해 평균적으로 훨씬 빠르다고 설명한 바 있는데, 보통의 선택자에 비해 순회 메소드의 페이지 내 요소 찾기 속도가 빠르다고 할 수 있다. 그래서 선택자와 순회 메소드 모두를 이용해 사용자가 페이지와의 상호작용 과정에서 느낄 수 있는 지연 문제를 비교 테스트해볼 수 있다.

최신의 성능 좋은 브라우저를 사용할수록 그리고 최신 버전의 제이쿼리 기능을 사용할수록 선택자와 순회 메소드의 속도 차이가 줄어든다. 성능 문제와 관련해서 여러분이 세운 가설을 확인하고 코드를 최적화하는 방법으로 jsPerf(http://jsperf.com)와 같은 도구를 사용할 수 있다.

잠시 뒤 이들 내용을 바탕으로 제이쿼리 선택자 코드를 최적화하기 위한 간단한 가이드라인을 소개한다.

Sizzle 선택자 구현

9장 초반에서 $( ) 함수에 선택자 표현식을 전달할 때, 제이쿼리 Sizzle이 표현식을 파싱하는 방법과 그 결과로 나온 요소를 모으는 과정에 대해 설명했다. Sizzle은 브라우저에서 nodeList를 활용하기 위한 가장 효율적인 네이티브 DOM 메소드를 제공하며, 제이쿼리가 실제 배열로 변환하고 제이쿼리 객체를 추가할 수 있는 네이티브 배열 형식의 DOM 객체를 제공한다. 다음은 최신 버전의 브라우저 지원 시, 제이쿼리가 내부적으로 사용하는 DOM 메소드 목록이다.

메소드	선택된 항목	브라우저 지원
.getElementById( )	지정된 문자열과 일치하는 단 하나의 ID 요소	모든 브라우저
.getElementsByTagName( )	지정된 문자열과 일치하는 태그 이름을 지닌 모든 요소	모든 브라우저
.getElementsByClassName( )	지정된 문자열과 일치하는 클래스 이름이 포함된 모든 요소	IE9+, 파이어폭스 3+, 사파리 4+, 크롬 4+, 오페라 10+
.querySelectorAll( )	지정된 문자열과 일치하는 모든 요소	IE8+, 파이어폭스 3.5+, 사파리 3+, 크롬 4+, 오페라 10+

선택자 표현식의 내용 중 일부가 이들 메소드에 의해 처리되지 못하면, Sizzle은 다시 이미 모아 놓은 각각의 요소를 순환하며 표현식의 일부와 대조하는 작업을 반복한다. 선택자 표현식 중 이들 DOM 메소드로 처리할 수 없는 부분이 있을 경우, Sizzle은 문서 내 모든 요소 모음을 대상으로 document.getElementsByTagName('*') 핸들러를 실행하고 모든 요소를 하나씩 대조한다.

이 같은 순환-테스트 작업은 여타의 네이티브 DOM 메소드에 비해 훨씬 많은 시스템 자원을 소모하게 된다. 다행히 가장 최신 데스크톱 브라우저는 네이티브 .querySelectorAll( ) 메소드를 제공하며, Sizzle은 다른 방법이 통하지 않을 경우 이 메소드를 이용해 개별 요소를 찾아낸다. 또 선택자 표현식에 :eq( ) 또는 :odd 또는 :even 등, CSS에는 존재하지 않는 커스텀 제이쿼리 선택자가 포함돼 있을 경우, Sizzle은 순환-테스트 방식으로 개별 요소를 검색한다.

선택자 실행 속도 테스트

최신 브라우저의 .querySelectorAll( )과 순환-테스트 방식의 성능 차이를 비교하기 위해, 웹 문서에 포함된 모든 <input type="text"> 요소를 선택하는 실험을 할 수 있다. 선택자 표현식은 다음 두 가지 방식으로 작성할 수 있는데, 하나는 CSS 속성 선택자를 이용한 $('input[type="text"]') 방식, 또 하나는 커스텀 제이쿼리 선택자를 사용하는

$('input:text') 방식이다. 이번 예제에서는 선택자의 성능만 비교하므로, input은 삭제하고 오직 $('[type="text"]')와 $(':text')만 비교한다. 자바스크립트 성능 비교 사이트인 http://jsperf.com/에 나타난 결과는 다소 충격적이다.

jsPerf 성능 테스트는 일정 시간 동안 순환-테스트 작업을 얼마나 많이 수행했는가를 나타낸다. 숫자가 높을수록 성능이 더 좋다는 의미다. .querySelectorAll( )을 지원하는 현대 브라우저(크롬 26, 파이어폭스 20, 사파리 6)에서 확인한 결과, 커스텀 제이쿼리 선택자에 비해 훨씬 높은 성능을 보여줬다.

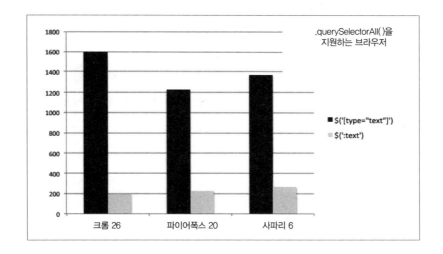

하지만 .querySelectorAll( )를 지원하지 않는 IE 7과 같은 브라우저에서는 두 선택자의 성능이 거의 비슷했다. 즉, 미지원 브라우저에서는 두 선택자 모두 제이쿼리를 통해 강제적으로 페이지 내 모든 요소를 순환하면서 각각의 요소를 확인한다는 사실을 알 수 있다.

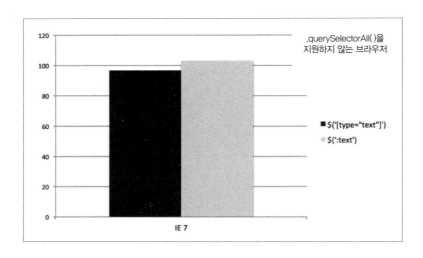

네이티브 메소드를 사용하는 $('input:eq(1)')와 네이티브 메소드를 사용하지 않는 $('input').eq(1)의 차이는 브라우저마다 차이는 있지만 그리 극명하게 큰 차이를 보이지는 않았다.

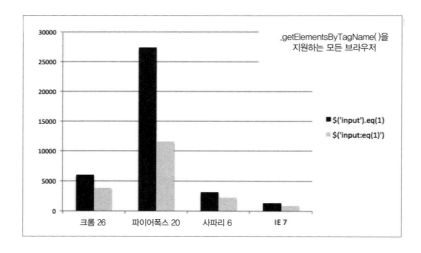

초당 실행 횟수는 브라우저에 따라 큰 차이가 있지만, 커스텀 :eq() 선택자와 .eq() 메소드 사이에도 차이를 확인할 수 있다. $() 함수의 인수로 input이라는 태그 이름을 입력

하면, .eq( ) 메소드는 제이쿼리 컬렉션에 있는 두 번째 요소를 가져오기 위해 배열 함수를 호출한다.

 선택자 사용과 관련한 제1법칙은, 가능한 한 제이쿼리 커스텀 선택자 대신 CSS 명세서에서 제공하는 기본 선택자를 사용하라는 것이다. 또한 선택자를 변경하기 전 과연 성능 향상이 꼭 필요한 것인지를 스스로에게 묻고, 변경된 코드를 통해 어느 정도의 성능 향상을 이뤘는지 jsPerf(http://jsperf.com) 등의 도구를 이용해 측정한다.

▌ DOM 순회 방법 알아보기

2장, '요소 선택하기'와 9장 초반에서 DOM 순회 메소드를 이용해 하나의 DOM 요소 그룹에서 또 다른 DOM 요소 그룹으로 순회하는 방법을 알아봤다. 당시 다뤘던 메소드 예제 가운데는 .next( )와 .parent( ) 등을 이용해 이웃 요소에 접근하기, 그리고 .find( )와 .filter( ) 등을 이용해 선택자 표현식을 결합하기 등이 있었다. 지금까지는 하나의 DOM 요소에서 또 다른 DOM 요소로 조심스럽게 이동하는 방법을 소개했다.

제이쿼리는 우리가 조심스럽게 한 발짝 한 발짝 이동한 흔적을 기록해뒀다가 우리가 요청하면 언제든 원래 우리가 출발한 지점으로 다시 돌아갈 수 있도록 돕는다. 이번 절에서는 이와 관련된 두 개의 메소드인 .end( )와 .addBack( )에 대해 간략히 소개하고, 흔적 따라가기 기능의 장점에 대해 설명한다. 이들 메소드를 최대한 활용하는 동시에 효율적인 제이쿼리 코드를 작성하려면, 우리가 지금까지 알고 있던 DOM 순회 메소드보다 좀 더 깊이 있는 내용을 이해해야 한다.

제이쿼리 순회 프로퍼티

보통 $( ) 함수에 선택자 표현식을 전달하는 방식으로 제이쿼리 객체 인스턴스를 생성한다. 이렇게 생성된 객체에는 해당 선택자와 일치하는 DOM 요소의 참조값이 담긴 배열 구조체가 있다. 하지만 이들 객체 속에 숨겨져 있는 프로퍼티에 대해서는 아직 확인하지 않았다. 예를 들어 DOM 순회 메소드가 호출되면, .prevObject 프로퍼티는 해당 순회 메소드로 호출된 제이쿼리 객체의 참조값을 지니게 된다.

 제이쿼리 객체는 선택자 프로퍼티는 물론 컨텍스트 프로퍼티(context properties)도 제공해왔다. 하지만 컨텍스트 프로퍼티의 효용이 별로 없어서 제이쿼리 3에서는 공식적으로 제외됐다.

이번 예제에서는 prevObject 프로퍼티를 활용하기 위해 테이블의 임의의 셀에 highlight를 추가하고, 해당 값을 확인한다.

```
$(() => {
  const $cell = $('#release');
    .addClass('highlight');
  console.log('prevObject', $cell.prevObject);
});
```

리스팅 9.10

위 코드는 선택된 셀에 highlight를 추가하며, 결과 화면은 다음과 같다.

Date	Headline	Author	Topic
2011			
Apr 15	jQuery 1.6 Beta 1 Released	John Resig	Releases
Feb 24	jQuery Conference 2011: San Francisco Bay Area	Ralph Whitbeck	Conferences
Feb 7	New Releases, Videos & a Sneak Peek at the jQuery UI Grid	Addy Osmani	Plugins
Jan 31	*jQuery 1.5 Released*	John Resig	Releases
Jan 30	API Documentation Changes	Karl Swedberg	Documentation

.prevObject는 새롭게 생성된 객체여서 콘솔창에 별도의 기능 정의가 보이지 않는다. 여기에 순회 메소드를 추가하면 매우 흥미로운 결과가 나타난다.

```
$(() => {
  const $cell = $('#release')
    .nextAll()
    .addClass('highlight');
  console.log('prevObject', $cell.prevObject);
});
```

리스팅 9.11

코드를 실행하면 콘솔창에서 highlight 요소가 변경되며, 결과 화면은 다음과 같다.

Date	Headline	Author	Topic
2011			
Apr 15	jQuery 1.6 Beta 1 Released	John Resig	Releases
Feb 24	jQuery Conference 2011: San Francisco Bay Area	Ralph Whitbeck	Conferences
Feb 7	New Releases, Videos & a Sneak Peek at the jQuery UI Grid	Addy Osmani	Plugins
Jan 31	jQuery 1.5 Released	*John Resig*	*Releases*
Jan 30	API Documentation Changes	Karl Swedberg	Documentation

이제 원래 선택됐던 요소 다음의 두 개 셀에 highlight가 적용된다. 제이쿼리 객체를 사용하면 .prevObject는 .nextAll()를 호출하기 전, 원래의 제이쿼리 객체 인스턴스를 참조한다.

DOM 요소 스택

모든 제이쿼리 객체는 이전 요소를 가리키는 .prevObject 프로퍼티를 지니므로, 링크 목록 구조를 만들기 위한 스택stack 구현에 활용할 수 있다. 순회 메소드가 호출될 때마다 새로운 요소 그룹을 찾고, 이 그룹을 스택에 밀어 넣는다. 이와 같은 전형적인 스택 구조는 앞서 언급했던 .end()와 .addBack() 메소드를 활용하기에 적합하다.

.end( ) 메소드는 스택 맨 뒤에 있는 요소를 끄집어내며 pops, 이는 .prevObject 프로퍼티를 이용해 값을 가져오는 것과 동일하다. 2장, '요소 선택하기'에서 이와 관련된 예제를 살펴봤으며, 이번 9장 후반부에서 다시 한 번 소개한다. 이번 절에서는 좀 더 흥미로운 메소드인 .addBack( )의 활용 방법을 알아본다.

```
$(( ) => {
  $('#release')
    .nextAll( )
    .addBack( )
    .addClass('highlight');
});
```

리스팅 9.12

highlight가 적용된 셀이 다시 바뀐다.

Date	Headline	Author	Topic
2011			
Apr 15	jQuery 1.6 Beta 1 Released	John Resig	Releases
Feb 24	jQuery Conference 2011: San Francisco Bay Area	Ralph Whitbeck	Conferences
Feb 7	New Releases, Videos & a Sneak Peek at the jQuery UI Grid	Addy Osmani	Plugins
Jan 31	*jQuery 1.5 Released*	*John Resig*	*Releases*
Jan 30	API Documentation Changes	Karl Swedberg	Documentation

.addBack( )이 호출되면, 제이쿼리는 스택의 바로 전 단계를 살펴보고, 두 개 요소 그룹을 결합한다. 이번 예제에서 .nextAll( )로 찾은 요소 그룹과 선택자로 지정한 원해의 요소 그룹을 결합한 뒤 highlight 속성을 적용한다. 그리고 이렇게 합병돼 만들어진 새로운 요소 그룹은 스택 속에 포함된다.

이와 같은 스택 구현 방식은 여러 모로 유용하다. 스택 구현 기술의 핵심은 순회 메소드가 호출될 때마다 정확하게 스택이 업데이트돼야 한다는 것이며, 이를 위해서는 순회 메소드 실행 시 제이쿼리 코드 내부에서 일어나는 상황을 관찰하고 필요한 프로퍼티를 적재적소에 적용할 수 있어야 한다.

DOM 순회 메소드 플러그인 작성하기

다른 제이쿼리 메소드처럼, 커스텀 순회 메소드도 $.fn에 프로퍼티를 추가하는 방식으로 제이쿼리에 추가할 수 있다. 8장, '플러그인 개발하기'에서 봤듯이 우리가 정의한 제이쿼리 메소드는 지정된 요소를 대상으로 연산을 진행하고, 그 결과로 또 다른 메소드를 연쇄적으로 적용할 수 있는 제이쿼리 객체를 반환한다. 이번 절에서는 DOM 순회 메소드의 생성 과정은 비슷하지만 반환된 제이쿼리 객체가 새로운 요소를 가리키도록 한다.

이번 예제에서는 특정 셀을 선택하면 그와 동일한 행에 있는 모든 테이블 셀을 찾는 플러그인을 만든다. 우선 플러그인을 구성하는 전체 코드를 살펴본 뒤, 주요 부분의 작동 원리를 하나씩 살펴본다.

```
(($) => {
  $.fn.column = function() {
    var $cells = $();

    this.each(function(i, element) {
      const $td = $(element).closest('td, th');
      if ($td.length) {
        const colNum = $td[0].cellIndex + 1;
        const $columnCells = $td
          .closest('table')
          .find('td, th')
          .filter(`:nth-child(${colNum})`);

        $cells = $cells.add($columnCells);
      }
    });

    return this.pushStack($cells);
```

```
  };
})(jQuery);
```

리스팅 9.13

위 코드에서 `.column()` 메소드는 DOM 요소를 가리키는 제이쿼리 객체에서 호출할 수 있다. 기능 구현을 위해 `.each()` 메소드로 개별 요소를 순회하고, `$cells` 변수 속에 셀의 행 요소를 하나씩 추가한다. `$cells` 변수는 빈 제이쿼리 객체로 시작하지만 `.add()` 메소드로 점점 더 많은 DOM 요소가 추가된다.

위 내용은 함수의 외부 순환 구조에 대한 것이며 이번 플러그인을 구현하기 위해서는 순환 구조 내부에서 `$columnCells`가 테이블 행에 있는 DOM 요소로 어떻게 채워지는지를 먼저 이해해야 한다. 먼저 조건에 맞는 테이블 셀의 참조값을 가져온다. 이때 `.column()` 메소드가 테이블 셀에서 호출되거나 테이블 셀 내부의 요소에서 호출될 수 있도록 할 필요가 있는데, `.closest()` 메소드가 바로 그 역할을 담당한다. 이 메소드는 우리가 지정한 선택자와 일치하는 요소를 찾을 때까지 DOM 트리를 순회하며, 특히 이벤트 위임event delegation에서 활용도가 높다. 이에 대해선 10장, '고급 이벤트'에서 설명한다.

필요한 테이블 셀을 확보했으면, DOM의 `.cellIndex` 프로퍼티를 이용해 행 번호를 알아낸다. 이 번호는 셀이 속한 행의 0 기반 인덱스 번호를 의미한다. 그 다음 해당 셀에서 가장 가까운 `<table>` 요소로 올라갔다가 다시 `<td>`와 `<th>` 요소로 내려온 뒤, `:nth-child()` 선택자 표현식으로 적절한 행의 셀만을 필터링한다.

> 이번 플러그인은 `.find('td, th')` 호출을 위해 간단하면서도 중첩되지 않은 테이블에만 적용할 수 있다. 중첩 테이블에 플러그인을 적용하려면 〈tbody〉 태그의 추가 여부를 결정해야 하고, DOM 트리의 상향 이동과 하향 이동을 위한 적절한 이동량을 지정해야 한다. 이번 예제에서 다루기에는 다소 복잡한 내용이다.

행에 있는 모든 셀을 찾았다면, 이를 가리키는 새로운 제이쿼리 객체를 반환할 차례다.

이를 위해 메소드에서 $cells을 반환할 수도 있지만, 이렇게 하면 DOM 요소 스택의 내용을 제대로 활용할 수 없다. 우리가 사용할 방식은 .pushStack( ) 메소드에 $cells를 전달하고 그 결괏값을 반환받는 것이다. .pushStack( ) 메소드는 DOM 요소 배열을 받고 이를 스택에 추가하므로, 이후 .addBack( ) 그리고 .end( ) 등 스택 메소드를 적절하게 활용할 수 있다.

사용자가 특정 셀을 클릭했을 때 그 셀이 속한 행 전체에 highlight 속성을 추가하는 코드는 다음과 같다.

```
$(() => {
  $('#news td')
    .click((e) => {
      $(e.target)
        .siblings('.active')
        .removeClass('active')
        .end()
        .column()
        .addClass('active');
    });
});
```

리스팅 9.14

사용자가 저자 이름 중 하나를 클릭하면 다음 그림과 같이 선택된 셀이 속한 모든 행에 active 클래스가 추가된다.

Date	Headline	Author	Topic
2011			
Apr 15	jQuery 1.6 Beta 1 Released	John Resig	Releases
Feb 24	jQuery Conference 2011: San Francisco Bay Area	Ralph Whitbeck	Conferences
Feb 7	New Releases, Videos & a Sneak Peek at the jQuery UI Grid	Addy Osmani	Plugins
Jan 31	*jQuery 1.5 Released*	*John Resig*	*Releases*
Jan 30	API Documentation Changes	Karl Swedberg	Documentation

DOM 순회 성능

선택자 성능 향상을 위한 규칙은 DOM 순회 성능 향상에도 그대로 적용할 수 있다. 최대한 이해하기 쉽게 코드를 작성하고, 쉽게 유지 보수하도록 한다. 하지만 측정 가능한 수준으로 성능을 향상시킬 수 있을 때만 최적화를 위해 코드의 가독성을 희생해야 한다. DOM 순회 성능 향상을 위한 다양한 실험 역시 http://jsperf.com/ 사이트가 도움을 줄 수 있다.

섣부른 최적화 시도는 지양해야 하지만 선택자와 순회 메소드의 불필요한 반복은 늘 최소화하도록 노력해야 한다. 이런 작업은 생각보다 많은 노력과 비용이 들 수 있으므로, 적은 시간 투입으로 적절한 성과를 얻을 수 있도록 한다. 불필요한 코드 반복을 줄일 수 있는 대표적인 두 가지 방법이 바로 연쇄chaining와 객체 캐싱object caching이다.

연쇄 기법을 이용한 성능 향상

지금까지 여러 차례 연쇄 기법을 사용했다. 연쇄 기법을 사용하면 코드가 간결해지고 아울러 성능 향상에 도움이 된다.

리스팅 9.9인 stripe() 함수를 사용해 ID가 news인 요소의 위치를 두 번이 아닌 단 한 번만 확인하며, 더 이상 사용하지 않는 열에서 alt 클래스를 제거하고 새로운 열 그룹에 alt 클래스를 추가한다. 연쇄 기법을 이용하면 이들 두 가지 동작을 하나의 동작으로 결합할 수 있고 불필요한 반복 역시 막을 수 있다.

```
$(() => {
  function stripe() {
    $('#news')
      .find('tr.alt')
      .removeClass('alt')
      .end()
      .find('tbody')
      .each((i, element) => {
        $(element)
```

```
            .children(':visible')
            .has('td')
            .filter(':group(3)')
            .addClass('alt');
        });
    }

    stripe();
});
```

리스팅 9.15

$('#news')를 한 번만 사용하기 위해, 제이쿼리 객체 내에서 DOM 요소 스택을 활용한다. .find( )는 테이블 열을 스택에 밀어 넣고, .end( )는 다음 번 .find( ) 호출 시 새로운 테이블 열을 가져올 수 있도록 방금 밀어 넣은 스택을 꺼내서 가져온다. 이와 같이 스택을 현명하게 활용하면 선택자의 불필요한 반복을 막을 수 있다.

캐싱을 이용한 성능 향상

캐싱Caching이란 연산 결과를 저장한 뒤, 해당 결괏값을 추가적인 연산 없이 여러 번 반복적으로 활용할 수 있도록 하는 것이다. 선택자와 순회 메소드의 성능 측면에서 제이쿼리 객체를 상수에 캐싱해두고 필요할 때 다시 생성하는 번거로움 없이 편리하게 활용할 수 있다.

기존 예제 코드에 사용된 연쇄 기법 대신, 캐싱 기법을 이용해 stripe( ) 함수의 내용을 다음과 같이 변경할 수 있다.

```
$(() => {
  const $news = $('#news');

  function stripe() {
    $news
```

```
      .find('tr.alt')
      .removeClass('alt');
    $news
      .find('tbody')
      .each((i, element) => {
        $(element)
          .children(':visible')
          .has('td')
          .filter(':group(3)')
          .addClass('alt');
      });
  }

  stripe();
});
```

리스팅 9.16

위 코드는 연쇄 기법을 위해 하나로 합쳐졌던 자바스크립트 연산을 두 개로 분리한다. 이때 `$news`에 결괏값을 저장함으로써, `$('#news')` 선택자는 여전히 한 번만 실행할 수 있다. 이와 같은 캐싱 기법은 연쇄 기법보다는 코드가 다소 길어질 수 있다. 제이쿼리 객체를 저장하는 변수를 별도로 생성해야 하기 때문이다. 캐싱 기법을 이용하기 위해 코드 내에서 상수를 추가하면 연쇄 기법에 비해 코드가 복잡해지긴 하지만 연쇄 기법의 복잡성이 너무 커질 경우, 캐싱 기법을 사용하는 편이 더 좋을 수 있다.

페이지에서 ID로 특정 요소를 찾는 작업은 매우 빠르게 진행되므로 이들 두 가지 기법의 예제는 성능 비교에서 큰 차이를 나타내지 않는다. 따라서 실무적인 측면에서 가독성 높고, 유지 보수성 좋은 방법을 택하길 권한다. 이상으로 성능 문제가 대두됐을 때 유용하게 활용할 수 있는 도구인 연쇄와 캐싱 기법에 대해 알아봤다.

▋ 요약

9장에서는 제이쿼리의 확장 기능 중, 웹 문서에서 특정 요소를 찾기 위한 방법을 심도 있게 알아봤다. Sizzle 선택자 엔진의 작동 원리와 Sizzle 엔진을 이용해 효과적이며 효율적인 코드를 디자인하는 방법에 대해서도 살펴봤다. 또한 제이쿼리 선택자와 DOM 순회 메소드의 기능을 확장하고 성능을 향상하기 위한 다양한 방법을 관찰했다.

참고 자료

제이쿼리 선택자와 DOM 순회 메소드의 전체 목록은 부록 B, '제이쿼리 API 목록'과 제이쿼리 공식 개발자 문서인 http://api.jquery.com/에서 확인할 수 있다.

▋ 연습 문제

연습 문제를 풀다가 막히는 부분이 있을 땐 제이쿼리 공식 문서를 확인하자.

http://api.jquery.com/

1. 테이블 열 배경색 적용 함수의 내용을 변경해 첫 번째 열에는 클래스를 적용하지 않고, 두 번째 열에는 alt 클래스를, 세 번째 열에는 alt-2 클래스를 적용한다. 그리고 이 패턴을 개별 섹션 내에서 세 개 열마다 반복한다.

2. :containsExactly( )라는 이름의 새로운 선택자 플러그인을 생성하고, 괄호 내 포함돼 있는 내용과 정확히 일치하는 텍스트 콘텐츠를 포함한 요소를 선택하도록 한다.

3. :containsExactly( ) 선택자를 이용해 리스팅 9.3의 필터링 코드를 수정한다.

4. .grandparent( )라는 이름의 새로운 DOM 순회 메소드를 생성하고, 선택된 요소를 DOM 구조상 조부모 요소의 위치로 이동시킨다.

5. **도전 과제**: http://jsperf.com/ 사이트를 열고 index.html 문서를 붙여넣기한 뒤, 다음 메소드를 이용해 <td id="release">와 가장 가까운 조상 테이블 요소를 찾을 때의 성능을 비교한다.

   - `.closest()` 메소드
   - `.parents()` 메소드(단, 첫 번째 테이블로만 범위를 한정)

6. **도전 과제**: http://jsperf.com/ 사이트를 열고 index.html 문서를 붙여넣기한 뒤, 다음 방법을 이용해 마지막 <td> 요소를 찾을 때의 성능을 비교한다.

   - `:last-child` 모조 클래스
   - `:nth-child()` 모조 클래스
   - 각 열에서 `.last()` 메소드 적용(.each()를 이용해 테이블 열을 순회)
   - 각 열에서 `:last` 모조 클래스 적용(.each()를 이용해 테이블 열을 순회)

10

고급 이벤트

상호작용성 높은 웹 애플리케이션을 만들려면 가장 먼저 사용자의 동작을 관찰하고 그 동작에 반응할 수 있어야 한다. 지금까지 살펴본 제이쿼리 이벤트 시스템은 이 작업을 훌륭하게 수행하며, 다수의 예제를 통해 이벤트의 활용 방법을 알아봤다.

3장, '이벤트 핸들링'에서 이벤트에 대한 상호작용을 위한 제이쿼리의 다양한 기술과 도구에 대해 알아봤다. 이번 10장은 고급 이벤트 활용 방법을 소개한다. 주요 내용은 다음과 같다.

- 이벤트 위임과 그에 따르는 문제
- 특정 이벤트의 성능 저하 문제 및 해결 방안
- 커스텀 이벤트 구현 방법
- 세밀한 상호작용 구현을 위해 제이쿼리가 제공하는 특수한 이벤트 시스템

■ 고급 이벤트 구현을 위한 준비

이번 예제에서는 간단한 사진 갤러리를 구현한다. 이번 갤러리는 특정 링크를 클릭하면 그에 해당하는 사진들이 추가적으로 나타나거나 사라지는 기능을 제공한다. 또 제이쿼리 이벤트 시스템을 이용해 마우스 커서를 사진 위로 올리면 해당 사진의 맥락 정보를 표시 하도록 한다. 이번 예제의 HTML 코드는 다음과 같다.

```
<div id="container">
  <h1>Photo Gallery</h1>

  <div id="gallery">
    <div class="photo">
      <img src="photos/skyemonroe.jpg">
      <div class="details">
        <div class="description">The Cuillin Mountains,
          Isle of Skye, Scotland.</div>
        <div class="date">12/24/2000</div>
        <div class="photographer">Alasdair Dougall</div>
      </div>
    </div>
    <div class="photo">
      <img src="photos/dscn1328.jpg">
      <div class="details">
        <div class="description">Mt. Ruapehu in summer</div>
        <div class="date">01/13/2005</div>
        <div class="photographer">Andrew McMillan</div>
      </div>
    </div>
    <div class="photo">
      <img src="photos/024.JPG">
      <div class="details">
        <div class="description">midday sun</div>
        <div class="date">04/26/2011</div>
        <div class="photographer">Jaycee Barratt</div>
```

```
      </div>
    </div>
    <!-- Code continues -->
  </div>
  <a id="more-photos" href="pages/1.html">More Photos</a>
</div>
```

> **예제 코드 다운로드**
>
> 예제 코드는 다음 깃허브 저장소에서 다운로드할 수 있다.
>
> https://github.com/PacktPublishing/Learning-jQuery-3

위 HTML 코드에 스타일이 적용되면, 다음과 같이 3열의 사진 갤러리가 나타난다.

추가적인 페이지의 데이터 로딩하기

지금까지는 페이지 요소를 클릭했을 때 발생하는 이벤트를 처리하는 내용을 중심으로 살펴봤다. 다음 코드는 More Photos 링크를 클릭하면, Ajax 요청에 의해 다음 그룹의 사진이 로딩되고, `<div id="gallery">`에 붙여 넣는다.

```
$(() => {
  $('#more-photos')
    .click((e) => {
      e.preventDefault();
      const url = $(e.target).attr('href');

      $.get(url)
        .then((data) => {
          $('#gallery')
            .append(data);
        })
        .catch(({ statusText }) => {
          $('#gallery')
            .append(`<strong>${statusText}</strong>`)
        });
    });
});
```

리스팅 10.1

More Photos 링크의 타깃을 갤러리의 다음 페이지로 설정한다.

```
$(() => {
  var pageNum = 1;

  $('#more-photos')
    .click((e) => {
      e.preventDefault();
```

```
          const $link = $(e.target);
          const url = $link.attr('href');

          if (pageNum > 19) {
            $link.remove();
            return;
          }

          $link.attr('href', `pages/${++pageNum}.html`);

          $.get(url)
            .then((data) => {
              $('#gallery')
                .append(data);
            })
            .catch(({ statusText }) => {
              $('#gallery')
                .append(`<strong>${statusText}</strong>`)
            });
        });
    });
```

리스팅 10.2

.click( ) 핸들러는 pageNum 변수를 이용해 Ajax 방식으로 요청한 다음 갤러리 페이지를
저장하고, 이를 새로운 링크의 href값으로 사용한다. pageNum은 함수 밖에서 정의했으
므로, 해당 값은 링크가 클릭될 때까지 유지되며, 갤러리 마지막 페이지에 도달하면 해당
값은 삭제된다.

> 이와 같은 사진 갤러리 구현에서 사용자가 Ajax 기법으로 로딩한 콘텐츠를 북마크할 수 있
> 도록 HTML5 history API를 활용한다. API와 관련된 내용은 Dive into HTML5 사이트
> (http://diveintohtml5.info/history.html)에서 확인하고, 구현을 돕는 도구로 History 플
> 러그인(https://github.com/browserstate/history.js)을 활용해보기 바란다.

호버 동작에서 데이터 표시하기

사진 갤러리에 적용할 다음 기능은 갤러리 영역에 마우스를 올렸을 때 해당 사진과 관련된 상세 정보를 제공하는 것이다. 이번 예제 구현에는 .hover( ) 메소드를 사용한다.

```
$(() => {
  $('div.photo')
    .hover((e) => {
      $(e.currentTarget)
        .find('.details')
        .fadeTo('fast', 0.7);
    }, (e) => {
      $(e.currentTarget)
        .find('.details')
        .fadeOut('fast');
    });
});
```

리스팅 10.3

사진 위로 마우스 커서를 올리면 사진의 상세 정보가 70% 불투명도로 나타나고, 커서를 내리면 상세 정보가 사라진다.

이 기능을 구현할 수 있는 다양한 방법이 있다. 각각의 핸들러 역할은 동일하므로 두 개의 핸들러를 결합하는 방법도 써 볼 수 있다. 다음과 같이 mouseenter와 mouseleave 이벤트를 공백 문자로 나란히 연결하면 해당 이벤트 핸들러를 결합할 수 있다.

```
$('div.photo')
  .on('mouseenter mouseleave', (e) => {
    const $details = $(e.currentTarget).find('.details');

    if (e.type == 'mouseenter') {
      $details.fadeTo('fast', 0.7);
    } else {
      $details.fadeOut('fast');
    }
});
```

리스팅 10.4

두 개의 이벤트를 하나의 핸들러로 묶으면서 사진의 상세 정보를 나타낼 것인지 혹은 사라지게 할 것인지 결정하기 위해 이벤트 타입을 확인한다. 이때 <div>에 있는 코드는 두 개 이벤트에 대해 동일하므로 하나의 핸들러로 처리 가능하다.

위 예제 코드는 약간은 부자연스럽다. 특히 인스턴스에서 공유되는 부분이 지나치게 짧게 느껴진다. 다른 측면에서 보자면 해당 부분이 코드의 복잡성을 크게 줄여줄 수 있을 것이다. 예를 들어 투명도 애니메이션 대신 mouseenter에서 클래스를 추가하고, mouse leave에서 해당 클래스를 제거하려면 핸들러에 다음과 같이 단일 명령문을 추가하면 된다.

```
$(e.currentTarget)
  .find('.details')
.toggleClass('entered', e.type == 'mouseenter');
```

이떤 경우라도, 우리가 원하는 대로 코드가 작동하며 More Photos 링크를 클릭했을 때 로딩된 사진을 추가하는 부분만 구현하면 된다. 3장, '이벤트 핸들링'에서 설명했듯, 이벤트 핸들러는 오직 .on() 메소드를 호출할 때 존재하는 요소에만 부착할 수 있다. 하지만 Ajax 요청 등의 기법으로 나중에 추가된 요소에 대해서는 기존의 방식으로 이벤트 핸들러를 부착할 수 없다. 이 문제를 해결하기 위해 새로운 콘텐츠가 추가된 뒤 다시 이벤트 핸들러를 결합하는 방법을 쓰거나, 혹은 처음부터 추가 요소를 핸들러에 붙인 뒤 이벤트 버블링 기법으로 이벤트를 전달할 수 있다. 다음 절에서는 기존의 방법과 확연히 구분되는 이벤트 위임 기법에 대해 알아본다.

▌ 이벤트 위임

이벤트 위임[event delegation]을 구현하려면, 이벤트 객체의 타깃 프로퍼티가 동작을 수행하게 하려는 요소와 일치하는지 확인해야 한다. 이때 이벤트 타깃은 이벤트를 받게 되는 가장 내부에 있는 요소가 된다. 그런데 이번 HTML 예제 코드에는 또 다른 도전 과제가 놓여 있다. <div class="photo"> 요소가 이벤트 타깃이 될 수 없다는 점이다. 요소 내부에 사진 이미지와 상세 설명 텍스트 요소가 포함돼 있기 때문이다.

이 문제를 해결하기 위해, 선택자 표현식과 일치하는 요소를 찾을 때까지 DOM 구조에서 부모 요소를 순회하며 이동하는 .closest() 메소드를 사용한다. 만일 일치하는 요소가 없다면, 다른 DOM 순회 메소드처럼 빈 제이쿼리 객체를 반환한다. .closest() 메소드를 이용해 <div class="photo"> 속성이 포함된 모든 요소를 찾아낼 수 있다.

```
$(() => {
  $('#gallery')
    .on('mouseover mouseout', (e) => {
      const $target = $(e.target)
        .closest('div.photo');
      const $related = $(e.relatedTarget)
        .closest('div.photo');
      const $details = $target
        .find('.details');

      if (e.type == 'mouseover' && $target.length) {
        $details.fadeTo('fast', 0.7);
```

```
        } else if (e == 'mouseout' && !$related.length) {
          $details.fadeOut('fast');
        }
    });
});
```

리스팅 10.5

위 코드에서 mouseenter와 mouseleave 대신 mouseover와 mouseout으로 이벤트 타입을 변경한 것을 알 수 있다. 기존의 이벤트인 mouseenter와 mouseleave는 마우스가 사진 <div>에 처음 올라가거나 최종적으로 벗어날 때 실행되는 반면 mouseover와 mouseout 은 사진 갤러리를 감싸고 있는 <div> 요소에 올라가면 언제나 실행되기 때문이다. 대신 새 이벤트 타입을 적용하면 또 다른 상황이 발생하며, 이벤트 객체의 relatedTarget 프로퍼티를 추가적으로 확인하지 않으면, 사진 설명 <div> 요소가 반복적으로 나타났다가 사라질 수 있다. 하지만 이를 해결하기 위해 코드를 일부 수정해봐도 문제가 깔끔하게 해결되지 않으며, 사진 정보 <div>가 사라져야 할 때 갑자기 해당 요소가 화면에 나타나곤 한다.

제이쿼리 위임 기능의 활용

자바스크립트로 이벤트 위임을 구현하면 수행해야 할 임무가 복잡해질수록 관리하기가 매우 어려워진다. 하지만 제이쿼리의 .on() 메소드에 포함된 위임 기능을 활용하면 복잡성을 크게 줄일 수 있다. 이 기능을 활용하기 위해 리스팅 10.4를 좀 더 단순하게 수정한다.

```
$(() => {
  $('#gallery')
    .on('mouseenter mouseleave', 'div.photo', (e) => {
      const $details = $(e.currentTarget).find('.details');
```

```
      if (e.type == 'mouseenter') {
        $details.fadeTo('fast', 0.7);
      } else {
        $details.fadeOut('fast');
      }
    });
});
```

리스팅 10.6

이번 예제 코드에서는 리스팅 10.5와 같이 #gallery 선택자를 사용하며, 이벤트 타입은
리스팅 10.4와 같이 mouseenter와 mouseleave로 다시 변경됐다. .on( ) 메소드의 두 번
째 인수로 'div.photo'를 전달하면, 제이쿼리는 e.currentTarget을 '#gallery' 속 선
택자와 일치하는 요소(들)로 매핑한다.

위임의 범위 선택하기

이번 사진 갤러리에 포함된 모든 사진 요소는 <div id="gallery">에 들어 있으며, 위임
범위를 지정하기 위해 #gallery를 사용했다. 하지만 #gallery뿐 아니라, 사진의 모든 조
상 요소를 위임 범위로 사용할 수 있다. 예를 들어 핸들러를 페이지에 존재하는 모든 요
소의 조상인 document와 결합할 수 있다.

```
$(() => {
  $(document)
    .on('mouseenter mouseleave', 'div.photo', (e) => {
      const $details = $(e.currentTarget).find('.details');

      if (e.type == 'mouseenter') {
        $details.fadeTo('fast', 0.7);
      } else {
        $details.fadeOut('fast');
      }
```

```
      });
});
```

리스팅 10.7

이벤트 핸들러를 document 요소에 직접 부착하면 이벤트 위임 설정 작업이 편리해진다. 모든 페이지 요소는 document의 후손이므로, 올바른 컨테이너 요소를 선택했는지 고민할 필요가 없다. 하지만 이 방식은 코드 작성의 편의성은 높지만 스크립트의 성능 측면에서는 그리 좋지 않다.

DOM 구조에서 매우 깊숙이 자리 잡은 요소가 있을 경우 이벤트 버블 기법으로 여러 개의 조상 요소를 순회해야 할 경우, 자원 소모가 심해진다. 실제로 필요한 (.on( ) 메소드의 두 번째 인수로 전달해 찾으려는) 요소가 무엇이든, 핸들러와 document를 연동한 뒤, 페이지 어느 위치에선가 이벤트가 발생한다면, DOM 구조를 미리 확인해봐야 한다. 리스팅 10.6에서, 페이지 내 어떤 요소에 마우스를 올리면, 제이쿼리는 마우스가 <div class="photo"> 영역에 올라간 것인지 혹은 아닌지를 확인한다. 이때 페이지가 꽤 크다면 자원 소모가 심할 것이고 이벤트 위임까지 한 상황이라면 성능 저하가 일어날 수 있다. 따라서 위임의 범위를 좀 더 구체적으로 지정하면 시스템 자원의 낭비를 막을 수 있다.

조기에 위임하기

이와 같은 성능 문제에도 불구하고, 위임 범위로 document를 지정해 얻을 수 있는 실익 또한 많다. 보통 이벤트 핸들러와 이미 로딩된 DOM 요소를 $(( ) => {}) 코드 블록에 넣어서 한 번만 연동한다. DOM의 경우 전체 구조가 로딩될 때까지 기다려야 하지만 document는 로딩을 기다릴 필요 없이 즉각적으로 사용할 수 있다는 장점이 있다. 스크립트가 문서의 <head> 요소를 참조할 때 .on( ) 메소드를 바로 실행할 수 있는 것이다.

```
(function($) {
  $(document)
    .on('mouseenter mouseleave', 'div.photo', (e) => {
      const $details = $(e.currentTarget).find('.details');

      if (e.type == 'mouseenter') {
        $details.fadeTo('fast', 0.7);
      se {
        $details.fadeOut('fast');
    }
  });
})(jQuery);
```

리스팅 10.8

전체 DOM 구조가 로딩될 때까지 기다릴 필요가 없으므로, 페이지가 렌더링되자마자 mouseenter와 mouseleave 동작을 모든 `<div class="photo">` 요소에 적용할 수 있다.

이 기법의 장점을 확인하기 위해 링크에 직접 클릭 핸들러를 연동하는 것에 대해 생각해 보자. 이 핸들러가 어떤 동작을 수행한다면 링크와 관련된 기본 동작(다른 페이지로 이동)을 막을 것이다. 하지만 이때 전체 문서가 로딩될 때까지 기다려야 하면 핸들러가 미처 등록 되기 전에 사용자가 링크를 클릭했을 때 스크립트에 정의된 동작이 아닌 다른 페이지로 이동하게 될 것이다. 반면 document에 이벤트 위임 핸들러를 연동하면, 전체 DOM 구조 를 스캔하지 않고도 조기에 이벤트를 연결할 수 있다.

■ 커스텀 이벤트 정의하기

브라우저의 DOM 로딩에 따라 자연스럽게 생성되는 이벤트는 상호작용성 높은 웹 애플 리케이션을 만들기 위한 매우 중요한 요소다. 하지만 이 중요한 요소를 제이쿼리에서 정 의한 이벤트만 쓸 필요는 없으며, 우리가 필요한 이벤트를 직접 만들어서 쓸 수 있다. 커스텀 이벤트에 대해서는 8장, '플러그인 개발하기'에서 제이쿼리 UI 위젯으로 이벤트를 실행하는 부분에서 간략히 설명했지만, 이번 절에서는 플러그인을 벗어나 우리가 원하면 언제든 커스텀 이벤트를 생성하고 활용하는 방법을 설명한다.

커스텀 이벤트는 코드를 통해 직접 실행해야 한다. 이런 측면에서는 일반적인 함수를 정의하는 것과 유사하지만 커스텀 이벤트를 구현하고 나면 스크립트 내 다른 위치에 존재하는 코드 블록을 호출할 수 있다는 장점이 있다. 커스텀 이벤트를 .on() 메소드에서 호출하는 것은 함수를 정의하는 것과 비슷하고, .trigger() 메소드에서 호출하는 것은 함수를 호출하는 것과 비슷하다.

하지만 이벤트 핸들러는 이를 촉발하는 코드와 별개의 위치에 정의돼 있으므로, 이벤트가 실행됐을 때 어떤 동작이 나타날지 미리 예상할 수 없다. 보통의 함수는 단일 코드 블록을 실행하는 반면 커스텀 이벤트는 핸들러 없이, 혹은 하나의 핸들러 때론 여러 개의 핸들러를 연동해 코드를 실행한다. 이렇게 연동된 핸들러는 커스텀 이벤트가 촉발되면 모두 실행된다.

이 내용을 설명하기 위해, 커스텀 이벤트를 이용해 Ajax 로딩 기능을 구현해보자. 사용자가 더 많은 사진을 요청하면 nextPage 이벤트가 촉발되고, 이 이벤트를 관찰하던 핸들러가 연동돼 지난 예제에서 .click() 핸들러가 했던 동작을 하도록 한다.

```
$(() => {
  $('#more-photos')
    .click((e) => {
      e.preventDefault();
      $(e.target).trigger('nextPage');
    });
});
```

리스팅 10.9

이번 예제에서 .click() 핸들러는 말 그대로의 역할을 수행한다. 커스텀 이벤트를 촉발시키고 .preventDefault( )를 호출해 링크의 기본 설정 동작을 막는다. 다음 코드를 통해 nextPage의 복잡한 작업이 새로운 이벤트 핸들러로 이전된다.

```
(($) => {
  $(document)
    .on('nextPage', (e) => {
      $.get($(e.target).attr('href'))
        .then((data) => {
          $('#gallery')
            .append(data);
        })
        .catch(({ statusText }) => {
          $('#gallery')
            .append(`<strong>${statusText}</strong>`)
        });
    });

  var pageNum = 1;

  $(document)
    .on('nextPage', () => {
      if (pageNum > 19) {
        $('#more-photos').remove();
        return;
      }

      $('#more-photos')
        .attr('href', `pages/${++pageNum}.html`);
    });
})(jQuery);
```

리스팅 10.10

위 코드는 리스팅 10.2의 구현 내용과 크게 다르지 않다. 차이라면 하나의 함수로 구현했던 것을 두 개의 함수로 나눈 것이다. 이를 통해 하나의 이벤트가 촉발돼 서로 연동된 여러 개의 핸들러를 작동시킬 수 있음을 알 수 있다. **More Photos** 링크를 클릭하면 다음 그림과 같이 다음 사진 그룹이 추가되고, 링크의 href 속성도 업데이트된다.

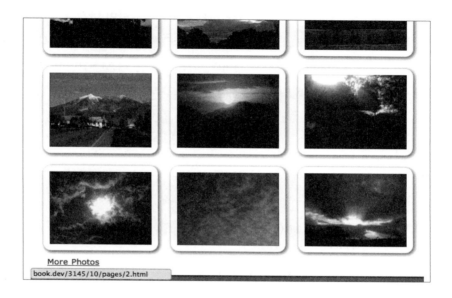

리스팅 10.10에서 바뀐 코드를 통해 또 다른 형태의 이벤트 버블링 애플리케이션 구현 방법을 볼 수 있다. nextPage 핸들러는 이벤트를 촉발하는 링크와 연동할 수 있지만, 이를 위해서는 DOM이 준비될 때까지 기다려야 한다. 대신 이번 예제에서는 핸들러를 즉각적으로 사용할 수 있는 document와 연동함으로써 $(( ) => {}) 바깥에서도 연동 작업을 할 수 있도록 했다. 리스팅 10.8에서 사용한 것과 동일한 방식으로, .on( ) 메소드를 $(( ) => {}) 밖으로 옮겼다. 이벤트 버블링이 진행되면 또 다른 핸들러가 이벤트 전파를 막지 않는 한 핸들러가 정상적으로 실행된다.

무한 스크롤 기능 구현

하나의 이벤트에 여러 개의 이벤트 핸들러를 연동하듯, 동일한 이벤트도 여러 가지 방식으로 촉발시킬 수 있다. 이를 확인하기 위해 페이지에 무한 스크롤 기능을 구현해보자.

이번 예제에서는 사용자가 스크롤을 하면 콘텐츠가 로딩되고 로딩된 콘텐츠의 마지막 부분에 이르면 다음 콘텐츠를 다시 가져오도록 한다.

먼저 간단한 내용으로 예제를 구현하고 차츰 개선된 버전을 만들어 나간다. 기본적인 기능은 스크롤 이벤트를 관찰하고 스크롤이 발생할 때 스크롤 바의 현재 위치를 측정한 뒤, 필요에 따라 새로운 콘텐츠를 로딩하는 것이다. 다음 코드는 리스팅 10.11에서 정의된 nextPage 이벤트를 scroll 이벤트로 촉발시킨다.

```
(($) => {
  const checkScrollPosition = () => {
    const distance = $(window).scrollTop() +
      $(window).height();

    if ($('#container').height() <= distance) {
      $(document).trigger('nextPage');
    }
  }

  $(() => {
    $(window)
      .scroll(checkScrollPosition)
      .trigger('scroll');
  });
})(jQuery);
```

리스팅 10.11

이번 예제 코드에 사용한 checkScrollPosition() 함수는 윈도우의 scroll 이벤트의 핸들러다. 이 함수는 문서의 상단부에서 윈도우의 하단부까지의 거리를 계산한 뒤, 이 거리와 콘텐츠를 담고 있는 container의 전체 길이와 비교한다. 이 두 값이 일치할 경우, nextPage 이벤트를 촉발시켜서 새로운 사진 콘텐츠로 페이지를 채운다.

scroll 핸들러를 연동하는 즉시 .trigger('scroll')이 호출되어, 기존 페이지에 사진
이 없을 경우 Ajax 요청을 통해 사진을 가져와 페이지를 채우게 된다.

커스텀 이벤트 파라미터

함수를 정의할 때, 인수가 될 파라미터를 설정할 수 있다. 이와 마찬가지로 커스텀 이벤
트를 촉발시킬 때 등록된 이벤트 핸들러에 추가적인 정보를 전달할 수 있으며, 이번 절에
서는 커스텀 이벤트 파라미터를 구현한다.

지금까지 다양한 예제에서 확인했듯 이벤트 핸들러의 첫 번째 파라미터는 제이쿼리의 기
능을 강화하고 확장해주는 DOM 이벤트 객체가 된다. 그 외 추가적인 파라미터는 어떤
내용이든 적용이 가능하다.

이를 확인하기 위해 리스팅 10.10의 nextPage 이벤트에 새로운 옵션을 추가해 페이지를 스크롤 다운하면 새롭게 추가된 콘텐츠가 나타나도록 한다.

```
(($) => {
  $(document)
    .on('nextPage', (e, scrollToVisible) => {
      if (pageNum > 19) {
        $('#more-photos').remove();
        return;
      }

      $.get($('#more-photos').attr('href'))
        .then((data) => {
          const $data = $('#gallery')
            .append(data);

          if (scrollToVisible) {
            $(window)
              .scrollTop($data.offset().top);
          }

          checkScrollPosition();
        })
        .catch(({ statusText }) => {
          $('#gallery')
            .append(`<strong>${statusText}</strong>`)
        });
    });
})(jQuery);
```

리스팅 10.12

위 코드에서, 이벤트 콜백에 scrollToVisible을 추가했다. 이 파라미터는 새 콘텐츠의 위치를 측정하고 스크롤이 발생하면 새로운 기능을 실행할지 결정한다. 콘텐츠 위치의 측정은 .offset() 메소드를 이용해 간단히 구현할 수 있으며, 새로운 콘텐츠의 상단과 좌측 좌표를 반환한다. 페이지를 아래로 내리기 위해 .scrollTop() 메소드를 호출한다.

다음 새로운 파라미터에 .trigger()를 통한 이벤트 촉발 시 새로운 값을 제공하는 데 필요한 값을 인수로 전달한다. newPage 핸들러가 스크롤 이벤트로 촉발된다면, 사용자가 이미 스크롤 동작을 직접 하고 있다는 의미이므로 새로운 기능은 실행할 필요가 없다. 반면 More Photos 링크를 클릭하면 핸들러에 true를 반환해 화면에 표시될 새로운 사진을 추가한다.

```
$(() => {
  $('#more-photos')
    .click((e) => {
      e.preventDefault();
      $(e.target).trigger('nextPage', [true]);
    });
});
```

리스팅 10.13

.trigger() 호출 시 nextPage 핸들러에 배열값을 전달한다. 이때 true는 리스팅 10.12에 사용된 이벤트 핸들러의 scrollToVisible 파라미터에 전달된다.

커스텀 이벤트 파라미터는 양방향으로 적용할 수 있다. 이번 예제에서, .trigger('nextPage') 함수를 두 번 호출한다. 한 번은 인수를 전달하기 위해 호출하고, 또 한 번은 핸들러에 있는 각각의 파라미터 값을 설정하기 위한 것인데 아직 값이 정의되지 않았을 뿐 오류로 이어지지는 않는다. 이와 비슷한 이유로 .on('nextPage') 페이지 호출 시 scrollToVisible 파라미터가 부족하지만 이 역시 오류가 되지는 않는다. 인수를 전달했을 때 파라미터가 없으면, 해당 인수는 그냥 무시된다.

▌ 이벤트 성능 조절하기

리스팅 10.10에서 구현한 무한 스크롤의 가장 큰 문제는 다름 아닌 성능 저하다. 코드는 그리 길지 않지만 checkScrollPosition() 함수는 페이지와 윈도의 크기를 끊임없이 확인해야 한다. 이때의 확인 동작은 윈도우를 스크롤하는 동안 반복적으로 이뤄지므로 시스템 자원이 빠르게 고갈된다. 결국 이 동작이 일정 시간 지속되면 화면 끊김, 혹은 화면 지연 등이 나타난다.

scroll과 resize, mousemove 등 상당수의 네이티브 이벤트 역시 웹 애플리케이션 내에서 자주 실행되어 성능 저하를 일으키기도 한다. 이 문제를 해결하기 위해 성능 조절기를 구현한다. 이를 위해 모든 이벤트가 아닌 특정 이벤트 조건하에서만 윈도우 크기를 계산해 값비싼 연산 자원을 아끼도록 한다. 리스팅 10.13의 코드에 성능 조절기를 추가한 내용은 다음과 같다.

```
$(() => {
  var timer = 0;

  $(window)
    .scroll(() => {
      if (!timer) {
        timer = setTimeout(() => {
          checkScrollPosition();
          timer = 0;
        }, 250);
      }
    })
    .trigger('scroll');
});
```

리스팅 10.14

이번 예제 코드에서는 스크롤 이벤트 핸들러로 checkScrollPosition()을 직접 설정하

지 않고, 자바스크립트의 setTimeout 함수를 이용해 해당 함수의 호출을 250밀리초 지
연시킨다. 또한 어떤 작업을 실행하기 전, 가장 먼저 타이머를 확인한다. 변수에 있는
값을 확인하는 작업은 매우 신속히 이뤄지므로, 이벤트 핸들러에 대한 대부분의 호출
은 거의 즉각적으로 반응을 얻게 된다. 오직 타이머가 작동할 때, 즉 매 250밀리초마다
checkScrollPosition() 함수가 호출된다.

간단히 setTimeout()값을 수정함으로써, 즉각적인 피드백 또는 성능 자원 절약이라는
두 개 옵션의 절충점을 찾을 수 있다. 이로써 웹 친화적인 사진 갤러리 애플리케이션이
완성됐다.

이벤트 성능 조절을 위한 또 다른 방법

앞서 구현한 이벤트 성능 조절기는 단순하면서도 효율적이지만 성능 조절기의 성능 특성
과 페이지와 관련된 전형적인 상호작용 방식에 따라, 이벤트가 시작될 때 타이머를 작동
시키기보다 페이지 자체의 성능 조절을 위한 타이머를 구현할 수 있다.

```
$(() => {
  var scrolled = false;

  $(window)
    .scroll(() => {
      scrolled = true;
    });

  setInterval(() => {
    if (scrolled) {
      checkScrollPosition();
      scrolled = false;
    }
  }, 250);
```

```
  checkScrollPosition();
});
```

리스팅 10.15

기존의 성능 조절기와 달리, 이번 예제에서는 자바스크립트 setInterval() 함수를 한 번 호출해 250밀리초마다 스크롤 상태를 확인한다. 스크롤 이벤트가 발생할 때마다 scrolled 프로퍼티는 true로 설정되고, 다음 번 주기가 도래하면 checkScrollPosition()이 호출된다. 코드 실행 결과는 리스팅 10.14와 비슷하다.

 TIP 자주 반복되는 이벤트의 성능을 조절할 수 있는 세 번째 방법은 디바운스(debounce)다. 디바운스는 전자 스위치로부터 반복적으로 전달되는 신호를 처리하기 위한 포스트 프로세싱 기술에서 유래한 용어로서, 여러 개의 이벤트가 있더라도 단 하나의 최종 이벤트에만 반응하도록 한다. 이에 대해서는 13장, '고급 Ajax 기술'에서 자세히 살펴본다.

■ 이벤트의 확장

mouseenter나 ready와 같은 이벤트는 제이쿼리 내부에서 촉발되는 특수한 이벤트에만 반응하며, 이들 이벤트는 제이쿼리에서 제공하는 이벤트 확장 프레임워크를 사용한다. 이들 이벤트는 이벤트 핸들러의 생애 주기 동안 다양한 방식으로 활용되며 핸들러와 연동, 혹은 연동되지 않은 상태로 이용된다. 또 링크 클릭, 폼 제출 등 기본 설정 동작을 막을 수 있다. 이벤트 확장 API를 이용해 네이티브 DOM 이벤트와 같은 새로운 이벤트를 생성할 수 있다.

리스팅 10.13에서 구현한 성능 조절기도 충분히 유용하지만 이번 절에서는 좀 더 범용성 높게 만들어서 다른 프로젝트에서 활용하기 쉽게 만든다. 이를 위해 특별히 고안된 이벤트 연결 고리 속에 성능 조절기를 캡슐화한 새로운 이벤트를 만든다.

이벤트를 위한 특별한 동작을 구현하기 위해, $.event.special 객체에 프로퍼티를 추가한다. 이때 추가되는 프로퍼티 역시 객체이며, 이벤트 이름을 키로 사용한다. 여기엔 이벤트 생애 주기 동안 여러 번 호출되는 콜백이 포함돼 있으며, 다음과 같다.

- add: 이벤트와 핸들러가 연동될 때마다 호출된다.
- remove: 이벤트와 핸들러의 연동이 끊어질 때마다 호출된다.
- setup: 이벤트와 핸들러가 연동되고, 해당 요소에 연결된 이벤트의 핸들러가 없을 때 호출된다.
- teardown: setup 콜백의 반대이며, 이벤트의 마지막 핸들러가 해당 요소와 연동이 끊어질 때 호출된다.
- _default: 이벤트 핸들러가 미리 기본 설정 동작을 막지 않았을 때 작동하는 이벤트의 기본 설정 동작이다.

이들 콜백은 좀 더 독창적인 방법으로 활용할 수 있다. 보통 이들 콜백은 브라우저 상황에 따라 자동으로 이벤트를 촉발시킨다. 이때 이벤트를 청취하는 핸들러가 없으면 상태를 관찰하거나 이벤트를 촉발하는 등의 동작은 아무 의미가 없어지므로, 이들 콜백을 통해 상태를 관찰하고 이벤트가 촉발되도록 할 수 있다.

```
(($) => {
  $.event.special.throttledScroll = {
    setup(data) {
      var timer = 0;
      $(this).on('scroll.throttledScroll', () => {
        if (!timer) {
          timer = setTimeout(() => {
            $(this).triggerHandler('throttledScroll');
            timer = 0;
          }, 250);
        }
      });
    },
```

```
    teardown() {
      $(this).off('scroll.throttledScroll');
    }
  };
})(jQuery);
```

리스팅 10.14에서 살펴봤던 setTimeout을 이용해 스크롤 성능 조절 이벤트와 보통의 스크롤 핸들러를 연동한다. 타이머가 종료되면 커스텀 이벤트가 촉발된다. 이번 예제에서는 하나의 요소에 하나의 타이머만 필요하므로 setup 콜백이 우리가 원하는 기능을 정확하게 제공할 수 있다. 스크롤 핸들러에 커스텀 네임스페이스를 적용하면 teardown이 호출될 때 손쉽게 핸들러를 제거할 수 있다.

새로운 기능을 사용하려면 다음과 같이 기존의 코드에서 throttledScroll 이벤트에 핸들러만 연동하면 된다. 이렇게 하면 이벤트 연동 코드를 매우 간결하게 작성할 수 있고, 성능 조절기를 다른 프로젝트에서 재활용하기도 쉽다.

```
(($) => {
  $.event.special.throttledScroll = {
    setup(data) {
      var timer = 0;
      $(this)
        .on('scroll.throttledScroll', () => {
          if (!timer) {
            timer = setTimeout(() => {
              $(this).triggerHandler('throttledScroll');
              timer = 0;
            }, 250);
          }
        });
    },
    teardown() {
```

```javascript
      $(this).off('scroll.throttledScroll');
    }
};

$(document)
  .on('mouseenter mouseleave', 'div.photo', (e) => {
    const $details = $(e.currentTarget).find('.details');

    if (e.type == 'mouseenter') {
      $details.fadeTo('fast', 0.7);
    } else {
      $details.fadeOut('fast');
    }
  });

var pageNum = 1;

$(document)
  .on('nextPage', (e, scrollToVisible) => {
    if (pageNum > 19) {
      $('#more-photos').remove();
      return;
    }

    $.get($('#more-photos').attr('href'))
      .then((data) => {
        const $data = $(data)
          .appendTo('#gallery');

        if (scrollToVisible) {
          $(window)
            .scrollTop($data.offset().top);
        }

        checkScrollPosition();
      })
```

```javascript
      .catch(({ statusText }) => {
        $('#gallery')
          .append(`<strong>${statusText}</strong>`)
      });
    });
    $(document)
      .on('nextPage', () => {
        if (pageNum < 20) {
          $('#more-photos')
            .attr('href', `pages/${++pageNum}.html`);
        }
      });

    const checkScrollPosition = () => {
      const distance = $(window).scrollTop()
        + $(window).height();

      if ($('#container').height() <= distance) {
        $(document).trigger('nextPage');
      }
    };

  $(() => {
    $('#more-photos')
      .click((e) => {
        e.preventDefault();
        $(e.target).trigger('nextPage', [true]);
      });

    $(window)
      .on('throttledScroll', checkScrollPosition)
      .trigger('throttledScroll');
  });
})(jQuery);
```

리스팅 10.17

특수한 이벤트

이번 10장에서는 고급 이벤트 핸들링에 대해 다뤘지만 이벤트 확장 API의 발전 속도는 무척이나 빨라서 상세한 내용에 대해서는 설명하지 못했다. throttledScroll 예제는 간단하면서도 실제 개발 환경에서 가장 많이 활용되는 도구 중 하나다. 이 외 유용한 이벤트 활용 방법은 다음과 같다.

- 이벤트 객체를 수정해 이벤트 핸들러가 원래와는 다른 정보를 갖게 하는 것
- 다른 요소와 연결된 동작을 촉발시키도록 DOM의 특정 영역에서 이벤트 촉발시키기
- 표준 DOM 이벤트는 아니지만 특정 브라우저만을 위한 이벤트의 반응을 구현하고 제이쿼리 코드로 표준적인 반응 구현해두기
- 이벤트 버블링과 위임 처리 방법 변경하기

위와 같은 내용을 구현하는 것은 상당히 복잡한 일이다. 이벤트 확장 API에서 제공하는 기능에 대해 좀 더 자세히 알고 싶다면, 다음 제이쿼리 러닝 센터의 문서를 확인하자. http://learn.jquery.com/events/event-extensions/

▌ 요약

제이쿼리 이벤트 시스템은 우리가 제대로 활용할 수만 있다면 매우 강력한 도구가 될 수 있다. 10장에서는 이벤트 위임 메소드, 커스텀 이벤트, 그리고 이벤트 확장 API 등 이벤트 시스템에 대한 다양하면서도 깊이 있는 내용을 알아봤다. 또 이벤트 위임과 관련된 문제를 해결하기 위한 우회적인 방법, 그리고 자주 촉발되는 이벤트에 대한 성능 조절 방식에 대해서도 살펴봤다.

참고 자료

전체 이벤트 메소드 목록은 부록 B에 들어 있다. 이와 관련된 상세한 정보는 제이쿼리 공식 개발자 사이트에서 확인하기 바란다. http://api.jquery.com/

▌ 연습 문제

문제를 풀다가 막히는 부분이 있을 땐 제이쿼리 공식 개발자 문서를 확인하기 바란다. http://api.jquery.com/

1. 사용자가 사진을 클릭하면, 사진 `<div>`에서 `selected` 클래스를 추가하거나 제거한다. 또 이 기능이 `Next Page` 링크를 클릭한 뒤, 사진을 추가한 뒤에도 여전히 작동하도록 한다.

2. 새로운 커스텀 이벤트인 `pageLoaded`를 추가하고, 페이지에 새로운 사진이 추가되면 촉발되도록 한다.

3. `nextPage`와 `pageLoaded` 핸들러를 이용해 새로운 페이지가 로딩되는 동안 페이지 하단에 Loading 메시지가 나타나도록 한다.

4. `mousemove` 핸들러와 사진을 연동해 현재 마우스의 위치가 (`console.log()`를 이용해서) 콘솔창에 출력되도록 한다.

5. `mousemove` 핸들러를 수정해 1초에 5회 미만으로 로그를 출력하도록 한다.

6. **도전 과제:** `tripleclick`이라는 새로운 이벤트를 만들고, 마우스 버튼을 500밀리초 내에 3회 클릭하면 촉발되도록 한다. 이벤트의 작동 여부를 확인하기 위해, `<h1>`에 `tripleclick` 핸들러를 연동하고 `<div id="gallery">`의 콘텐츠가 사라지거나 나타나도록 한다.

11

고급 시각 효과

앞서 제이쿼리 애니메이션에 대해 살펴보면서 다양한 활용 방법을 배웠다. 페이지에서 다양한 완급 조절 모드로 특정 요소를 나타나거나 사라지게 하거나 요소의 크기를 우아하게 조절하고 요소의 위치를 자연스럽게 바꾸는 방법을 알아봤다. 제이쿼리의 시각 효과 라이브러리는 지금까지 살펴본 내용보다 훨씬 많은 기술과 특화된 도구를 제공한다.

4장, '스타일과 애니메이션'에서 제이쿼리의 기본 애니메이션 기능에 대해 살펴봤으며, 이번 11장에서 살펴볼 고급 시각 효과는 다음과 같다.

- 애니메이션 상태 정보 수집하기
- 진행 중인 애니메이션에 끼어들기
- 페이지에 있는 모든 애니메이션에 한꺼번에 영향을 미칠 수 있는 전역 시각 효과
- 이미 완료된 애니메이션을 한 번 더 실행할 수 있게 해주는 연기 객체

- 애니메이션 재생 속도에 따라 완급 조절하기

▌ 심화 학습: 애니메이션

제이쿼리 시각 효과 메소드에 대한 기억을 되살리기 위해, 이번 절에서는 간단한 마우스 호버링 애니메이션을 구현한다. 예제 문서에는 사진 썸네일 이미지가 있고, 사용자가 마우스를 위로 올리면 사진 이미지가 약간 커지고, 마우스를 내리면 사진 이미지가 원래의 크기로 돌아가도록 한다. 이번에 사용할 HTML 태그 역시 약간의 텍스트 정보를 포함하고 있지만, 이번 절에서는 잠시 감춰뒀다가 다음 예제에서 활용한다.

```
<div class="team">
  <div class="member">
    <img class="avatar" src="photos/rey.jpg" alt="" />
    <div class="name">Rey Bango</div>
    <div class="location">Florida</div>
    <p class="bio">Rey Bango is a consultant living in South Florida,
    specializing in web application development...</p>
  </div>
  <div class="member">
    <img class="avatar" src="photos/scott.jpg" alt="" />
    <div class="name">Scott González</div>
    <div class="location">North Carolina</div>
    <div class="position">jQuery UI Development Lead</div>
    <p class="bio">Scott is a web developer living in Raleigh, NC...
</p>
  </div>
  <!-- 코드 계속 ... -->
</div>
```

각각의 이미지와 관련된 텍스트 `<div>`는 아래의 CSS 정의를 통해 좌측의 `overflow: hidden` 컨테이너로 이동시켜서 처음엔 화면에 나타나지 않도록 한다.

```
.member {
  position: relative;
  overflow: hidden;
}
.member div {
  position: absolute;
  left: -300px;
  width: 250px;
}
```

이번 예제의 HTML과 CSS는 다음 그림과 같이 세로로 정렬된 이미지 목록을 생성한다.

Executive Board

The Executive Board is responsible for the day-to-day operations of the jQuery project, and has powers delegated to it by our governance plan or a regular vote of the voting membership. The Executive Board is made up of seven members of the voting membership, elected twice annually by the voting membership, in October and April.

이미지 크기를 변경하기 위해 이미지의 세로 크기와 가로 크기를 각각 75픽셀에서 85픽셀로 증가시키고, 이미지가 중앙에 위치할 수 있도록 패딩 값을 5픽셀에서 0픽셀로 감소시킨다.

```
$(() => {
  $('div.member')
    .on('mouseenter mouseleave', ({ type, target }) => {
      const width = height = type == 'mouseenter' ?
        85 : 75;
      const paddingTop = paddingLeft = type == 'mouseenter' ?
        0 : 5;

      $(target)
        .find('img')
        .animate({
          width,
          height,
          paddingTop,
          paddingLeft
        });
    });
});
```

리스팅 11.1

위 코드에서 10장, '고급 이벤트'에서 사용했던 패턴을 볼 수 있다. 마우스가 해당 위치에 들어가는 순간과 벗어나는 순간에 처리해야 할 일이 매우 많으므로 두 개의 콜백에서 .hover() 메소드를 호출하지 않고 mouseenter와 mouseleave 핸들러를 하나의 함수에 결합하는 방식을 사용한다. 핸들러 내부에서 두 개의 이벤트 중 어떤 것이 촉발되었는지 확인한 뒤 이미지 크기와 패딩 값을 결정하고, 이들 프로퍼티 값을 .animate() 메소드에 전달한다.

함수의 인수 영역으로 감싼 객체 리터럴 문법({ type, target})을 객체의 구조 해제(object destructuring)라 부른다. 객체 구조 해제 기법은 이벤트 객체로부터 우리가 필요로 하는 정확한 프로퍼티를 가져올 때 코드를 간결하게 작성할 수 있어 편리하다.

이제 마우스 커서를 이미지 위로 올리면 다음 그림과 같이 해당 이미지가 조금 커진다.

■ 애니메이션 상태 관찰 및 끼어들기

지난 절에서 기본적인 애니메이션을 구현했는데, 벌써 문제점이 드러났다. mouseenter와 mouseleave 이벤트에 따른 애니메이션이 진행될 수 있는 충분한 시간이 있을 때는 괜찮지만, 마우스 커서가 이벤트를 촉발하고 너무 빨리 이동하면, 마지막 이벤트가 종료된 상태에서도 이미지가 늘어났다가 줄어드는 시각 효과가 반복적으로 일어난다. 4장, '스타일과 애니메이션'에서 살펴본 것처럼 특정 요소에 대한 애니메이션은 실행 대기열 혹은 큐queue에 추가된 뒤 제 순서가 됐을 때 실행된다. 다음, 실행 종료된 애니메이션은 대기열에서 삭제되고 다음 번 애니메이션이 첫 번째 대기열에 추가된 뒤 대기열이 빌 때까지 애니메이션이 실행되는 과정이 반복된다.

각자의 상황과 필요에 따라, 애니메이션 큐를 구성하는 방법은 여러 가지가 있으며, 제이쿼리 내에서는 이를 fx라 칭한다. 이번 마우스 호버 예제의 문제 해결을 위해 애니메이션 상태 정보를 확인하고, 큐 구성 방식을 바꿔보자.

애니메이션 상태 확인하기

앞서 설명한 애니메이션 큐와 관련된 문제를 해결하는 방법 중 하나는 제이쿼리의 커스 텀 :animated 선택자를 사용하는 것이다. mouseenter/mouseleave 이벤트 핸들러 내부 에 :animated 선택자를 추가해 현재 해당 이미지에 대한 애니메이션이 진행 중인지 확인 할 수 있다.

```
$(() => {
  $('div.member')
    .on('mouseenter mouseleave', ({ type, target }) => {
      const width = height = type == 'mouseenter' ?
        85 : 75;
      const paddingTop = paddingLeft = type == 'mouseenter' ?
        0 : 5;

      $(target)
        .find('img')
        .not(':animated')
        .animate({
          width,
          height,
          paddingTop,
          paddingLeft
        });
    });
});
```

리스팅 11.2

414

사용자의 마우스가 member <div> 영역에 들어가면, 해당 이미지에 대한 애니메이션이 진행 중이지 않은 경우에만 애니메이션 큐에 추가한다. 반면 마우스가 해당 영역에서 벗어나면 원본 이미지의 크기와 패딩 값을 기본적으로 항상 유지해야 하기 때문에 애니메이션 상태와 무관하게 이미지 원상 복구 애니메이션이 큐에 추가된다.

이로써 리스팅 11.1의 애니메이션 문제를 해결했지만, 아직 개선점이 몇 가지 남아 있다. 마우스가 신속하게 <div> 영역에 진입하거나 벗어나면, 기존의 (크기가 커지는) mouseenter 애니메이션이 채 끝나기도 전에 (원본 크기로 돌아가는) mouseleave 애니메이션을 진행해야 하는 경우가 생기게 된다. 이는 결코 바람직한 상황이 아니며 :animated 모조 클래스 추가에 따른 부작용이 나타난다. 이미지가 원본 크기로 돌아가는 동안 마우스를 <div> 영역에 다시 올리면, 이미지가 다시 커지지 않는 것이다. mouseleave와 mouseenter 핸들러는 기존의 애니메이션 진행이 완전히 끝난 후에야 다음 애니메이션이 진행되도록 한다. :animated 선택자도 유용한 부분이 있지만, 이번 예제에서는 다른 방식이 필요하다.

재생 중인 애니메이션 중지시키기

제이쿼리는 리스팅 11.2에서 설명한 애니메이션 문제를 해결할 수 있는 메소드를 제공한다. 제이쿼리 .stop() 메소드는 현재 진행 중인 애니메이션을 중지시킨다. 리스팅 11.1의 코드로 돌아가서, .find()와 .animate() 사이에 .stop() 메소드를 추가한다.

```
$(() => {
  $('div.member')
    .on('mouseenter mouseleave', ({ type, currentTarget }) => {
      const width = height = type == 'mouseenter' ?
        85 : 75;
      const paddingTop = paddingLeft = type == 'mouseenter' ?
        0 : 5;

      $(currentTarget)
```

```
        .find('img')
        .stop()
        .animate({
          width,
          height,
          paddingTop,
          paddingLeft
        });
    });
});
```

리스팅 11.3

위 코드에서 주의 깊게 볼 내용은, 새로운 애니메이션을 실행하기 전에 현재의 애니메이션을 중지시키는 부분이다. 이제 마우스가 해당 영역에 반복적으로 진입하거나 벗어나도, 기존과 같은 오작동은 일어나지 않는다. 현재 진행 중인 애니메이션을 즉각적으로 중지시킬 수 있으므로, fx 큐에 하나 이상의 애니메이션이 대기하지 않는다. 마우스의 최종 동작이 일어나면 기존 큐에 대기하던 마지막 애니메이션이 종료된 뒤 해당 이벤트에 따라 이미지가 커지거나(mouseenter) 원본 크기로 줄어들게(mouseleave) 된다.

애니메이션 중지 시 주의 사항

.stop() 메소드는 기본적으로 현재 위치에서 애니메이션을 중지시키는데, 이는 단축형 애니메이션 메소드를 사용하는 경우 전혀 예상치 못한 결과로 나타나곤 한다. 애니메이션이 실행되기 전, 단축형 애니메이션 메소드는 최종값을 확인한 뒤 그 값에 따라 애니메이션을 실행한다. 예를 들어 .slideDown() 메소드로 진행되던 애니메이션을 .stop()으로 중지시키면 큐에 .slideDown() 다음 애니메이션으로 대기 중이던 .slideUp() 애니메이션이 실행되고, 다시 .slideDown() 애니메이션이 실행돼도 기존에 멈췄던 높이만큼만 내려오게 된다. 이런 문제를 해결하기 위해, .stop() 메소드는 두 개의 Boolean 타입 인수를 받으며, 그 중 두 번째 인수는 goToEnd 기능을 제공한다. goToEnd를 true로 설

정하면, 현재의 애니메이션이 중지됨과 동시에, 최종값으로 바로 이동하게 된다. 하지만 goToEnd 기능도 다소 자연스럽게 느껴질 수 있으므로 변수에 최종값을 저장한 뒤, (제이쿼리에 의존하지 않고) .animate( )에 직접 최종값을 적용해 마지막 위치에서 애니메이션이 실행되도록 한다.

 또 다른 제이쿼리 메소드인 .finish( )도 애니메이션을 중지시킬 수 있다. .finish( ) 역시 .stop(true, true)와 유사해서, 큐에 대기 중인 애니메이션을 제거하고 최종값의 위치에서 애니메이션을 실행한다. 하지만 .stop(true, true)와 달리, 큐에 대기 중인 모든 애니메이션을 최종값 위치로 이동시킨다.

▌ 전역 시각 효과 프로퍼티 활용하기

$.fx 객체는 제이쿼리의 시각 효과 모듈 중 하나이며, 여러 개의 애니메이션이 전반적으로 지닌 특성을 변경하는 데 활용할 수 있다. $.fx 객체의 프로퍼티 중 일부는 문서화가 돼 있지 않고 라이브러리 내에서 독자적으로 활용하는 데 초점이 맞춰져 있지만, 다른 프로퍼티는 애니메이션 실행 방식을 전역에서 변경할 수 있게 돕는다. 다음 예제에서 $.fx 객체의 문서화된 프로퍼티 중 일부에 대해 알아본다.

모든 시각 효과를 불능 처리하기

앞서 현재 진행 중인 애니메이션을 중지시키는 방식을 살펴봤다. 이번엔 모든 애니메이션을 한꺼번에 중지시킬 수 있는 방법을 알아본다. 여러분이 만든 웹 페이지를 열면 기본적으로 애니메이션이 실행되도록 하되 애니메이션 끊김 현상이 발생할 수 있는 저사양 기기라든가 혹은 애니메이션을 보길 원치 않는 사용자를 위해 애니메이션 실행을 불능으로 처리할 수 있다. 이를 위해선 $.fx.off 프로퍼티를 true로 설정하면 된다. 이번 예제에서는 기존에 감춰졌던 버튼에 애니메이션 온/오프 토글 버튼 기능을 추가한다.

```
$(() => {
  $('#fx-toggle')
    .show()
    .on('click', () => {
      $.fx.off = !$.fx.off;
    });
});
```

리스팅 11.4

다음 그림과 같이 소개 텍스트와 이미지 사이에 버튼이 나타난다.

Executive Board

The Executive Board is responsible for the day-to-day operations of the jQuery project, and has powers
delegated to it by our governance plan or a regular vote of the voting membership. The Executive Board is
made up of seven members of the voting membership, elected twice annually by the voting membership, in
October and April.

(Toggle Animations)

사용자가 버튼을 클릭하면 확대, 축소 등 모든 애니메이션이 (0밀리초 내에) 즉각적으로 중
지되고, 한 번 더 클릭하면 마지막 실행 위치에서 애니메이션이 다시 재생된다.

시각 효과 재생 시간 정의하기

$.fx 객체의 또 다른 프로퍼티는 speeds다. speeds 프로퍼티는 그 자체가 객체이며, 제
이쿼리 코어에 있는 세 개의 프로퍼티를 지닌다.

```
speeds: {
  slow: 600,
  fast: 200,
  // 기본 속도
```

```
  _default: 400
}
```

지난 예제를 통해 제이쿼리의 모든 애니메이션 메소드는 속도^{speed} 또는 재생 시간^{duration}을 인수로 제공한다는 사실을 알고 있을 것이다. `$.fx.speeds` 객체에서, `slow` 프로퍼티의 값은 600, `fast` 프로퍼티의 값은 200으로 설정했다. 애니메이션 메소드가 호출될 때마다, 제이쿼리는 다음 단계에 따라 시각 효과의 재생 시간을 결정한다.

1. `$.fx.off`가 `true`인지 확인한다. `true`라면 duration은 0이 된다.
2. duration에 숫자인 값이 전달됐는지 확인한다. 숫자가 전달됐다면, 이를 밀리초로 설정한다.
3. duration에 전달된 값이 `$.fx.speeds`의 프로퍼티 키와 일치하는지 확인한다. 일치하면, 해당 키 값을 재생 시간으로 설정한다.
4. 위 방법 중 어떤 것으로도 duration이 설정되지 않았다면, `$.fx.speeds._default`의 값으로 재생 시간을 설정한다.

위와 같이 재생 시간이 결정된다면, `slow` 또는 `fast` 등 프로퍼티로 값을 지정하지 않으면 기본 설정값인 400밀리초가 재생 시간이 됨을 알 수 있다. 또한 `$.fx.speeds`에 또 다른 커스텀 스피드 프로퍼티를 추가할 수 있음도 알 수 있다. 예를 들어 `$.fx.speeds.crawl = 1200`으로 재생 시간을 설정하면, 다음과 같이 'crawl'이란 단어를 통해 어떤 형태의 애니메이션 메소드에도 1200밀리초를 적용할 수 있다.

```
$(someElement).animate({width: '300px'}, 'crawl');
```

위 코드의 경우, 'crawl'이란 단어보다는 1200을 입력하는 것이 좀 더 간단할 수 있지만, 커스텀 스피드 프로퍼티를 이용하면 다수의 애니메이션에서 일률적으로 재생 속도를 조절할 수 있어 편리하다. 여러 애니메이션 중 1200이란 숫자가 적용된 것을 찾아서 변경하기보다, `$.fx.speeds.crawl`의 값을 변경하는 편이 훨씬 간단하다.

커스텀 스피드 프로퍼티도 유용하지만 애니메이션에서는 기본 설정 속도 프로퍼티가 특히 유용하다. 기본 설정 속도는 다음과 같이 설정할 수 있다.

```
$.fx.speeds._default = 250;
```

리스팅 11.5

이제 기본 설정 속도를 좀 더 빠르게 했다. duration을 오버라이딩하지 않는 한, 새로 추가되는 모든 애니메이션에는 이 값이 적용된다. 이들 내용을 확인하기 위해 페이지에 또 다른 상호작용 요소를 추가한다. 사용자가 사진 중 하나를 클릭하면, 해당 사진의 인물에 대한 상세 정보를 제공하는 것이다. 이번 시각 효과는 사진 이미지를 클릭하면 사진 옆에 접혀 있던 종이가 펼쳐지듯, 상세 정보가 아래로 내려오도록 한다.

```
$(() => {
  const showDetails = ({ currentTarget }) => {
    $(currentTarget)
      .find('div')
      .css({
        display: 'block',
        left: '-300px',
        top: 0
      })
      .each((i, element) => {
        $(element)
          .animate({
            left: 0,
            top: 25 * i
          });
      });
  };
  $('div.member').click(showDetails);
});
```

리스팅 11.6

420

member <div>를 클릭하면, showDetails( ) 함수가 핸들러 역할을 맡는다. 이 함수는 상세 정보를 담은 <div> 요소를 사진 이미지 바로 아래, 시작 위치에 놓고, 애니메이션이 진행되면서 사진 아래로 내려오게 한다. .each( ) 함수를 통해 각 요소의 최종 상단 위치를 개별적으로 계산한다.

애니메이션이 실행된 후 나타난 상세 정보는 다음과 같다.

.animate( ) 메소드 호출은 각기 다른 요소를 대상으로 이뤄지므로 순서에 맞춰 재생되는 방식이 아닌, 동시 다발적으로 재생된다고 할 수 있다. 이 호출에서는 duration을 지정하지 않았으므로, 기본 설정 속도인 250밀리초가 적용된다.

또 다른 사진을 클릭하면 기존의 상세 정보가 사라지도록 한다. 현재 상세 정보가 표시된 요소를 찾을 때는 active 클래스 요소를 찾아 해당 속성을 삭제하면 된다.

```
const showDetails = ({ currentTarget }) => {
  $(currentTarget)
    .siblings('.active')
    .removeClass('active')
    .children('div')
    .fadeOut()
    .end()
    .end()
    .addClass('active')
```

```
        .find('div')
        .css({
          display: 'block',
          left: '-300px',
          top: 0
        })
        .each((i, element) => {
          $(element)
            .animate({
              left: 0,
              top: 25 * i
            });
        });
};
```

리스팅 11.7

위 코드에는 무려 10개나 되는 함수가 연쇄적으로 연결돼 있다. 하지만 위 코드를 분리하는 방법보다는 이 편이 더 낫다. 이와 같은 연쇄적인 함수 호출에는 중간값을 전달하는 DOM 요소를 저장할 임시 변수를 쓰지 않아도 되므로 좀 더 간결한 코드 작성이 가능하다. 각각의 함수를 줄로 구분하면, 전체 코드의 흐름도 쉽게 이해할 수 있다. 이번에 사용된 함수의 내용은 다음과 같다.

- `.siblings('.active')`: active `<div>`의 형제 요소를 찾음
- `.removeClass('active')`: .active 클래스를 제거
- `.children('div')`: 자식 `<div>` 요소를 찾음
- `.fadeOut()`: 화면에서 사라지게 함
- `.end()`: .children('div') 쿼리를 비움
- `.end()`: .siblings('.active') 쿼리를 비움
- `.addClass('active')`: 이벤트 타깃인 container `<div>`에 .active 클래스를 추가함

- `.find('div')`: 화면에 표시하기 위해 모든 자식 `<div>` 요소를 찾음
- `.css()`: CSS 스타일을 설정함
- `.each()`: top과 left 프로퍼티에 애니메이션을 추가함

`.fadeOut()` 애니메이션은 앞서 기본값을 정의한 대로 250밀리초 동안 재생된다. 기본 설정값은 커스텀 `.animate()` 메소드 호출 시 제이쿼리에 포함된 시각 효과에 적용된다.

▌ 다수의 프로퍼티에 대한 완급 조절

showDetails() 함수는 우리가 설정한 대로 펼침 시각 효과를 구현하지만 좌측과 상단 방향을 향해 동일한 속도로 애니메이션이 진행되므로 슬라이딩 효과처럼 보이기도 한다. 펼침 효과를 제대로 구현하기 위해, top 프로퍼티에 대해서만 easeInQuart를 적용해 미세한 차이를 만들어보자. easeInQuart가 적용되면 동일한 속도로 진행될 때 보다 훨씬 자연스러운 느낌이 살아난다. 하지만 이와 같은 완급 효과를 사용할 때는 제이쿼리 UI 코어(http://jqueryui.com/)의 시각 효과 등 별도의 플러그인이 필요하다.

```
.each((i, element) => {
  $(element)
    .animate({
      left: 0,
      top: 25 * i
    },{
      duration: 'slow',
      specialEasing: {
        top: 'easeInQuart'
      }
    });
});
```

리스팅 11.8

specialEasing 옵션은 애니메이션이 실행될 각각의 프로퍼티에 서로 다른 가속 커브를 적용할 수 있게 해준다. 이 옵션에 포함되지 않은 프로퍼티는 기존 완급 조절 옵션에 따라 움직이거나 기본 설정값을 따르게 된다.

이제 팀 멤버를 소개하기 위한 멋진 사진 갤러리가 거의 완성됐다. 각각의 멤버에 대한 소개글을 추가하기에 앞서, 제이쿼리의 연기 객체 시스템에 대해 잠시 알아보자.

■ 연기 객체의 활용

때론 즉각적으로 반응을 보이기보다 특정 프로세스가 끝난 뒤에 실행해야 할 임무가 있을 수 있다. 하지만 그 프로세스가 언제 끝날지 프로세스가 성공적으로 완료될 여부를 알 수 없을 때도 있다. 제이쿼리는 이런 상황에서 쓸 수 있도록 연기 객체^{deferred objects} 또는 약속 객체^{promise objects}를 제공한다. 연기 객체는 언젠가는 완료돼야 할 작업을 캡슐화할 수 있다.

새로운 연기 객체는 $.Deferred() 구조체를 호출하는 방식으로 언제든 생성할 수 있다. 연기 객체를 생성한 뒤, 장시간이 소요되는 작업을 실행하고, 해당 작업의 성공 또는 실패 여부에 따라 연기 객체에서 .resolve() 또는 .reject() 메소드를 호출한다. 이와 같은 연기 객체 생성 작업은 개발자가 직접 하는 경우는 드물고, 제이쿼리 또는 플러그인이 연기 객체를 생성하고, .resolve() 또는 .reject()를 실행하도록 하는 경우가 대부분이다. 이번 절에서는 제이쿼리가 생성한 연기 객체를 활용하는 방법을 알아본다.

 지면 관계상 $.Deferred() 구조체에 대한 상세한 설명보다는 연기 객체를 활용한 제이쿼리 시각 효과 구연 설명에 초점을 맞춘다. 13장, '고급 Ajax 기술'에서 Ajax 요청 맥락에 따른 연기 객체의 활용에 대해 설명한다.

모든 연기 객체는 다른 코드에 데이터를 제공할 것을 약속한다. 이때의 약속은 일련의 메소드를 포함한 객체의 형식을 띤다. .promise( ) 메소드를 이용하면 모든 연기 객체로부터 약속 객체를 가져올 수 있다. 다음, .promise( ) 메소드를 호출해 미리 약속한 코드의 실행에 대한 내용을 담고 있는 핸들러를 부착한다.

- .then( ) 메소드는 연기 객체가 성공적으로 생성됐을 때 핸들러를 부착한다.
- .catch( ) 메소드는 연기 객체 생성이 거부됐을 때 핸들러를 부착한다.
- .always( ) 메소드는 연기 객체가 성공 또는 실패 여부를 떠나, 맡은 임무를 완수했을 때 핸들러를 부착한다.

이들 핸들러는 .on( ) 메소드에서 이벤트가 발생했을 때 호출하는 콜백 함수와 상당히 유사하다. 하나의 약속 객체에 다수의 핸들러를 부착할 수 있고 적절한 시기가 되면 한꺼번에 호출하는 것도 가능하다. 하지만 연기 객체와 약속 객체 핸들러 사이에는 중요한 차이점이 있다. 먼저 약속 객체 핸들러는 단 한 번만 호출할 수 있으며 연기 객체는 두 번 실행할 수 없다. 다음, 약속 객체 핸들러는 연기 객체가 생성되고 핸들러가 부착되는 순간 즉각적으로 호출된다.

6장, 'Ajax로 데이터 전송하기'에서, 제이쿼리의 Ajax 시스템과 연기 객체에 대해 간단히 살펴봤다. 다음 절에서는 이들 내용을 가지고 제이쿼리 애니메이션 시스템이 생성한 연기 객체 구현에 활용한다.

애니메이션 약속 객체

모든 제이쿼리 컬렉션은 내부 요소에 대한 작업 큐의 상태를 추적할 수 있는 연기 객체를 제공한다. 제이쿼리 객체에 대한 .promise( ) 메소드를 호출하면, 큐가 완료됐을 때 생성되는 약속 객체를 가져올 수 있다. 또한 이들 약속 객체를 이용해 해당 요소에 대한 애니메이션이 완료됐을 때 실행할 임무를 미리 정의해둘 수 있다.

멤버의 이름과 지역 정보를 표시하는 showDetails( ) 함수와 비슷한 내용으로 개별 멤버
의 자전적 정보를 표시하는 showBio( ) 함수를 작성한다. 이를 위해 먼저 <body> 태그에
새로운 <div> 태그를 추가하고, 다음과 같이 두 개의 옵션 객체를 설정한다.

```
$(( ) => {
  const $movable = $('<div/>')
    .attr('id', 'movable')
    .appendTo('body');

  const bioBaseStyles = {
    display: 'none',
    height: '5px',
    width: '25px'
  }

  const bioEffects = {
    duration: 800,
    easing: 'easeOutQuart',
    specialEasing: {
      opacity: 'linear'
    }
  };
});
```

리스팅 11.9

위 코드에서 새롭게 추가된 movable <div> 요소는 자기 소개 텍스트의 복사본을 주입한
뒤 실제로 애니메이션 효과를 적용할 대상이다. 이와 같은 랩퍼 요소는 그 안에 담긴 요
소의 가로와 세로 속성으로 애니메이션을 구현할 때 편리하다. biography <div> 요소
자체에 애니메이션을 적용했을 때 텍스트 영역이 지속적으로 변경되는 것을 막기 위해,
overflow 프로퍼티를 hidden으로 설정하고 자기 소개 텍스트 영역의 가로와 세로 크기
를 명시적으로 정의할 수 있다.

showBio( ) 함수를 이용해 사용자가 멤버의 사진 이미지를 클릭했을 때, movable <div> 요소의 starting 스타일과 ending 스타일을 결정할 수 있다. 또 멤버 사진의 위치에 따라 달라지는 top과 left 프로퍼티 값을 $.extend( ) 메소드를 이용해 일정하게 유지하도록 한다. 다음, .css( ) 메소드를 이용해 starting 스타일을, .animate( ) 메소드를 이용해 ending 스타일을 설정한다.

```
const showBio = (target) => {
  const $member = $(target).parent();
  const $bio = $member.find('p.bio');
  const startStyles = $.extend(
    {},
    bioBaseStyles,
    $member.offset()
  );
  const endStyles = {
    width: $bio.width(),
    top: $member.offset().top + 5,
    left: $member.width() + $member.offset().left - 5,
    opacity: 'show'
  };

  $movable
    .html($bio.clone())
    .css(startStyles)
    .animate(endStyles, bioEffects)
    .animate(
      { height: $bio.height() },
      { easing: 'easeOutQuart' }
    );
};
```

리스팅 11.10

두 개의 .animate( ) 메소드를 이용해 biography 요소가 좌측에서부터 점점 커지도록 한 뒤, 상단에서 하단으로 점점 커지도록 한다.

4장, '스타일과 애니메이션'에서, 컬렉션에 포함된 각각의 요소에 대한 애니메이션 실행이 완료됐을 때 제이쿼리 애니메이션 메소드의 콜백 함수가 호출되도록 하는 방법을 알아봤다. 이번 예제에서는 다른 <div> 요소가 나타난 뒤, 멤버의 자기 소개 영역이 나타나야 한다. 이때 제이쿼리의 .promise( ) 메소드가 없었다면 콜백이 실행될 때마다 전체 요소의 수를 세고 있다가, 마지막 요소가 나타난 것을 확인한 후 멤버의 자기 소개 영역이 나타나도록 해야 하므로 구현하기가 상당히 까다로웠을 것이다.

showDetails( ) 함수 내에서 .each( )와 .promise( ), .then( ) 메소드를 연쇄적으로 연결한다.

```
const showDetails = ({ currentTarget }) => {
  $(currentTarget)
    .siblings('.active')
    .removeClass('active')
    .children('div')
    .fadeOut()
    .end()
    .end()
    .addClass('active')
    .find('div')
    .css({
      display: 'block',
      left: '-300px',
      top: 0
    })
    .each((i, element) => {
      $(element)
        .animate({
          left: 0,
          top: 25 * i
```

```
      },{
      duration: 'slow',
      specialEasing: {
        top: 'easeInQuart'
      }
    });
  })
  .promise()
  .then(showBio);
};
```

리스팅 11.11

.then( ) 메소드는 showBio( ) 함수를 인수로 받는다. 이제 사진 이미지를 클릭하면 모든 멤버의 정보가 멋진 애니메이션과 함께 화면에 나타난다.

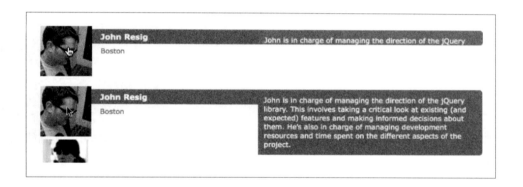

 제이쿼리 3.0 이후 추가된 promise( ) 메소드는 네이티브 ES 2015의 약속 객체와 완벽하게 호환되므로, 가능한 한 동일한 API를 쓰기 위해 노력해야 한다. 예를 들어 done( ) 메소드 대신 then( ) 메소드를 쓰는 것이 호환성 유지에 더 좋은 방법이다. 이들 두 메소드의 기능은 동일하지만 then( ) 메소드를 통해 여러분이 작성한 비동기적인 코드와 다른 비동기적인 코드가 일관성을 유지할 수 있다.

▌ 애니메이션에 대한 세밀한 조절 기능

지금까지 다양한 기능에 대해 알아봤지만, 우리가 살펴봐야 할 제이쿼리의 시각 효과 모듈은 아직 많이 남아 있다. 제이쿼리 1.8에서 시각 효과를 더욱 세밀하게 조절할 수 있는 고급 기능이 추가됐으며, 애니메이션을 구현하는 엔진도 변경됐다. 예를 들어 .animate( ) 메소드는 duration이나 easing과 같은 옵션 외에도 애니메이션의 세부 속성을 매우 깊이 있게 조사하고 수정할 수 있는 step( ), progress( )와 같은 콜백 옵션을 제공한다.

```
$('#mydiv').animate({
  height: '200px',
  width: '400px'
}, {
  step(now, tween) {
     // 가로와 세로 확인
     // tween 프로퍼티 수정
  },
  progress(animation, progress, remainingMs) {}
});
```

애니메이션이 실행되는 동안, 대략 13밀리초마다 각각의 애니메이션 프로퍼티에 대해 step( ) 함수가 호출돼서 end값, easing 타입, now 인수로 전달받은 애니메이션의 실제 프로퍼티 등, tween 객체의 프로퍼티를 조절한다. 복잡한 애니메이션 프로젝트에서는, step( ) 함수를 이용해 이동하는 두 요소의 충돌을 감지하거나 충돌에 따른 여파를 조절하는 것도 가능하다.

progress( ) 함수 또한 애니메이션 생애 주기 동안 여러 번 호출되며, 그 특징은 다음과 같다.

- progress( ) 함수는 step( )과 달리, 애니메이션이 실행되는 프로퍼티 수에 상관없이, 각각의 스텝마다 단 하나의 요소에 대해 호출된다.

- progress() 함수는 약속 객체와 0에서 1 사이의 값인 progress, 그리고 애니메이션의 잔여 시간인 remainingMs 등을 인수로 받아서 애니메이션의 다른 측면을 조절할 수 있다.

모든 제이쿼리 애니메이션은 자바스크립트의 setTimeout() 함수를 이용해 (매 13밀리초마다) 반복적으로 함수를 호출하고, 스타일 프로퍼티를 변경한다. 하지만 최신 브라우저는 setTimeout()의 성능과 기능, 정밀도를 능가하는 (그래서 좀 더 자연스러운 애니메이션 구현이 가능한) requestAnimationFrame() 함수를 이용해 모바일 기기에서의 배터리 소모를 줄인다.

제이쿼리 애니메이션 시스템의 가장 깊은 단계에는 $.Animation()과 $.Tween() 함수가 있다. 이들 함수와 그에 대응하는 객체를 이용하면 애니메이션의 거의 모든 속성을 조절할 수 있다. 예를 들어 $.Animation을 이용해 애니메이션 prefilter를 구현할 수 있다. 이와 같은 prefilter를 이용하면 .animate() 메소드의 옵션 객체로 전달한 프로퍼티의 유무에 따라 애니메이션의 마지막 부분에 특정한 동작을 추가할 수 있다.

```
$.Animation.prefilter(function(element, properties, options) {
  if (options.removeAfter) {
    this.done(function () {
      $(element).remove();
    });
  }
});
```

위 코드 작성 후 $('#my-div').fadeOut({ removeAfter: true })를 호출하면, 페이딩 아웃fading out 동작 후 DOM에서 <div>를 자동으로 제거한다.

▌ 요약

이번 11장에서는 아름다우면서도 사용성 높고 장인 정신이 살아 있는 애니메이션을 구현하기 위한 고급 기술에 대해 알아봤다. 애니메이션의 개별 프로퍼티에 대한 가속, 감속 기능을 조절하고 이들 애니메이션을 하나씩, 혹은 일거에 중지시킬 수 있는 방법에 대해서도 살펴봤다. 또한 제이쿼리 시각 효과 라이브러리에서 내부적으로 정의된 프로퍼티에 알아보고, 필요에 따라 이들 요소를 수정할 수 있는 방법에 대해서도 다뤘다. 13장, '고급 Ajax 기술'에서 살펴볼 제이쿼리 연기 객체 시스템에 대해서도 간략히 알아보고, 제이쿼리 애니메이션 시스템을 세심하게 조절하기 위한 방법도 관찰했다.

참고 자료

시각 효과와 애니메이션 메소드 목록은 부록 B, 또는 제이쿼리 공식 개발자 문서에서 확인할 수 있다. http://api.jquery.com/

▌ 연습 문제

문제를 풀다가 막히는 부분이 있을 때는 제이쿼리 공식 개발자 문서를 확인하자.

http://api.jquery.com/

1. 새로운 속도 상수인 zippy를 추가하고 biography 애니메이션에 추가한다.
2. 멤버 상세 소개 영역의 횡축 이동에 대한 easing 속성을 변경해 튕기는 듯한 느낌을 살린다.
3. promise 객체에 두 번째 연기 콜백 함수를 추가해 현재 멤버의 location <div>에 highlight 클래스를 추가한다.
4. **도전 과제**: 제이쿼리 .delay( ) 메소드를 이용해 자기 소개 영역의 애니메이션의 시작을 2초 지연시킨다.

5. **도전 과제:** 현재 활성화된 사진을 클릭하면 자기 소개 영역을 사라지게 한다. 이 때 사라지는 동작이 시작되기 전에 모든 애니메이션 실행을 멈춘다.

12

고급 DOM 요소 조절하기

지금까지 제이쿼리의 강력한 DOM 조절 메소드를 이용해 문서의 콘텐츠를 변경하는 방법을 배웠다. DOM 조절 메소드를 통해 새로운 콘텐츠를 삽입하고 기존의 콘텐츠를 이동시키며 여러 개의 콘텐츠를 삭제하는 방법도 알게 됐다. 또한 맥락과 필요에 따라 DOM의 속성과 프로퍼티를 변경하는 방법도 조사했다.

5장, 'DOM 요소 조절하기'에서, 이와 관련된 기본적이면서 중요한 기술을 알아봤다. 이번 12장에서 관찰할 내용은 다음과 같다.

- .append( )를 이용한 페이지 요소 정렬
- 웹 요소에 커스텀 데이터 적용하기
- HTML5 data 속성 읽기
- JSON 데이터를 통해 웹 요소 생성하기
- CSS hook를 이용해 DOM 조절 시스템 확장하기

▌ 테이블 열 정렬

12장에서 다룰 주요 내용은 테이블의 열을 정렬하는 기능에 대한 것이다. 테이블 열 정렬을 통해 사용자는 자신이 원하는 정보를 좀 더 신속하게 확인할 수 있다. 그리고 이를 위한 다양한 방법이 존재한다.

서버에서 테이블 정렬

보통 데이터 정렬은 서버에서 하는 경우가 많다. 테이블에 입력하는 데이터 대부분은 데이터베이스에서 가져오므로, 서버에 데이터베이스 정보를 요청하면서 우리가 원하는 순서대로 (SQL의 ORDER BY 문법과 같은 것을 사용해서) 정렬해줄 것을 요구할 수 있다. 데이터를 배포하면서 서버 측 코드를 사용한다면 정렬 순서에 대한 기본 설정값을 적용할 수 있다.

여러 유형의 정렬 가운데 가장 쓸모 있는 정렬은 아마도 사용자가 설정한 정렬 방식일 것이다. 보통 정렬 기능을 위한 사용자 인터페이스는 테이블 헤더(<th>)에 정렬 링크 형식으로 제공한다. 이 링크는 정렬 결과와 함께 현재 페이지로 이동하되, 다음과 같이 테이블 행에 정렬을 위한 쿼리 문자열을 포함한다.

```
<table id="my-data">
  <thead>
    <tr>
      <th class="name">
        <a href="index.php?sort=name">Name</a>
      </th>
      <th class="date">
        <a href="index.php?sort=date">Date</a>
      </th>
    </tr>
  </thead>
  <tbody>
```

```
    ...
  </tbody>
</table>
```

서버는 쿼리 문자열 파라미터에 반응해 데이터베이스 콘텐츠의 내용에 따라 기존과는 다른 순서의 결과를 테이블에 표시한다.

Ajax를 활용한 테이블 정렬

위와 같은 정렬 방식은 간단하지만 정렬 작업을 할 때마다 페이지가 갱신되는 문제가 있다. 하지만 앞서 살펴본 Ajax 기법을 이용하면 페이지 갱신 없이 테이블을 정렬할 수 있다. 기존 예제와 같이 제목 행 링크를 통해 정렬을 하기로 하고, 다음과 같이 제이쿼리 코드를 추가해 Ajax 요청을 전송할 수 있다.

```
$(() => {
  $('#my-data th a')
    .click((e) => {
      e.preventDefault();
      $('#my-data tbody')
        .load($(e.target).attr('href'));
    });
});
```

이제 앵커를 클릭하면, 제이쿼리는 서버에 Ajax 요청을 보내고 동일한 페이지에서 정렬이 일어난다. 이와 같이 제이쿼리가 Ajax 요청을 보내면 X-Requested-With-HTTP 헤더가 XMLHttpRequest로 바뀌게 되고, 서버는 Ajax 요청을 실행하게 된다. 서버 코드는 위 파라미터를 확인하면 페이지를 둘러싼 요소가 아닌 <tbody> 요소 자체의 콘텐츠에 대한 응답에만 사용된다. 이런 방식으로 기존의 <tbody> 요소의 콘텐츠를 새로운 내용으로 교체하게 된다.

이는 점진적인 기능 강화progressive enhancement의 사례라고 할 수 있다. 위 페이지는 자바스크립트 없이 완벽하게 작동할 수 있고, 링크를 통해 서버 측의 정렬 작업을 클라이언트 페이지에 반영할 수 있다. 하지만 자바스크립트를 사용할 수 있는 환경에서는 페이지 요청 정보를 가로채서, 페이지 갱신 없이 정렬 데이터만을 적용할 수 있다.

브라우저 내에서 테이블 정렬

때론 서버에 정렬 요청을 보내고 기다릴 수 없거나, 서버 측 언어로 스크립트를 작성할 여지가 없을 수 있다. 이럴 때는 자바스크립트와 제이쿼리 DOM 조절 메소드를 이용해 순전히 브라우저에서만 정렬 작업을 처리할 수 있다.

이번 12장에서는 다양한 기법을 활용해 세 가지의 제이쿼리 정렬 메커니즘을 설명한다. 각각의 정렬 메커니즘은 서로 상이한 방법을 사용하지만 실행 결과는 동일하다. 이번 예제에서 활용할 정렬 메커니즘은 다음과 같다.

- HTML 콘텐츠에서 데이터 추출하기
- HTML5의 커스텀 data 속성 활용
- JSON을 이용한 테이블 데이터 구성

우리가 정렬하게 될 테이블은 적용되는 자바스크립트 기술에 따라 서로 다른 HTML 구조를 사용하지만 기본적으로는 책 목록, 저자명, 출간일, 가격 등의 정보는 동일하다. 첫 번째 테이블은 다음과 같이 간단한 구조로 이뤄져 있다.

```
<table id="t-1" class="sortable">
  <thead>
    <tr>
      <th></th>
      <th class="sort-alpha">Title</th>
      <th class="sort-alpha">Author(s)</th>
      <th class="sort-date">Publish Date</th>
```

438

```
      <th class="sort-numeric">Price</th>
    </tr>
  </thead>
  <tbody>
    <tr>
      <td><img src="images/2862_OS.jpg" alt="Drupal 7"></td>
      <td>Drupal 7</td>
      <td>David <span class="sort-key">Mercer</span></td>
      <td>September 2010</td>
      <td>$44.99</td>
    </tr>
    <!--코드 계속 -->
  </tbody>
</table>
```

자바스크립트로 기능을 강화하기 전 테이블의 모습은 다음과 같다.

	Title	Author(s)	Publish Date	Price
	Drupal 7	David Mercer	September 2010	$44.99
	Amazon SimpleDB: LITE	Prabhakar Chaganti, Rich Helms	May 2011	$9.99
	Object-Oriented JavaScript	Stoyan Stefanov	July 2008	$39.99

■ 심화 학습: 요소 이동 및 삽입

이번 절에서는 각각의 테이블 행에 적용될 수 있는 유연한 정렬 메커니즘을 만든다. 이를 위해 제이쿼리 DOM 조절 메소드를 이용해 새로운 요소를 삽입하고, 기존의 요소는 DOM 구조 내의 새로운 위치로 이동시킨다. 이번 예제는 테이블 헤더 링크를 생성하는 것으로 시작한다.

■ 기존 텍스트 주위에 링크 추가하기

먼저 테이블 헤더를 구성하는 각각의 행을 데이터 정렬을 위한 링크로 바꾼다. 이를 위해 제이쿼리 .wrapInner() 메소드를 사용한다. 5장, 'DOM 요소 조절하기'에서, .wrapInner() 메소드를 이용해 조건에 부합하는 요소에 새로운 요소(이번 예제에서는 <a> 요소)를 추가하는 방법을 설명했다.

```
$(() => {
  const $headers = $('#t-1')
    .find('thead th')
    .slice(1);
  $headers
    .wrapInner($('<a/>').attr('href', '#'))
    .addClass('sort');
});
```

리스팅 12.1

위 코드에서 (.slice()를 이용해서) 테이블의 첫 번째 <th> 요소는 제외시켰는데, 이 요소에는 텍스트 콘텐츠가 없고 라벨을 추가하거나 표지 사진 등을 정렬할 필요 또한 없기 때문이다. 다음, 나머지 <th> 요소에 sort 클래스를 추가해 CSS 스타일 정의를 통해 정렬 대상이 아닌 요소와 구분할 수 있도록 했다. 이제 헤더 열의 모습은 다음과 같다.

⇕ Title	⇕ Author(s)	⇕ Publish Date	⇕ Price
Drupal 7	David Mercer	September 2010	$44.99
Amazon SimpleDB: LITE	Prabhakar Chaganti, Rich Helms	May 2011	$9.99
Object-Oriented JavaScript	Stoyan Stefanov	July 2008	$39.99

이번 예제는 점진적 기능 강화의 반대 개념인 우아한 성능 저하의 사례라 할 수 있다. Ajax 기법이 적용된 기존의 예제와 달리, 이번 예제는 자바스크립트 없이는 아무런 기능도 할 수 없다. 이는 이번 예제가 서버 측 스크립트에 전혀 의존하지 않고, 오직 브라우저에서 정렬 과정을 처리하기 때문이다. 하지만 정렬 작업에 필요한 sort 클래스와 앵커 요소를 추가하는 데만 자바스크립트를 사용하므로, 브라우저에서 스크립트를 사용할 수 있는 경우에만 정렬 인터페이스가 나타나게 된다. 또한 헤더 요소가 클릭 가능 요소임을 알리기 위해 스타일을 적용하는 대신 테이블에 정렬을 위한 새로운 링크를 추가함으로써, 키보드(탭 키)를 이용해 헤더 요소를 이동할 수 있도록 했는데, 이는 접근성 향상에도 기여할 수 있는 방법이다. 이렇게 만들어진 페이지는 정렬 기능이 없더라도 사용자에게 콘텐츠를 제공한다는 기본 목적을 충실히 수행할 수 있다.

간단한 자바스크립트 배열 정렬하기

정렬 작업을 하기 위해서는 자바스크립트에 내장된 .sort() 메소드를 잘 활용할 수 있어야 한다. .sort() 메소드는 배열에서 인 플레이스in-place 방식으로 정렬을 하며, 인수로 비교 함수comparator function를 받을 수 있다. 비교 함수는 배열에 있는 두 개의 아이템을 비교하며 정렬된 배열에서 해당 아이템이 첫 번째 요소가 되느냐의 여부에 따라 양수 또는 음수를 반환한다. 예를 들어 다음과 같은 배열을 살펴보자.

```
const arr = [52, 97, 3, 62, 10, 63, 64, 1, 9, 3, 4];
```

위 배열은 arr.sort()의 형식으로 메소드를 호출하고 정렬할 수 있다. 위 배열을 정렬한 결과는 다음과 같다.

```
[1, 10, 3, 3, 4, 52, 62, 63, 64, 9, 97]
```

배열 결과를 보면, 아이템이 알파벳 순으로(사전 순서대로lexicographically) 정렬됐음을 알 수 있다. 이번 예제에서는 숫자의 크기가 아닌 앞자리 숫자 1~9의 순서로 정렬됐다. 숫자의 크기를 기준으로 정렬하려면 .sort() 메소드의 인수로 비교 함수를 추가한다.

```
arr.sort((a, b) => a < b ? -1 : (a > b ? 1 : 0));
```

위 비교 함수는 정렬된 배열에서 a가 먼저 오면 음수를, b가 먼저 오면 양수를, 그리고 순서 구분이 필요 없을 땐 0을 반환한다. 이와 같은 간단한 방법으로 .sort() 메소드는 배열 아이템을 다음과 같이 숫자 크기 순으로 정렬한다.

```
[1, 3, 3, 4, 9, 10, 52, 62, 63, 64, 97]
```

이제 우리가 만든 테이블 열에도 .sort() 메소드를 적용해보자.

DOM 요소 정렬하기

가장 먼저 페이지의 Title 행을 정렬해보자. 앞서 sort 클래스를 적용할 때 HTML 코드를 통해 이 제목 행 셀에는 sort-alpha라는 클래스를 적용했다. 다른 셀은 정렬이 이뤄질 때 우리가 적용하는 정렬 기법에 따라 순서가 바뀌겠지만, 이번 절에서는 Title 헤더 행이 알파벳 순으로 정렬되도록 해보자.

```javascript
$(() => {
  const comparator = (a, b) => a < b ? -1 : (a > b ? 1 : 0);
  const sortKey = (element, column) => $.trim($(element)
    .children('td')
    .eq(column)
    .text()
    .toUpperCase()
  );

  $('#t-1')
    .find('thead th')
    .slice(1)
    .wrapInner($('<a/>').attr('href', '#'))
    .addClass('sort')
    .on('click', (e) => {
      e.preventDefault();

      const column = $(e.currentTarget).index();

      $('#t-1')
        .find('tbody > tr')
        .get()
        .sort((a, b) => comparator(
          sortKey(a, column),
          sortKey(b, column)
        ))
        .forEach((element) => {
          $(element)
```

```
                .parent()
                .append(element);
        });
    });
});
```

리스팅 12.2

클릭 이벤트가 발생한 헤더 셀의 인덱스에서, 모든 데이터 열의 배열 정보를 가져온다. 이때 사용된 .get( ) 메소드는 제이쿼리 객체를 DOM 노드 배열로 바꾸는 데 매우 유용하다. 다양한 상황에서 제이쿼리 객체를 마치 배열처럼 사용하곤 하지만 제이쿼리 객체는 .pop( ) 또는 .shift( )와 같은 전형적인 배열 메소드를 전혀 제공하지 않는다.

 내부적으로는 제이쿼리도 소수의 네이티브 배열 메소드를 제공한다. 제이쿼리 객체에서 사용할 수 있는 .sort( ), .push( ), .splice( ) 등이 대표적이다. 하지만 이들 메소드는 제이쿼리 내부에서만 사용할 수 있으며 공식적으로 문서화되지 않은 탓에 외부로 드러나는 코드에서 제이쿼리 객체를 배열처럼 쓸 수는 없다. 이들 메소드를 제이쿼리 객체에서 직접 호출하는 일도 가급적 피하는 것이 좋다.

이제 우리에게도 정렬할 수 있는 DOM 노드 배열이 생겼다. 하지만 정렬 작업을 진행하려면 먼저 비교 함수를 작성해야 한다. 해당 테이블 셀의 텍스트 콘텐츠에 따라 테이블 열을 정렬하려 하며, 비교 함수는 바로 이 내용을 비교하게 된다. 비교 대상이 되는 셀은 .index( ) 함수 호출 시 해당 행의 인덱스를 통해 미리 파악할 수 있다. 이번엔 제이쿼리의 $.trim( ) 함수를 이용해 텍스트 앞과 뒤에 붙은 공백 문자를 제거한 뒤, 텍스트를 대문자로 바꾼다. 그 이유는 자바스크립트의 문자열 비교는 대소문자를 구분하는 반면 우리의 정렬 작업은 대소문자를 구분하지 않기 때문이다.

위 코드를 실행하면 정렬이 이뤄지지만, .sort( ) 메소드가 호출돼도 DOM 구조 자체가 바뀌는 것은 아니라는 점을 주의한다. DOM 구조 자체를 바꾸려면 DOM 조절 메소드를 이용해 테이블의 열을 이동시켜야 한다. 순환문을 이용해 한 번에 하나의 열을 이동시키며, 대상 열을 테이블에 다시 삽입한다. .append( ) 메소드는 노드를 복제하지 않으므로 해당 열의 내용이 복제되는 것이 아닌, 새로운 위치로 이동하는 것이다. 정렬된 테이블의 모습은 다음과 같다.

	⇕ Title	⇕ Author(s)	⇕ Publish Date	⇕ Price
	Amazon SimpleDB: LITE	Prabhakar Chaganti, Rich Helms	May 2011	$9.99
	CakePHP 1.3 Application Development Cookbook	Mariano Iglesias	March 2011	$39.99
	Cocoa and Objective-C Cookbook	Jeff Hawkins	May 2011	$39.99

▎ DOM 요소와 함께 데이터 정렬하기

코드를 실행하면 정렬은 이뤄지지만, 속도는 많이 느리다. 속도가 느린 이유는 정렬과 관련된 여러 가지 임무를 처리하는 비교 함수 때문이다. 비교 함수는 정렬이 진행되는 동안 여러 차례 호출되므로, 비교 함수의 성능을 개선할 필요가 있다.

> **TIP**
>
> **배열 정렬의 성능**
>
> 자바스크립트에서 실제로 사용되는 정렬 알고리즘 가운데 표준으로 자리 잡은 것은 아직 없는 상태이다. 간단한 정렬 작업에는 (연산의 복잡성이 $\Theta(n^2)$인) 버블 소트 기법이 사용되고, 좀 더 복잡한 정렬 작업에는 (연산의 복잡성이 $\Theta(n \log n)$인) 퀵 소트 기법이 사용된다. 배열에 있는 아이템의 수가 두 배 증가하면, 비교 함수의 호출 횟수 역시 두 배 증가한다.

비교 함수의 성능을 향상시키기 위한 응급 처치로, 비교에 사용되는 키 값을 미리 연산하는 방법이 있다. 초기 순환문에서 복잡한 임무 대부분을 수행하고 그 결과를 제이쿼리의 .data( ) 메소드에 저장하는데, 이 메소드는 페이지 요소와 연관된 임의의 정보를 설정하거나 가져올 수 있다. 그런 다음 비교 함수에서 키 값을 확인하고 나면 좀 더 빠르게 정렬 작업을 진행할 수 있다.

```
$('#t-1')
  .find('thead th')
  .slice(1)
  .wrapInner($('<a/>').attr('href', '#'))
  .addClass('sort')
  .on('click', (e) => {
    e.preventDefault();

    const column = $(e.currentTarget).index();

    $('#t-1')
      .find('tbody > tr')
      .each((i, element) => {
        $(element)
          .data('sortKey', sortKey(element, column));
      })
      .get()
      .sort((a, b) => comparator(
        $(a).data('sortKey'),
        $(b).data('sortKey')
      ))
      .forEach((element) => {
        $(element)
          .parent()
          .append(element);
      });
  });
```

리스팅 12.3

446

`.data( )` 메소드와 그 반대 기능을 제공하는 `.removeData( )` 메소드 쌍은 DOM 요소에 직접 추가하는 비표준적인 프로퍼티를 대체할 수 있는 데이터 저장 메커니즘을 제공한다.

추가적인 사전 연산의 실행

이번엔 지난 예제와 동일한 방식으로 Author(s) 행의 데이터를 정렬한다. 테이블 헤더 셀에는 `sort-alpha` 클래스가 포함돼 있었으며, Author(s) 행 역시 기존의 코드를 이용해 저장할 수 있다. 좀 더 세심하게 구현한다면, 저자명을 이름이 아닌 성을 기준으로 정렬해야 할 것이다. 또 일부 서적의 경우 여러 명의 저자가 있는 경우도 있으며 일부 저자는 중간 이름 또는 이니셜을 사용하기도 하므로, 저자명 텍스트에서 어떤 부분을 정렬 키 값으로 사용할지부터 결정해야 한다. 이번 예제에서는 태그 속에 테이블 셀의 연관 부분을 래핑해 결정에 활용한다.

```
<td>David <span class="sort-key">Mercer</span></td>
```

이제 정상적으로 작동 중인 `Title` 행의 정렬 동작에는 영향을 미치지 않고, 위 태그를 이용해 정렬이 이뤄질 수 있도록 정렬 코드를 수정한다. 위와 같이 sort-key라는 키를 저자의 성 앞에 추가하면, 함수가 호출될 때 성을 기준으로 정렬이 이뤄지고, 성과 이름을 구분하기 어려운 경우 전체 문자열을 기준으로 정렬이 이뤄진다.

```
const sortKey = (element, column) => {
  const $cell = $(element)
    .children('td')
    .eq(column);
  const sortText = $cell
    .find('span.sort-key')
    .text( );
  const cellText = $cell
    .text( )
```

```
        .toUpperCase();

    return $.trim(`${sortText} ${cellText}`);
};
```

리스팅 12.4

Author(s) 행을 주어진 키로 정렬하면 다음과 같이 성을 기준으로 정렬이 이뤄진다.

만일 성 위치에 있는 두 개의 텍스트가 동일한 경우 전체 저자명을 대상으로 정렬이 이뤄진다.

비-문자열 데이터 정렬하기

사용자는 Title과 Author(s) 행은 물론이고, Publish Date와 Price를 기준으로도 정렬 기능을 사용하려 할 것이다. 이번 예제에서는 비교 함수를 사용하고 있으며 이 함수는 모든 종류의 데이터를 비교할 수 있지만 제목, 저자 이름 등 텍스트가 아닌 다른 타입의 데이터를 정렬하려면 조금 수정이 필요하다. 이를테면 가격을 비교할 경우 맨 앞의 $ 문자를 떼고 나머지 부분만을 가져와서 숫자 비교를 해야 한다.

```
var key = parseFloat($cell.text().replace(/^[^\d.]*/, ''));
if (isNaN(key)) {
  key = 0;
}
```

위에 사용된 정규 표현식은 숫자나 소수점 이외의 선두 기호를 제거한 뒤, 나머지 데이터 부분을 parseFloat( )에 전달한다. 그 다음 parseFloat( )의 실행 결과를 확인해 텍스트에서 추출해낸 부분이 숫자가 아닌 경우 NaN[Not a Number]을 반환한다. 만일 숫자가 아닌 무언가가 .sort( )에 전달될 경우, 오류가 발생하므로 NaN이 반환된 경우, 이를 0으로 처리한다.

날짜 행에서, 자바스크립트의 Date 객체를 쓸 수 있다.

```
var key = Date.parse(`1 ${$cell.text()}`);
```

테이블에 포함된 날짜 정보는 연과 월 데이터로만 구성돼 있는 반면 Date.parse( )에는 연월일을 완벽하게 입력해야 한다. 이를 위해 연월 데이터 앞에 1을 붙여서 September 2010은 1 September 2010이 되도록 한다. 이렇게 완벽하게 만들어진 연월일 데이터를 전달받은 Date.parse( )는 이를 타임스탬프[timestamp]로 변환해 비교 함수에서 사용할 수 있도록 한다.

이들 표현식을 세 개의 함수에 분리해 배치하면, 테이블 헤더에 적용된 클래스를 기준으로 해당 함수를 호출할 수 있다.

```
const sortKeys = {
  date: $cell => Date.parse(`1 ${$cell.text()}`),
  alpha: $cell => $.trim(
    $cell.find('span.sort-key').text() + ' ' +
```

```
          $cell.text().toUpperCase()
    ),
    numeric($cell) {
      const key = parseFloat(
        $cell
          .text()
          .replace(/^[^\d.]*/, '')
      );
      return isNaN(key) ? 0 : key;
    }
};

$('#t-1')
  .find('thead th')
  .slice(1)
  .each((i, element) => {
    $(element).data(
      'keyType',
      element.className.replace(/^sort-/,'')
    );
  })
// ...
```

리스팅 12.5

클래스 이름에 따라 각 행의 헤더 셀에 keyType 데이터를 저장할 수 있도록 스크립트를 수정한다. 위 코드에서는 클래스의 sort- 부분을 제거해 날짜 데이터만 남도록 한다. 각각의 정렬 함수가 sortKeys 객체의 메소드가 되게 함으로써 배열 문법을 사용할 수 있고, 헤더 셀의 keyType 데이터 값에 따라 적절한 함수가 호출되도록 할 수 있다.

보통 메소드를 호출할 때는 점 표기법^{dot notation}을 사용하며, 이 책에 있는 모든 제이쿼리 객체의 메소드 호출에 사용된다. 예를 들어 <div class="foo"> 요소에 bar라는 클래스를 추가할 경우, $('div.foo').addClass('bar')라고 쓰는 것이다. 자바스크립트는 프로퍼티나 메소드 구현 시 점 표기법과 배열식 표기법을 모두 사용하므로, 위 표현은

$('div.foo')['addClass']('bar')와 같이 쓸 수 있다. 이 책 전반에 걸쳐 배열식 표기법이 사용된 적은 별로 없었지만, 여러 개의 if 조건문을 사용하지 않고 메소드를 호출하는 조건문을 만들 때는 배열식 표기법이 매우 편리하다. sortKeys 객체에서, sortKeys.alpha($cell) 또는 sortKeys['alpha']($cell)과 같은 형식으로 alpha 메소드를 호출할 수 있으며, 메소드 이름이 keyType 상수에 저장된 경우, sortKeys[keyType]($cell)과 같이 호출할 수 있다. 이 세 번째 방식을 클릭 핸들러에 적용한 코드는 다음과 같다.

```
// ...
.on('click', (e) => {
  e.preventDefault();

  const column = $(e.currentTarget).index();
  const keyType = $(e.currentTarget).data('keyType');

  $('#t-1')
    .find('tbody > tr')
    .each((i, element) => {
      $(element).data(
        'sortKey',
        sortKeys[keyType](
          $(element)
            .children('td')
            .eq(column)
        )
      );
    })
    .get()
    .sort((a, b) => comparator(
      $(a).data('sortKey'),
      $(b).data('sortKey')
    ))
    .forEach((element) => {
      $(element)
```

```
            .parent( )
            .append(element);
        });
    });
```

리스팅 12.6

Publish Date 또는 Price 행을 정렬한 결과는 다음과 같다.

	⇕ Title	⇕ Author(s)	⇕ Publish Date	⇕ Price
	Object-Oriented JavaScript	Stoyan Stefanov	July 2008	$39.99
	jQuery 1.4 Reference Guide	Karl Swedberg, Jonathan Chaffer	January 2010	$39.99
	Drupal 7	David Mercer	September 2010	$44.99

정렬 방향 변경하기

정렬 기능 강화와 관련된 마지막 내용은 상향 정렬 또는 하향 정렬 옵션을 제공하는 것이다. 사용자가 이미 정렬된 행을 클릭하면, 현재의 정렬 순서와 반대의 결과를 제공하는 것이다.

정렬 방향을 바꾸기 위해, 비교 함수에서 반환된 결과의 순서를 뒤집는다. 이를 위해 정렬 비교 함수에 다음과 같이 간단한 방향 인수를 적용하면 된다.

```
const comparator = (a, b, direction = 1) =>
  a < b ?
    -direction :
    (a > b ? direction : 0);
```

direction이 1이면, 기존의 정렬 순서를 유지하고, direction이 −1이면, 정렬 순서를 반대로 바꾼다. 이런 개념을 행에 적용된 현재 정렬 순서를 추적하는 클래스와 결합하면, 정렬 방향의 변경 기능을 추가할 수 있다.

```
// ...
.on('click', (e) => {
  e.preventDefault();

  const $target = $(e.currentTarget);
  const column = $target.index();
  const keyType = $target.data('keyType');
  const sortDirection = $target.hasClass('sorted-asc') ?
    -1 : 1;

  $('#t-1')
    .find('tbody > tr')
    .each((i, element) => {
      $(element).data(
        'sortKey',
        sortKeys[keyType](
          $(element)
            .children('td')
            .eq(column)
        )
      );
    })
    .get()
    .sort((a, b) => comparator(
```

```
          $(a).data('sortKey'),
          $(b).data('sortKey'),
          sortDirection
      ))
      .forEach((element) => {
        $(element)
          .parent()
          .append(element);
      });

      $target
        .siblings()
        .addBack()
        .removeClass('sorted-asc sorted-desc')
        .end()
        .end()
        .addClass(
          sortDirection == 1 ?
            'sorted-asc' : 'sorted-desc'
        );
});
```

리스팅 12.7

정렬 방향을 나타내는 클래스 사용에 대한 추가 혜택으로, 행 헤더에서 현재 적용된 정렬
순서를 표시할 수 있다.

	Title	Author(s)	Publish Date	Price
	Amazon SimpleDB: LITE	Prabhakar Chaganti, Rich Helms	May 2011	$9.99
	Object-Oriented JavaScript	Stoyan Stefanov	July 2008	$39.99
	jQuery 1.4 Reference Guide	Karl Swedberg, Jonathan Chaffer	January 2010	$39.99

█ HTML5 커스텀 데이터 속성 활용하기

지금까진 테이블 셀에 들어 있는 콘텐츠 내용에 따라 정렬 순서를 결정했다. 콘텐츠 내용을 수정해 테이블 열을 정렬하는 방법 외에도, 서버에 HTML5 data 속성 형식으로 존재하는 HTML 코드를 이용해 좀 더 효율적으로 정렬 작업을 진행할 수 있다. data 속성을 활용하는 두 번째 예제 테이블의 내용은 다음과 같다.

```
<table id="t-2" class="sortable">
  <thead>
    <tr>
      <th></th>
      <th data-sort='{"key":"title"}'>Title</th>
      <th data-sort='{"key":"authors"}'>Author(s)</th>
      <th data-sort='{"key":"publishedYM"}'>Publish Date</th>
      <th data-sort='{"key":"price"}'>Price</th>
    </tr>
  </thead>
  <tbody>
```

```
<tr data-book='{"img":"2862_OS.jpg",
  "title":"DRUPAL 7","authors":"MERCER DAVID",
  "published":"September 2010","price":44.99,
  "publishedYM":"2010-09"}'>
  <td><img src="images/2862_OS.jpg" alt="Drupal 7"></td>
  <td>Drupal 7</td>
  <td>David Mercer</td>
  <td>September 2010</td>
  <td>$44.99</td>
</tr>
<!-- 코드 계속 -->
</tbody>
</table>
```

(첫 번째를 제외한) `<th>` 요소는 `data-sort`라는 속성을 지니고, `<tr>` 요소는 `data-book` 속성을 지니고 있음을 기억하자. 7장, '플러그인 활용하기'에서 커스텀 data 속성을 소개하면서 플러그인 코드에 속성을 이용해 관련 정보를 입력한 바 있다. 이번 예제에서는 제이쿼리를 이용해 속성값 자체에 접근하는 방법을 알아본다. 속성값을 가져오려면 `data-` 뒷부분의 속성 이름을 `.data( )` 메소드의 인수로 전달해야 한다. 가령 첫 번째 `<th>` 요소의 `data-sort` 속성값을 가져오려면 `$('th').first( ).data('sort')`라고 입력한다.

data 속성값을 가져오기 위해 `.data( )` 메소드를 사용하는 경우, 제이쿼리는 이 값을 해당 타입에 맞춰 숫자, 배열, 객체, Boolean, 또는 null로 바꿀 수 있다. 이때 객체는 이번 예제처럼 JSON 문법으로 구현해야 한다. JSON 포맷은 키와 문자열 값을 표현할 때 큰 따옴표를 사용하므로, 속성값은 작은 따옴표로 감싸야 한다.

```
<th data-sort='{"key":"title"}'>
```

제이쿼리는 위 문자열을 객체로 변환하므로 우리가 필요로 하는 값을 얻는 방법은 간단하다. 키 프로퍼티의 값을 가져오려 할 경우 다음과 같이 작성한다.

456

```
$('th').first().data('sort').key
```

이런 방식으로 커스텀 data 속성을 가져오면, 해당 데이터는 제이쿼리 내부에 저장되고 HTML data-* 속성은 더 이상 접근하거나 수정할 수 없게 된다.

data 속성을 사용하는 데 따른 이점은 이렇게 저장된 값이 테이블 셀 콘텐츠와는 달라질 수 있다는 것이다. 즉, 첫 번째 테이블의 정렬을 위해 우리가 했던 모든 작업(문자열 대문자로 바꾸기, date 포맷 변경하기, price값을 숫자로 변경하기 등)을 훨씬 간단하게 처리할 수 있는 것이다. data 속성을 사용하면 기존의 정렬 코드를 훨씬 간단하면서도 효율적으로 작성할 수 있다.

```
$(() => {
  const comparator = (a, b, direction = 1) =>
    a < b ?
      -direction :
      (a > b ? direction : 0);

  $('#t-2')
    .find('thead th')
    .slice(1)
    .wrapInner($('<a/>').attr('href', '#'))
    .addClass('sort')
    .on('click', (e) => {
      e.preventDefault();

      const $target = $(e.currentTarget);
      const column = $target.index();
      const sortKey = $target.data('sort').key;
      const sortDirection = $target.hasClass('sorted-asc') ?
        -1 : 1;

      $('#t-2')
        .find('tbody > tr')
```

```
    .get()
    .sort((a, b) => comparator(
      $(a).data('book')[sortKey],
      $(b).data('book')[sortKey],
      sortDirection
    ))
    .forEach((element) => {
      $(element)
        .parent()
        .append(element);
    });

  $target
    .siblings()
    .addBack()
    .removeClass('sorted-asc sorted-desc')
    .end()
    .end()
    .addClass(
      sortDirection == 1 ?
        'sorted-asc' : 'sorted-desc'
    );
  });
});
```

리스팅 12.8

data 속성을 활용함으로써 매우 간결한 코드가 만들어졌다. sortKey 상수는 .data ('sort').key값을 저장한 뒤, $(a).data('book')[sortKey]와 $(b).data('book') [sortKey]의 정렬된 값을 비교하는 데 사용된다. 또한 첫 번째 열에서 순환문을 사용하지 않고 sort 함수를 호출하기 전에 sortKeys 함수 중 하나를 호출한단 면에서 매우 효율적인 코드이기도 하다. 이와 같은 간결성과 효율성의 결합을 통해 코드의 성능을 향상시키고 유지 보수성 또한 높일 수 있다.

▌ JSON으로 테이블 열 정렬 및 생성하기

지금까지 클라이언트 스크립트를 통해 간단하면서도 효율적으로 서버에서 전달받은 데이터를 HTML 형식으로 바꿔서 정렬하고 순서를 바꾸는 방법을 알아봤다. 이번엔 기존과 다른 방향에서 접근한다. HTML에 의존하지 않고 자바스크립트로만 데이터를 채우고 정렬 작업을 진행한다. 현대에 이르러 점점 더 많은 웹 애플리케이션이 자바스크립트를 통해 콘텐츠 데이터를 생성, 수정하고 있다. 이번 세 번째 테이블 예제에서 다룰 내용이 바로 이것이다.

이번 절에서는 다음 세 개의 함수를 작성한다.

- buildAuthors( ): 저자 이름의 문자열 목록 생성
- buildRow( ): 단일 테이블 열의 HTML 코드 생성
- buildRows( ): buildRow( )로 생성된 열을 맵핑하는 방식으로 전체 테이블의 HTML 코드 생성

```
const buildAuthors = row =>
  row
    .authors
    .map(a => `${a.first_name} ${a.last_name}`)
    .join(', ');

const buildRow = row =>
  `
    <tr>
      <td><img src="images/${row.img}"></td>
      <td>${row.title}</td>
      <td>${buildAuthors(row)}</td>
      <td>${row.published}</td>
      <td>$${row.price}</td>
    </tr>
  `;
```

```
const buildRows = rows =>
  rows
    .map(buildRow)
    .join('');
```

리스팅 12.9

기존에는 두 가지 임무를 위해 하나의 함수를 썼지만, 이번 예제에서는 세 개로 구분된 함수를 사용함으로써 각기 다른 시점에 테이블 열을 생성하고 삽입할 수 있도록 했다. 이들 함수는 Ajax 요청에 대한 응답으로 데이터를 생성한다.

```
Promise.all([$.getJSON('books.json'), $.ready])
  .then(([json]) => {
    $('#t-3')
      .find('tbody')
      .html(buildRows(json));
  })
  .catch((err) => {
    console.error(err);
});
```

리스팅 12.10

이번 예제에서는 Ajax 호출을 하기 전 DOM이 ready 상태가 될 때까지 기다릴 필요가 없지만, JSON 데이터를 통해 buildRows() 함수를 호출하기 전에 실행 여부를 결정할 두 개의 약속 조건이 있다. 먼저 실제 JSON 데이터를 서버에서 가져와야 하고, 그 다음 DOM을 수정할 수 있도록 ready 상태가 돼야 한다. 이를 위해 Promise.all() 메소드를 이용해 이들 두 가지 임무를 해결할 수 있는 약속 객체를 구현한다. $.getJSON() 함수는 약속 객체를 반환하며, $.ready는 DOM이 ready 상태가 됐을 때의 약속 객체가 된다.

위 코드에서 유의할 점은 다른 정보는 문자열 또는 숫자 타입의 데이터로 들어오지만, authors 데이터는 서버에서 first_name과 last_name 프로퍼티를 지닌 객체 배열 형식으로 전달되므로, 이를 다른 데이터와는 달리 취급하는 것이다. 그리고 (테이블 행 요소 대부분은 하나의 배열 요소만 지니지만) authors 배열을 순회하면서 first_name과 last_name을 반복해 정돈한다. 그런 다음 쉼표 기호를 이용해 배열을 결합하고 join, 이름 목록의 끝 부분이라는 뜻으로 공백 문자를 추가한다.

buildRow() 함수는 JSON 파일에서 가져온 텍스트가 연산에 사용해도 안전하다고 가정한다. 단일 텍스트 문자열에 텍스트 콘텐츠와 함께 <img> 그리고 <td>, <tr> 등의 태그가 추가되므로, 쌍이 맞지 않는 <, >, & 기호 등이 텍스트에 포함되지 않도록 해야 한다. 안전한 HTML 문자열 생성을 위한 한 가지 방법은 이를 모두 서버에서 처리하는 것으로, < 기호는 <로, > 기호는 >로, 그리고 & 기호는 &로 변경되도록 한다.

JSON 객체 수정하기

지금까지는 authors 배열 생성을 위해 buildRows() 함수를 한 번만 호출하면 됐다. 하지만 사용자가 테이블 열을 클릭할 때마다 정렬이 되도록 하려면, author 정보가 정렬 전에 이미 적절한 포맷으로 입력돼 있어야 한다. 정렬에 앞서 title과 author 정보의 포맷 또한 수정 가능하다. 앞서 살펴본 두 번째 테이블의 경우 data-book 속성이 적용된 각각의 열에 정렬 가능한 데이터가 포함돼 있고 이들 데이터가 테이블 셀에 입력돼 있었지만, JSON 데이터를 사용하는 세 번째 테이블의 경우 한 가지 데이터 포맷만 가능하다. 이번 예제 코드에 함수 하나만 추가하면 테이블 생성 함수가 실행되기 전이라도 데이터를 정렬 및 화면 표시에 적합한 값으로 수정할 수 있다.

```
const buildAuthors = (row, separator = ', ') =>
  row
    .authors
    .map(a => `${a.first_name} ${a.last_name}`)
    .join(separator);

const prepRows = rows =>
```

```
rows
  .map(row => $.extend({}, row, {
    title: row.title.toUpperCase(),
    titleFormatted: row.title,
    authors: buildAuthors(row, ' ').toUpperCase(),
    authorsFormatted: buildAuthors(row)
  }));
```

리스팅 12.11

이 함수를 통해 JSON 데이터를 전달하면 각각의 열 객체에 authorsFormatted와 title
Formatted 등 두 개의 프로퍼티를 추가할 수 있다. 이들 프로퍼티는 화면에 나타난 테이
블 콘텐츠에 사용되며, 원본의 authors와 title 프로퍼티는 정렬을 위해 보관해둔다. 정
렬에 사용된 프로퍼티 또한 대문자로 변환되어 대소 문자를 구분하는 sort 함수에 적용
된다. buildAuthors( ) 함수에 새로운 구분자 인수를 추가해 정렬에 사용한다.

$.getJSON( ) 콜백 함수에 들어 있는 prepRows( ) 함수를 호출하면, rows 변수에 있는 변
형된 JSON 객체의 값을 저장한 뒤 정렬에 사용하도록 한다. 테이블 정렬 작업에 JSON
객체 수정 기법을 적용하기 위해, buildRow( ) 함수의 내용을 다음과 같이 변경한다.

```
const buildRow = row =>
  `
    <tr>
      <td><img src="images/${row.img}"></td>
      <td>${row.titleFormatted}</td>
      <td>${row.authorsFormatted}</td>
      <td>${row.published}</td>
      <td>$${row.price}</td>
    </tr>
  `;

Promise.all([$.getJSON('books.json'), $.ready])
  .then(([json]) => {
    $('#t-3')
```

```
      .find('tbody')
      .html(buildRows(prepRows(json)));
  })
  .catch((err) => {
    console.error(err);
  });
```

리스팅 12.12

필요에 따라 콘텐츠 재생성하기

이제 정렬 작업 및 화면 표시를 위한 콘텐츠 준비 작업이 마무리됐다. 이제 행 제목 열의
수정 및 정렬 루틴을 구현한다.

```
Promise.all([$.getJSON('books.json'), $.ready])
  .then(([json]) => {
    $('#t-3')
      .find('tbody')
      .html(buildRows(prepRows(json)));

    const comparator = (a, b, direction = 1) =>
      a < b ?
        -direction :
        (a > b ? direction : 0);

    $('#t-3')
      .find('thead th')
      .slice(1)
      .wrapInner($('<a/>').attr('href', '#'))
      .addClass('sort')
      .on('click', (e) => {
        e.preventDefault();

        const $target = $(e.currentTarget);
```

```
        const column = $target.index();
        const sortKey = $target.data('sort').key;
        const sortDirection = $target.hasClass('sorted-asc') ?
          -1 : 1;
        const content = buildRows(
          prepRows(json).sort((a, b) => comparator(
            a[sortKey],
            b[sortKey],
            sortDirection
          ))
        );

        $('#t-3')
          .find('tbody')
          .html(content);

        $target
          .siblings()
          .addBack()
          .removeClass('sorted-asc sorted-desc')
          .end()
          .end()
          .addClass(
            sortDirection == 1 ?
              'sorted-asc' : 'sorted-desc'
          );
      });
})
.catch((err) => {
  console.error(err);
});
```

리스팅 12.13

click 핸들러 코드는 두 번째 테이블인 리스팅 12.8의 핸들러 코드와 거의 똑같다. 기존
핸들러와의 눈에 띄는 차이는 정렬이 이뤄질 때 단 한 번만 DOM 속에 요소를 삽입한다

는 것이다. 첫 번째와 두 번째 테이블에서 다른 부분의 최적화 작업 후에도 실제 DOM 요소를 정렬한 뒤 이들 요소를 하나씩 순환하도록 해 도착 순서대로 요소를 붙였다. 예를 들어 리스팅 12.8의 테이블 열은 다음과 같이 재삽입된다.

```
.forEach((element) => {
  $(element)
    .parent()
    .append(element);
});
```

이와 같은 반복적인 DOM 삽입 작업은 성능 측면에서는 그리 추천할만한 방법이 아니다. 특히 열의 수가 매우 많은 경우 성능 자원을 고갈시킬 수 있다. 마지막 테이블 정렬 방법인 리스팅 12.13의 접근 방법은 다음과 같다.

```
$('#t-3')
  .find('tbody')
  .html(content);
```

buildRows() 함수는 열을 나타내는 HTML 문자열을 반환하고 이를 테이블에 삽입하는데, 이때 기존 열에 있는 정보를 이동시키는 것이 아니라 새로운 내용으로 대체시킨다.

▌심화 학습: 속성 수정

지금까지는 테이블 정렬 작업을 위해 DOM 요소와 관련된 값을 가져오거나 설정하는 방법을 알아봤다. 이를 위해 .attr()와 .prop(), .css() 등의 간단한 메소드를 사용하고, .addClass(), .val() 등 편의 메소드, .animate()와 같은 복합적인 기능의 메소드 사용법도 알아봤다. 하지만 아무리 간단한 메소드라도 표면적으로 드러난 부분 외에 유용한 기능이 있게 마련이다. 이번 절에서는 이들 유틸리티에 대한 내용을 좀 더 살펴본다.

단축형 요소 생성 문법 활용하기

지난 예제에서 HTML 문자열을 $( ) 함수에 전달하거나 DOM 삽입 함수와 관련된 제이쿼리 코드를 통해 새로운 요소를 생성했다. 예를 들어 리스팅 12.9에서는 다수의 DOM 요소를 생성하기 위해 꽤 방대하지만 신속하게 작동하고 간결한 내용으로 구성된 HTML 프래그먼트 코드를 만들었다. 하지만 이 방식이 적당하지 않은 상황도 있다. 가령 텍스트에 특정 문자 기호가 섞여 있는 경우 정렬 작업을 취소하고 빠져나오고 싶거나 브라우저 독립적인 스타일 규칙을 적용하고 싶을 때가 있다. 이런 경우 요소를 생성한 뒤 제이쿼리 메소드 연쇄를 이용해 해당 요소를 변경할 수 있다. 이와 같은 표준적인 방식 외에, $( ) 함수 스스로도 이와 동일한 결과를 가져다주는 문법을 제공한다.

문서에서 각각의 테이블 앞에 제목 요소를 추가하는 방법을 알아보자. .each( ) 루프를 이용하면 테이블을 반복 순회하면서 테이블마다 적절한 제목을 생성할 수 있다.

```
$(() => {
  $('table')
    .each((i, table) => {
      $('<h3/>', {
        'class': 'table-title',
        id: `table-title-${i}`,
        text: `Table ${i + 1}`,
        data: { index: i },
        click(e) {
          e.preventDefault();
          $(table).fadeToggle();
        },
        css: { glowColor: '#00ff00', cursor: 'pointer' }
      }).insertBefore(table);
    });
});
```

리스팅 12.14

466

$( ) 함수의 두 번째 인수로 옵션 객체를 전달하면 요소를 생성한 뒤 해당 객체를 .attr( ) 메소드에 전달한 것과 같은 결과가 나타난다. 원래 .attr( ) 메소드는 특정 요소의 id나 class 등 DOM 속성을 수정하기 위한 것이다.

이번 예제 코드에 사용된 옵션은 다음과 같다.

- 요소 내 텍스트 삽입
- 커스텀 데이터 추가
- 클릭 핸들러 구현
- CSS 프로퍼티를 포함한 객체 생성

이들 옵션은 DOM 속성은 아니지만 해당 속성과 동일한 결과를 만들어낸다. 단축형 $( ) 문법을 이용하면 가장 먼저 해당 이름의 제이쿼리 메소드가 있는지 확인하고, 해당 메소드가 존재한다면 해당 이름의 속성을 설정하는 대신 해당 이름의 메소드를 호출한다.

 제이쿼리는 메소드에 같은 이름의 속성보다 우선순위를 부여하므로 어떤 이름을 사용할 때 해당 이름의 메소드의 실행을 원하는지, 혹은 해당 이름의 속성을 설정하려는 것인지 명확히 해야 한다. 가령 〈input〉 요소의 size 속성은 위와 같은 방식으로 설정할 수 없다. 해당 요소가 동일한 이름의 .size( ) 메소드를 제공하기 때문이다.

이와 같은 단축형 $( ) 문법을 .attr( ) 함수와 함께 사용하면 다음 절에서 소개하는 DOM 조절 후크를 통해 훨씬 다양한 기능을 구현할 수 있다.

DOM 조절 후크

프로퍼티를 가져오거나 설정할 수 있는 다수의 제이쿼리 메소드는 후크[hooks]를 이용해 기능을 확장할 수 있다. 후크는 $.cssHooks와 $.attrHooks 등과 같은 이름을 지닌 제이쿼리 네임스페이스에 있는 배열을 의미한다. 보통 후크는 요청한 값을 가져오기 위한 get

메소드, 그리고 새로운 값을 설정할 수 있는 set 메소드를 지닌 객체를 의미한다.

후크 타입은 다음과 같다.

후크 타입	변형 메소드	활용 사례
$.attrHooks	.attr( )	요소의 type 속성이 변경되는 것을 막음
$.cssHooks	.css( )	인터넷 익스플로러에서 작동하는 투명도 조절을 위한 특수한 핸들러를 구현
$.propHooks	.prop( )	사파리 브라우저에서 selected 프로퍼티의 이상 동작을 바로 잡음
$.valHooks	.val( )	모든 브라우저에서 라디오 버튼, 체크박스 등이 일관된 값을 전달하도록 함

일반적인 제이쿼리 라이브러리 활용 과정에서 이들 후크를 이용하는 경우는 많지 않으며, 후크의 세부적인 기능과 성능에 대해 많은 정보가 없더라도 우리가 원하는 기능을 이용하는 데는 전혀 문제가 없다. 다음 절에서는 기존의 제이쿼리 메소드에 후크를 결합하는 방법을 알아본다.

CSS 후크 작성하기

리스팅 12.14의 코드는 페이지에 glowColor라는 이름의 CSS 프로퍼티를 주입한다. 하지만 실제로 이 프로퍼티가 사용되지 않으면 페이지에는 아무런 시각 효과도 나타나지 않는다. 이번 절에서는 $.cssHooks를 이용해 새롭게 삽입된 프로퍼티를 시각 효과에 활용한다. 특정 요소에 glowColor가 적용되면, CSS3의 text-shadow 프로퍼티를 통해 텍스트 주위에 부드러운 광채 효과가 나타나도록 한다.

```
(($) => {
  $.cssHooks.glowColor = {
    set(elem, value) {
      elem.style.textShadow = value == 'none' ?
```

```
        '' : `0 0 2px ${value}`;
    }
  };
})(jQuery);
```

리스팅 12.15

후크는 요소의 get 메소드와 set 메소드로 구성된다. 예제 코드를 간단하게 유지하기 위해 이번 예제는 set 메소드만 구현했다.

후크가 작동하면 다음 그림과 같이 제목 텍스트 주위로 2픽셀 크기의 부드러운 연두색 빛이 반짝인다.

Table 1

후크의 장점에 대해 설명했지만, 우리의 기대에 못 미치는 단점 또한 존재한다. 그 중 대표적인 내용은 다음과 같다.

- 광채 효과가 나타나는 영역 크기를 조절할 수 없음
- 시각 효과를 구현할 때 text-shadow 또는 filter 중 하나만 적용해야 함
- get 콜백은 구현할 수 없으며 프로퍼티의 현재 값도 확인할 수 없음
- 프로퍼티 자체는 애니메이션 적용 불가

이들 단점은 약간의 실험과 노력을 통해 충분히 극복할 수 있다. 실무적으로는 후크를 사용하는 경우가 매우 드물지만 숙련된 플러그인 개발자 중 상당수는 CSS3 프로퍼티 활용 등 다양한 용도로 후크를 이용한다.

후크 찾기

플러그인 업계는 매우 빠르게 변화하고 있으며 지면 관계상 새롭게 등장한 후크에 대해 충분히 소개하지 못했다. 후크의 활용 사례와 관련해 브랜든 애런(Brandon Aaron)의 CSS 후크를 주제로 한 깃허브를 확인하기 바란다.

https://github.com/brandonaaron/jquery-cssHooks

▌ 요약

12장에서는 데이터 테이블 정렬이라는 보편적인 문제를 각기 다른 접근 방식을 사용하는 세 가지 기법으로 해결했다. 이를 통해 11장에서 배웠던 DOM 조절 기술을 연습하고, DOM 요소 또는 HTML5 data 속성과 관련된 어떤 데이터라도 설정하거나 가져올 수 있는 .data( ) 메소드의 활용 방법도 알아봤다. 또한 다양한 방식의 DOM 조절 루틴에 대해 심도 있게 살펴봄으로써 좀 더 복합적이며 고급 수준의 기능을 구현하는 방법에 대해서도 알게 됐다.

참고 자료

DOM 조절 메소드에 대한 전체 목록은 이 책의 부록 또는 제이쿼리 공식 개발자 문서에서 확인할 수 있다. http://api.jquery.com/

▌ 연습 문제

문제를 풀다가 막히는 부분이 있을 땐, 제이쿼리 공식 개발자 문서를 확인하자.

http://api.jquery.com/

1. 첫 번째 테이블에서 제목과 저자명을 기존의 알파벳 순이 아닌 길이 순으로 정렬한다.
2. 두 번째 테이블에서 HTML5 data 속성을 이용해 모든 책의 가격을 합산하고, 합산 결과를 해당 행의 제목 셀에 삽입한다.
3. 세 번째 테이블에서 비교 함수를 수정해 jQuery라는 단어가 포함된 제목이 가장 먼저 나타나도록 한다.
4. **도전 과제**: glowColor CSS 후크에 get 콜백을 구현한다.

13

고급 Ajax 기술

최근 사용되고 있는 많은 애플리케이션에서 네트워크 커뮤니케이션 기능이 사용되고 있다. 제이쿼리를 이용하면 페이지 갱신 없이 서버에서 브라우저로 새로운 페이지 정보를 전달하고 반영할 수 있다.

6장, 'Ajax로 데이터 전송하기'에서 서버와의 비동기적인 상호작용 방식에 대해 알아봤으며, 13장에서는 기존의 Ajax 내용을 심화해 다음의 내용을 다룬다.

- 네트워크 중단 현상에 대응하기 위한 Ajax 오류 처리
- Ajax와 제이쿼리 연기 객체 시스템 간의 상호작용 구현
- 네트워크 트래픽 감소를 위한 캐싱 및 성능 향상 기술
- 트랜스포트, 프리필터, 데이터 타입 컨버터 등을 활용한 Ajax 시스템의 기능 확장

▋ Ajax를 이용한 점진적인 기능 강화 구현

이 책 전반에 걸쳐 점진적인 기능 강화 개념과 구현 방식에 대해 소개했다. 점진적인 기능 강화는 사용자 경험의 수준을 높이기 위한 철학으로, 일반적인 브라우저를 이용하는 사용자가 아무런 제약 없이 웹 콘텐츠를 이용할 수 있도록 하되, 최신의 고성능 브라우저를 이용하는 사용자에게는 그에 맞는 풍부한 기능과 성능을 제공한다는 것이다.

예를 들어 깃허브 저장소의 콘텐츠를 검색할 수 있는 폼을 만들어보자.

```
<form id="ajax-form" action="https://github.com/search" method="get">
  <fieldset>
    <div class="text">
      <label for="title">Search</label>
      <input type="text" id="title" name="q">
    </div>

    <div class="actions">
      <button type="submit">Request</button>
    </div>
  </fieldset>
</form>
```

예제 코드 다운로드

이 책의 예제 코드는 다음 깃허브 저장소에서 다운로드할 수 있다.

https://github.com/PacktPublishing/Learning-jQuery-3/

위 코드를 실행하면 다음과 같이 Search라는 타이틀 아래, 텍스트 입력 요소와 Request 버튼이 있는 일반적인 검색 폼이 나타난다.

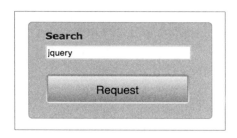

Request 버튼을 클릭하면 폼은 보통의 방식대로 제출 명령을 수행하고 사용자의 브라우저 화면은 https://github.com/search 페이지로 넘어가며 다음과 같이 검색 결과를 표시한다.

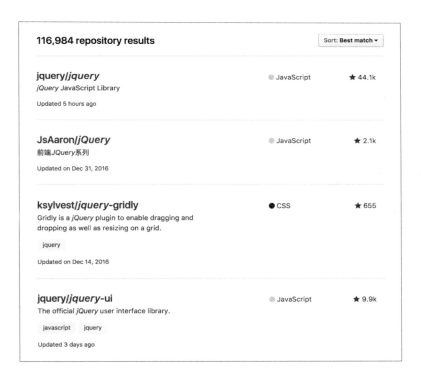

하지만 페이지가 갱신되지 않고 우리의 검색 페이지에 있는 #response 컨테이너 속에 검색 결과가 로딩되도록 하려 한다. 해당 데이터가 검색 폼과 동일한 서버에 존재한다면,

.load( ) 메소드를 이용해 필요한 콘텐츠 부분만 수집한 뒤 페이지에 삽입할 수 있다.

```
$(() => {
  $('#ajax-form')
    .on('submit', (e) => {
      e.preventDefault();
      $('#response')
        .load(
          'https://github.com/search .container',
           $(e.target).serialize()
        );
    });
});
```

리스팅 13.1

하지만 깃허브는 다른 호스트 네임 서버에 있으므로, 브라우저의 크로스-도메인 정책에 따라 위 Ajax 요청은 받아들여지지 않는다.

JSONP 데이터 수집하기

6장, 'Ajax로 데이터 전송하기'에서 JSONP란 JSON에 서버 레이어를 추가한 것으로, 다른 사이트에서 요청을 처리할 수 있도록 한 것이라고 설명한 바 있다. JSONP 데이터에 대한 요청이 전송되면, 특수한 형태의 쿼리 문자열 파라미터를 통해 해당 데이터를 처리하도록 한다. 이 파라미터를 이용하면 JSONP 서버 레이어를 통해 어떤 임무든 수행할 수 있다. 이번 깃허브 API 활용 예제에서, 파라미터는 기본 설정 이름인 콜백을 사용한다.

기본 설정 콜백 이름을 파라미터로 사용하므로 JSONP 요청에 필요한 것은 제이쿼리를 통해 우리가 원하는 데이터 타입은 jsonp라고 밝히는 것뿐이다.

```
$(() => {
  $('#ajax-form')
    .on('submit', (e) => {
      e.preventDefault();

      $.ajax({
        url: 'https://api.github.com/search/repositories',
        dataType: 'jsonp',
        data: { q: $('#title').val() },
        success(data) {
          console.log(data);
        }
      });
    });
});
```

리스팅 13.2

이제 콘솔에서 JSON 데이터를 검사해보자. 이번 예제의 데이터는 깃허브 저장소를 나타내는 객체 배열이다.

```
{
  "id": 167174,
  "name": "jquery",
  "open_issues": 78,
  "open_issues_count": 78,
  "pulls_url": "https://api.github.com/repos/jquery/jquery/pulls{/number}",
  "pushed_at": "2017-03-27T15:50:12Z",
  "releases_url":
"https://api.github.com/repos/jquery/jquery/releases{/id}",
  "score": 138.81496,
  "size": 27250,
  "ssh_url": "git@github.com:jquery/jquery.git",
  "stargazers_count": 44069,
```

```
    "updated_at": "2017-03-27T20:59:42Z",
    "url": "https://api.github.com/repos/jquery/jquery",
    "watchers": 44069,
    // ...
}
```

저장소와 관련해 화면에 표시하려는 모든 데이터는 이 객체에 포함돼 있으며, 우리는 적절한 형식으로 화면에 나타나도록 하기만 하면 된다. 이번 아이템을 위한 HTML 코드도 섞여 있으므로, 도우미 함수에 적용할 수 있도록 다음과 같이 분리한다.

```
const buildItem = item =>
    `
    <li>
        <h3><a href="${item.html_url}">${item.name}</a></h3>
        <div>★ ${item.stargazers_count}</div>
        <div>${item.description}</div>
    </li>
    `;
```

리스팅 13.3

buildItem() 함수는 JSON 객체를 HTML 리스트 아이템으로 변환한다. 여기에는 설명 문구 다음에 오는 깃허브 저장소의 링크가 포함돼 있다.

이 시점에서 하나의 아이템에 해당하는 HTML 코드를 생성하는 함수를 추가한다. Ajax 호출이 완료되면 모든 반환된 객체에서 이 함수를 호출하고 그 결과를 화면에 표시한다.

```
$(() => {
  $('#ajax-form')
    .on('submit', (e) => {
      e.preventDefault();

      $.ajax({
```

```
      url: 'https://api.github.com/search/repositories',
      dataType: 'jsonp',
      data: { q: $('#title').val() },
      success(json) {
        var output = json.data.items.map(buildItem);
        output = output.length ?
        output.join('') : 'no results found';

        $('#response').html(`<ol>${output}</ol>`);
      }
    });
  });
});
```

리스팅 13.4

핸들러가 Ajax 요청을 성공적으로 수행하면 다음 그림과 같이 검색 폼 우측 행에 검색 결과가 나타난다.

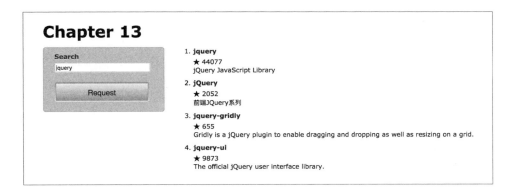

▌ Ajax 오류 처리

애플리케이션에서 일어나는 모든 네트워크의 상호작용에는 일정 수준의 불확실성이 존재한다. 사용자의 네트워크 연결이 실행 도중 끊어질 수 있고 통신 도중 예기치 못한 서버 문제가 발생할 수도 있는 것이다. 이와 같은 네트워크의 신뢰성 문제가 존재하기 때문에 항상 최악의 상황을 고려하고 오류 상황에 대한 대처 방안을 마련해 둬야 한다.

`$.ajax()` 함수는 네트워크 오류 상황에서 `error()`라는 이름의 콜백 함수를 받을 수 있다. 이 콜백에서 사용자에게 다양한 방법으로 네트워크 오류가 발생했음을 알릴 수 있다.

```
$(() => {
  $('#ajax-form')
    .on('submit', (e) => {
      e.preventDefault();

      $.ajax({
        url: 'https://api.github.com/search/repositories',
        dataType: 'jsonp',
        data: { q: $('#title').val() },
        error() {
          $('#response').html('Oops. Something went wrong...');
        }
      });
    });
});
```

리스팅 13.5

error 콜백은 다음과 같이 다양한 이유로 호출할 수 있다.

- 서버가 403 Forbidden, 404 Not Found, 500 Internal Server Error 등 오류 상황 코드를 반환한 경우
- 서버가 301 Moved Permanently 등 재반환 상황 코드를 전송한 경우

- 304 Not Modified 등 브라우저에서 문제를 해결할 수 있어 오류 메시지를 생성할 수 없는 예외 상황 코드를 반환한 경우
- 서버에서 반환된 데이터를(dataType은 json이지만, 부정확한 JSON 데이터인 경우 등) 원래 목적대로 파싱할 수 없는 경우
- XMLHttpRequest 객체에서 .abort( ) 메소드가 호출된 경우

이와 같이 네트워크 상황을 감지하고, 그에 적합한 반응을 제공하는 것은 사용자 경험 차원에서 매우 중요하다. 6장, 'Ajax로 데이터 전송하기'에서 jqXHR 객체의 .status 프로퍼티에 오류 코드가 전달되면, error 콜백에 그 내용이 전달된다고 설명한 바 있다. 우리는 jqXHR.status의 값을 이용해 서로 다른 오류 상황에 다르게 대처할 수 있다.

하지만 이와 같은 서버 오류는 오직 관찰됐을 때만 대처가 가능하다. 일부 오류의 경우 즉각적으로 탐지되기도 하지만 또 다른 오류는 요청부터 최종적인 오류 응답이 나오기까지 꽤 오랜 시간이 걸리기도 한다.

이와 같은 지연 상황이 발생할 때 서버 측 타임아웃 메커니즘을 활용할 수 없다면 클라이언트 측 요청 타임아웃을 활용할 수 있다. timeout 옵션에 시간을 밀리초 단위로 입력하면 응답이 도착하기 전 일정 시간을 초과하면 $.ajax( )로 하여금 .abort( ) 메소드를 실행하도록 할 수 있다.

```
$.ajax({
  url: 'https://api.github.com/search/repositories',
  dataType: 'jsonp',
  data: { q: $('#title').val() },
  timeout: 10000,
  error() {
    $('#response').html('Oops. Something went wrong...');
  }
});
```

리스팅 13.6

위 코드에서 timeout이 제대로 작동하면 10초 이내에 데이터가 로딩되거나 그렇지 않은 경우 사용자가 오류 메시지를 받게 될 것이다.

▌ jqXHR 객체 활용하기

Ajax 요청이 생성되면, 제이쿼리는 데이터를 가져오기 위한 최적의 메커니즘을 결정한다. 이때의 데이터 전송 대상은 표준 XMLHttpRequest 객체, 마이크로소프트의 ActiveX XMLHTTP 객체 또는 <script> 태그가 된다.

transport 또는 전송 대상은 요청 방식에 따라 달라지므로 이들 객체가 소통할 수 있도록 공통 인터페이스를 사용해야 한다. jqXHR 객체는 바로 이와 같은 공통 인터페이스를 제공하기 위해 만들어졌다. jqXHR 객체는 전송 대상이 되는 XMLHttpRequest 객체의 랩퍼wrapper이며, 여타의 상황에서도 XMLHttpRequest 객체의 동작을 그대로 반영한다. jqXHR 객체의 프로퍼티와 메소드는 다음과 같다.

- .responseText와 .responseXML은 반환된 데이터를 포함한다.
- .status와 .statusText는 상태 코드와 세부 설명 데이터를 포함한다.
- .setRequestHeader( )는 요청과 함께 발송된 HTTP 헤더를 수정한다.
- .abort( )는 데이터 이동을 영구히 차단한다.

모든 제이쿼리 Ajax 메소드는 jqXHR 객체를 반환할 수 있으므로 나중에 이들 프로퍼티와 메소드를 활용할 수 있도록 결괏값을 저장할 수 있다.

Ajax 약속 객체

XMLHttpRequest 인터페이스보다 jqXHR 인터페이스가 중요한 이유는 이 객체가 약속 객체처럼 작동하기 때문이다. 11장, '고급 시각 효과'에서 연기 객체deferred objects를 통해 특정 임무가 완수됐을 때 촉발될 수 있는 콜백을 설정할 수 있다고 설명한 바 있다. Ajax 호출을 완수돼야 할 어떤 임무라고 한다면, jqXHR 객체는 연기 객체를 통해 촉발될 수 있는 메소드를 제공한다.

약속 객체의 메소드를 이용하면 $.ajax( ) 함수에 있는 success 또는 error 콜백을 다음과 같이 변경할 수 있다.

```
$.ajax({
  url: 'https://api.github.com/search/repositories',
  dataType: 'jsonp',
  data: { q: $('#title').val() },
  timeout: 10000,
}).then((json) => {
  var output = json.data.items.map(buildItem);
  output = output.length ?
    output.join('') : 'no results found';

  $('#response').html(`<ol>${output}</ol>`);
}).catch(() => {
  $('#response').html('Oops. Something went wrong...');
});
```

리스팅 13.7

위 코드를 간단히 살펴보면, 앞서 사용했던 콜백에 비해 새로 추가된 .then( )과 .catch( )의 기능이 대단치 않다고 생각할 수 있다. 하지만 이번 약속 메소드는 꽤 많은 기능을 제공한다. 우선 이번 약속 메소드는 필요에 따라 하나 이상의 핸들러를 추가하기 위해 여러 번 호출될 수 있다. 다음 $.ajax( ) 호출의 결과를 상수에 저장하면 코드 구조가 좀 더 단순해졌을 때 핸들러를 붙일 수 있다. 또한 이들 핸들러가 붙었을 때 Ajax 작업이 이미 완료됐다면 해당 핸들러를 즉각적으로 호출될 수 있다. 마지막으로, 이번 코드는 제이쿼리 라이브러리와 자바스크립트의 네이티브 약속 객체를 함께 썼음에도 불구하고 일관성이 유지돼 이해하기 쉽다.

약속 메소드 활용의 또 다른 사례로, 요청이 전송됐을 때 데이터 로딩 진행 상황을 보여주는 인디케이터^{indicator}를 추가할 수 있다. 요청이 완료된 뒤에는 인디케이터를 사라지게 할 것이므로 데이터 로딩의 성공 여부에 상관없이 작동하도록 .always( ) 메소드를 이용한다.

```
$('#ajax-form')
  .on('submit', (e) => {
    e.preventDefault();
  $('#response')
    .addClass('loading')
    .empty();

  $.ajax({
    url: 'https://api.github.com/search/repositories',
    dataType: 'jsonp',
    data: { q: $('#title').val() },
    timeout: 10000,
  }).then((json) => {
    var output = json.data.items.map(buildItem);
    output = output.length ?
    output.join('') : 'no results found';

    $('#response').html(`<ol>${output}</ol>`);
  }).catch(() => {
    $('#response').html('Oops. Something went wrong...');
  }).always(() => {
    $('#response').removeClass('loading');
  });
});
```

리스팅 13.8

$.ajax( )를 호출하기 전 response 컨테이너에 loading 클래스를 추가하고, 로딩 작업이 완료되면 loading 클래스를 삭제한다. 이렇게 하면 백그라운드에서의 상태 정보를 제

공할 수 있으므로 사용자 경험 수준을 더욱 높일 수 있다.

하지만 약속 객체의 진정한 모습을 확인하려면 $.ajax( ) 호출의 결과를 저장한 뒤 이를 어떻게 활용할 수 있는지 알아야 한다.

응답 데이터 캐싱

동일한 데이터를 반복적으로 사용해야 한다면 매번 Ajax 요청을 보내고 다시 데이터를 전송받는 것은 낭비에 가까운 일일 것이다. 이런 불필요한 작업을 막기 위해 반환된 데이터를 변수에 임시 저장하는 캐싱Caching 기법을 이용할 수 있다. 데이터가 필요할 때는 데이터 전송을 요청하기 전에 캐시에 데이터가 들어 있는지를 먼저 확인한다. 데이터가 존재하면 이를 사용하고, 데이터가 존재하지 않으면 Ajax 요청을 보낸 뒤, .done( ) 핸들러 속 cache에 데이터를 저장하고 필요에 따라 활용한다.

약속 객체의 프로퍼티를 살펴보면 다음과 같은 간단한 내용으로 구성돼 있음을 알 수 있다.

```
$(() => {
  const cache = new Map();

  $('#ajax-form')
    .on('submit', (e) => {
      e.preventDefault();

      const search = $('#title').val();

      if (search == '') {
        return;
      }

      $('#response')
        .addClass('loading')
```

```
          .empty();

      cache.set(search, cache.has(search) ?
        cache.get(search) :
        $.ajax({
          url: 'https://api.github.com/search/repositories',
          dataType: 'jsonp',
          data: { q: search },
          timeout: 10000,
        })
      ).get(search).then((json) => {
        var output = json.data.items.map(buildItem);
        output = output.length ?
          output.join('') : 'no results found';

        $('#response').html(`<ol>${output}</ol>`);
      }).catch(() => {
        $('#response').html('Oops. Something went wrong...');
      }).always(() => {
        $('#response').removeClass('loading');
      });
    });
});
```

리스팅 13.9

이번 예제 코드에는 cache라는 이름의 새로운 Map 상수가 추가돼 jqXHR 약속 객체를 임시 저장한다. 이 맵의 키는 검색 결과에 대응된다. 폼이 제출되면 해당 key에 대응되는 jqXHR 약속 객체가 이미 저장돼 있는지 확인하며, 만일 저장된 내용이 없다면 기존과 같이 쿼리 작업을 수행하고 검색 결과를 api 속에 저장한다.

다음, .then()과 .catch(), .always() 핸들러는 jqXHR 약속 객체에 붙는다. 이 작업은 Ajax 요청이 있는지 여부와 상관없이 진행된다는 점에 주의해야 하며, 다음과 같은 두 가지 상황을 고려해야 한다.

먼저 이전에 요청한 적이 없는 내용의 Ajax 요청이 전송된 상황에 대해 생각해보자. 이때는 기존과 똑같은 방식으로 작동한다. 요청이 생성되면 promise 메소드를 이용해 *jqXHR* 객체에 핸들러를 부착한다. 요청에 대한 응답이 서버에서 돌아오면 그에 맞는 콜백 메소드가 촉발되고 검색 결과가 화면에 출력된다.

다음, 과거에 검색한 적이 있는 단어를 요청했을 때의 상황에 대해 생각해보자. 이때는 *jqXHR* 약속 객체가 이미 cache에 저장돼 있을 것이다. 이 경우 새로운 검색 쿼리 작업은 수행하지 않고, 저장된 객체에서 promise 메소드를 호출할 것이다. 이때 객체에 새 핸들러를 붙이긴 하지만 이미 연기 객체가 적용돼 있으므로 그와 관련된 핸들러가 즉각적으로 촉발될 것이다.

제이쿼리 연기 객체 시스템은 이런 방식으로 우리가 처리해야 할 복잡한 임무를 처리한다. 몇 줄의 코드만으로 불필요한 네트워크 요청을 줄일 수 있다.

▮ Ajax 요청의 조절 기능

검색과 관련된 보편적인 기능 중 하나는 사용자가 검색어를 입력하는 동안 나타나는 검색 제시어 목록이다. 이번 절에서는 제이쿼리 API의 keyup 이벤트와 핸들러를 결합해 라이브 서치live search 기능을 구현한다.

```
$('#title')
  .on('keyup', (e) => {
    $(e.target.form).triggerHandler('submit');
});
```

리스팅 13.10

위 예제 코드는 사용자가 Search 필드에 뭔가를 입력하기 시작하면 keyup 이벤트와 submit 핸들러를 결합한다. 이것은 네트워크상에 빠른 속도로 질의어를 요청할 수 있는 방식이며, 사용자의 입력 속도에 영향을 받는다. 하지만 자바스크립트의 성능을 크게 떨어뜨릴 수 있다. 네트워크 연결이 중단될 수 있고 서버 측에서 이와 같은 요청을 제때 처리하지 못할 수도 있다.

지난 예제에서 요청의 캐싱 또는 임시 저장 기법을 통해 네트워크 요청의 횟수를 제한하는 방법을 알아봤다. 이번엔 서버 부담을 훨씬 줄일 수 있는 방법인 요청 조절 기법throttling the requests에 대해 알아본다. 10장, '고급 이벤트'에서 throttledScroll이란 이벤트를 통해 네이티브한 스크롤 이벤트의 촉발 횟수를 줄이는 방법을 소개한 바 있다. 이번 예제에서도 액티비티의 수를 감소시키되, 스크롤이 아닌 keyup 이벤트의 횟수를 줄이는 방법을 사용한다.

```
const searchDelay = 300;
var searchTimeout;

$('#title')
  .on('keyup', (e) => {
    clearTimeout(searchTimeout);

    searchTimeout = setTimeout(() => {
      $(e.target.form).triggerHandler('submit');
    }, searchDelay);
});
```

리스팅 13.11

이번 예제 코드에는 디바운싱debouncing이라는 기법이 사용됐는데 이는 10장, '고급 이벤트'에서 사용한 것과는 조금 다르다. 지난 예제에서는 스크롤 동작이 계속될 때 적절한 횟수로 스크롤 핸들러와 연결되도록 했지만, 이번 예제에서는 keyup 동작을 통해 타이핑 동작이 멈추면 핸들러와 연결되도록 한다. 이를 위해 사용자가 키를 누를 때마다 자바스크립트 타이머를 지속적으로 관찰하고, 각각의 키 스트로크 동작이 타이머를 리셋하도록 하는 대신, 사용자가 타이핑을 중단하는 이상적인 시간(300밀리초)마다 submit 핸들러를 촉발시키고 Ajax 요청을 전송하도록 한다.

█ Ajax 기능 확장하기

지금까지 살펴본 바와 같이 제이쿼리 Ajax는 매우 강력한 프레임워크임에 틀림없지만 기본 기능을 확장해 사용해야 하는 경우도 분명 존재한다. 제이쿼리는 이런 수요에 맞춰 플러그인에서 활용할 수 있도록 기존에는 볼 수 없었던 새로운 기능을 다양한 후크 형태로 제공한다.

데이터 타입 변환기

6장, 'Ajax로 데이터 전송하기'에서 하나의 명령문으로 다수의 Ajax 작업을 처리하기 위해 $.ajaxSetup( ) 함수를 이용해 $.ajax( )에서 사용된 기본 설정값을 변경하는 방법을 소개했다. 이와 동일한 방법을 $.ajax( ) 함수의 요청과 처리 작업에 데이터 타입의 범위를 추가하는 데 적용할 수 있다.

예를 들어 YAML 데이터 타입을 이해할 수 있는 변환기를 추가하는 방법을 생각해보자. YAML(http://www.yaml.org/)은 다수의 프로그래밍 언어에 적용 중인 데이터 표현 방식이다. 우리가 작성한 코드가 이와 같은 데이터 포맷을 이해하도록 하기 위해, 제이쿼리는 네이티브 Ajax 함수 속에 다음과 같은 호환성 유지 기능을 제공한다.

깃허브 저장소의 검색 영역에는 다음과 같이 간단한 YAML 파일이 포함돼 있다.

```
언어:
- JavaScript
- HTML
- CSS
```

별 점수:

- 5000+

- 10000+

- 20000+

Diogo Costa의 방식(http://code.google.com/p/javascript-yaml-parser/)에 따라 제이쿼리 코드를 YAML 파서로 둘러싸면, $.ajax( )를 통해 YAML 언어를 구사할 수 있게 된다.

새로운 Ajax 데이터 타입을 저장할 때는 $.ajaxSetup( ) 메소드에 accepts, contents, 그리고 converters 등 세 개의 프로퍼티를 전달해야 한다. accepts 프로퍼티는 서버에 전송하기 위한 헤더를 추가해서, 우리가 작성한 코드가 특정 MIME 타입을 이해할 수 있도록 한다. contents 프로퍼티는 정규 표현식을 통해 메타데이터에서 데이터 타입을 추출한 뒤, 해당 MIME 타입에 대응되도록 해 데이터 전송의 여타 과정을 처리한다. 마지막 converters 프로퍼티에는 반환된 데이터를 실제로 파싱하기 위한 함수가 포함돼 있다.

```
$.ajaxSetup({
  accepts: {
    yaml: 'application/x-yaml, text/yaml'
  },
  contents: {
    yaml: /yaml/
  },
  converters: {
    'text yaml': (textValue) => {
      console.log(textValue);
      return '';
    }
  }
});

$.ajax({
  url: 'categories.yml',
```

```
    dataType: 'yaml'
});
```

리스팅 13.12

리스팅 13.12에는 YAML 파일을 읽기 위한 $.ajax( ) 메소드의 구현 코드 중 일부가 포함돼 있으며, 데이터 타입을 yaml로 선언한다. 입력되는 데이터는 text로 파싱되므로, 제이쿼리는 하나의 데이터 타입을 다른 데이터 타입으로 변환한다. 변환기를 거쳐 전달된 text yaml의 키는 제이쿼리로 하여금 변환 함수에서 text로 입력되고, yaml로 변환된 데이터를 받도록 한다.

변환 함수 내부에서는 함수 호출이 적절했는지 여부를 판단하기 위해 텍스트 콘텐츠를 간단히 확인한다. 실제로 변환 작업이 일어나려면 서드파티 YAML 파싱 라이브러리(yaml.js)를 로딩하고 다음과 같이 해당 메소드를 호출해야 한다.

```
$.ajaxSetup({
  accepts: {
    yaml: 'application/x-yaml, text/yaml'
  },
  contents: {
    yaml: /yaml/
  },
  converters: {
    'text yaml': (textValue) => YAML.eval(textValue)
  }
});

Promise.all([
  $.getScript('yaml.js')
    .then(() =>
      $.ajax({
        url: 'categories.yml',
        dataType: 'yaml'
```

```
    })),
  $.ready
]).then(([data]) => {
  const output = Object.keys(data).reduce((result, key) =>
    result.concat(
      `<li><strong>${key}</strong></li>`,
      data[key].map(i => `<li> <a href="#">${i}</a></li>`)
    ),
    []
  ).join('');

  $('#categories')
    .removeClass('hide')
    .html(`<ul>${output}</ul>`);
});
```

리스팅 13.13

---

yaml.js 파일에는 .eval()이라는 메소드 속에 YAML이라는 이름의 객체가 포함돼 있다. 위 예제 코드에서는 이 메소드를 이용해 입력되는 텍스트 데이터를 파싱한 뒤 categories .yml 파일의 모든 데이터를 간단한 구조 속에 담고 있는 자바스크립트 객체를 반환한다. 로딩한 파일에는 GitHub repo 검색 필드가 포함돼 있으므로, parsed 구조를 이용해 최상위 레벨의 필드 값을 출력하고, 이후 사용자는 이 부분을 클릭해 검색 결과를 필터링해 볼 수 있도록 한다.

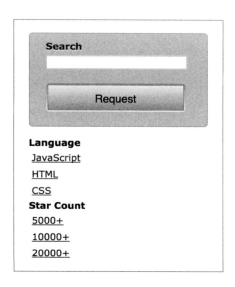

Ajax 작업은 DOM 요소에 대한 접근 없이 즉각적으로 실행될 수 있지만 일단 작업 결괏값을 얻고 나면 데이터를 필터링하기 위해 DOM 요소가 준비될 때까지 기다려야 한다. 이후 Promise.all() 메소드를 활용할 수 있는 코드 구조가 갖춰진다면 사용자로 하여금 페이지 로딩 속도가 느리다는 느낌이 들지 않도록 최대한 빨리 네트워크를 호출할 수 있다.

다음, category 링크에 click 핸들러를 추가한다.

```
$(document)
  .on('click', '#categories a', (e) => {
    e.preventDefault();

    $(e.target)
      .parent()
      .toggleClass('active')
      .siblings('.active')
      .removeClass('active');
    $('#ajax-form')
```

```
      .triggerHandler('submit');
});
```

리스팅 13.14

click 핸들러와 document를 연동하고 이벤트 위임 기능을 활용으로써 Ajax 호출이 완료
됐는지를 걱정할 필요 없이 불필요한 코드의 반복을 막고 우리가 원하는 바를 즉각적으
로 실행할 수 있다.

핸들러 내부에서 올바른 카테고리에 active 클래스를 추가하고 폼에서 바로 submit 핸들
러를 촉발시킨다. 하지만 아직은 폼이 카테고리 목록의 내용을 이해한 것은 아니며, 단지
active 클래스만 미리 적용된다.

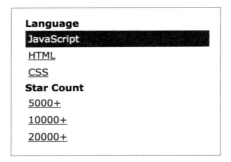

마지막으로, active 클래스가 적용된 카테고리 요소를 처리하기 위해 폼의 submit 핸들
러를 업데이트한다.

```
$('#ajax-form')
  .on('submit', (e) => {
    e.preventDefault();

    const search = [
      $('#title').val(),
      new Map([
```

```
    ['JavaScript', 'language:"JavaScript"'],
    ['HTML', 'language:"HTML"'],
    ['CSS', 'language:"CSS"'],
    ['5000+', 'stars:">=5000"'],
    ['10000+', 'stars:">=10000"'],
    ['20000+', 'stars:">=20000"'],
    ['', '']
  ]).get($.trim(
    $('#categories')
      .find('li.active')
      .text()
  ))
].join('');

if (search == '' && category == '') {
  return;
}

$('#response')
  .addClass('loading')
  .empty();

cache.set(search, cache.has(search) ?
  cache.get(search) :
  $.ajax({
    url: 'https://api.github.com/search/repositories',
    dataType: 'jsonp',
    data: { q: search },
    timeout: 10000,
  })).get(search).then((json) => {
    var output = json.data.items.map(buildItem);
    output = output.length ?
      output.join('') : 'no results found';

    $('#response').html(`<ol>${output}</ol>`);
  }).catch(() => {
```

```
            $('#response').html('Oops. Something went wrong...');
        }).always(() => {
            $('#response').removeClass('loading');
        });
});
```

리스팅 13.15

단순히 search 필드의 값을 가져오는 대신, active 카테고리에 포함된 language 또는
star count의 텍스트를 가져온 뒤, 이를 Ajax 호출이 처리되는 동안 전달한다. 이때 Map
인스턴스를 이용해 link 텍스트와 그에 대응하는 깃허브 API 문법을 맵핑한다.

이제 주요 언어별, 혹은 별 점수에 따라 저장소의 내용을 필터링해볼 수 있다. 이들 필터
가 적용되면 검색 박스에서 타이핑이 진행되는 동안 검색 제시어를 표시할 수 있다.

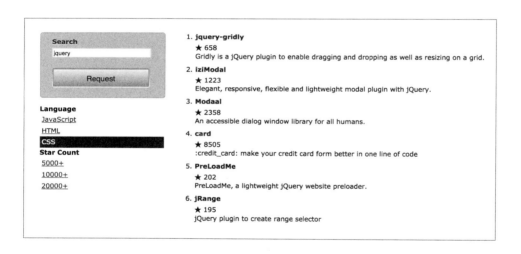

제이쿼리에서 미리 처리하지 못한 새로운 데이터 타입을 추가해야 할 경우, 이번 YAML
예제와 비슷한 방식으로 새로운 타입을 정의하면 된다. 이상으로 프로젝트의 목적에 따
라 제이쿼리의 Ajax 라이브러리에 새로운 기능을 추가하는 방법을 알아봤다.

Ajax 프리필터 추가하기

$.ajaxPrefilter() 함수는 데이터를 전송하기 전 해당 데이터를 수정할 수 있도록 해주는 콜백 함수인 프리필터를 추가한다. 프리필터는 $.ajax()가 변경되기 전이나 옵션을 사용하기 전에 호출되므로, 옵션 내용을 변경하거나 새로운 커스텀 옵션을 추가하는 데 활용된다.

프리필터는 사용하려는 새로운 데이터 타입의 이름을 반환하기만 해도 요청한 데이터 타입을 수정할 수 있다. 지난 YAML 예제에서 우리는 YAML을 하나의 데이터 타입으로 설정했는데, 이는 서버 측에서 해당 MIME 타입에 맞는 동작을 하지 않아도 되게 하기 위한 것이었다. 하지만 이번 프리필터를 이용하면, 우리가 전송한 요청에 포함된 URL 속에 YAML 파일의 확장자(.yml)가 있는 경우 그에 적합한 동작을 실행할 수 있다.

```
$.ajaxPrefilter(({ url }) =>
  /.yml$/.test(url) ? 'yaml' : null
);

$.getScript('yaml.js')
  .then(() =>
    $.ajax({ url: 'categories.yml' })
  );
```

리스팅 13.16

위 코드의 짧은 정규 표현식은 .yml이 options.url의 맨 뒷부분에 있는지 확인한 뒤, 해당 데이터 타입을 yaml로 정의한다. 이와 같은 프리필터를 이용하면 Ajax 호출 시 해당 데이터 타입을 명시적으로 정의하지 않아도 YAML 문서를 가져올 수 있다.

대체 트랜스포트 정의하기

제이쿼리는 Ajax 요청을 처리하기 위해 XMLHttpRequest, ActiveX, 또는 <script> 태그

를 사용하지만 필요에 따라 트랜스포트^{transport} 객체를 추가함으로써 기능을 확장할 수 있다.

트랜스포트는 Ajax 데이터의 실제 전송을 처리하는 객체로서, 새로운 트랜스포트 객체를 팩토리 함수로 정의해 .send( )와 .abort( ) 메소드를 지닌 객체를 반환하도록 할 수 있다. .send( ) 메소드는 데이터 전송 요청을 생성하고 그에 대한 반응을 처리하며 콜백 함수를 통해 데이터를 다시 전송한다. .abort( ) 메소드는 데이터 전송 요청을 즉시 중단시킨다.

가령 커스텀 트랜스포트 객체로 <img> 요소를 이용해 외부 데이터를 가져올 수 있다. 이렇게 하면 여타의 Ajax 요청과 동일한 방식으로 이미지를 로딩할 수 있으므로 관련 코드의 일관성이 높아지게 된다. 자바스크립트의 트랜스포트 객체 구현은 다소 긴 코드로 구성되므로 완성된 코드 먼저 확인한 뒤 각각의 내용을 하나씩 설명하겠다.

```
$.ajaxTransport('img', ({ url }) => {
  var $img, img, prop;

  return {
    send(headers, complete) {
      const callback = (success) => {
        if (success) {
          complete(200, 'OK', { img });
        } else {
          $img.remove();
          complete(404, 'Not Found');
        }
      }

      $img = $('<img>', { src: url });
      img = $img[0];
      prop = typeof img.naturalWidth === 'undefined' ?
        'width' : 'naturalWidth';

      if (img.complete) {
```

```
        callback(!!img[prop]);
      } else {
        $img.on('load error', ({ type }) => {
          callback(type == 'load');
        });
      }
    },

    abort() {
      if ($img) {
        $img.remove();
      }
    }
  };
});
```

리스팅 13.17

트랜스포트 객체를 정의할 때는 가장 먼저 데이터 타입 이름을 $.ajaxTransport( ) 함수에 전달해야 한다. 이렇게 하면 제이쿼리는 내장된 전송 메커니즘 대신 새로 추가한 트랜스포트 객체를 이용하게 된다. 다음, .send( ) 또는 .abort( ) 메소드가 포함된 새로운 트랜스포트 객체를 반환하는 함수를 추가한다.

이번 img 트랜스포트 객체에서 .send( ) 메소드는 새로운 src 속성을 추가하기 위해 새로운 <img> 요소를 생성하며, 이 속성값은 제이쿼리가 $.ajax( ) 호출 시 함께 전달한 url에 포함돼 있다. 브라우저는 새로 추가된 <img> 요소에 반응해 참조된 이미지 파일을 로딩하므로, 우리는 로딩의 완료 여부, 그리고 completion 콜백이 촉발됐는지 여부만 확인하면 된다.

하지만 브라우저와 하위 버전의 다양성 때문에 이와 같은 이미지 로딩의 완료 여부를 정확하게 확인하는 작업은 생각보다 복잡하다. 일부 브라우저에서는 이미지 요소에 load와 error 이벤트 핸들러만 부착해도 되는 반면 다른 브라우저에서는 이미지를 캐싱할 때 load와 error 이벤트의 촉발 여부를 확인할 수 없는 경우도 있다.

리스팅 13.17에서, 이와 같은 브라우저의 호환성 불균형 문제를 해결하기 위해 .com plete와 .width, .naturalWidth 프로퍼티 값을 조사해 브라우저의 지원 여부를 확인한다. 이미지 로딩이 성공적으로 완료됐거나 실패했음을 감지하면 callback() 함수를 호출하고, 여기에 포함된 complete() 함수를 호출해 .send()에 전달한다. 이런 방식으로 $.ajax() 함수가 이미지 로딩에 일관되게 반응할 수 있다.

로딩 중단을 처리하는 일은 이보다 간단하다. .abort() 메소드는 .send() 호출 이후 생성된 <img> 요소를 제거하기만 하면 된다.

다음, 새로운 트랜스포트 객체를 활용하는 $.ajax() 호출 부분을 구현한다.

```
$.ajax({
  url: 'missing.jpg',
  dataType: 'img'
}).then((img) => {
  $('<div/>', {
    id: 'picture',
    html: img
  }).appendTo('body');
}).catch((xhr, textStatus, msg) => {
  $('<div/>', {
    id: 'picture',
    html: `${textStatus}: ${msg}`
  }).appendTo('body');
});
```

리스팅 13.18

특정한 트랜스포트 객체를 사용하려면, $.ajax()에 해당 dataType의 값을 전달한다. 다음, success 또는 failure 핸들러로 전달된 데이터 타입에 맞는 반응을 제공한다. 이번 전송이 성공할 경우, img 트랜스포트 객체는 <img> DOM 요소를 반환하므로 .done() 핸들러는 이 요소를 이용해 HTML 문서에 새로운 <div> 요소를 삽입한다.

하지만 이번 예제에서는 특정 이미지 파일(missing.jpg)이 제공되지 않았다. 이런 경우에 대비해 .catch( ) 핸들러 부분에서 해당 이미지를 찾지 못할 경우 <div> 요소 속에 오류 메시지를 추가하고 화면에 표시되도록 했다.

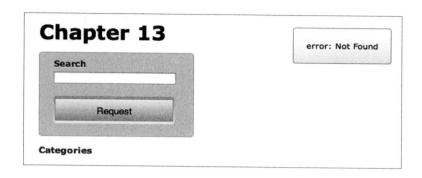

다음과 같이, 실제로 존재하는 이미지 파일을 참조해 오류를 수정할 수 있다.

```
$.ajax({
  url: 'sunset.jpg',
  dataType: 'img'
}).then((img) => {
  $('<div/>', {
    id: 'picture',
    html: img
  }).appendTo('body');
}).catch((xhr, textStatus, msg) => {
  $('<div/>', {
    id: 'picture',
    html: `${textStatus}: ${msg}`
  }).appendTo('body');
});
```

리스팅 13.19

트랜스포트 객체가 성공적으로 이미지를 로딩한 결과 화면은 다음과 같다.

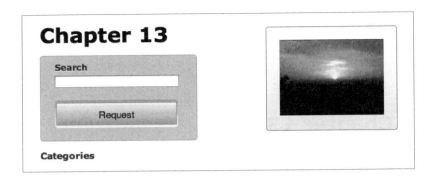

새로운 트랜스포트 객체를 생성하는 일은 자주 있는 일은 아니지만, 제이쿼리의 Ajax 기능을 우리의 필요에 맞게 활용할 수 있는 좋은 방법이다. 예를 들어 이미지 로딩에 대한 처리를 약속 객체로 구현하면 Promise.all( )을 이용해 구현한 비동기적인 동작을 Ajax 호출을 통해 동기적으로 처리할 수 있다.

▌요약

마지막 장인 13장에서는 제이쿼리에서 제공하는 Ajax 프레임워크를 깊이 있게 살펴봤다. 이를 통해 단일 페이지에서 긴밀한 상호작용성을 구현할 수 있고, 에러 핸들링과 캐싱, 스로틀링 등의 기법을 적용하면서 외부 리소스를 가져올 수 있게 됐다. 또 Ajax 프레임워크의 내부 작동 원리까지 살펴보면서 약속 객체, 트랜스포트 객체, 프리필터, 변환기 또는 컨버터에 대해서도 알아봤다. 끝으로 우리의 필요에 맞게 제이쿼리 메커니즘을 확장하는 방법 또한 확인했다.

참고 자료

전체 Ajax 메소드 목록에 대한 상세한 내용은 부록 B 또는 제이쿼리 공식 개발자 문서에서 확인할 수 있다. http://api.jquery.com/

▌ 연습 문제

문제를 풀다가 어려운 부분이 있을 때는 제이쿼리 공식 개발자 문서를 확인하자.

http://api.jquery.com/

1. buildItem( ) 함수의 내용을 수정해 제이쿼리 메소드에 대한 장문의 설명이 나타날 수 있도록 한다.

2. **도전 과제**: 페이지에 Flickr 퍼블릭 사진 검색(http://www.flickr.com/search/) 서비스의 폼을 추가하고, <input name="q"> 속성의 submit 버튼을 생성한다. 점진적인 기능 강화 전략에 따라, Flickr의 JSONP 피드(http://api.flickr.com/services/feeds/photos_public.gne)를 통해 사진을 가져와서 페이지 콘텐츠 영역에 삽입한다. 이 서비스에 데이터를 전송할 때는, q 대신 태그를 이용해 json 포맷을 적용한다. 이후 서비스에서 관련 기능을 호출할 때 jsoncallback이라는 이름의 JSONP 콜백을 사용하도록 한다.

3. **도전 과제**: Flickr 요청에 대해 parsererror가 반환될 때를 대비해 에러 핸들러를 추가한다. 이때의 JSONP 콜백 이름은 callback으로 설정한 뒤 테스트한다.

QUnit을 활용한
자바스크립트 테스트

이 책의 전반에 걸쳐 많은 수의 자바스크립트 예제 코드를 소개하고, 제이쿼리를 이용해 웹 페이지 또는 애플리케이션을 좀 더 간편하게 작성할 수 있는 방법을 배웠다. 지금까지는 새로운 기능을 추가할 때마다 우리가 예상한 대로 작동하는지 확인하기 위해 기능들을 하나씩 직접 테스트하는 방식을 사용했다. 하지만 프로젝트 규모가 커지고, 복잡성이 증가할수록 이와 같은 수동 방식만으로는 코드를 제대로 테스트할 수 없게 된다. 특정 기능에 필요한 새로운 요구 사항은 이전에는 문제 없이 작동하던 스크립트까지 고장 나게 만들 수 있다. 최근에 변경된 부분과 관련이 없는 코드에서도 버그가 발생하곤 하는데, 이는 테스트를 할 때 우리가 작업한 내용만을 검토하기 때문이다.

따라서 웹 페이지 또는 애플리케이션을 개발할 때는 이와 같은 테스트 작업을 자동화할 필요가 있으며, QUnit 테스팅 프레임워크가 바로 그런 기능을 제공한다. 시중에는 이미

다수의 테스팅 프레임워크가 존재하고 나름의 장점을 갖고 있지만, 대부분의 제이쿼리 프로젝트에서는 특히 QUnit을 추천한다. 그 이유는 바로 제이쿼리가 QUnit을 작성하고 유지 보수하고 있다는 점이며, 제이쿼리 자신도 QUnit으로 테스팅 작업을 진행한다. 이번 부록에서 다루는 내용은 다음과 같다.

- 프로젝트에 QUnit 테스팅 프레임워크 설정하기
- 코드 작성 범위 관리와 유지 보수를 고려한 유닛 테스트의 체계
- 다양한 유형의 QUnit 테스트 살펴보기
- 성공적인 코드 작성을 확인할 수 있는 보편적인 테스트 예제
- QUnit의 범위를 넘어서는 테스트 유형과 테스트 방식 소개

▌ QUnit 다운로드하기

QUnit 프레임워크는 QUnit 공식 웹사이트(http://qunitjs.com/)에서 다운로드할 수 있으며, 안정화 버전(현재는 2.4.0)과 최신 개발 버전(qunit-git) 모두 제공한다. 두 가지 버전 모두 테스트 결과를 출력하기 위한 자바스크립트와 스타일시트를 포함하고 있다.

▌ HTML 문서 설정하기

QUnit을 다운로드한 뒤, 테스트 대상이 될 HTML 문서를 설정한다. 보통 대상 파일명은 index.html로 돼 있고, qunit.js과 qunit.css 등을 포함한 서브 폴더와 동일 레벨에 위치한다. 하지만 이번 예제에서는 좀 더 간편한 테스트를 위해 부모 디렉터리에 index 파일을 놓는다.

문서의 <head> 요소는 CSS 파일을 연결하기 위한 <link> 태그와 제이쿼리 그리고 QUnit, 자바스크립트를 참조하기 위한 <script> 태그와 테스트 대상 스크립트(리스팅s/A.*.js)가

포함돼 있다. <body> 태그는 테스트 결과를 실행하는 부분과 화면에 출력하는 부분 등,
두 개 요소가 포함돼 있다.

QUnit을 시연하기 위해 2장, '요소 선택하기'와 6장, 'Ajax로 데이터 전송하기'의 HTML
문서 코드를 사용한다.

```html
<!DOCTYPE html>
<html>
<head>
  <meta charset="utf-8">
  <title>Appendix A Tests</title>
  <link rel="stylesheet" href="qunit.css" media="screen">
  <script src="jquery.js"></script>
  <script src="test/qunit.js"></script>
  <script src="A.js"></script>
  <script src="test/test.js"></script>
</head>
<body>
  <div id="qunit"></div>
  <div id="qunit-fixture">
    <!-- Test Markup Goes Here -->
  </div>
</body>
</html>
```

2장, '요소 선택하기' 이후의 코드 대부분은 DOM의 정상 작동 여부를 확인하게 된다.
즉, 스크립트를 통해 특정 마크업 요소를 선택한 결과와 페이지의 실제 요소가 일치하는
지를 확인하는 것이다. 이번 예제 코드는 2장, '요소 선택하기'에서 사용된 HTML 콘텐츠
를 그대로 복사해 와서 붙여넣기한 뒤 <!-- Test Markup Goes Here --> 부분만 변경
했다.

▌ 테스트 설정하기

QUnit은 QUnit.module()과 QUnit.test() 등, 각각에서 호출되는 함수 이름을 딴 두 개 레벨의 테스트 그룹을 제공한다. module은 테스트가 실행될 일반적인 카테고리를 나타내고, test는 실제로 테스트가 진행되는 대상을 의미한다. 이번 테스트 예제에서는 각 장별 주제명으로 그룹을 나누고 test/test.js 파일 속에 테스트 코드를 놓는다.

```
QUnit.module('Selecting');

QUnit.test('Child Selector', (assert) => {
  assert.expect(0);
});

QUnit.test('Attribute Selectors', (assert) => {
  assert.expect(0);
});

QUnit.module('Ajax');
```

리스팅 A.1

반드시 위와 같은 테스트 구조를 갖출 필요는 없지만, 위와 같은 형식을 참고해 각자의 테스트 대상 코드를 점검할 수 있다. 테스트에 앞서 QUnit.module()과 QUnit.test() 그룹화 작업 외에, 실행 기대 조건assertions이 몇 회인지 명시한다. 이번 예제에서는 처음 테스트 구조를 설정하고 있으므로, 실행 기대 조건은 지정하지 않는다(assert.expect(0)).

QUnit은 기본적으로 테스트가 실행되기 전, window가 로딩될 때까지 기다리므로 modules과 tests는 $(() => {}) 내부에 포함될 필요는 없다. 이상으로 간단한 설정 작업을 마치고, 테스트 대상 HTML 문서를 로딩하면 다음과 같은 화면이 나타난다.

508

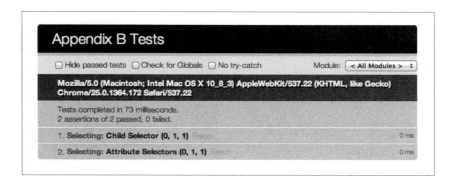

위 화면에서 module 이름은 light blue, test 이름은 darker blue임을 확인하자. 각각의 그룹을 클릭하면 테스트 결과 콘텐츠가 펼쳐지고 모든 테스트 값이 설정되고 나면 자동으로 닫힌다. Ajax와 관련된 테스트는 아직 진행하지 않았으므로, Ajax 모듈에 대한 내용은 화면에 나타나지 않는다.

▌테스트 추가 및 실행

테스트 주도 개발에서는 기능 코드를 작성하기 전, 테스트 코드부터 작성한다. 이런 방식으로 코드를 작성해 나가는 도중에 오류가 발생하면 새로운 코드를 추가한 뒤, 이 코드가 테스트를 통과하는지 확인하고 변경된 부분이 우리의 의도대로 작동하는지 검증한다.

2장, '요소 선택하기'에서 사용했던 자식 선택자 부분을 테스트하기 위해, `<ul id="selected-plays">`의 자식 요소인 모든 `<li>` 요소에 `horizontal` 클래스를 추가한다.

```
QUnit.test('Child Selector', (assert) => {
  assert.expect(1);
  const topLis = $('#selected-plays > li.horizontal');
  assert.equal(topLis.length, 3, 'Top LIs have horizontal class');
});
```

리스팅 A.2

위 코드는 페이지에서 특정 요소를 선택하는 기능을 테스트하며, assert.equal() 테스트를 통해 최상위 레벨의 `<li>` 아이템 요소의 수와 숫자 3을 비교한다. 만일 이들의 값이 같다면, 테스트는 성공한 것이고 통과한 테스트 횟수에 추가된다. 이들의 값이 다르다면, 테스트는 실패한 것이다.

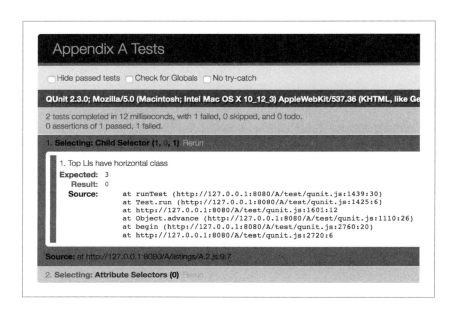

위 코드를 실행하면 아직 horizontal 클래스를 추가하는 코드를 작성하지 않았으므로 당연히 테스트에 실패하게 된다. horizontal 클래스를 추가하는 코드는 무척 간단하며, 아래 코드를 A.js에 입력한다.

```
$(() => {
  $('#selected-plays > li').addClass('horizontal');
});
```

리스팅 A.3

테스트 코드를 실행하면, 우리의 예상대로 테스트에 성공한다.

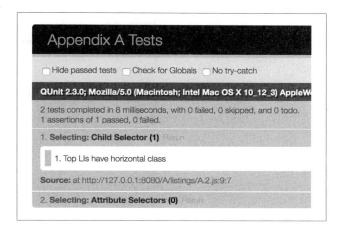

테스트 결과 Selecting: Child Selector값은 소괄호에 1이 나타났는데, 이는 총 테스트 횟수가 1임을 나타낸다. 다음 예제에서는 몇 개의 속성 선택자를 추가하고 좀 더 심도 있는 테스트를 진행해보자.

```
QUnit.module('Selecting', {
  beforeEach() {
    this.topLis = $('#selected-plays > li.horizontal');
  }
});


QUnit.test('Child Selector', function(assert) {
  assert.expect(1);
  assert.equal(this.topLis.length, 3,
    'Top LIs have horizontal class');
});


QUnit.test('Attribute Selectors', function(assert) {
  assert.expect(2);
  assert.ok(this.topLis.find('.mailto').length == 1, 'a.mailto');
  assert.equal(this.topLis.find('.pdflink').length, 1, 'a.pdflink');
});
```

리스팅 A.4

이번 테스트 예제 코드에는 ok( )라는 새로운 테스트 타입이 추가됐다. ok( ) 함수는 테스트에 성공하면 true를 반환하는 표현식과 명세 등 두 개의 인수를 받는다. 또한 코드에서 topLis 변수의 위치를 A.2의 Child Selector 테스트 부분에서 module의 beforeEach( ) 콜백 함수 부분으로 이동시켰다. QUnit.module( ) 함수는 선택적으로 두 번째 인수를 받을 수 있으며, 이때의 인수는 beforeEach( ) 함수와 afterEach( ) 함수를 포함할 수 있는 일반 객체가 된다. 함수 내부에서 이 인수를 모든 모듈 테스트를 위한 공유 컨텍스트 객체로 활용할 수 있다.

이번 테스트 역시 상응하는 코드가 없으므로 다음 그림과 같이 실패하게 된다.

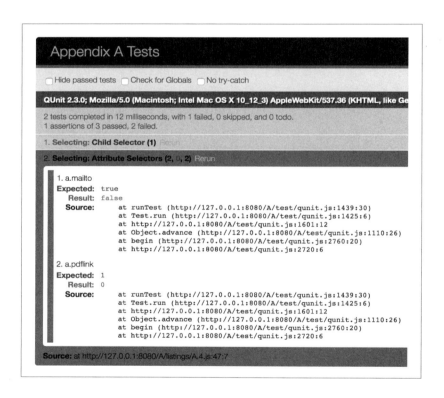

위 화면을 보면 테스트의 라벨(a.mailto)과 소스만을 표시하는 assert.ok( ) 테스트와 상세 결과 정보를 표시하는 assert.equal( ) 테스트 사이의 차이점을 발견할 수 있다. 보통

assert.equal( ) 테스트가 보다 상세한 테스트 결과 정보를 제공하므로, assert.ok( ) 테스트에 비해 더욱 많이 활용된다.

이제 테스트를 위한 필요 코드를 입력한다.

```
$(( ) => {
  $('#selected-plays > li').addClass('horizontal');
  $('a[href^="mailto:"]').addClass('mailto');
  $('a[href$=".pdf"]').addClass('pdflink');
});
```

리스팅 A.5

두 가지 테스트를 통과한 결과 화면은 다음과 같다.

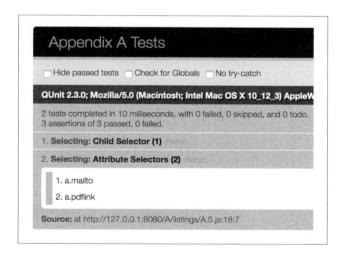

만일 실패하게 되면 assert.equal( )은 assert.ok( )에 비해 훨씬 더 풍부한 정보를 제공한다. 성공하면 두 테스트 모두 화면에 라벨을 표시한다.

비동기적인 테스트

Ajax 요청과 같이 비동기적인 코드를 테스트하는 일은 또 다른 도전 과제다. 동기적인 테스트가 진행되는 동안 나머지 테스트는 모두 중지돼야 하며, 동기적인 테스트가 완료되면 다시 나머지 테스트를 진행해야 하기 때문이다. 하지만 Ajax 요청이 일상화된 요즘, 이와 같은 시나리오는 보편적인 것이 됐다. 비동기적인 동작에 대해서는 앞서 시각 효과 큐^{effects queues}와 Ajax 콜백 함수, 그리고 약속 객체에서 살펴본 바 있다. QUnit에서의 비동기적인 테스트는 일반적인 `QUnit.test()` 함수를 실행하되, `assert.async()` 함수로 생성한 함수가 호출될 때까지 다른 테스트를 중지하는 부분만 다르다 할 수 있다.

```
QUnit.test('JSON', (assert) => {
  assert.expect(0);
  const done = assert.async();

  $.getJSON('A.json', (json, textStatus) => {
    // add tests here
  }).always(done);
});
```

리스팅 A.6

위 예제 코드에서는 간단하게 A.json 파일에서 JSON을 요청하며, 이 요청이 완료되면 .always() 콜백 함수에 포함된 done()을 호출함으로써 성공과 실패 여부와 상관없이 나머지 테스트를 지속한다. 실제 테스트에서는 textStatus의 값을 확인해 해당 요청의 성공 여부를 판단하며, JSON 배열의 객체 중 하나의 값을 확인한다.

```
QUnit.test('JSON', (assert) => {
  const backbite = {
    term: 'BACKBITE',
    part: 'v.t.',
    definition: 'To speak of a man as you find him when he can't find you.'
  };
```

```
    assert.expect(2);
    const done = assert.async();

    $.getJSON('A.json', (json, textStatus) => {
      assert.equal(textStatus, 'success', 'Request successful');
      assert.deepEqual(
        json[1],
        backbite,
        'result array matches "backbite" map'
      );
    }).always(done);
});
```

리스팅 A.7

요청에 대한 반응을 테스트하기 위해, assert.deepEqual()이라는 새로운 테스트 함수를 추가했다. 보통의 경우 두 개의 객체를 비교하면, 두 객체가 메모리상의 동일한 위칫값을 참조하지 않는 한 같지 않다는 결론이 내려진다. 하지만 객체 자체가 아닌 그 속에 포함된 콘텐츠를 비교하려면, assert.deepEqual() 함수가 필요하다. 이 함수는 두 객체 사이로 들어가서 동일한 프로퍼티를 지녔는지, 그리고 그 프로퍼티가 동일한 값을 지녔는지 확인한다.

▋ 또 다른 유형의 테스트

QUnit은 지금까지 소개한 함수 외에도 다양한 테스트 함수를 제공한다. 그 중 not Equal()과 notDeepEqual() 함수는 우리가 사용한 함수의 내용을 반대로 적용한다. 또 다른 함수인 strictEqual()과 throws()는 좀 더 엄격한 테스트 환경에서 활용된다. 이들 함수에 대한 상세한 내용과 관련 예제는 QUnit 공식 개발자 웹사이트(http://qunitjs. com/)와 QUnit API 사이트(http://api.qunitjs.com/)에서 확인할 수 있다.

▌ 실무적인 고려 사항

부록에서 소개한 예제는 지면 관계상 최대한 간단한 내용으로 구성했다. 실무에서는 이번 예제보다 훨씬 복잡한 내용의 코드가 정상 작동하는지 꼼꼼히 확인할 수 있어야 한다.

구현하려는 내용이 복잡하더라도 테스트는 최대한 간결하고 명료하게 구성하는 것이 좋다. 실제 사용 환경에서 일어날 수 있는 모든 상황을 대입해보지 않더라도 몇 가지 핵심적인 시나리오에 대한 테스트를 진행함으로써, 우리가 구현한 기능이 완벽하게 작동할 수 있다는 점을 확인할 수 있다.

하지만 완벽하리라 기대했던 코드에서 오류가 발생할 여지는 여전히 남아 있다. 테스트를 통과하더라도 오류는 발생할 수 있는데, 문제를 즉시 해결할 수 있는 올바른 답을 찾는 것도 좋은 방법이지만 반대로 의도적으로 실패할 수 있는 답을 제공하는 방식으로 테스트를 진행할 수 있다. 이런 방법을 통해 올바른 코드를 작성했을 때 문제가 해결되는 것은 물론 미래에 발생할 수도 있는 문제를 회귀적으로 확인하고 올바른 대처법을 찾을 수 있다.

QUnit은 유닛 테스트^{unit testing}는 물론 기능 테스트^{functional testing}에도 활용할 수 있다. 유닛 테스트는 (메소드와 함수 등) 코드 유닛의 올바른 작동 여부를 확인하기 위한 것이고, 기능 테스트는 사용자 입력에 대해 인터페이스가 올바로 반응하는지를 확인하기 위한 것이다. 예를 들어 12장, '고급 DOM 요소 조절하기'에서, 테이블 정렬 기능을 구현했다. 이때 정렬 메소드에 대한 유닛 테스트를 진행해 메소드가 호출되면 실제로 정렬이 일어나는지 검증할 수 있다. 이와 달리 기능 테스트에서는 테이블 제목 요소에 대한 사용자의 클릭 동작을 재현하고, 그 결과로 실제로 테이블 정렬 작업이 진행되는지를 확인한다.

 QUnit과 함께 제공되는 기능 테스트 프레임워크는 dominator.js(http://mwbrooks.github.io/dominator.js/) 그리고 FuncUnit(http://funcunit.com/)이며, 기능 테스트 구현 및 관련 이벤트를 보다 쉽게 재현할 수 있도록 돕는다. 다양한 브라우저 환경에서 테스트를 자동화하려면 이들 프레임워크와 함께 Selenium(http://seleniumhq.org/)을 활용하기 바란다.

테스트에 대한 일관성 있는 결과가 도출될 수 있도록, 신뢰성 높고 변경 가능성은 낮은 샘플 데이터를 적용해야 한다. 동적 속성이 강한 사이트에 제이쿼리 코드를 적용하려면, 해당 사이트의 정적인 버전을 구현해 테스트를 진행하는 것이 좋다. 이런 방법으로 여러 분의 코드 구성 요소가 다른 웹사이트 요소에 영향을 받지 않도록 할 수 있고 오류가 발생했을 때 이것이 서버 측의 문제인지, 혹은 클라이언트 측의 문제인지 좀 더 신속히 파악할 수 있다.

참고 자료

지금까지 소개한 내용은 코드 테스트 기법의 일부에 불과하다. 테스트 주도 개발은 그 자체로 매우 심오한 주제이며, 길지 않은 부록 속에 테스트와 관련된 내용을 충분히 담아내기는 쉽지 않다. 코드 테스트와 관련한 주제별 온라인 리소스는 다음과 같다.

- 유닛 테스트 입문(http://qunitjs.com/intro/)
- QUnit 실습 예제(http://qunitjs.com/cookbook/)
- Elijah Manor의 제이쿼리 Test-Driven Development 포스트
  (http://msdn.microsoft.com/en-us/scriptjunkie/ff452703.aspx)
- Bob McCune의 유닛 테스트 베스트 프랙티스
  (http://www.bobmccune.com/2006/12/09/unit-testing-best-practices/)

테스트 주도 개발을 다룬 주요 서적은 다음과 같다.

- 『예제로 이해하는 테스트 주도 개발』, 켄트 백Kent Beck 지음
- 애디슨 웨슬리 출판사의 『시그너처』 시리즈Signature Series
- 애디슨 웨슬리 출판사의 『테스트 주도 자바스크립트 개발』, 크리스티안 요한슨 Christian Johansen 지음

▌ 요약

QUnit 프레임워크를 이용한 테스팅 기법은 제이쿼리 코드를 좀 더 간결하고 유지 보수성이 높게 만든다. 이번 부록에서는 우리가 작성한 프로젝트가 원래 기획한대로 작동하는지 확인할 수 있는 몇 가지 테스트 기법에 대해 소개했다. 작고 명확하게 구분되는 코드 유닛을 만들고 이를 테스트함으로써, 시간이 지남에 따라 우리의 프로젝트가 복잡해졌을 때 나타날 수 있는 다양한 문제 상황을 진단하고 해결할 수 있는 실마리를 제공한다. 또한 프로젝트 전체를 회귀적으로 테스트함으로써 우리의 소중한 프로그래밍 시간을 절약할 수 있다.

제이쿼리 API 목록

이번 부록은 제이쿼리 API의 참고 자료로서 제이쿼리의 방대한 선택자와 표현식, 메소드 목록을 포함한다. 이들 메소드와 선택자에 대한 보다 상세한 내용은 제이쿼리 개발자 공식 사이트에서 확인하기 바란다. http://api.jquery.com

▋ 선택자 표현식

제이쿼리 팩토리 함수인 $( )는 페이지에 있는 특정 요소를 선택하는 데 활용된다. 이 함수는 선택자 표현식^{selector expression}이라 부르는 CSS 스타일의 문법이 적용된 문자열을 받는다. 선택자 표현식은 2장, '요소 선택하기'에서 상세한 내용을 확인할 수 있다.

간단한 CSS 선택자

선택자	선택되는 요소
*	모든 요소
#id	해당 ID를 지닌 요소
element	해당 타입의 모든 요소
.class	해당 클래스를 지닌 모든 요소
a, b	a 또는 b와 일치하는 요소
a b	a의 자손인 b 요소
a > b	a의 자식인 b 요소
a + b	a 다음에 바로 이어지는 b 요소
a ~ b	a의 형제이면서 a 다음에 이어지는 b 요소

형제 요소 중에서의 인덱스 위치

선택자	선택되는 요소
:nth-child(index)	부모 요소의 n 번째 인덱스에 있는 자식 요소(1 기준)
:nth-child(even)	부모 요소의 짝수 번째 자식 요소(1 기준)
:nth-child(odd)	부모 요소의 홀수 번째 자식 요소(1 기준)
:nth-child(formula)	부모 요소의 n 번째 자식 요소(1 기준) 이때 formula는 an+b의 형식을 취하며, a, b에는 정수를 입력한다(예: 3n+1).
:nth-last-child()	:nth-child()와 동일하지만 차례를 맨 뒤에서부터 거꾸로 센다.
:first-child	부모 요소의 첫 번째 자식 요소
:last-child	부모 요소의 마지막 자식 요소
:only-child	부모 요소의 유일한 자식 요소
:nth-of-type()	:nth-child()와 동일하지만 이름이 같은 요소만 포함한다.

선택자	선택되는 요소
:nth-last-of-type( )	:nth-last-child( )와 동일하지만 이름이 같은 요소만 포함한다.
:first-of-type	형제 요소 가운데 동일한 이름을 지닌 첫 번째 자식 요소
:last-of-type	형제 요소 가운데 동일한 이름을 지닌 마지막 자식 요소
:only-of-type( )	형제 요소 가운데 동일한 이름을 지닌 유일한 자식 요소

선택된 요소 중에서의 인덱스 위치

선택자	선택되는 요소
:first	선택된 그룹 중 첫 번째 요소
:last	선택된 그룹 중 마지막 요소
:not(a)	선택된 그룹 중 a가 아닌 모든 요소
:even	선택된 그룹 중 짝수 번째 요소(0을 기준)
:odd	선택된 그룹 중 홀수 번째 요소(0을 기준)
:eq(index)	선택된 그룹 중 해당 인덱스 번호의 요소(0을 기준)
:gt(index)	선택된 그룹 중 해당 인덱스 번호보다 큰 모든 요소(0을 기준)
:lt(index)	선택된 그룹 중 해당 인덱스 번호보다 작은 모든 요소(0을 기준)

속성

선택자	선택되는 요소
[attr]	attr이라는 속성을 지닌 요소
[attr="value"]	attr이 해당 값인 요소
[attr!="value"]	attr이 해당 값이 아닌 요소
[attr^="value"]	attr이 해당 값으로 시작하는 요소

선택자	선택되는 요소
[attr$="value"]	attr이 해당 값으로 끝나는 요소
[attr*="value"]	attr에 해당 값이 하위 문자열로 포함된 요소
[attr~="value"]	attr이 스페이스-단락으로 구분된 문자열에 포함된 요소
[attr|="value"]	attr이 해당 값과 같거나, 혹은 해당 값으로 시작해 하이픈 기호로 이어지는 요소

폼

선택자	선택되는 요소
:input	\<input>, \<select>, \<textarea>, 그리고 \<button> 요소
:text	type="text"인 \<input> 요소
:password	type="password"인 \<input> 요소
:file	type="file"인 \<input> 요소
:radio	type="radio"인 \<input> 요소
:checkbox	type="checkbox"인 \<input> 요소
:submit	type="submit"인 \<input> 요소
:image	type="image"인 \<input> 요소
:reset	type="reset"인 \<input> 요소
:button	type="button" 또는 \<button>인 \<input> 요소
:enabled	사용 가능 폼 요소
:disabled	사용 불능 폼 요소
:checked	Checked 표시된 체크박스 또는 라디오 버튼
:selected	Selected 표시된 \<option> 요소

기타 선택자

선택자	선택되는 요소
:root	문서의 root 요소
:header	문서의 제목 요소(예: \<h1>, \<h2>)
:animated	애니메이션이 진행 중인 요소
:contains(text)	해당 텍스트를 포함하고 있는 요소
:empty	자식 노드가 없는 요소
:has(a)	자손 요소로 a를 포함하고 있는 요소
:parent	자식 노드를 지닌 요소
:hidden	CSS 기법 또는 \<input type="hidden" /> 설정으로 화면에서 숨겨진 요소
:visible	:hidden의 반대 요소
:focus	키보드 focus 속성을 지닌 요소
:lang(language)	해당 언어의 코드를 지닌 요소(요소에 적용된 lang 속성 혹은 그 조상 요소, 또는 \<meta>로 언어를 선언한 경우)
:target	URI의 프래그먼트 식별자에 의해 지정된 요소

▎ DOM 순회 메소드

$( )를 이용해 제이쿼리 객체를 생성한 뒤, DOM 순회 메소드를 이용해 선택된 요소 그룹을 작업 목적에 맞게 변경할 수 있다. DOM 순회 메소드는 2장, '요소 선택하기'에서 상세한 내용을 확인할 수 있다.

필터링

순회 메소드	반환되는 제이쿼리 객체에 포함된 요소
.filter(selector)	해당 선택자와 일치하는 요소
.filter(callback)	콜백 함수가 true를 반환하기 위한 요소
.eq(index)	(0 기준) 인덱스 값에 해당하는 요소
.first()	첫 번째로 선택된 요소
.last()	마지막으로 선택된 요소
.slice(start, [end])	(0 기준) 인덱스의 범위에 해당하는 요소
.not(selector)	해당 선택자와 일치하지 않는 요소
.has(selector)	해당 선택자를 자손 가운데 포함하고 있는 요소

자손

순회 메소드	반환되는 제이쿼리 객체에 포함된 요소
.find(selector)	해당 선택자와 일치하는 자손 요소
.contents()	자식 노드(텍스트 노드 포함)
.children([selector])	자식 노드(선택자로 필터링 가능)

형제

순회 메소드	반환되는 제이쿼리 객체에 포함된 요소
.next([selector])	선택된 요소와 바로 이어지는 형제 요소(선택자로 필터링 가능)
.nextAll([selector])	선택된 요소와 이어지는 모든 형제 요소(선택자로 필터링 가능)
.nextUntil([selector], [filter])	지정 선택자가 나타날 때까지 연결돼 있는 모든 형제 요소(지정 선택자 요소는 포함하지 않음. 추가적인 선택자로 필터링 가능)

순회 메소드	반환되는 제이쿼리 객체에 포함된 요소
.prev([selector])	선택된 요소의 바로 앞에 있는 형제 요소(선택자로 필터링 가능)
.prevAll([selector])	선택된 요소 앞에 있는 모든 형제 요소(선택자로 필터링 가능)
.prevUntil([selector], [filter])	지정 선택자 앞에 연결돼 있는 모든 형제 요소(지정 선택자 요소는 포함하지 않음. 추가적인 선택자로 필터링 가능)
.siblings([selector])	모든 형제 요소(선택자로 필터링 가능)

조상

순회 메소드	반환되는 제이쿼리 객체에 포함된 요소
.parent([selector])	선택된 요소의 부모 요소(선택자로 필터링 가능)
.parents([selector])	모든 조상 요소(선택자로 필터링 가능)
.parentsUntil([selector], [filter])	지정 선택자가 나타날 때까지 연결돼 있는 모든 조상 요소(지정 선택자 요소는 포함하지 않음. 추가적인 선택자로 필터링 가능)
.closest(selector)	(DOM 트리에서 해당 요소와 그 조상 요소 사이에서) 해당 선택자와 일치하는 첫 번째 요소
.offsetParent()	첫 번째로 선택된 요소의 절대 좌표, 혹은 상대 좌표 기준의 위치에 있는 부모 요소

집합(컬렉션)의 수정

순회 메소드	반환되는 제이쿼리 객체에 포함된 요소
.add(selector)	선택된 요소에 해당 선택자와 일치하는 모든 요소를 추가함
.addBack()	선택된 요소에 제이쿼리 내부 스택에서 직전에 선택된 요소 그룹을 추가함
.end()	제이쿼리 내부 스택에서 직전에 선택됐던 요소 그룹
.map(callback)	선택된 요소에서 콜백 함수를 호출한 결과

순회 메소드	반환되는 제이쿼리 객체에 포함된 요소
.pushStack(elements)	구체적으로 지정된 요소

선택된 요소 활용하기

순회 메소드	설명
.is(selector)	모든 선택된 요소와 지정 선택자 표현식과의 일치 여부를 확인
.index( )	형제 요소 간의 관계에서 선택자와 일치하는 요소의 인덱스 값을 가져옴
.index(element)	선택자와 일치하는 요소 그룹에서 해당 DOM 노드의 인덱스 값을 가져옴
$.contains(a, b)	DOM 노드 b에 DOM 노드 a가 포함돼 있는지 확인
.each(callback)	선택자와 일치하는 요소를 순회하며 각 요소에 대한 콜백을 실행함
.length	일치하는 요소의 수를 반환
.get( )	선택자와 일치하는 요소에 대응하는 DOM 노드 배열을 반환
.get(index)	해당 인덱스 값과 일치하는 요소에 대응하는 DOM 노드를 반환
.toArray( )	제이쿼리 집합에 포함된 모든 요소를 배열 형식으로 반환

▌ 이벤트 메소드

사용자의 동작에 반응하려면 이벤트 메소드를 이용해 핸들러를 등록해야 한다. 다수의 DOM 이벤트는 특정 요소에만 적용할 수 있음에 주의해야 하며, 이번 부록에서는 이와 같은 세부적인 부분까지 설명하지 않는다. 이벤트 메소드에 대한 상세한 설명은 3장, '이벤트 핸들링'에서 살펴보자.

바인딩

이벤트 메소드	설명
.ready(handler)	DOM과 CSS가 완벽하게 로딩됐을 때 호출해야 할 핸들러를 연동
.on(type, [selector], [data], handler)	미리 지정된 타입의 이벤트가 해당 요소에 전달됐을 때 호출해야 할 핸들러를 연동. 선택자가 제공된 경우, 이벤트 위임을 실행
.on(events, [selector], [data])	이벤트 객체 파라미터에 정의된 대로, 이벤트에 대해 여러 개의 핸들러를 연동
.off(type, [selector], [handler])	선택된 요소에서 연동된 핸들러를 제거함
.one(type, [data], handler)	미리 지정된 타입의 이벤트가 해당 요소에 전달됐을 때 호출해야 할 핸들러를 연동. 핸들러가 호출되면 연동을 해제함

단축형 바인딩

이벤트 메소드	설명
.blur(handler)	선택된 요소가 키보드 포커스를 잃으면, 호출해야 할 핸들러를 연동
.change(handler)	선택된 요소의 값이 바뀌면, 호출해야 할 핸들러를 연동
.click(handler)	선택된 요소를 클릭하면, 호출해야 할 핸들러를 연동
.dblclick(handler)	선택된 요소를 더블클릭하면, 호출해야 할 핸들러를 연동
.focus(handler)	선택된 요소가 키보드 포커스를 받으면, 호출해야 할 핸들러를 연동
.focusin(handler)	선택된 요소 또는 그 자손 요소가 키보드 포커스를 받으면, 호출해야 할 핸들러를 연동
.focusout(handler)	선택된 요소 또는 그 자손 요소가 키보드 포커스를 잃으면, 호출해야 할 핸들러를 연동
.keydown(handler)	키를 누르고 선택된 요소가 키보드 포커스를 받으면, 호출해야 할 핸들러를 연동
.keypress(handler)	키스트로크가 발생하고 선택된 요소가 키보드 포커스를 받으면, 호출해야 할 핸들러를 연동

이벤트 메소드	설명
.keyup(handler)	키에서 손을 떼고 선택된 요소가 키보드 포커스를 받으면, 호출해야 할 핸들러를 연동
.mousedown(handler)	선택된 요소 영역 내에서 마우스 버튼을 클릭하면, 호출해야 할 핸들러를 연동
.mouseenter(handler)	마우스 포인터가 선택 요소의 영역 속에 들어가면, 호출해야 할 핸들러를 연동. 단, 이벤트 버블링의 영향은 받지 않음
.mouseleave(handler)	마우스 포인터가 선택 요소의 영역 밖으로 나가면, 호출해야 할 핸들러를 연동. 단, 이벤트 버블링의 영향은 받지 않음
.mousemove(handler)	마우스 포인터가 선택 요소의 영역 내에서 움직이면, 호출해야 할 핸들러를 연동
.mouseout(handler)	마우스 포인터가 선택 요소의 영역 밖으로 나가면, 호출해야 할 핸들러를 연동
.mouseover(handler)	마우스 포인터가 선택 요소 영역에 들어오면, 호출해야 할 핸들러를 연동
.mouseup(handler)	선택 요소 내에 있을 때 마우스 버튼에서 손을 떼면, 호출해야 할 핸들러를 연동
.resize(handler)	선택 요소의 크기가 변경될 때, 호출해야 할 핸들러를 연동
.scroll(handler)	선택 요소의 스크롤 위치가 변경될 때, 호출해야 할 핸들러를 연동
.select(handler)	특정 요소에 있는 텍스트를 선택하면, 호출해야 할 핸들러를 연동
.submit(handler)	폼 요소가 제출될 때, 호출해야 할 핸들러를 연동
.hover(enter, leave)	마우스가 선택 요소의 영역 속에 진입할 때 enter 핸들러를, 마우스가 선택 요소의 영역을 벗어날 때 leave 핸들러를 연동

이벤트 촉발

이벤트 메소드	설명
.trigger(type, [data])	선택 요소의 이벤트 핸들러를 촉발시키고 해당 이벤트의 기본 설정 동작을 실행함
.triggerHandler(type, [data])	해당 이벤트의 기본 설정 동작을 실행하지 않고, 선택 요소의 이벤트 핸들러를 촉발시킴

단축형 이벤트 촉발

이벤트 메소드	설명
.blur( )	blur 이벤트를 촉발시킴
.change( )	change 이벤트를 촉발시킴
.click( )	click 이벤트를 촉발시킴
.dblclick( )	dblclick 이벤트를 촉발시킴
.error( )	error 이벤트를 촉발시킴
.focus( )	focus 이벤트를 촉발시킴
.keydown( )	keydown 이벤트를 촉발시킴
.keypress( )	keypress 이벤트를 촉발시킴
.keyup( )	keyup 이벤트를 촉발시킴
.select( )	select 이벤트를 촉발시킴
.submit( )	submit 이벤트를 촉발시킴

유틸리티

이벤트 메소드	설명
$.proxy(fn, context)	해당 맥락에서 실행될 새로운 함수를 생성함

▌ 시각 효과 메소드

시각 효과 메소드는 DOM 요소에 애니메이션 효과를 적용할 때 주로 사용된다. 시각 효과 메소드에 대한 상세한 내용은 4장, '스타일과 애니메이션'에서 확인할 수 있다.

사전 정의된 시각 효과

시각 효과 메소드	설명
.show( )	선택된 요소를 화면에 표시함
.hide( )	선택된 요소를 화면에서 사라지게 함
.show(speed, [callback])	선택된 요소를 가로, 세로, 불투명도 애니메이션을 통해 화면에 표시함
.hide(speed, [callback])	선택된 요소를 가로, 세로, 불투명도 애니메이션을 통해 화면에서 사라지게 함
.slideDown([speed], [callback])	선택된 요소를 슬라이딩 동작과 함께 화면에 표시함
.slideUp([speed], [callback])	선택된 요소를 슬라이딩 동작과 함께 화면에서 사라지게 함
.slideToggle([speed], [callback])	선택된 요소를 슬라이딩 동작과 함께 화면에 나타나거나 사라지게 함
.fadeIn([speed], [callback])	선택된 요소를 (불투명도) 페이드인 효과와 함께 화면에 표시함
.fadeOut([speed], [callback])	선택된 요소를 (투명도) 페이드아웃 효과와 함께 화면에서 사라지게 함
.fadeToggle([speed], [callback])	선택된 요소를 페이드인 효과와 함께 화면에 나타나거나 사라지게 함
.fadeTo(speed, opacity, [callback])	선택된 요소의 불투명도(opacity)를 조절함

커스텀 애니메이션

시각 효과 메소드	설명
.animate(properties, [speed], [easing], [callback])	특정 CSS 프로퍼티에 대한 커스텀 애니메이션 효과를 실행
.animate(properties, options)	.animate( )의 로우-레벨 인터페이스로, 애니메이션 큐를 조절 가능

큐 조절 기법

시각 효과 메소드	설명
.queue([queueName])	첫 번째 선택 요소에 대한 함수 큐 정보를 가져옴
.queue([queueName], callback)	마지막 큐에 콜백을 추가
.queue([queueName], newQueue)	기존의 큐를 새로운 큐로 대체
.dequeue([queueName])	큐에 있는 다음 번 함수를 실행
.clearQueue([queueName])	큐에 대기 중인 모든 함수를 삭제함
.stop([clearQueue], [jumpToEnd])	현재 재생 중인 애니메이션을 중지시키고, 큐에 대기 중인 다음 번 애니메이션을 재생함
.finish([queueName])	현재 재생 중인 애니메이션을 중지시키고, 큐에 대기 중인 모든 애니메이션을 다음 번 목표(위치)값으로 이동시킴
.delay(duration, [queueName])	큐의 다음번 아이템을 실행하기 전, 지정된 시간(밀리초)만큼 대기함
.promise([queueName], [target])	컬렉션에 포함된 모든 큐 동작이 완료되면, 약속 객체를 반환함

▌ DOM 조절 메소드

DOM 조절 메소드에 대한 상세한 내용은 5장, 'DOM 요소 조절하기'에서 확인할 수 있다.

속성과 프로퍼티

조절 메소드	설명
.attr(key)	key로 명명된 속성값을 가져옴
.attr(key, value)	key로 명명된 속성값으로 value를 설정함

조절 메소드	설명
.attr(key, fn)	key로 명명된 속성값으로 (선택 요소마다 개별적으로 호출되는) fn의 반환값을 설정함
.attr(obj)	key-value 쌍으로 속성값을 설정함
.removeAttr(key)	key로 명명된 속성값을 삭제함
.prop(key)	key로 명명된 프로퍼티 값을 가져옴
.prop(key, value)	key로 명명된 프로퍼티 값으로 value를 설정함
.prop(key, fn)	key로 명명된 프로퍼티 값으로 (선택 요소마다 개별적으로 호출되는) fn의 반환값을 설정함
.prop(obj)	key-value 쌍으로 프로퍼티 값을 설정함
.removeProp(key)	key로 명명된 프로퍼티 값을 삭제함
.addClass(class)	각각의 선택 요소에 class를 추가함
.removeClass(class)	각각의 선택 요소에서 class를 제거함
.toggleClass(class)	각각의 선택 요소에 대해, class가 적용된 경우 이를 삭제하고, class가 적용되지 않은 경우 이를 추가함
.hasClass(class)	선택된 요소에 class가 적용된 경우 true를 반환함
.val()	첫 번째로 선택된 요소의 value 속성값을 가져옴
.val(value)	각각의 value 속성에 지정된 value 값을 설정함

콘텐트

조절 메소드	설명
.html()	첫 번째로 선택된 요소의 HTML 콘텐츠를 가져옴
.html(value)	각각의 선택 요소의 HTML 콘텐츠를 해당 value값으로 설정함
.text()	모든 선택 요소의 텍스트 콘텐츠를 한 줄의 문자열로 가져옴
.text(value)	각각의 선택 요소의 텍스트 콘텐츠를 해당 value값으로 설정함

CSS

조절 메소드	설명
.css(key)	key로 명명된 CSS 속성을 가져옴
.css(key, value)	key로 명명된 CSS 속성으로 value를 설정함
.css(obj)	key-value 쌍으로 CSS 속성을 설정함

화면과의 상호작용

조절 메소드	설명
.offset()	첫 번째로 선택된 요소와 viewport의 상대적인 위치를 top, left 좌표로 가져옴
.position()	첫 번째로 선택된 요소와 .offsetParent()로 반환된 요소의 상대적인 위치를 top, left 좌표로 가져옴
.scrollTop()	첫 번째로 선택된 요소의 수직 스크롤 위칫값을 가져옴
.scrollTop(value)	모든 선택된 요소의 수직 스크롤 위칫값을 value로 설정함
.scrollLeft()	첫 번째로 선택된 요소의 수평 스크롤 위칫값을 가져옴
.scrollLeft(value)	모든 선택된 요소의 수평 스크롤 위칫값을 value로 설정함
.height()	첫 번째로 선택된 요소의 높이값을 가져옴
.height(value)	모든 선택된 요소의 높이값을 value로 설정함
.width()	첫 번째로 선택된 요소의 너비값을 가져옴
.width(value)	모든 선택된 요소의 너비값을 value로 설정함
.innerHeight()	첫 번째로 선택된 요소의 높이값을 가져옴(단, border값은 제외하고, padding값은 포함시킴)
.innerWidth()	첫 번째로 선택된 요소의 너비값을 가져옴(단, border값은 제외하고, padding값은 포함시킴)
.outerHeight(includeMargin)	첫 번째로 선택된 요소의 높이값을 가져옴(단, padding, border값은 포함시키고, margin값은 필요에 따라 포함시킴)

조절 메소드	설명
.outerWidth(includeMargin)	첫 번째로 선택된 요소의 너비값을 가져옴(단, padding, border값은 포함시키고, margin값은 필요에 따라 포함시킴)

삽입

조절 메소드	설명
.append(content)	각각의 선택 요소 내부 끝 부분에 content를 삽입함
.appendTo(selector)	selector로 선택된 요소 내부 끝부분에 선택 요소를 삽입함
.prepend(content)	각각의 선택 요소 내부 시작 부분에 content를 삽입함
.prependTo(selector)	selector로 선택된 요소 내부 시작 부분에 선택 요소를 삽입함
.after(content)	각각의 선택 요소 다음에 content를 삽입함
.insertAfter(selector)	selector로 선택된 요소 다음에 선택 요소를 삽입함
.before(content)	각각의 선택 요소 앞에 content를 삽입함
.insertBefore(selector)	selector로 선택된 요소 앞에 선택 요소를 삽입함
.wrap(content)	각각의 선택 요소를 content에 담음
.wrapAll(content)	모든 선택 요소를 단일 요소로 만들어 content에 담음
.wrapInner(content)	각각의 선택 요소의 내부 콘텐츠를 content에 담음

대체

조절 메소드	설명
.replaceWith(content)	선택 요소를 content로 대체함
.replaceAll(selector)	selector로 선택된 요소를 또 다른 선택 요소로 대체함

제거

조절 메소드	설명
.empty( )	각각의 선택 요소의 자식 노드를 제거함
.remove([selector])	DOM에서 (필요에 따라 selector로 필터링한) 선택된 노드를 제거함
.detach([selector])	DOM에서 (필요에 따라 selector로 필터링한) 선택된 노드를 제거하되, DOM에 부착된 제이쿼리 데이터는 보존함
.unwrap( )	해당 요소의 부모 요소를 제거함

복제

조절 메소드	설명
.clone([withHandlers], [deepWithHandlers])	모든 선택 요소의 복제물을 생성함(필요에 따라 이벤트 핸들러도 함께 복제 가능)

데이터

조절 메소드	설명
.data(key)	첫 번째로 선택된 요소와 관련된 key로 명명된 데이터 아이템을 가져옴
.data(key, value)	첫 번째로 선택된 요소와 관련된 key로 명명된 데이터 아이템의 값을 value로 설정함
.removeData(key)	각각의 선택 요소와 관련된 key로 명명된 데이터 아이템을 제거함

▌ Ajax 메소드

Ajax 메소드를 이용하면 페이지 갱신 없이 서버에서 정보를 가져올 수 있다. Ajax 메소드에 대한 상세한 내용은 6장, 'Ajax로 데이터 전송하기'에서 살펴보자.

요청 생성

Ajax 메소드	설명
$.ajax([url], options)	지정된 옵션 세트에 따라 Ajax 요청을 생성. 다른 편의 메소드를 통해 자주 호출되는 로우-레벨 메소드임
.load(url, [data], [callback])	선택된 요소 내에 url과 응답 데이터의 위치를 지정하는 Ajax 요청을 생성
$.get(url, [data], [callback], [returnType])	GET 메소드를 이용해 url에 대한 Ajax 요청을 생성
$.getJSON(url, [data], [callback])	url에 대한 Ajax 요청을 생성하고, 그에 대한 응답을 JSON 데이터 구조로 변환
$.getScript(url, [callback])	url에 대한 Ajax 요청을 생성하고, 그에 대한 응답으로 자바스크립트를 실행
$.post(url, [data], [callback], [returnType])	POST 메소드를 이용해 url에 대한 Ajax 요청을 생성

요청의 관찰

Ajax 메소드	설명
.ajaxComplete(handler)	Ajax 통신이 완료됐을 때 호출될 핸들러를 연동함
.ajaxError(handler)	Ajax 통신이 오류 메시지와 함께 완료됐을 때, 호출될 핸들러를 연동함
.ajaxSend(handler)	Ajax 통신이 시작될 때 호출될 핸들러를 연동함

Ajax 메소드	설명
.ajaxStart(handler)	Ajax 통신이 시작되고, 다른 데이터 전송 동작이 없을 때 호출될 핸들러를 연동함
.ajaxStop(handler)	Ajax 통신이 완료됐을 때 호출될 핸들러를 연동함
.ajaxSuccess(handler)	Ajax 통신이 성공적으로 완료됐을 때 호출될 핸들러를 연동함

설정

Ajax 메소드	설명
$.ajaxSetup(options)	모든 후속 Ajax 동작을 위한 기본 옵션을 설정
$.ajaxPrefilter([dataTypes], handler)	$.ajax()에 의해 각각의 Ajax 요청이 처리되기 전, 해당 요청에 대한 옵션을 수정
$.ajaxTransport(transportFunction)	Ajax 통신을 위한 새로운 transport 메커니즘 정의

유틸리티

Ajax 메소드	설명
.serialize()	쿼리 문자열로 폼의 값을 인코딩함
.serializeArray()	자바스크립트 데이터 구조로 폼의 값을 인코딩함
$.param(obj)	쿼리 문자열로 임의의 key-value 쌍 객체를 인코딩함
$.globalEval(code)	전역 맥락에서 해당 자바스크립트 문자열을 검증함
$.parseJSON(json)	해당 JSON 문자열을 자바스크립트 객체로 변환함
$.parseXML(xml)	해당 XML 문자열을 XML 문서로 변환함
$.parseHTML(html)	해당 HTML 문자열을 DOM 요소 세트로 변환함

▌ 연기 객체

연기 객체와 약속 객체를 이용하면 장기간 실행되는 임무가 완료됐을 때 그에 대한 반응 동작을 간편하게 지정할 수 있다. 이에 대한 상세한 내용은 11장, '고급 시각 효과'에서 확인할 수 있다.

객체 생성

함수	설명
$.Deferred([setupFunction])	새로운 연기 객체를 반환
$.when(deferreds)	지정된 연기 객체가 적용됐을 때, 그에 대한 반응으로 적용돼야 할 약속 객체를 반환

연기 객체 메소드

함수	설명
.resolve([args])	수용돼야 할 객체의 상태 정보를 설정
.resolveWith(context, [args])	키워드 this가 콜백에서 맥락 정보를 참조하는 동안 수용돼야 할 객체의 상태 정보를 설정
.reject([args])	거절돼야 할 객체의 상태 정보를 설정
.rejectWith(context, [args])	키워드 this가 콜백에서 맥락 정보를 참조하는 동안 거절돼야 할 객체의 상태 정보를 설정
.notify([args])	모든 프로그레스 노티피케이션 콜백을 실행
.notifyWith(context, [args])	키워드 this가 맥락 정보를 참조하는 동안 모든 프로그레스 노티피케이션 콜백을 실행
.promise([target])	연기 객체에 대응되는 약속 객체를 반환

약속 객체 메소드

함수	설명
.done(callback)	객체가 수용됐을 때 콜백을 실행
.fail(callback)	객체가 거절됐을 때 콜백을 실행
.catch(callback)	객체가 거절됐을 때 콜백을 실행
.always(callback)	객체가 수용되거나 거절됐을 때 콜백을 실행
.then(doneCallbacks, failCallbacks)	객체가 수용됐을 때 doneCallbacks를 실행하고, 객체가 거절됐을 때 failCallbacks를 실행
.progress(callback)	객체가 프로그레스 노티피케이션을 받을 때마다 콜백을 실행
.state( )	현재 상태에 따라 'pending'이나 'resolved', 'rejected'를 반환

▌ 기타 프로퍼티와 함수

다음 유틸리티 메소드는 앞서 소개했던 어떤 카테고리에도 속하지 않지만, 제이쿼리 스크립트를 작성할 때 매우 유용하게 쓸 수 있다.

제이쿼리 객체의 프로퍼티

프로퍼티	설명
$.ready	DOM이 준비되는 즉시 적용할 수 있는 약속 객체 인스턴스

배열과 객체

함수	설명
$.each(collection, callback)	컬렉션을 순회하며 각 아이템에 대해 콜백을 실행
$.extend(target, addition, ...)	별도로 지정된 객체의 프로퍼티를 추가함으로써 객체의 타깃을 수정
$.grep(array, callback, [invert])	테스트를 위해 콜백으로 배열을 필터링함
$.makeArray(object)	객체를 배열로 변환함
$.map(array, callback)	각각의 아이템에 대해 호출되는 콜백의 반환값으로 새로운 배열을 구성
$.inArray(value, array)	해당 value가 배열에 포함돼 있는지 확인함
$.merge(array1, array2)	array1과 array2의 콘텐츠를 결합함
$.unique(array)	배열에서 모든 복제된 DOM 요소를 제거함

객체 내부 검토

함수	설명
$.isArray(object)	객체가 실제 자바스크립트 배열인지 확인함
$.isEmptyObject(object)	객체가 비어 있는지 확인함
$.isFunction(object)	객체가 함수인지 확인함
$.isPlainObject(object)	객체가 객체 리터럴로서 생성됐는지, 혹은 새로운 객체를 이용해 생성됐는지 확인함
$.isNumeric(object)	객체가 숫자형 스칼라 값인지 확인함
$.isWindow(object)	객체가 브라우저 윈도우를 나타내는지 확인함
$.isXMLDoc(object)	객체가 XML 노드인지 확인함
$.type(object)	객체의 자바스크립트 클래스를 가져옴

기타

함수	설명
$.trim(string)	문자열 마지막 부분에 있는 공백 문자를 제거함
$.noConflict([removeAll])	$ 기호를 기존의 제이쿼리 정의 기호로 되돌림
$.noop( )	무동작 함수
$.now( )	epoch 또는 원기 이후 현재까지의 시간(밀리초 단위로 표현)
$.holdReady(hold)	ready 이벤트가 촉발되는 것을 중단시키거나, 중단을 해제함

찾아보기

에이콘출판의 기틀을 마련하신 故 정완재 선생님 (1935-2004)

예제로 익히는 제이쿼리 3 5/e

인터랙티브 콘텐츠 개발을 위한 최적의 도구

발 행 | 2018년 1월 29일

지은이 | 아담 보두치 · 조나단 채퍼 · 칼 스웨드버그
옮긴이 | 동 준 상

펴낸이 | 권 성 준
편집장 | 황 영 주
편 집 | 조 유 나
디자인 | 박 주 란

에이콘출판주식회사
서울특별시 양천구 국회대로 287 (목동)
전화 02-2653-7600, 팩스 02-2653-0433
www.acornpub.co.kr / editor@acornpub.co.kr

한국어판 ⓒ 에이콘출판주식회사, 2018, Printed in Korea.
ISBN 979-11-6175-109-2
ISBN 978-89-6077-210-6 (세트)
http://www.acornpub.co.kr/book/learn-jquery3-5

이 도서의 국립중앙도서관 출판시도서목록(CIP)은 서지정보유통지원시스템 홈페이지(http://seoji.nl.go.kr)와
국가자료공동목록시스템(http://www.nl.go.kr/kolisnet)에서 이용하실 수 있습니다.(CIP제어번호: CIP2018002107)

책값은 뒤표지에 있습니다.